Björn Sülter

ES LEBE STAR TREK

Die mehrbändige Neuauflage

Band 1

Die ersten 50 Jahre

1966 bis 2016

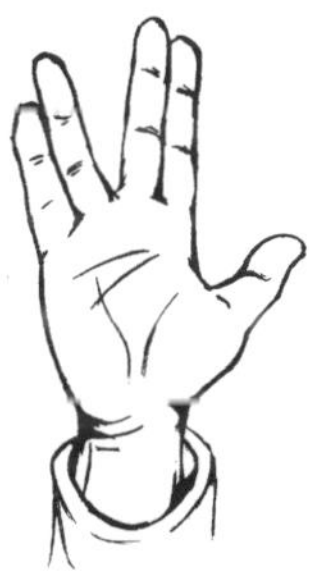

Franchise-Sachbuch präsentiert von

PLANET/TREK

in Farbe und Bunt

1. Auflage | © 2023
In Farbe und Bunt Verlag
Am Bokholt 9 | 24251 Osdorf

www.ifub-verlag.de

Herausgeber: Björn Sülter
Lektorat Erstausgabe: Florian Kaiser
Lektorat & Korrektorat: Telma Vahey
Cover-Gestaltung Erstausgabe: Eileen Steinbach
Cover-Überarbeitung Neuauflage: EM Cedes
Innenseitengestaltung Erstausgabe: Grit Richter
Innenseitenüberarbeitung Neuauflage: EM Cedes

Print-Ausgabe gedruckt von:
Bookpress (Polen)

ISBN (Print): 978-3-95936-446-1
ISBN (Ebook): 978-3-95936-447-8

INHALTSVERZEICHNIS

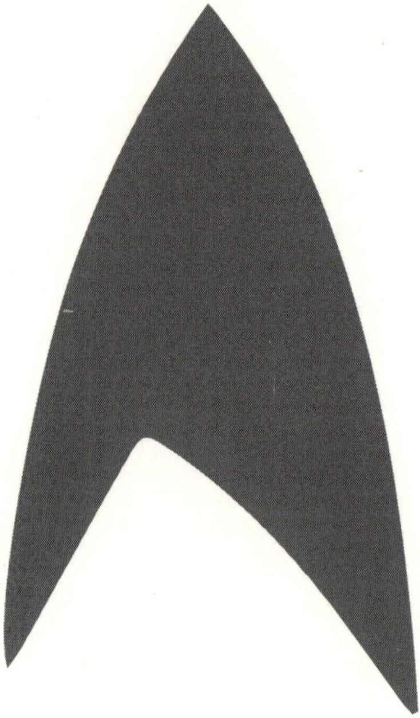

If you can dream it,
you can do it ...

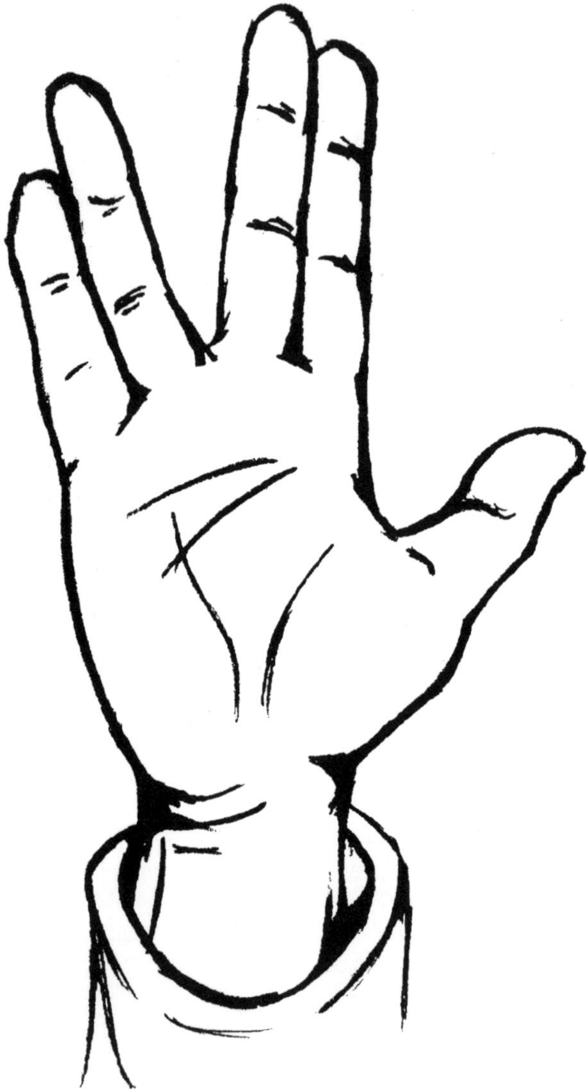

VORWORT

Herzlich willkommen zur mehrbändigen Neuauflage von *Es lebe Star Trek*. Es erschien erstmals im Jahr 2018 und wurde 2019 mit dem *Deutschen Phantastik Preis* ausgezeichnet.

Ich kann den Einfluss, den dieses Buch auf meinen Lebensweg hatte, gar nicht genug hervorheben. Es hat mir Türen geöffnet, Möglichkeiten aufgezeigt und begleitet mich bis heute als essenzieller Teil meines Wirkens.

Die wenigsten wissen jedoch, dass ich ursprünglich einen anderen Plan für die Veröffentlichung im Kopf hatte. Ich wollte in einem ersten Band die Geschichte der Vergangenheit erzählen und mich dann in den Folgebänden dem neuen *Star Trek* widmen. Nun, manchmal ist man aber einfach (noch) nicht Captain des Schiffes. Ich war aber selbstverständlich auch mit der damals gewählten Form des Buches absolut glücklich.

Dennoch hat sich die Situation seitdem ein wenig geändert. So gehört mir seit 2019 der *Verlag in Farbe und Bunt*. Zudem erscheint seit 2020 die Sachbuchreihe *Die Star Trek-Chronik* in Kooperation mit Reinhard Prahl und Thorsten Walch. Diese stellt gewissermaßen den Director´s Cut zu *Es lebe Star Trek* dar. Dort ist Platz, jede Serie auf teilweise über 700 Seiten in allen Details zu rezensieren und zu behandeln. Für *Es lebe Star Trek* war der Ansatz immer ein anderer. Daher ist es nun an der Zeit, dieses Buch, das mir so sehr am Herzen liegt, in überarbeiteter Form fit für die Zukunft zu machen.

Sie halten nun den ersten Band der mehrbändigen Neuauflage in Händen. Dieser zeichnet die Geschichte der ersten 50 Jahre von 1966 bis 2016 nach. In den weiteren Bänden wird es dann um die weiteren Lebensphasen dieses wunderbaren Franchises gehen.

Es ist viel passiert, nicht nur in meinem Leben, sondern auch in Sachen *Star Trek*. Über all das werden wir sprechen.

Zur Einstimmung möchte ich jedoch noch das Wort an mich selbst übergeben und eine leicht gekürzte Fassung meines Originalvorwortes von 2018 abdrucken. Insbesondere die mit meinen damaligen Worten verbundenen Gefühle kann ich bis heute nachfühlen. Viel Spaß bei dieser Neuauflage!

Björn Sülter im August 2023

VORWORT VON 2018

Unglaublich, aber wahr: Ich schreibe ein Vorwort für mein erstes Sachbuch über *Star Trek*. Im zarten Alter von acht Jahren betrat ich eine wunderbare Welt, die mich seitdem nie wieder losgelassen hat. Und nach über dreißig Jahren, die ich mich nun bereits mit dem Thema befasse, wurde es für dieses Buch doch auch höchste Zeit, oder?

Die Begeisterung für das Schreiben an sich begann für mich während der Grundschulzeit. Mit ersten Kurzgeschichten lotete ich die hintersten Ecken meiner Phantasie aus, schrieb später auch Songtexte und versuchte mich schließlich sogar an kurzen Romanen. In Sachen *Star Trek* lieferte ich während der 1990er-Jahre Rezensionen im Rahmen von Trek Dinnern ab. Diese entstanden auf der Schreibmaschine, wurden beim Kaufmann um die Ecke vervielfältigt und fanden so ihren Weg zu den Treffen. Mit der Verbreitung des Internets wechselte ich auf meine eigene kleine Plattform: *Planet Trek*. Dass diese nicht bis zum heutigen Tag überlebt hat, ist in der Rückschau gar nicht so schlimm. Oder sagen wir es ehrlich: Es ist besser so! Bunte Animationen, blinkende Logos und kaum lesbarer Content waren Kinder der damaligen Zeit. Den Namen der Seite sollte ich dann allerdings fast zwanzig Jahre später doch noch einmal verwenden: für meinen ersten eigenen Podcast *Planet Trek fm*. Auf diese Weise schließen sich im Leben Kreise.

Ab dem Jahr 2000 schrieb ich mal für diese und mal für jene Internetseite; erst auf Deutsch, dann auch auf Englisch. Bis ich schließlich bei *Serienjunkies* landete und damit eine Kette von Ereignissen in Gang setzte, deren Wucht mir bis heute oft noch surreal vorkommt. Auf einmal sollte ich hier und dort Artikel liefern, Anfragen aus dem Printbereich kamen hinzu, der Fernsehsender *SYFY* holte mich als Experten an Bord, und ehe ich mich versah, wurde das Schreiben und Sprechen über dieses unvergleichliche Genre zu meinem Tagwerk. Zugegeben: Mehr als einmal habe ich in dieser Zeit »Ihr wollt mich doch alle auf den Arm nehmen!« gedacht. Doch das wollten sie nicht. Sie wollten nur, dass ich weiterschreibe. Und wie Forrest Gump einfach immer weitergelaufen ist, schrieb ich immer weiter.

Fakt ist: Ich wollte mich immer mit *Star Trek*, dem Genre an sich und Medien befassen und habe mir zudem vor einigen Jahren in einem Anfall von Größenwahn geschworen, irgendwann einmal ein Buch zu diesem Thema zu veröffentlichen. In diesem Punkt sei auch unbedingt mein lieber Freund Nick Wilder erwähnt, der mir mit seiner wunderbaren Lebenseinstellung immer wieder Inspiration und Glauben an mich selbst vermitteln konnte: *If you can dream it, you can do it.* Du hattest absolut recht, Nick! Danke!

So richtig glauben konnte ich es, ganz der Skeptiker, aber natürlich dennoch lange Zeit nicht. Doch nun, mit Abschluss der Arbeiten an *Es lebe Star Trek* und dem Näherrücken der Veröffentlichung, muss ich es wohl akzeptieren: Mein Name ist Björn Sülter, ich bin 41 Jahre alt und *Star Trek*-Sachbuch-Autor. Verrückt!

Eine Unterhaltung aus der Episode *Far Beyond the Stars* (*Star Trek: Deep Space Nine)* fasst die Entstehung dieses Buches dabei ganz wunderbar zusammen.

Lene: »Tell him the good news, Albert.«
Albert: »Oh, it's nothing.«
Kay: »Nothing? He sells a novel and he says it's nothing.«
Benny: »A novel. Albert, congratulations!«
Albert: »Thank you.«
Benny: »Robots?«
Albert: »What else?«

Was für Albert die Roboter sind, ist für mich immer schon *Star Trek* gewesen. Autoren wie Phil Farrand, Thomas Höhl, Torsten Dewi, Mike Hillenbrand oder Christian Humberg haben mich über die Jahre begleitet, mir in Sachen Trek wunderbaren Lesestoff geliefert und mich inspiriert. Ihnen mit diesem Werk nachzufolgen, empfinde ich als Ehre.

Das Wichtigste ist jedoch, dass wir Fans wieder in einem Boot sitzen und über unser liebstes Hobby sprechen: Es lebe *Star Trek*!

Mein Dank gilt allen, die auf so vielfältige Weise dazu beigetragen haben, dass ich die Chance zu diesem Buch erhalten habe und diesen Weg in den vergangenen Jahren gehen durfte.

Sei es Lenka Hladikova von *Serienjunkies*, die mir die erste Tür geöffnet hat, Manuel Weis von *Quotenmeter* und Sebastian Lorenz von *Robots & Dragons*, bei denen das Abenteuer ungebremst weiterging, Markus Rohde von der *GEEK!*, Dirk Bartholomä vom *FedCon Insider* oder Monika Sersea-Bratic von *SYFY* – ihr alle habt mir einen langen Korridor an Türen gezeigt und wart sogar noch beim Öffnen behilflich. Ich freue mich auf viele weitere tolle Erlebnisse mit euch!

Und dann ist da auch noch Mike Hillenbrand, der vom Autor, den ich immer gerne gelesen habe, zum Podcast-Gast und schließlich zum Verleger dieses Buches, Ratgeber, Freund und Geschäftspartner wurde.

Zum Gelingen des Buches haben aber auch noch zwei andere Menschen beigetragen, die mich mit ihren Anmerkungen über Monate piesacken durften und so am Ende ein entscheidender Faktor wurden. Florian Kaiser ist immer meine Wunschlösung für das Lektorat gewesen – und nun, am Ende der Arbeiten, ist mir noch viel klarer, warum. Nicht nur bügelte er gnadenlos meine Fehler aus, schliff Sätze um, bot Alternativen an und wies mich auf Schwächen hin, mit seinem unverwechselbaren Humor versüßte er mir auch noch die teilweise harte Arbeit. Wenn man weiß, dass man tausende Anmerkungen durchgehen muss, kann so etwas sehr viel wert sein! Danke Florian, dieses Buch wäre nicht dasselbe ohne dich! Die zweite Person ist meine Korrektorin Telma Vahey, die noch einmal einen ganz anderen Ansatz an den Tag legte, kontrovers hinterfragte und mir so die Chance gab, Formulierungen zu überdenken und das Buch weiter zu verbessern. Ihr zwei seid wirklich ein Dreamteam für mich!

Last but not least ist dieses Buch allerdings in erster Linie den zwei Menschen gewidmet, die mir in meinem Leben am meisten bedeuten: meiner Frau Juliane und meiner Tochter Leni-Seleya, die mich inspirieren und an mich glauben. Sie geben meinem Leben Sinn, meinem Alltag Freude und mir selbst die Kraft für alle Prüfungen des Lebens.

Dieses Buch ist für euch.

Björn Sülter im August 2018

I. EIN UNIVERSUM VOLLER MÖGLICHKEITEN

Was ist *Star Trek*? Bei diesen vier Worten handelt es sich zwar rein sachlich um eine simple Frage, in Wirklichkeit steckt aber mehr dahinter.

Für Trekkies taucht die Frage zum Beispiel immer dann auf, wenn es darum geht, gutes von schlechtem *Star Trek* abzugrenzen oder um mit der Antwort zu verdeutlichen, was die Serien und Filme ihres Lieblingskosmos im Vergleich zu anderen Produkten aus dem Bereich der Phantastik zu etwas Besonderem macht. Es handelt sich allerdings auch um eine Frage, die sich Menschen stellen, deren Berührungspunkte mit diesem Phänomen über 700 Fernsehepisoden und dreizehn Kinofilmen zum Trotz eher gering ausfallen. Diese fragen sich gerne: Was sind das für Leute, die sich falsche Zähne ankleben, Latexmasken aufsetzen, fremde Sprachen lernen und auf Conventions den Worten ihrer Idole lauschen?

Wie erkläre ich so einem Menschen die Faszination von *Star Trek*? Zunächst einmal greift bei mir an dieser Stelle eine simple Abwehrreaktion: Nein, nicht alle Fans sind Verrückte, die als Klingonen verkleidet um die Häuser ziehen und gepanschten Blutwein trinken. Und nein, diese Verrückten sind auch eigentlich gar nicht wirklich verrückt. Man kann seiner Leidenschaft auf viele verschiedene Arten Ausdruck verleihen. Man kann lediglich die Episoden und Filme schauen, Comics oder Romane lesen, Raumschiffe sammeln, zeichnen oder bauen, kann Uniformen schneidern, eigenes Make-up designen oder ganze Masken erstellen, kleine oder große Fantreffs organisieren und besuchen, einfach nur darüber sprechen oder den Vorträgen von anderen lauschen. Oder aber man kann mit dem Schreiben beginnen und durch das Nachdenken über und die Beschäftigung mit *Star Trek* eine Leidenschaft entwickeln. Und obwohl ich immer gerne geschrieben habe, hat mich *Star Trek* letztlich zum Schreiben gebracht.

Star Trek-Fan zu sein, bietet uns ein Universum voller Möglichkeiten.

Wir lernen etwas über uns, andere, die Welt da draußen, warum wir hier sind, wohin wir gehen und was noch auf uns warten könnte. Wir lernen, offen mit den Besonderheiten der verschiedenen Kulturen umzugehen, Unterschiede zu akzeptieren und willkommen zu heißen, nicht vorschnell zu urteilen und uns nie wichtiger zu nehmen als das große Ganze: das Leben in all seiner Vielfalt.

Bei den Vulkaniern heißt das: *Infinite Diversity in infinite Combinations (IDIC).* Unendliche Mannigfaltigkeit in unendlicher Kombination. Das ist auch Teil des Taufspruchs meiner Tochter, die ihren zweiten Vornamen Seleya nicht ohne Grund erhalten hat. Ihr möchte ich einen Teil der Werte mitgeben, die ich aus *Star Trek* gelernt und für mich adaptiert habe. Ihr möchte ich zeigen, dass es unser Leben erleichtert und bereichert, wenn wir einander zuhören, aufeinander zugehen, friedlich nach Lösungen suchen und Konflikte annehmen, aber auch fair beilegen.

Seit mehr als fünfzig Jahren begleitet *Star Trek* die Menschen im Fernsehen und Kino, in Büchern und Zeitschriften, im Internet, auf Conventions und Fantreffs sowie im Alltag und in unseren Gedanken. Ich freue mich, dass ihr euch entschieden habt, mich durch alle Lebensphasen dieses Phänomens zu begleiten.

Und wie in vielen beliebten Episoden ist auch diese Sachbuchreihe eine Zeitreise. Es geht weit zurück in die Vergangenheit zu den Ursprüngen und führt uns nicht nur in die Gegenwart, sondern ebenfalls darüber hinaus. In diesem Zusammenhang ist es dann auch meine ganz persönliche Zeitreise mit *Star Trek*, von der ich euch erzählen möchte. Denn eines ist in Bezug auf *Star Trek* so viel mehr als nur eine Floskel: *Nur der Himmel ist die Grenze.*

DIE PHASE DER KLASSISCHEN SERIEN UND KINOFILME

1966 bis 2005

II. STAR TREK

MIT DEM PLANWAGEN INS WELTALL

Fakten
US-Erstveröffentlichung: 1966 bis 1969
US-Premiere: 8. September 1966 auf NBC
Deutscher Titel: Raumschiff Enterprise
Deutsche Premiere: 27. Mai 1972 im ZDF
Staffeln: 3
Episodenzahl: 79 + *The Cage*
Titelmusik: Alexander Courage
Hauptdarsteller: William Shatner (James T. Kirk), Leonard Nimoy (Spock), DeForest Kelley (Leonard McCoy), James Doohan (Montgomery Scott), George Takei (Hikaru Sulu), Walter Koenig (Pavel Chekov), Nichelle Nichols (Uhura) u. a.

DER MACHER
GENE ZUM ERFOLG

Auch wenn das Wortspiel in der Überschrift ganz hübsch ist, die Gene zum Erfolg im TV-Business waren Eugene Wesley »Gene« Roddenberry wahrlich nicht in die Wiege gelegt worden.

Geboren wurde er am 19. August 1921 in El Paso, Texas. Sein Vater Eugene Edward befand sich mit seinen 24 Jahren just auf dem Sprung vom Militär in den Job eines Polizisten, seine Mutter Caroline Glen Golemon war zum Zeitpunkt seiner Geburt gerade 17 Jahre jung und entsprach dem damals gültigen Prototyp der kleinbürgerlichen Hausfrau, die Haus und Kinder hütete, alles in Schuss hielt und abends noch den heimkehrenden Ernährer der Familie umsorgte. Gemeinsam mit seinen Geschwistern Robert Leon (geboren 1924) und Doris Willowdean (geboren 1925) wuchs der kleine Gene auf diese Weise größtenteils unbeschwert in Los Angeles auf und wurde von seiner sanften und verständnisvollen Mutter und dem strengen sowie prinzipientreuen Vater sicher durch die politisch und wirtschaftlich unruhigen Zeiten gebracht.

Schon mit zwölf Jahren träumte der von Asthma geplagte Junge jedoch auch von fremden Welten und las gerne Kurzgeschichten (sogenannte »Pulps«) wie *Jason Carter of Mars* oder *Tarzan*. Die Ikonen dieser billig produzierten Veröffentlichungen von Autoren wie H. P. Lovecraft, Jack London, Isaac Asimov oder Tennessee Williams wurden zu seinen Helden. Doch auf die Idee, selbst zu schreiben, kam Roddenberry erst später durch seine Englischlehrerin.

So verfolgte er nach seinem Abschluss am Los Angeles City College zunächst eindeutig den Karriereweg seines Vaters und interessierte sich sowohl für die Polizeiarbeit als auch für die Konstruktion von Flugzeugen. In der Zwischenzeit war aus dem kleinen Jungen ein stattlicher und attraktiver Mann geworden, der sowohl die Ruhe und Sanftmütigkeit seiner Mutter als auch die Geradlinigkeit seines Vaters besaß. Gene war genau genommen ein gelebter Episodentitel aus *Star Trek: The Next Generation*: *The Best of Both Worlds*, das Beste beider Welten.

Doch begann nach seiner Hochzeit mit Eileen Anita Rexroat und dem Erlangen einer Pilotenlizenz zunächst seine Karriere beim United States Army Air Corps. In den Nachwehen von Pearl Harbour flog er unzählige Kampfeinsätze und verarbeitete seine Eindrücke in Gedichten und Liedtexten. Hochdekoriert wechselte er in den zivilen Flugverkehr zu Pan Am und lernte auf diese Weise die Vielfalt der Welt kennen und schätzen. Bei seinen Aufenthalten in aufregenden neuen Ländern griff der junge Mann immer häufiger zum Stift und entdeckte endgültig seine eigentliche Leidenschaft: das Ersinnen von phantastischen Geschichten. Als er 1948 das Interesse am Fliegen verlor, zog er mit seiner Ehefrau und der ersten gemeinsamen Tochter Darleen zurück in das Haus seiner Eltern nach Los Angeles. Und obwohl er eigentlich plante, auf den beginnenden Siegeszug des Fernsehens aufzuspringen und Drehbuchautor zu werden, verschlug es ihn zunächst an einen weiteren bekannten Ort: Er heuerte bei der Polizei an, genauer gesagt, beim Los Angeles Police Department, wo auch einst sein alter Herr einst gearbeitet hatte.

Gene war kein Phantast. Das hatte er von seinem Vater gelernt. Er erkannte, dass man für die Verwirklichung eines Traumes Zeit und Geduld brauchte und in erster Linie für das Auskommen seiner Familie zu sorgen hatte. Doch arbeitete er im Hintergrund weiter an der Erfüllung seiner Wünsche, schrieb Reden für den Polizeichef und knüpfte Kontakte zu Fernsehproduktionen, die sich mit dem Polizeialltag befassten. Roddenberry analysierte in diesem Zuge auch jahrelang beharrlich Drehbücher und verglich sie mit dem fertigen Produkt, was ihn zu der Überzeugung brachte, bessere Arbeit abliefern zu können.

Über den Posten eines Technical Advisors bei der TV-Serie *Mr. District Attorney* gelangte er schließlich ans Ziel seiner Träume: Er verkaufte unter Pseudonym sein erstes Drehbuch. Dass außerdem noch seine zweite Tochter Dawn geboren wurde, macht das Jahr 1954 zu einem absoluten Highlight. Nur zwei Jahre später war es dann soweit: Gene Roddenberry kündigte seine Stelle beim Los Angeles Police Department und war ab diesem Moment hauptberuflich mit dem Schreiben beschäftigt; zunächst jedoch mit wechselhaftem Erfolg. Viele seiner Ideen wurden abgelehnt, einige zwar auch für gut befunden, jedoch nie verwirklicht. Gene lernte, dass man als Drehbuchautor die Fäden nicht in der Hand hielt, und orientierte sich nebenbei auch in Richtung Produktion. So kam 1963 mit *The Lieutenant* endlich ein erster Achtungserfolg zustande. Die Serie über das Militär in Friedenszeiten lief zwar nur eine Staffel, war aber Roddenberrys Eintrittskarte, um endlich ernstgenommen zu werden. Leonard Nimoy, Walter Koenig, Nichelle Nichols, Ricardo Montalbán und Majel Barrett (die später seine zweite Ehefrau wurde) waren alle als Darsteller Teil der Serie, und auch Gary Lockwood, der den Titelhelden spielte, sollte später noch wichtig werden; eine Art Vorabcasting für Roddenberrys nächstes Projekt sozusagen. Mit Marc Daniels, Art Wallace und Vincent McEveety standen hier hinter der Kamera ebenfalls schon spätere Weggefährten bereit.

Zu einem geschichtsträchtigen Tag kam es dann im Frühjahr 1964, an dem Roddenberry seine Idee für *Star Trek* an die Writers Guild of America schickte. Seine Vision: Ein Raumschiff, das 200 Jahre in der Zukunft mit einer kunterbunt zusammengemischten Besatzung verschiedener Kulturen unterwegs war, um zu forschen und um zur Deeskalation intergalaktischer Krisen beizutragen. Witzig war in diesem Zusammenhang, dass Roddenberry in den Jahren zuvor immer wieder an dieser Idee herumgeschraubt hatte und sie einmal auf einem Kreuzfahrtschiff, dann wieder auf einem Luftfahrtschiff hatte spielen lassen. Gemein war all diesen Szenarien allerdings, dass es immer um das Erforschen exotischer Orten und das Erleben von Abenteuern ging. Das letzte noch fehlende Puzzlestück fand er offenbar ausgerechnet in seiner frühesten Kindheit, als er gebannt einer Radiosendung gelauscht hatte, in der eine »Vereinte Föderation der Planeten« Schiffe ins All schickte. Gene Roddenberry hat diese Inspirationsquelle übrigens nie bestritten. Der Anfang war gemacht.

If man is to survive, he will have learned to take a delight in the essential differences between men and between cultures. He will learn that differences in ideas and attitudes are a delight, part of life's exciting variety, not something to fear.

Wenn der Mensch überlebt, wird er gelernt haben, die essenziellen Unterschiede zwischen allen Lebewesen und anderen Kulturen als Bereicherung zu empfinden. Er wird lernen, dass verschiedene Ansichten und Haltungen Grund zur Freude sind und einen Teil der aufregenden Vielfalt des Lebens darstellen; es ist nichts, was man fürchten müsste.

Gene Roddenberry

DER START

DIE GESCHICHTE VOM DOPPELTEN PILOTFILM

Bei CBS hatte Roddenberry mit seinem Vorstoß keinen Erfolg. NBC hingegen beauftragte die Produktion eines Pilotfilms und wählte aus drei vorliegenden Exposés *The Cage/Der Käfig* (das vorher *The Menagerie* hieß) aus.

Nun musste sich Roddenberry seine Besatzung zusammenschustern. Aus dem frühen Entwurf mit Robert T. April und der USS Yorktown machte er einen gewissen James Winter, um schließlich bei Captain Christopher Pike zu landen. An dessen Seite stellte er entgegen dem Zeitgeist eine Frau als stellvertretende Kommandantin. Von einer mutigen Entscheidung sprachen die einen; böse Zungen behaupteten jedoch, Roddenberry hätte an dieser Stelle schlicht seine damalige Freundin und spätere Ehefrau in der Serie unterbringen und nicht unbedingt die Welt verändern wollen. Erstaunlich war auch, dass der Captain persönlich noch in den ersten

Minuten von *The Cage* seinen ersten Offizier demontierte. Erst sagte Pike, er könne sich keine Frauen auf der Brücke vorstellen, dann äußerte er gegenüber seiner Number One, sie sei irgendwie anders.

Neben den weiteren Figuren stach insbesondere der Außerirdische Mr. Spock aus dem Cast heraus. Als Halb-Vulkanier sollte er der Serie eine exotische Note verleihen und deutlich machen, dass man sich in einer fernen Zukunft befand, in der neben den Menschen eben auch andere Spezies die Bühne betreten hatten.

Neben Jeffrey Hunter alias Captain Pike und Majel Barrett als Number One wurde ein gewisser Leonard Nimoy an Bord geholt. Der Sender hegte zunächst große Zweifel ob des »satanischen Äußeren« der Figur, musste sich durch die spätere Beliebtheit aber eines Besseren belehren lassen.

Als am 12. Dezember 1964 der Startschuss für die Dreharbeiten zu einem mehr als ambitionierten Stück Science-Fiction fiel, konnte niemand ahnen, was schon im Februar 1965 über die Produktion hereinbrechen würde. Die Verantwortlichen bei NBC schauten sich den fertigen Pilotfilm an und senkten kollektiv den Daumen. Bis heute wird gerne erzählt, dem Sender sei das Ergebnis zu verkopft gewesen.

Dabei handelt es sich allerdings nicht um die ganze Wahrheit. Zwar fehlte es den Entscheidungsträgern wirklich an etwas simplerer Action, die damals verbreitet und beliebt war, den restlichen Pilotfilm bewertete man jedoch als durchaus gelungen und hatte gar keine Probleme mit den philosophischen Untertönen. Die Sorge der Studiobosse bezog sich viel eher auf die Produktionsfirma DESILU, die den Ruf genoss, zu teuer zu produzieren und sich nicht an Absprachen zu halten. Exakt das war nämlich auch hier geschehen.

Das eigentlich auf rund 400.000 Dollar angesetzte Budget und die geplanten acht Drehtage wurden mit über 600.000 Dollar Einsatz und zwölf Tagen deutlich überzogen. Auch die Laufzeit hielt sich nicht an die üblichen 45 Minuten und landete stattdessen bei deren 60. Den Verantwortlichen bei NBC war jedoch auch bewusst, dass man sich für das komplexeste Exposé entschieden und es DESILU somit nicht gerade leicht gemacht hatte. So geschah etwas, das es vorher noch nie gegeben hatte. NBC erteilte am 26. März 1965 den Auftrag, einen zweiten Pilotfilm zu realisieren.

So positiv und unerwartet diese Nachricht für DESILU und Gene Roddenberry auch war, so lang war der damit verbundene

Rattenschwanz. Ehe sich der Autor und Produzent versah, war seine komplette Besetzung den Bedingungen der Geldgeber zum Opfer gefallen. Pike, Number One, Dr. Boyce, sie alle mussten samt ihrer Darsteller gehen, und Roddenberry stand wieder (fast) am Anfang.

Eine Ausnahme bildete hier allerdings Jeffrey Hunter, der schlicht keine Lust mehr hatte, weiterhin die Rolle des Captain Pike zu spielen. Wie Number One sollte auch Mr. Spock eigentlich gestrichen werden, doch hier intervenierte der Erfinder der Serie. Für Roddenberry löste sich das Problem dafür aber auch auf eine sehr charmante Art und Weise: Er behielt den Vulkanier an Bord und heiratete Majel Barrett. Wie er selbst später ironisch sagte, wäre das Gegenteil auch eher ungünstig gewesen.

Neben Mr. Spock, der ein paar Wesenszüge von Barretts Figur erhielt, setzte Roddenberry nun allerdings ebenfalls auf einen anderen Typ Captain. Der Sender hatte sich einen weniger nachdenklichen Helden gewünscht. Das Ergebnis: Der dynamische Cowboy James T. Kirk. Mit Uhura, Sulu, Scotty, Yeoman Rand und Dr. Piper komplettierte er den Cast und fand in Nichelle Nichols, George Takei, James Doohan und Grace Lee Whitney Schauspieler, die auch nach dem zweiten Pilotfilm noch an Bord blieben.

Aus verschiedenen Exposés wählten die Senderverantwortlichen ein zweites Mal und entschieden sich für *Where No Man Has Gone Before/Die Spitze des Eisbergs*, das vor allem eines war: simpler gestrickt und actionreicher. Im Juni 1965 begann man also abermals mit den Dreharbeiten. Das Budget wurde zwar erneut überzogen (355.000 Dollar gegenüber geplanten 215.000 Dollar), und man benötigte auch einen Tag länger als gewünscht; das Resultat jedoch überzeugte NBC. Nach mehreren Tests mit wechselndem Publikum bestellte der Sender zunächst 13 Episoden.

Es gab noch einen weiteren Grund zur Freude: Roddenberry musste zumindest auf Druck des Senders diesmal keine erneute Umbesetzung vornehmen. Da er jedoch selber mit Dr. Piper unzufrieden war, holte er DeForest Kelley an Bord und besetzte ihn als Dr. Leonard McCoy, dessen Spitzname »Pille«, den wir deutschen Fans schnell lieben gelernt haben, sich deutlich von dem Original »Bones« (»Knochen«) unterschied.

Mit Kirk, Spock, McCoy, Scotty, Sulu und Uhura als Stammbesetzung startete Roddenberry also in die restliche erste Staffel – und somit auch in den Anfang einer ausdauernden Erfolgsgeschichte.

DIE SCHAUSPIELER
HAUEN, STECHEN, STOLPERSTEINE

So positiv wir Fans heute auf unsere Idole schauen, so schwierig gestaltete sich für die Darsteller seinerzeit die Zusammenarbeit an der Serie und den Kinofilmen. Wie so oft im Leben begann alles mit dem lieben Geld. William Shatner war zu Beginn der Serie zum Star auserkoren worden und erhielt pro Woche 5000 Dollar. Dazu kamen Bonuszahlungen wie etwa eine Gewinnbeteiligung und Honorare für Wiederholungen. Betrachtet man diese Zahl ohne Kontext, mag sie dem geneigten Fan noch gar nicht weiter zu denken geben. Schaut man allerdings auf die Werte der anderen Stammschauspieler, regt sich vermutlich direkt eine Augenbraue. So erhielt Leonard Nimoy nur knapp ein Viertel dieser Summe. Die restlichen Darsteller mussten sich mit 600 bis 850 Dollar pro Episode begnügen – dazu gab es keine Garantien, dass sie in allen Episoden würden auftreten können. Von einer Ensembleshow konnte also schon zu Beginn keine Rede sein.

Während man bei Sulu, Uhura, Scotty und McCoy noch auf den Status als Nebendarsteller verweisen konnte, sah die Sache bei Nimoy gänzlich anders aus. Man musste den TV-Start der Serie gar nicht abwarten, um zu realisieren, wie prominent seine Figur in den Drehbüchern eingesetzt werden würde. NBC jedoch zeigte sich in dieser Angelegenheit stur und vertröstete den Schauspieler samt seines Agenten auf das Ende der ersten Staffel. Erst dann wäre man dazu bereit, die entsprechenden Gespräche zu führen.

Leonard Nimoy mag somit eine ganze Weile still vor sich hin gebrütet haben. Als er aber anhand der zunehmenden Fanpost den Status und die Beliebtheit von Spock auch visuell eindeutig belegen konnte, wendete sich schnell das Blatt. Nimoy ließ die Verantwortlichen nun immer deutlicher spüren, was in seinem Kopf vorging, und genoss es, seine Berge an Fanpost vor den Augen des Teams zu seinem Trailer zu schleppen. Dem Vernehmen nach wäre er zu diesem Zeitpunkt fast aus der Serie gekippt worden. Seitens DESILU wurden in der Drehpause nach dem ersten Jahr sogar bereits Ersatzdarsteller gecastet, und auch Roddenberry war nicht sicher, ob sein Star zur zweiten Staffel zurückkehren würde. Dass man sich schließlich doch noch einigte, war dann auch nicht so selbstverständlich. Mit deutlich erhöhten Bezügen von 2500 Dollar für die zweite und 3000 Dollar für die dritte Staffel pro Woche, einer schöneren und größeren

Garderobe sowie Geld für die Beantwortung seiner Fanpost stellte man Nimoy zufrieden, sorgte auf diese Weise allerdings direkt für das nächste Problem.

Der eigentliche Star der Serie, ein gewisser Mr. Shatner, spürte nun den Atem seines Konkurrenten deutlicher als zuvor. Oder um es mit anderen Worten auszudrücken: Die Popularität der Figur und das Gehabe des Kollegen störten ihn massiv. Der Kirk-Darsteller war besorgt um sein eigenes Standing, was zu einer Art Kleinkrieg am Set führte, der für keinen Beteiligten ein Vergnügen gewesen sein dürfte. Eine beliebte Anekdote ist, dass William Shatner den Fauxpas des Sprechers einer Parade gerne und sooft es nur ging benutzte, um seinen Kollegen am Set zu ärgern und bloßzustellen. Dieser Sprecher hatte Nimoy aus Versehen als »Leonard Nimsey« bezeichnet. Ein gefundenes Fressen für kleine Nadelstiche.

Es ist nicht endgültig zu klären, wie sich die beiden Streithähne letztlich zusammengerauft haben. Sei es die Version, dass Roddenberry Shatner eines schönen Tages überzeugen konnte, dass ein starker Co-Star auch für den eigenen Status gut sei, oder die Variante, dass man begann, Kirk und Spock als Team zu schreiben und so beide Positionen zu stärken. Fakt ist: Es gelang. Auf diese Weise erhielt man nicht nur mehr Ruhe am Set, sondern auch ein funktionierendes Duo, das mit Dr. McCoy sogar nach und nach zu einem Trio ausgebaut wurde. Ende gut, alles gut? Mitnichten. Wer ahnt bereits den nächsten Streitpunkt?

Richtig geraten! Mit der zunehmenden Fokussierung auf Kirk, Spock und McCoy drängten die Autoren die restlichen Figuren sukzessive in den Hintergrund. Für Nichelle Nichols war diese Erfahrung derart unerträglich, dass sie sogar zeitweise mit dem Gedanken spielte, ihre Rolle hinzuschmeißen. Dank eines Treffens mit Martin Luther King auf einer Party – eine der wohl am häufigsten erzählten Anekdoten aus der Geschichte von *Star Trek* – erkannte sie jedoch den Stellenwert ihrer Figur und blieb. Glücklich wurde sie mit der Einbeziehung von Uhura aber nie mehr. Dazu trug auch eine neue Erfindung der »großen Drei« bei, die 1967 Einzug in die Serienproduktion hielt: Der Probentisch. Angeblich soll William Shatner höchstselbst diesen Tisch eingeführt haben, um in den Drehpausen die Verteilung von Dialogsequenzen und die allgemeine Richtung der Figurenzeichnungen zu diskutieren. Dass hierbei natürlich primär Shatner, Nimoy und Kelly ihre Meinung kundtaten, versteht sich von selbst. So rannen den anderen Darstellern zunehmend ihre ohnehin raren Wortbeiträge durch die Finger, und mehr als nur ein Drehbuchautor oder Regisseur reagierte verstimmt auf die ständigen Diskussionen und Änderungen am Material durch die Schauspieler.

So stritt, kabbelte und diskutierte man sich also untereinander dem Ende der gemeinsamen Serie entgegen. Vielleicht war dies auch der Auslöser für einen gänzlich anderen Ansatz in den frühen 1970er-Jahren. Doch dazu kommen wir später.

DIE WELT
WETTLAUF ZU DEN STERNEN

In den Nachwehen des Zweiten Weltkrieges und der Zeit des Kalten Krieges hatten sich die USA längst wieder zu einer gesunden und florierenden Gesellschaft entwickelt. Wie auch in der Sowjetunion richtete man den eigenen Fokus zunehmend auf ein neues, großes Ziel: als erste Nation einen Menschen auf den Mond zu bringen. Es war John F. Kennedy, der im Mai 1961 öffentlich den Druck erhöhte und erklärte, noch vor Ende des Jahrzehnts das Ziel erreichen zu können. Es wurde ein Wettlauf, der bis heute seinesgleichen sucht.

War der Amerikaner John Glenn 1962 noch der erste Mensch gewesen, dem eine Mehrfachumrundung der Erde gelungen war, hatten die Russen 1966 bei der ersten weichen Landung einer Sonde (Luna 9) die Nase vorn. Das Jahr 1967 wurde dann durch Rückschläge geprägt: Erst verloren die USA drei Astronauten bei einem Brand während eines Bodentests, dann stürzte der russische Kosmonaut Komarow wegen eines defekten Fallschirms beim Wiedereintritt ab. Doch am 21. Juli 1969 war es soweit – mehr als eine halbe Milliarde Menschen weltweit saßen wie gebannt an den Fernsehschirmen, als Neil Armstrong seinen ikonischen Ausspruch tätigte und als erster Mensch den Erdtrabanten betrat, ironischerweise zu einem Zeitpunkt, als *Star Trek* nach nicht einmal drei Jahren bereits wieder abgesetzt worden war. Die letzte Episode lief gut einen Monat vor dem erfolgreichen Abschluss der Apollo-11-Mission.

Doch wussten die Menschen nun, was alles möglich war. Das Weltall war endgültig keine abstrakte Größe mehr; es war erreichbar geworden. Eine Serie, die sich mit der Erforschung dieser unendlichen Weiten befasste, wäre in diesem Moment sicherlich genau das Richtige gewesen. Dumm gelaufen? War *Star Trek* also seiner Zeit schlicht einige Jahre voraus gewesen? Der

Erfolg der Wiederholungen in den Folgejahren schien genau diese These zu belegen.

The human race is a remarkable creature, one with great potential, and I hope that »Star Trek« has helped to show us what we can be if we believe in ourselves and our abilities.

Die Menschheit ist bemerkenswert und besitzt viel Potenzial. Ich hoffe, dass »Star Trek« dabei geholfen hat, zu zeigen, was aus uns werden kann, wenn wir an uns und unsere Fähigkeiten glauben.

Gene Roddenberry

Was die Auflösung der Grenzen zwischen Geschlecht oder Herkunft anging, war die Serie in ihrer Darstellung ihrer Zeit ebenfalls weit voraus. So muss man die Einbeziehung der Charaktere Uhura, Sulu und Chekov als eindeutige Folge der politischen Entwicklungen in den USA rund um den Civil Rights Act von 1964 ansehen. Zwar war mit diesem rein rechtlich die Basis für eine durch Vielfalt geprägte Raumschiffcrew in ferner Zukunft bereits gelegt worden; dennoch war der Vorstoß im Rahmen einer Fernsehserie noch immer eine kleine Revolution. Roddenberry hatte sich schon früh auf diese Form der Präsentation festgelegt und dem Vernehmen nach wie ein Wolf darum gekämpft.

Nicht wenige Zuschauer fühlten sich aber durch den Japaner, den Russen oder gar die schwarze Frau auf der Brücke beleidigt oder reagierten zumindest mit Unverständnis. Die Besetzung der Rolle der Uhura mit der Afroamerikanerin Nichelle Nichols war zudem eine in doppeltem Sinne gewagte Entscheidung, nicht nur wegen des offensichtlichen Aspekts, eine Frau als Teil der Brückencrew zu etablieren, sondern natürlich auch aufgrund ihrer Herkunft. Einige Fernsehstationen im Süden der USA drohten gar, die Serie wegen ihrer Beteiligung nicht auszustrahlen. Bis heute zitieren nicht wenige Prominente Nicholls als Inspiration für Leben und Karriere. Whoopi Goldberg, die beliebte Schauspielerin der Guinan aus *Star Trek: The Next Generation*, erzählt (über den Einfluss von *Star Trek*) gerne eine Geschichte aus ihrer Kindheit, um zu verdeutlichen, welchen Einfluss *Star Trek* auf sie hatte. Als sie neun Jahre alt war und die Classic-Serie im Fernsehen ausgestrahlt wurde, lief sie sofort aufgeregt durch ihr Elternhaus und rief ihre Familie zusammen. Dass man dort eine farbige Frau sehen konnte, die keine Bedienstete war, sondern eine wichtige Funktion auf der Brücke eines Raumschiffs innehatte, zeigte der kleinen Whoopi, dass sie alles würde erreichen können, wenn sie es nur wollte. Dass sie später die Rolle der Guinan spielen durfte, ist eine wunderbare Wendung des Lebens.

Sicher kann man Gene Roddenberry unterstellen, mit seinen Entscheidungen auf bereits fahrende Züge aufgesprungen zu sein; dennoch halte ich sein Vorgehen für den visionären und mutigen Versuch, Blockaden in den Köpfen des Otto-Normal-Bürgers aufzubrechen oder zumindest brüchig werden zu lassen – und natürlich auch für den cleveren Ansatz eines kreativen Vordenkers, ein erfolgreiches, weil Aufsehen erregendes Produkt auf den Markt zu bringen. Denn so sehr Roddenberry Visionär war, so sehr war er auch Geschäftsmann. Eine Kombination, die sich weder ausschließt noch einen Widerspruch darstellt und sehr anschaulich und plausibel erneut auf das zurückgreift, was ihn auch nach eigener Aussage am meisten geprägt hat: seine Kindheit und sein Elternhaus.

DAS GENRE
KAMPF DER NISCHE

Das Science-Fiction-Genre fand in den 1950er- und 1960er-Jahren in Kino und TV durchaus statt. Ihm war allerdings kein allzu großer kommerzieller Erfolg beschieden. Filme wie *Forbidden Planet* (1954) oder die charmanten Serien *Space Patrol* (1950-1955) und *Rocky Jones, Space Ranger* (1954) taugten zwar definitiv als Inspirationsquellen für Gene Roddenberrys Ansatz, waren jedoch mit einer Produktion wie *Star Trek* nicht vergleichbar. Einzig *Lost in Space* (1956-1958) ist nicht nur durch die Kinoumsetzung von 1998 auch heute noch ein Begriff.

Star Trek war der Versuch, eine ernsthafte und wissenschaftlich zumindest pseudo-fundierte Serie über die Erforschung des Alls landesweit und mit einer fast einstündigen Lauflänge auf den TV-Schirm zu bringen; abseits von anderen Vorreitern des Genres wie *The Twilight Zone* und den beliebten Kurzgeschichten und Comicheften dieser Zeit also durchaus ein Wagnis. Nebenbei bemerkt: Ebenfalls im Jahr 1966 lief in Deutschland die heute als Kult geltende Reihe *Raumpatrouille Orion.*

DIE SERIE
UNGELIEBT UND VERSCHMÄHT

Computerlogbuch der Enterprise, Sternzeit 1513,1, Captain Kirk. Unsere Position: im Orbit um den Planeten M113. Auf der Enterprise hat Mr. Spock vorübergehend das Kommando. Auf dem Planeten sind die Ruinen einer vor langer Zeit ausgestorbenen Zivilisation. Ich beame mich jetzt mit Doctor McCoy, dem Schiffsarzt, und Sergeant Darnell auf den Planeten hinunter. Unser Auftrag: eine medizinische Routineuntersuchung des Archäologen Robert Crater und seiner Frau Nancy. Routine bis auf den Umstand, dass Nancy Crater einmal die Frau in Doktor McCoys Leben war.

James T. Kirk

Mit diesen Worten, gesprochen von William Shatner alias Captain James T. Kirk, begann am 8. September 1966 die Ausstrahlung von *Star Trek* in den USA. Ort der Handlung: Die U.S.S. Enterprise NCC 1701, ein Raumschiff, unterwegs auf einer 5-Jahres-Mission im Weltall, mit dem Ziel, neue Zivilisationen und neues Leben zu entdecken und zu erforschen und dorthin zu gehen, wo noch nie ein Mensch zuvor gewesen war.

Anders als bei anderen SF-Serien und -Filmen dieser Zeit wurde der Fokus bei *Star Trek* weniger auf Weltraumkämpfe und böse Aliens gelegt als vielmehr auf inspirierende Unterhaltung, die einen Ausblick auf eine positive Zukunft der Menschheit geben sollte.

Das Triumvirat aus Kirk, Spock und McCoy zelebrierte Freundschaft und Herzlichkeit und zeigte einen tiefen Respekt für die gesamte Crew. Dies hatte zur Folge, dass jeder Zuschauer gerne Teil davon gewesen wäre. Konflikte zwischen den Hauptfiguren waren, einer Regel von Gene Roddenberry folgend, nicht erwünscht. Diese sollten, wenn nötig, nur von außen hineingetragen werden.

Zu diesen positiven Umgangsformen gesellten sich aber auch noch andere bemerkenswerte Aspekte. So waren die Episoden ein Spiegel ihrer Zeit und der gesellschaftlichen und politischen Sorgen und Probleme, mit denen wir Menschen auf unserer blauen Kugel zu kämpfen hatten (und haben). *Star Trek* bemühte sich seit jeher, Missstände anzusprechen, Auswege aufzuzeigen, Hoffnung zu spenden und die Zuschauer für ihre Umwelt zu sensibilisieren.

Stets waren die Figuren offen für Neues, interessiert an wissenschaftlichen Entdeckungen, fasziniert von den Möglichkeiten, die Reisen ins All mit sich brachten, begegneten neuem Leben und neuen Zivilisationen mit Respekt und setzten die erste Direktive der Sternenflotte so gut es ging um. Ausnahmen bestätigten die Regel – oft setzte sich vor allem bei Captain Kirk eine Cowboy-Mentalität durch, die zwar charmant war, allerdings besagte Erste Direktive konterkarierte.

Star Trek war in der Grundkonzeption immer eine Utopie. Man zeigte eine Erde, die Frieden gefunden hatte und existierte, um das Individuum und den Rest der Menschheit zu verbessern.

In diesem Mix findet sich die Ursuppe, aus der *Star Trek* zu dem Phänomen werden konnte, das es heute noch ist. Generationen von Menschen ließen sich von den vermittelten Werten und dem Entdeckergeist inspirieren und suchten sich ihren Lebensweg auf Trek-Art: Nur der Himmel ist die Grenze. Oder anders ausgedrückt: Ich kann alles erreichen, wenn ich es nur von ganzem Herzen möchte und etwas dafür tue.

Zum Stab der Serie gehörten außergewöhnlich talentierte Autoren wie D. C. Fontana, Harlan Ellison, Theodore Sturgeon, Gene L. Coon oder David Gerrold, die für einige der feinsten Momente der Serie sorgten.

Für eine lange Lebensdauer reichte das jedoch nicht: Die letzte Episode lief am 3. Juni 1969, also nur etwas mehr als zweieinhalb Jahre nach Ausstrahlung der ersten. *Star Trek* hatte für den Moment also keinen allzu großen Eindruck hinterlassen. Wer konnte schon ahnen, was daraus in den folgenden Jahrzehnten noch werden würde?

TOS nimmt einen größeren Platz in meinem Herzen ein, als alle anderen Trek-Serien. Dafür gibt es eine einfache Erklärung: Die erste »Star Trek«-Serie, die man als Kind sieht, schlägt ein wie keine andere. Aber es gibt auch eine schönere Erklärung:

TOS ist geprägt von einer durch und durch optimistischen Zukunftshoffnung, für die selbst TNG zu reif geworden war. Das reißt mich bis heute mit.

Claudia Kern (Autorin und Übersetzerin)

STAFFEL 1
(1966/1967)
DIE BESTE STAFFEL ALLER ZEITEN?

Zunächst startete man aber voller Elan ins Abenteuer. Beachtung finden muss dabei natürlich noch die besondere Konstellation mit dem Pilotfilm. Ursprünglich hatte man bekanntermaßen *Der Käfig* als solchen gedreht, sich dann jedoch umentschieden. *Die Spitze des Eisbergs* wäre der designierte Nachfolger gewesen und hatte der Serie immerhin die Staffelbestellung eingebracht. Dennoch entschied der Sender, zunächst das simplere *The Man Trap/Das letzte seiner Art* zu bringen. Eine vielleicht ganz richtige und sogar nachvollziehbare Entscheidung.

Die Episode war für die Serie ein guter Start. Die Figuren funktionierten in Sachen Humor und Chemie aus dem Stand heraus und retteten auf diese Weise über den generischen und redundanten Plot hinweg. NBC wählte somit aus den zur Verfügung stehenden Episoden einen zwar wenig anspruchsvollen, dafür allerdings durchaus unterhaltsamen Startpunkt, gespickt mit Abenteuer, guten Sprüchen und ausreichend Abwechslung. Trotzdem wäre die ursprünglich gewählte Episode gleichermaßen geeignet gewesen.

Denn *Die Spitze des Eisbergs* ist nach heutigen Maßstäben vor allem eines: erstaunlich frisch und aktuell. Die Dramaturgie war flüssig, die Dialoge mehrheitlich gut, die Charakterzeichnungen überzeugend und die technischen Aspekte – gemessen an der Zeit der Entstehung – absolut überzeugend. Natürlich waren Einbußen bei der Tiefe der Ausarbeitung der aufgeworfenen Fragen vorhanden, einige Sequenzen wirkten redundant, einige wenige Dialoge und Schauspielerleistungen steif oder unbeholfen.

Dennoch wäre *Star Trek* hier ebenso mit einer heute noch sehenswerten, weil selbstbewussten und durchaus anregenden Episode ins Abenteuer gestartet.

Schaut man sich die Höhepunkte der Staffel an, nennen Fans immer wieder die gleichen Episoden. Und das völlig zu Recht! So findet man beispielsweise *Balance of Terror/Spock unter Verdacht* auf fast jeder Liste. Diese Dreiviertelstunde war definitiv ein Highlight: Dank eines starken Feindes und einer mitunter herausragenden Atmosphäre entstand hier ein kammerspielartiges Duell zweier Kapitäne, die bereit waren, alles zu riskieren. In Sachen *Star Trek* eines der kohärentesten Drehbücher, eine der konsequentesten Dramaturgien und verdientermaßen eine der fünf besten Episoden der Serie.

Doch auch der originelle Abstecher in die Vergangenheit der Erde gehört für mich dazu. *Tomorrow is Yesterday/Morgen ist gestern* begründete das Trek-Subgenre der Zeitreise-Episoden und spielte die später oft gehirnverdrehend komplizierte Thematik hier noch mit Witz und Ironie durch. Logiklöcher wurden kernig weggewischt, und Gevatter Zufall hatte ständig seine Finger im Spiel. Nichtsdestotrotz ein großer Spaß und ein wichtiger sowie besonderer Moment der Trek-Historie, der auch heute noch Freude macht.

Der Auftritt des glorreichen Khan Noonien Singh ist ebenfalls immer wieder Gegenstand von Lobpreisungen – was ich zugegebenermaßen nicht wirklich nachvollziehen kann. Denn obwohl die Episode im Serienkontext originell und auf gewisse Weise reif daherkam, muss man den Ikonen-Status der Figur des Khan leider ehrlicherweise eher Ricardo Montalbáns Spiel beziehungsweise dem zweiten Kinofilm zuschreiben. Hier störte das Geplänkel mit der wenig professionellen McGivers sowie die Leichtfertigkeit, mit der man Khan erst willkommen hieß und später mitsamt seiner Crew zurückließ. Wenig Handlungstiefe führte aber auch zu wenig Angriffsmöglichkeiten: *Space Seed/Der schlafende Tiger* war eine gemächlich-spannende, leidlich-anspruchsvolle Episode mit einem starken Gastdarsteller, dessen Background allerdings nur von Andeutungen lebte und viel zu wenig Ausarbeitung nach sich zog. Eine gute Dreiviertelstunde, die jedoch deutlich weniger brillant war, als man meinen könnte.

Dafür gab es dann aber am Ende der Staffel noch das große Über-Highlight, bei dem sich alle einig waren und sind. *The City on the Edge of Forever/Griff in die Geschichte* war für die junge Serie ein Homerun, ein wunderbares SF-Konzept eingebettet in eine relevante, zeithistorisch interessante Geschichte, gespielt von starken Darstellern in glaubwürdigen Rollen. Die Serie war nie besser, nie dichter inszeniert, nie aussagekräftiger und nie emotional berührender. Für mich ist sie bis heute eindeutig die beste Episode der Classic-Serie und eine der besten Trek-Episoden überhaupt. Das war übrigens umso erstaunlicher, da es sich hierbei um eines der Drehbücher mit der kompliziertesten Entstehungsgeschichte der Serie handelte. Harlan Ellison hatte zunächst einen Entwurf eingereicht, der als unverfilmbar galt. Den Writers Guild of America Award gewann er dann auch ausgerechnet für das unverfilmte Originaldrehbuch. Eine Ironie der Produktionsgeschichte, die Roddenberry einmal süffisant kommentierte, indem er sagte, dass es nicht schwer wäre, Preise zu gewinnen, wenn man vollkommen unverfilmbare Stoffe einreichen würden.

In den Bereich Guilty-Pleasure fallen für mich Episoden, die eigentlich keine herausragende Qualität besitzen, allerdings den Charme der Serie ausmachen. Hierzu gehören *The Conscience of the King/Kodos, der Henker*, *The Return of the Archons/Landru und die Ewigkeit*, *This Side of Paradise/Falsche Paradiese* und *Operation: Annihilate!/Spock außer Kontrolle.*

Wirkliche Aussetzer gab es für mich in dieser ersten Staffel nicht – ein Umstand, der in *Star Trek* durchaus Seltenheit besitzt. Einzig für *Arena/Ganz neue Dimensionen* konnte ich mich nie erwärmen, weiß jedoch, dass viele Fans in diesem Fall anderer Meinung sind.

In der Summe war die erste Staffel der Serie eine vorzügliche Ansammlung starker Episoden, die all jene Werte begründete, auf denen *Star Trek* zu einer so wunderbaren Angelegenheit wurde und die bis heute das Fundament des Franchises bilden.

Nicht verschwiegen werden darf aber, dass Gene Roddenberrys Baby zunächst gar kein großer Quotenhit war, wenn man ehrlich ist. Die erste Episode *Das letzte seiner Art* wurde am 8. September 1966 in den USA ausgestrahlt. Die Kritiken waren allerdings gelinde gesagt verhalten, die Einschaltquoten kaum mehr als gutes Mittelmaß. Nach damaliger Zuschauerzahlenberechnung kam die komplette erste Staffel nur auf durchschnittliche Werte. Dennoch wollte NBC die Serie nach dem ersten Jahr vermutlich nicht direkt absetzen – die Wahrheit ist jedoch, dass in dieser Angelegenheit verschiedene Versionen existieren. Vorerst ging es aber weiter mit den Abenteuern der Crew um Captain Kirk. Man hatte sich rein inhaltlich und qualitativ in jedem Fall eine ideale Basis für die Fortführung geschaffen.

Es wird in naher Zukunft den Menschen gelingen, unvorstellbare Energien freizumachen und zu nutzen. (...) Energien, die den Menschen befähigen werden, das Weltall zu durchkreuzen ... in einer Art von Raumschiff. Und die Pioniere, die das Weltall erobern, werden Möglichkeiten finden, um Millionen Hungernder zu ernähren und ihre Krankheiten zu besiegen. Sie werden es möglich machen, dass es für jeden Menschen Hoffnung und Zukunft geben wird. Diese Zukunft ist es wert, für sie zu leben.

Edith Keeler (Griff in die Geschichte)

STAFFEL 2
(1967/1968)
DIE PROBLEME SICKERN DURCH

Die zweite Staffel hatte wieder viele wunderbare Momente zu bieten, die auf Drehbüchern von verlässlichen Autoren wie D. C. Fontana, David Gerrold, Gene L. Coon und Roddenberry persönlich basierten.

In *Amok Time/Weltraumfieber* kam mit Walter Koenig als Pavel Chekov zudem ein neues Besatzungsmitglied an Bord und wurde schnell zum Fanliebling. Es heißt, die neue Figur sei deshalb zum Russen gemacht worden, weil er die Diversität erhöhen sollte. Dabei handelte es sich jedoch um PR-Blödsinn, denn ging es vielmehr um die Perücke, die er tragen sollte, damit er dem Sänger einer damals (und bis heute) recht bekannten Boyband ähnlich sehen und so ein jüngeres Publikum ansprechen sollte.

In *Weltraumfieber* bekam man aber nicht nur Chekovs Haarpracht zu sehen, sondern auch erstmals Vulkan, die Heimatwelt von Spock. Später lernte man in *Journey to Babel/Reise nach Babel* sogar noch dessen Eltern Sarek und Amanda Grayson kennen. Die Episode gehört zu den Höhepunkten des Jahres.

Mirror, Mirror/Ein Parallel-Universum ist bis heute ein unangefochtener Fanliebling – ob es an der Andersartigkeit der Charaktere liegt, die ihre bekannt-beliebten Rollen gegen den

Strich bürsteten oder am Humor, den diese Situation erzeugte, ist letztlich allerdings absolut zweitrangig. Der erste Ausflug in das Paralleluniversum war sicher serienübergreifend nicht der beste, macht jedoch auch heute noch Spaß, und das ist schließlich die Hauptsache!

Spaß machte außerdem der erste Auftritt von Harry Mudd in der Episode *I, Mudd/Der dressierte Herrscher*. Dennoch kann ich den Hype darum bis heute nicht verstehen. Ja, die Folge war völlig verrückt. Auf eine vollkommen abwegige Art und Weise machte sie auch Spaß und berührte zugleich peinlich. Eindeutig ist, dass hier zwar der allseits beliebte und berüchtigte Ton und Charme der Serie zum Tragen kam, man aber dabei das Setting auch vollkommen ins Lächerliche zog. Heutzutage kann man das kaum mehr ernst nehmen, damals war es vermutlich ein zeitgeistlich gesehen adäquater Spaß. Müsste ich mich entscheiden, würde ich die Mitte aus Lach- und Schreikrampf wählen und spräche der Episode eine lauwarme Empfehlung aus. Jeder möge seinen Humor selbst auf Kompatibilität abklopfen.

Eine der meist zitierten Episoden landete man mit dem humorvollen Abenteuer rund um Cyrano Jones und seine Tribbles. *The Trouble With Tribbles/Kennen Sie Tribbles?* ist zwar mit Sicherheit der Inbegriff einer seichten und oft albern-grotesken Dreiviertelstunde, punktete allerdings durchweg mit liebenswertem Charme, Schauspielern, die sichtlich Freude bei der Arbeit hatten und denkwürdigen, wenn auch teils schmerzhaften Dialogen. Dass darüber hinaus noch eine der sympathischsten Alienspezies des Franchises eingeführt wurde, rundete das Bild ab. Die Folge taucht in so ziemlicher jeder Top-10-Liste der Serie auf und hat sich ihren Platz dort auch absolut verdient.

Ein weiteres gutes Beispiel für das besondere Flair der Serie ist der spaßige Ausflug in die Vergangenheit unserer Welt in *A Piece of the Action/Epigonen*. Dieser versprühte dann auch gute Laune pur. Alle Darsteller chargierten, dass es eine reine Freude war, die Dialoge glänzten im Original wie auch im Deutschen mit viel Witz und Charme und ließen keine Langeweile aufkommen. Dass dabei keine allzu relevante Geschichte erzählt wurde und der Grundgedanke der Kontamination einer Kultur durch Unachtsamkeit keine wirkliche Rolle spielte, blieb Nebensache. Hier hatte man schlicht Spaß und übertrug dies 1:1 auf die Zuschauer. Ein sehr gutes Beispiel dafür, warum die Classic-Crew sich bis heute zu Recht ungebrochener Beliebtheit erfreut und ein früher Fingerzeig auf den viele Jahre später folgenden vierten Kinofilm, der exakt mit dieser Leichtigkeit punktete und bis heute als eines der Highlights der Kinoreihe gilt.

Weitere Höhepunkte waren *The Doomsday Machine/Planeten-Killer*, *Obsession/Tödliche Wolken*, *The Ultimate Computer/ Computer M5* und im Bereich Guilty Pleasure *Who Mourns for Adonais?/Der Tempel des Apoll*.

Weniger erfolgreich war man hingegen mit Episoden wie dem Halloween-Abstecher in *Catspaw/Das Spukschloss im Weltall*, der albernen Nazi-Abhandlung in *Patterns of Force/Schablonen der Gewalt* (die in Deutschland lange Zeit unter Verschluss gehalten wurde) sowie mit *The Gamesters of Triskelion/Meister der Sklaven* und *The Omega Glory/Das Jahr des roten Vogels*. Trotz einiger Aussetzer und mittelprächtiger Versuche konnte die Serie aber auch im zweiten Anlauf ein insgesamt hohes Niveau halten, wenngleich man nicht an die Klasse der ersten Staffel herankam.

Aus der letzten Episode *Assignment: Earth/Ein Planet, genannt Erde* hatte Roddenberry eine gleichnamige Spin-Off-Serie machen wollen. Dazu kam es jedoch letztlich nicht mehr. Bis heute hält sich auch hartnäckig das Gerücht, dass der Autor Mike Hillenbrand von dieser Episode inspiriert wurde, sich intensiv mit dem Thema Spracherkennung auseinanderzusetzen und so in Deutschland als »Spracherkennungspapst« bekannt wurde.

Trotz des hohen Niveaus gab es aber auch erneut eine Menge Ärger hinter den Kulissen, was nicht nur die Scharmützel der Schauspieler untereinander betraf, sondern auch die Situation zwischen Sender, Produzenten, Autoren und dem restlichen Team. Aus Quotensicht stand es am Ende des zweiten Jahres zudem fraglos Spitz auf Knopf. Mit einer unnachahmlichen Kampagne schwor Roddenberry, dem immer ein gutes Verhältnis zur Fanbase nachgesagt wurde, die Zuschauer seiner Serie auf ein gemeinsames Ziel ein, organisierte mit Isaac Asimov einen Protestmarsch von Studenten und forderte die Fans mit Hilfe von Bjo Trimble auf, Protestbriefe gegen eine Absetzung an NBC zu schicken. Keiner kann wirklich sagen, wie viele Briefe am Ende tatsächlich dort landeten. Es waren aber in jedem Fall ausreichend viele, um grünes Licht für eine dritte Staffel zu erhalten. Außerdem entstand aus dieser Zusammenarbeit vermutlich das, was wir heute als Fandom kennen. Man hatte alle verfügbaren Kräfte gebündelt und der Serie so eine Zukunft beschert. Die einzige Kröte betraf dann allerdings die Wahl des Sendeplatzes: Obwohl man bei

NBC um das vornehmlich junge Publikum wusste und zunächst den Montag als Heimat zugesagt hatte, verlegte man die neuen Episoden schlussendlich vom Donnerstag auf den Freitagabend. Es ist kein Zufall, dass dieser Sendeplatz in den USA gerne als »Death Slot« bezeichnet wird.

Gene Roddenberry war die Dramatik dieser Entscheidung durchaus bewusst, er konnte die Verantwortlichen jedoch nicht umstimmen. Obwohl man ihn auch im letzten Jahr als Executive Producer der Serie führte und er zudem an den Drehbüchern mitwirkte, trat er von seinen täglichen Verpflichtungen zurück, kommunizierte den Wechsel der Verantwortung hinter den Kulissen den Fans und distanzierte sich ein Stück weit von der Serie. Die große Frage war: Wie würde sich dieser Schritt auf die Qualität auswirken?

Captain, Sie sind ein ausgezeichneter Raumschiff-Commander, aber als Taxifahrer lassen Sie sehr viel zu wünschen übrig.

Spock (Epigonen)

STAFFEL 3
(1968/1969)
AUFLÖSUNGSERSCHEINUNGEN

So war es nun eigentlich Fred Freiberger gewesen, der die Geschicke im dritten und letzten Jahr gelenkt hatte. Ohne Gene Roddenberry und Gene L. Coon, der während der zweiten Staffel hingeschmissen hatte, entstanden zwar hier ebenfalls noch einige starke Episoden, aber ebenso eine Menge Rohrkrepierer.

Ein gutes Beispiel für die groben Aussetzer war die frühe Episode *Spock's Brain*. Man weiß bis heute nicht genau, was zur Produktion dieser Episode geführt hatte. Ist es der Frust über den neuen Sendeplatz und das reduzierte Budget gewesen? War es Zeitnot? Oder war Alkohol im Spiel? Fakt ist: Ein derart inkonsistentes Drehbuch hätte niemals verfilmt werden dürfen. Egal wie gaga die Basisstory an sich war, die schlechte Umsetzung ruinierte noch den letzten Funken Charme oder

Witz. Natürlich war die Episode auf eine verrückte Art auch ein Spaß. Und natürlich besitzt sie als Totalaussetzer eine absurde Daseinsberechtigung – dennoch war sie handwerklich und inhaltlich schlicht nicht akzeptabel. Das galt nebenbei auch für *Spectre of the Gun* und das erbärmliche *The Way to Eden*.

Abneigung hege ich auch noch für eine Episode, die in Fankreisen oft positiv besprochen wird: *The Tholian Web*. Denn wenn eine Episode für ihre Prämisse eine zwei Staffeln alte Geschichte raubkopieren und eine nur vermeintlich emotionale Geschichte ergänzen muss, die an überdeutlichen Drehbuchschwächen verendet, die Charaktere überzeichnet, aber in keiner Sekunde trifft und einen zwar interessanten, aber letztlich bedeutungslosen Feind ins Spiel bringt, den man dann gleich wieder fallen lässt, muss man sich eingestehen, dass das Resultat unkreativ, unlustig und handwerklich selbst für die 1960er-Jahre nahezu desaströs war.

Doch gab es auch noch Gutes zu berichten. *The Enterprise Incident* stach beispielsweise als actionreiches und wunderbar gespieltes Gegenbeispiel heraus. Ebenso wie *The Empath*, *Requiem for Methuselah*, *The Cloud Miners* oder die Abschlussepisode *Turnabout Intruder*. Größtes Highlight des letzten Jahres wurde allerdings kurz vor Toreschluss noch eindeutig *All Our Yesterdays* aus der Feder von Jean Lisette Aroeste. Hier zeigte sich nochmals die ganze potentielle Klasse der Serie und versüßte dem Publikum den nahenden Abschied.

Die Kritiken und Quoten blieben bis zum Schluss verhalten, was aus besagten Gründen durchaus nachvollziehbar war. Das nahende Ende sei während der dritten Staffel auch am Set spürbar gewesen, wie Nichelle Nichols einst in einem Interview berichtete. Für NBC war die Serie somit während der ersten Ausstrahlung nie ein großer Erfolg. Letztlich wurden die zweite und dritte Season zu gewissen Anteilen nur dank heftiger Proteste und prominenter Fürsprecher produziert. Doch selbst diese konnten nicht mehr verhindern, dass *Star Trek* schließlich nach der dritten Staffel und nur 79 Folgen abgesetzt wurde. Vorerst zumindest.

Gehirn, Gehirn… Was ist das?

Kara (Spocks Gehirn)

DER ABLEGER
ZEICHENTRICK FÜR DIE GROSSEN

Ich hatte bereits erwähnt, dass man nach den Erfahrungen mit der Produktion der Serie vielleicht später recht gerne auf gezeichnete Figuren ausgewichen war, nachdem sich die Arbeit mit den an der Serie beteiligten Diven nie ganz einfach gestaltet hatte. Vollständig ernst gemeint ist diese Vermutung selbstredend nicht; man hätte bei den gezeichneten Kollegen allerdings zumindest keine Angst vor Probentischen oder Gagenverhandlungen haben müssen.

Realistischer ist jedoch die Sichtweise, dass Paramount sich schlicht und ergreifend nicht mit Roddenberry über einen neuen Ansatz für eine zweite Realserie hatte einigen können. Es war die Firma Filmation Associates, die ihn schließlich überzeugte, etwas komplett anderes zu probieren. Man machte aus den Abenteuern der Crew eine Zeichentrickserie für den Samstagvormittag auf NBC. Roddenberry holte etablierte Autoren wie D. C. Fontana an Bord und überzeugte die meisten der ehemaligen Darsteller, ihre Alter Egos zu sprechen.

Obwohl die Serie einige starke Drehbücher vorweisen konnten und in der Season 1974/1975 mit einem Emmy für die beste Zeichentrick-Serie ausgezeichnet wurde, zog man dennoch nach nur 22 Episoden den Stecker.

Das junge Publikum war nicht auf die Serie angesprungen, und die alten Fans hatten offenbar ebenfalls nur wenig Bereitschaft aufgebracht, ihre Helden nun nur noch in gezeichneter Form zu verfolgen.

DIE SYNCHRONISATION
KIRK & CO IN DEUTSCHLAND

Hierzulande bekam man von diesem Abstecher in die Welt des Zeichentricks noch gar nichts mit. 1972 begann das ZDF erstmals mit der Ausstrahlung von *Raumschiff Enterprise*, wie die Serie in Anlehnung an die *Raumpatrouille Orion* genannt wurde.

Damals war es gängige Praxis, nicht alle Episoden von US-Serien einzukaufen, sondern für den deutschen Markt vermeintlich geeignete auszuwählen. Auch in Sachen Synchronisation hatte sich ein Phänomen eingeschlichen, das sich bis heute großer Beliebtheit erfreut. Es war Rainer Brandt, der mit seiner Eindeutschung der Serie *Die 2* auf diesem Terrain für Furore sorgte und einen Trend startete, den man auch gut an den Filmen mit Terence Hill & Bud Spencer festmachen kann. Kalauer wurden in Deutschland zu dieser Zeit salonfähig, und selbst ernstgemeinte Stoffe erhielten auf diese Weise eine ganz besondere künstlerische Bearbeitung »made in Germany«.

Diese Bearbeitung zog sich jedoch außerdem noch in einen anderen Bereich. Es war üblich, Episoden aus anderen Ländern auf die Gegebenheiten des deutschen Fernsehens anzupassen und sie umzuschneiden. Vor all diesen Eingriffen verschonte man selbstverständlich auch *Star Trek* nicht, was zwar zu einer durchaus diskutablen Übersetzung mancher Dialoge, allerdings auch zu ungünstigen Entscheidungen beim Schnitt führte. *Amok Time* war an dieser Stelle die brutalste Form von Verstümmelung. Da man die Serie seitens des ZDF eher als Kinderserie einstufte, ließ man das Thema Sexualität komplett außen vor, schnitt die Episode komplett um und veränderte die Aussage. Erst viel später durften auch die Fans in Deutschland die Episode korrekt bearbeitet erleben.

Dennoch muss festgehalten werden, dass der Humor der Serie in der deutschen Fassung mit Sicherheit zur großen Beliebtheit hierzulande beigetragen hat. Der Bruch zu den nachfolgenden Serien ist dadurch zwar noch größer als im Original, besitzt aber eben auch einen ganz eigenen Charme. Dieser entstand zweifellos in großem Maße durch das sorgfältige Casting der Sprecher. Ob Gert Günther Hoffmann als Kirk, Herbert Weicker als Spock oder der junge Elmar Wepper als Chekov – sie alle prägten ihre Figuren und lieferten wunderbare Arbeit ab.

Weniger wundervoll waren aber die teilweise weit über die Schmerzgrenze hinausgehenden Blödeleien, die weder zu den Figuren noch zur Dramaturgie so richtig passen wollten.

Aus diesem Grund präsentiere ich trotz des allgemeinen Lobes an dieser Stelle mit Freude meine TOP 5 der härtesten (allerdings auch lustigsten) Sprüche der deutschen Synchronisation:

PLATZ 5

Kirk in *Elaan of Troyius*

Das Original
Very well, I send you Mr. Spock or Dr. McCoy.

Eine denkbare Übersetzung
Na gut, dann schicke ich eben Mr. Spock oder Dr. McCoy.

Die deutsche Synchronfassung
Dann schicke ich Ihnen Mister Spock. Das ist unser keimfreiester.

PLATZ 4

Harry Mudd in *I, Mudd*

Das Original
I still retain my eye for beauty. I decreed that I shall always be surrounded by it. And my decreds always come to pass.

Eine denkbare Übersetzung
Ich habe mir ein Auge für das Schöne bewahrt. Ich habe erlassen, dass ich stets davon umgeben sein soll. Und meine Erlasse werden immer befolgt.

Die deutsche Synchronfassung
Wie sagte doch ein gewisser Herr aus Weimar? Das ewig Weibliche zieht uns hinan. Nicht wahr, Langohr?

PLATZ 3

Scotty in *Troubles With Tribbles*

Das Original
Before they went into warp I transported the whole kit and kaboodle into their engine room. Well, there'll be no tribble at all!

Eine denkbare Übersetzung
Bevor sie auf Warpgeschwindigkeit gingen, beamte ich den ganzen Zirkus in ihren Maschinenraum. Sie werden keinen einzigen Tribble mehr finden!

Die deutsche Synchronfassung
Sie kennen doch den berühmten Vers: Nur ungern nimmt der Klingonenmann statt barer Münze Tribbles an.

PLATZ 2

Scotty in *That Which Survives*

Das Original
But the point is it shouldn't have hurled us anywhere. It should have destroyed us immediately, vaporized us!

Eine denkbare Übersetzung
Aber der springende Punkt ist doch, dass es uns nirgendwohin katapultiert haben sollte. Es hätte uns auf der Stelle zerstören, ja atomisieren müssen!

Die deutsche Synchronfassung
Wenn wir in so kurzer Zeit diese Entfernung zurückgelegt haben, dann fress ich 'nen Besen, der zehn Jahre in Sirup gestanden hat!

PLATZ 1

Spock in *That Which Survives*

Das Original
That we have yet to ascertain.

Eine denkbare Übersetzung
Das müssen wir erst noch feststellen.

Die deutsche Synchronfassung
Ich bin mit der Rübe an die Kante gerempelt.

Keine Frage – Grund zum Lachen gab es immer! Doch auch bei den Begrifflichkeiten durfte man das eine oder andere Mal durchaus zucken. Neben der bereits erwähnten Eindeutschung von »Bones« zu »Pille« ersetzte der Sol-Antrieb den englischen Begriff Warp, und Pavel Chekov wurde von Kirk »Pane« genannt. Die Romulaner hießen zwischenzeitlich Romulanier, die Tellariten gar Tellurier. Gary Seven nannte man Felix Sevenrock, Sareks Frau Amanda durfte den schönen Namen Emily tragen. Warum man an diesen Stellen überhaupt meinte, eingreifen zu müssen, bleibt bis heute rätselhaft.

Hinzu kamen dann noch viele Flüchtigkeitsfehler, die sich durch die Serie zogen, wie etwa vertauschte Rangbezeichnungen, falsche Sternzeiten oder Angaben zur Geschwindigkeit sowie sinnfreie und oft frei erfundene Prozentangaben.

Doch das waren letztlich alles nur Kleinigkeiten gegen die kreativen Auswüchse bei den Episodentiteln. Legendär ist hier der Fehler bei *Notlandung auf Galileo 7*, da es sich im Original bei *The Galileo Seven* um eine Raumfähre und nicht etwa um einen Planeten handelte. Doch auch Erfindungen wie *Gefährliche Planetengirls*, *Planeten-Killer*, *Was summt denn da?*, *Der Zentralnervensystemmanipulator* oder *Strahlen greifen an* lassen sich nur sehr bedingt nüchtern ertragen.

Ob man diese Veränderungen nun ablehnt und als Verrat am Original bezeichnet oder als Anpassung an den Zeitgeist des ausstrahlenden Landes – Fakt ist, dass man der Serie in Deutschland damit definitiv nicht geschadet hat.

Eine erwähnenswerte Besonderheit zwischen all den ausgelassenen, anders geschnittenen oder gekürzten Episoden stellte noch die Nazi-Episode *Patterns of Force* dar, die man lange Zeit für thematisch gänzlich ungeeignet hielt und die erst 1995 synchronisiert, 1996 dann im Pay-TV und 2011 im Free-TV gezeigt wurde. Ein langer und steiniger Weg.

Die Geschichte hat jedoch trotz aller Widrigkeiten ein klares Urteil gefällt: Die Serie avancierte in Deutschland und der restlichen Welt zum Kult. Ein Kult, der bis heute anhält.

DAS FANDOM

LIEBE AUF DEN VIERTEN BLICK

Trotz des beginnenden Erfolges in anderen Ländern und dem Versuch mit der Zeichentrickserie war *Star Trek* zu Beginn der 1970er-Jahre eigentlich tot und beerdigt. Doch statt in der Versenkung der TV-Geschichte zu verschwinden, mauserte sich die kleine Serie zu einem echten Hit, als in den Folgejahren die Wiederholungen der Episoden immer wieder ausgestrahlt wurden und ein treues Publikum fanden.

Vom 21. bis 23. Januar 1972 besuchten über 3.000 Menschen die als erste echte Convention geltende Veranstaltung in New York. 1974 waren die Besucherzahlen bei dem inzwischen jährlich stattfindenden Event bereits auf über 15.000 gestiegen! Die Schauspieler sprangen auf den Zug auf und ließen sich von den begeisterten Fans feiern, erzählten Anekdoten, gaben Autogramme und posierten für Fotos. Es entwickelte sich eine Fankultur, die bis heute in vielen Ländern der Welt Bestand hat. Das lag natürlich unter anderem daran, dass viele Darsteller der Serie große Probleme hatten, in neuen Rollen besetzt zu werden.

Auch eine Kampagne der Fans ist in diesem Zusammenhang längst eine Legende. Über 400.000 Briefe sollen 1976 bei der NASA eingegangen sein, als es um die Namensfindung für das erste wiederverwendbare Space Shuttle ging. Mit Erfolg: Man wählte den Namen Enterprise, lud einen Großteil der Schauspieler und Gene Roddenberry zur Taufe ein und ließ das *Star Trek*-Thema spielen.

Der allgemeine Hype führte schließlich dazu, dass man trotz des Zeichentrick-Fehlschlags Mitte der 1970er-Jahren damit begann, an einem neuen Projekt zu arbeiten. Bei Paramount fiel die Entscheidung auf einen Kinofilm, der drei Millionen Dollar kosten durfte, von Gene Roddenberry produziert werden und Ende 1975 das Licht der Welt erblicken sollte. So weit, so gut. Als jedoch ein halbes Jahr später von Dreharbeiten noch immer keine Rede war, geriet die Frage nach dem Warum durchaus legitim. Roddenberry hatte zunächst ein Drehbuch eingereicht, das schneller verworfen wurde, als es gedauert hätte, bei der ersten Besprechung alle anwesenden Würdenträger mit Kaffee zu versorgen. In diesem wäre die Crew der USS Enterprise auf Gott getroffen und hätte diesen am Ende als veraltete Maschine enttarnt. Roddenberry plante hiermit das Denken über Religion anzuregen, stieß aber mit seinem Einfall beim Studio nicht auf Gegenliebe.

Auch die ehemaligen Mitarbeiter der Classic-Serie John F. D. Black und Harlan Ellison versuchten ihr Glück, scheiterten allerdings aus unterschiedlichen Gründen. Blacks Idee über ein explodierendes schwarzes Loch gefiel erneut den Bossen bei Paramount nicht, Ellison wollte keine Mayas in seinem Dinosaurier-Skript erlauben und schmiss die Brocken hin.

Doch wollte man seitens des Studios noch nicht aufgeben und versprach erneut – nach dem großen Erfolg mit der Space-Shuttle-Kampagne der Fans – einen Kinofilm, diesmal für Ende 1977.

Als jedoch die Idee eines neuen Paramount Networks (als Fernsehsender) aufkam und man dafür dringend ein Zugpferd benötigte, warf man diesen Ansatz erneut über den Haufen und konzentrierte sich darauf, ein Spin-off zur Originalserie auf die Beine zu stellen.

Leonard Nimoy wollte davon jedoch nichts wissen. Er hatte sich bereits zu einem neuen Kinofilm nur schwer durchringen können. Ein Mitwirken an einer weiteren Serie konnte er sich dagegen gar nicht vorstellen. Man zahlte ihn und alle anderen eingeplanten Darsteller aus und begann wieder einmal von Neuem.

So wurde *Star Trek: Phase II* aus der Taufe gehoben und sollte die Nachfolge der Ur-Serie antreten. Erste Drehbücher waren bereits geschrieben, und Kulissen befanden sich im Bau. Neben dem Vulkanier Xon hatte man mit William Decker und Lieutenant Ilia drei zentrale Figuren im Sinn. Sogar der offizielle Drehstart für den Pilotfilm *In thy Image* wurde für November 1977 angesetzt.

Doch wäre der Verlauf dieser Geschichte natürlich viel zu einfach, hätte sie an dieser Stelle zu einem Friede-Freude-Eierkuchen-Ende geführt. Paramount nämlich war plötzlich nicht mehr ganz so sicher, ob das mit dem eigenen TV-Network würde funktionieren können. Obwohl der Wunsch, diesen Schritt zu wagen, eigentlich groß war, sagte man die ganze Planung ab und stand nun mit einer Fernsehserie da, die niemand mehr brauchte.

Abermals regnete es also Dollars, diesmal für die Darsteller der nie realisierten Serie. Das Skript für den Pilotfilm und die Kulissen hielt man allerdings bei Paramount fest umklammert und erklärte der irritierten, jedoch gleichermaßen irgendwie auch begeisterten Öffentlichkeit, dass man nun endlich mit den Arbeiten am lange angekündigten Kinofilm würde beginnen können. Dass *Star Wars* just in diesem Augenblick einen wahren SF-Boom im Kino auslöste, kam den Machern dabei natürlich nicht ungelegen.

DIE FILME

UNGERADE = UNGNADE

Die Filmreihe mit Captain Kirk und seiner Crew umfasst insgesamt sechs Filme. Dabei entstand mit den Jahren ein bemerkenwertes, aber natürlich unbeabsichtigtes Muster, das viele Fans bis heute mit dem Fluch der ungeraden Zahlen erklären.

So gelten der erste, dritte und fünfte Film als eher enttäuschend, der zweite, vierte und sechste hingegen als echte Highlights. Doch obwohl durchaus etwas an dieser Beobachtung dran ist, handelt es sich wie so oft in vergleichbaren Fällen nur um die halbe Wahrheit und eine subjektive Wahrnehmung.

Schaut man genauer hin, muss man zumindest zugeben, dass in allen Fällen auch Fakten gegen diese Leseart sprechen.

STAR TREK: THE MOTION PICTURE

Der Trek-Film, der gar keiner war

FAKTEN

Produktion: Gene Roddenberry
Regie: Robert Wise
Story: Alan Dean Foster
Drehbuch: Harold Livingston
Score: Jerry Goldsmith
Laufzeit: 132 Minuten

DIE STORY

Eine mysteriöse Energiewolke zerstört klingonische Schiffe und hält Kurs auf die Erde. Dort wird gerade eine neue USS. Enterprise unter dem Kommando von Captain Decker fertiggestellt. Doch hat Admiral Kirk ganz andere Pläne. Er übernimmt das Kommando und fordert den nicht sehr begeisterten Dr. McCoy an, um die Mission zur Rettung der Erde anzuführen. Als sich schließlich noch Mr. Spock anschließt, ist die alte Crew wieder vereint und muss versuchen, die Wolke zu stoppen und mit internen Querelen wie technischen Problemen klarzukommen …

DIE ENTSTEHUNG

Anfang 1978 begannen die Dreharbeiten auf der Basis eines halbfertigen Skriptes, wie viele Beteiligte sich später erinnerten. So auch Regisseur Robert Wise, der vorher kaum Berührungspunkte mit *Star Trek* gehabt hatte. Daher versuchte er, der Produktion seinen Stempel aufzudrücken, wo er nur konnte. Die bereits fertiggestellten Kulissen ließ er überarbeiten, am Drehbuch dokterte er herum, und beim Casting mischte er sich ein, so gut es ging. Doch letztlich war die Figur des Decker die einzige, die er wirklich beeinflussen konnte. Man wählte Stephen Collins aus. Neben Persis Khambatta (Ilia) kehrte die komplette Besatzung der Serienversion ebenfalls zurück ans Set. Dieser Umstand sorgte für einige Reibereien, da die Darsteller ihr Expertenwissen über die ikonischen Figuren nur zu gerne mit Wise teilen wollten. Mit Roddenberry musste sich der erfolgreiche Regisseur ebenfalls noch arrangieren, was sich dem Vernehmen nach aber nicht als allzu kompliziert darstellte.

Star Trek: The Motion Picture feierte 1979 mit einem sinnigen, wenn auch schlichten Titel Premiere. Die Fans hatten zu diesem Zeitpunkt beinahe unfassbare zehneinhalb Jahre auf ein neues Abenteuer ihrer Lieblinge warten müssen.

In der Summe reden wir am Ende von einem eher ungewöhnlichen Versuch, die Serie fit für die große Leinwand zu machen. Man schraubte den Humor und die zwischenmenschlichen Beziehungen zurück, erzeugte eine ungewohnte Kühle und war augenscheinlich sehr darum bemüht, großen SF-Werken nachzueifern. Bis heute ist das Fandom durchaus zwiegespalten, was die Bewertung des Films anbelangt. Für Gene Roddenberry bedeutete er gar den Bruch mit Paramount, da ein Großteil der Probleme schlicht und ergreifend auf den breiten Schultern des Trek-Schöpfers abgeladen wurde. Aus kommerzieller Sicht war das Ergebnis dagegen eigentlich in Ordnung, blieb allerdings dennoch weit hinter den überzogenen Erwartungen von Paramount zurück. Bei üppigen 46 Millionen Dollar Budget wurden 139 Millionen weltweit eingespielt. 82 Millionen erwirtschaftete man davon in den USA.

DAS FAZIT

Für mich ist der Film aus heutiger Sicht erstaunlich gut gealtert und hat sich über die Jahre sogar ein wenig in mein Herz geschlichen. Für ein rund vierzig Jahre altes Werk macht er auch heute noch eine Menge her – mal abgesehen vielleicht vom kirmesverdächtigen Make-up der Klingonen, den schwachen Effekten auf Vulkan und einigen sehr unschönen Green-Screen-Effekten. Ein Höhepunkt war eindeutig die Sequenz im Raumdock, als Kirk und Scotty zusammen mit den Zuschauern das neue Schiff bewundern durften. Ein anderes war die Erkundung der Wolke, die nur in Zeitlupe voranschritt, während die Besatzung der Brücke mit teils offenen Mündern staunend dieser Reise beiwohnte. »Awe and wonder« in reinster Form.

Der Regisseur Robert Wise offenbarte in diesen beiden epischen Sequenzen eine Haltung gegenüber seinem Film, die ein zentraler Punkt für sein Gelingen war. Er verfiel nie in unnötige Hast, hielt inne und ließ das, was zu sehen oder eben nicht zu sehen war, wirken. Er nahm sich Zeit, Wunder auch als solche zu behandeln. So ließ er uns auch in Bezug auf die neue USS Enterprise die Schönheit und den Zauber dieses Wunderwerks der menschlichen Schöpfung erleben und stellte uns damit direkt neben Kirk und Scotty. Mit solchen Kniffen entstand ein seltener Wow-Faktor, eine wirkliche Wertschätzung für das an Schönheit und Faszination so reiche Weltall und alles, was mit Raumfahrt zu tun hat.

Wise beschwor ein Gefühl herauf, das auf dem hart umkämpften Markt immer lauterer und extrovertierterer Filme heute eine Seltenheit geworden ist. Ein dickes Lob hatte schließlich aber auch der Komponist Jerry Goldsmith für den höchst inspirierenden Soundtrack verdient. Gerade in Bezug auf die Szene in der Wolke leistete er Maßarbeit. Selten konnte ein Soundtrack die Stimmung der Bilder besser einfangen als hier. Für mich lieferte er mit diesem Film vielleicht sogar eine seiner besten Arbeiten ab.

Ein Problem stellten allerdings das verschleppte Tempo und das übereilte Ende dar. So konnte man dieses durch einen ungünstig gelegten Toilettenbesuch komplett verpassen: Vereinigung V´Ger/ Decker, Wolke weg, Crew an Bord, Krise beigelegt, ein paar launige Kommentare und ab dafür. Immer der Nase nach. An dieser Stelle des Drehbuchs hatte irgendwen in der Produktion der letzte Funke Gespür für eine schlüssige Dramaturgie verlassen. Etwas Reflektion über das Geschehen wäre an dieser Stelle definitiv nett gewesen. Hier entstand vor allem deswegen ein klares Missverhältnis, weil der Film zuvor nicht gerade mit Rasanz gepunktet hatte.

Doch war *Star Trek: The Motion Picture* allen berechtigten Kritikpunkten zum Trotz in der Summe ein ambitionierter, für Auge und Ohr wunderbarer und liebevoll ruhiger Film, der sich und seine Welt auf eine sehr altmodische Art und Weise ernst nahm. Die Schwächen, die sicherlich viel mit den chaotischen Produktionsbedingungen zu tun hatten, schadeten dem Material aber auch nicht in dem Maße, dass es die Freude am fertigen Film drastisch schmälern konnte. *Star Trek* versuchte hier etwas Großes und erschuf dabei ein unterschätztes Kleinod – auch eine Kunst.

Wieso wird jedes Objekt, das wir nicht kennen,
immer als Ding bezeichnet?

Dr. Leonard McCoy

STAR TREK II: THE WRATH OF KHAN

Meyer & Bennett retten den Tag

FAKTEN

Dt. Titel: Star Trek II - Der Zorn des Khan
Produktion: Robert Sallin
Regie: Nicholas Meyer
Story: Harve Bennett, Jack B. Sowards (ohne Credit: Nicholas Meyer, Samuel A. Peeples)
Drehbuch: Jack B. Sowards
(ohne Credit: Nicholas Meyer)
Score: James Horner
Laufzeit: 112 Minuten

DIE STORY

Khan Noonien Singh wurde einst von Captain James T. Kirk ins Exil geschickt. Nun gelingt dem durch Gentechnik optimierten Supermenschen jedoch die Flucht, und er sinnt gemeinsam mit seinen Gefolgsleuten an Bord des gekaperten Schiffes Reliant auf Rache. Er bemächtigt sich der Genesis-Technologie, die gleichzeitig Leben erschaffen und zerstören kann, was auch die Crew der USS Enterprise, Kirks Ex-Frau Carol Marcus und den gemeinsamen Sohn David in große Gefahr bringt.

DIE ENTSTEHUNG

Der erste Kinofilm mochte einigen Fans nicht geschmeckt haben, dennoch sollte er nur der Anfang einer ganzen Reihe von Filmen rund um die tapfere Crew sein.

Zunächst musste man sich bei Paramount jedoch mit einem Problem befassen: Gene Roddenberry. Dieser ließ sich dazu überreden, seine Rechte an *Star Trek* zu verkaufen, und wurde auf die Position eines Beraters zurückgestuft. Nun klingt das an sich noch gar nicht so schlimm. In der Realität aber durfte Roddenberry in der Folgezeit zwar noch zu allem seine Meinung kundtun, entscheiden oder ändern durfte er allerdings nichts mehr.

Man hatte den geistigen Vater von *Star Trek* gewissermaßen zum Frühstücksdirektor degradiert und ihn auf diese Weise quasi komplett entmachtet.

Stattdessen holte man mit Harve Bennett einen ehrgeizigen Mann vom Fernsehen an Bord, der es gewohnt war, mit einem kleinen Budget zu arbeiten. In diesem Zusammenhang war es umso witziger, dass nur der erste klassische Kinofilm von der Kinoabteilung realisiert wurde – alle weiteren hatte damals ohnehin die TV-Abteilung von Paramount umgesetzt. Bennett traf direkt eine wichtige Entscheidung, als er den Regisseur und Drehbuchautor Nicholas Meyer engagierte. Dieser stützte sich bei seinem Ansatz nicht nur auf eine Episode der Serie (*Space Seed*) und holte den beliebten Darsteller Ricardo Montalbán als Khan zurück, sondern brachte auch den Humor und die Chemie innerhalb der Crew wieder ins Spiel. Diese zwei Puzzleteile waren letztlich primär dafür verantwortlich, dass die Filmreihe wieder auf Kurs kam.

Schwierig gestaltete sich aber die Zusammenarbeit mit Leonard Nimoy, der das Tragen der spitzen Ohren leid war und nur durch seine eigene Todesszene geködert werden konnte. Diese hatte man ursprünglich an den Anfang des Films legen wollen – was Nimoy mehr als recht war. Mit jeder weiteren Drehbuchfassung erhielt der Schauspieler jedoch umfassenderen Anteil an der Handlung und durfte schließlich erst ganz am Ende des Films als Spock abtreten.

Es war Bennett, der eigenmächtig und nach Fertigstellung der Arbeiten durch Meyer noch einmal Nachdrehs ansetzte und die Katra-Übertragung zwischen Spock und McCoy sowie die Beerdigung und die Landung des Sargs auf dem Genesis-Planeten ergänzte. Bennett wusste vom Fernsehen, dass es nie verkehrt war, einen Trumpf für eine potentielle Fortführung in der Hand zu halten – und er sollte recht behalten.

Star Trek II - The Wrath of Khan von 1983 gilt den meisten Fans als einer der besten Filme der Reihe. Bei nur 11 Millionen Dollar Budget generierte man ein weltweites Einspielergebnis von 97 Millionen Dollar in den Kinos, 79 Millionen davon entfielen auf die USA. Somit war das Interesse im Heimatland konstant, nur im Rest der Welt ein wenig rückläufig.

DAS FAZIT

Ich selbst habe wie viele andere Fans für diesen zweiten Versuch der Kinoreihe ebenfalls eine Menge übrig. *Star Trek II: The*

Wrath of Khan war im Vergleich zum Vorgänger zwar eindeutig der simplere Film – aber auch der überlegene. Der Humor und die Geschichten der Figuren dominierten die emotionale Reise, die Rachegeschichte um Khan schürte die Spannung.

Die Produzenten und Autoren zogen genau die richtigen Lehren aus dem ersten Teil, der gerade zwischenmenschlich viel zu steril wirkte. Sie gaben den Figuren alte und sogar neue Tiefe, akzeptierten, dass auch Helden alterten, und ließen diesen Prozess sogar in die Handlung einfließen. Zudem entfalteten sie genau genommen eine Art Das-Boot-Variante von *Star Trek,* die zwei erfahrene und gewiefte Anführer zeigte, welche ihre Schiffe in ein Psycho-Duell führten, das stark an den deutschen Klassiker und viele andere bekannte U-Boot-Filme erinnerte.

Dass die Produktion aufgrund des Desasters mit dem ersten Teil deutlich weniger Geld zur Verfügung hatte, sah man auf dem Schirm hingegen kaum. Das Nötige (die beiden Schiffe, der Nebel, die Raumstation, die Genesis-Höhle) wurde kompetent, aber nicht spektakulär umgesetzt, die Kulissen und die Uniformen waren ein deutlicher Schritt in die richtige Richtung. Der Soundtrack von James Horner ist bei vielen Fans bis heute sehr beliebt, geriet mir hier und da aber etwas zu pathetisch und im Ton zu fröhlich-forsch. Das Khan-Thema blieb aber definitiv im Gedächtnis.

Die Reihe fokussierte sich mit dem zweiten Abenteuer auf der großen Leinwand eindeutig auf ihre Stärken und erzählte meisterhaft eine kleine, einfache Geschichte. Zum damaligen Zeitpunkt genau die richtige Entscheidung, und auch heute noch ein großes Vergnügen.

Wie wir mit dem Tode umgehen, ist mindestens genauso wichtig, wie wir mit dem Leben umgehen.

James T. Kirk

STAR TREK III: THE SEARCH FOR SPOCK

Was hat er, was ich nicht hab?

FAKTEN

Dt. Titel: Star Trek III: Auf der Suche nach Mr. Spock
Produktion: Harve Bennett
Regie: Leonard Nimoy
Story: Harve Bennett
Drehbuch: Harve Bennett
Score: James Horner
Laufzeit: 105 Minuten

DIE STORY

Botschafter Sarek öffnet James T. Kirk die Augen über das Schicksal seines Sohnes. Der Captain macht sich daraufhin an der Seite seiner Crew in der gestohlenen USS Enterprise auf den Weg zum Planeten Genesis, um den verlorenen Freund zu retten. Doch wollen wütende Klingonen unter dem Kommando des schurkischen Commander Kruge den Planeten ebenfalls unter ihre Kontrolle bringen. Die gewagte Rettungsmission bringt das

STIMMEN AUS DEM FANDOM

Star Trek ist für mich ein Beispiel, was der Mensch erreichen könnte, wenn er seine Kräfte bündelt und seine Probleme wie Rassismus, Ausbeutung und Zerstörung der Umwelt, sowie Profitgier hinter sich lässt. Lasst uns nach diesen Zielen streben und die Zukunft positiv gestalten. Live long and prosper.

Michael Laufer, Essen

Schiff, die Crew, den neugeborenen Spock und auch Kirks Sohn David in große Gefahr …

DIE ENTSTEHUNG

Befeuert von den positiven Reaktionen der Fans und dem kommerziellen Erfolg dauerte es nicht lange, bis Paramount einen weiteren Teil der Reihe ankündigte. Bereits 1984 flog die USS Enterprise wieder, und man schickte die Crew diesmal auf die Suche nach dem vermeintlich verstorbenen Mr. Spock. Unter der Regie von Leonard Nimoy höchstpersönlich war der mit 16 Millionen Dollar Budget ausgestattete *Star Trek III - The Search for Spock* ebenfalls alles andere als ein Flop. 87 Millionen Dollar Einspielergebnis weltweit und 77 Millionen davon in den USA zeugten von anhaltendem Interesse.

Der Weg dorthin war jedoch erneut nicht ganz einfach. Nimoy hatte man mit der Übernahme der Regie und dem Versprechen, dass sein Anteil an der Handlung nur klein sein würde, für das Projekt gewinnen können und zufriedengestellt.

Doch rief diese Entscheidung eben auch durchaus ambivalente Reaktionen hervor. Für Shatner bedeutete die Besetzung des Regiestuhls mit seinem einstigen Konkurrenten das Aufreißen alter Wunden. Beide Schauspieler hatten sich während der Dreharbeiten zur Serie mehrfach vergeblich darum bemüht, bei einer Episode Regie führen zu dürfen. Dass nun Nimoy den Vorzug bei den Kinofilmen erhielt, war für den stolzen Darsteller des Captain Kirk nur schwer zu ertragen. Er fühlte sich zurückgesetzt und äußerte sein Missfallen recht deutlich. Dafür hatte man immerhin keine Probleme, den restlichen Cast vom neuen Film zu überzeugen. Waren die Co-Stars zunächst noch reserviert ob der besonderen Situation, schaffte Nimoy es – den Erzählungen nach – recht schnell, alle für seine Pläne und Vorstellungen einzunehmen. Die lange Szene, in der die restliche Crew die USS Enterprise wie in einem Heist-Movie aus dem Raumdock entwendet, stand damals sinnbildlich für seinen Ansatz, einen wahren Ensemblefilm zu erschaffen, dessen Kernstück der Weg und nicht das Auffinden Spocks war.

Nimoy hatte aber ebenfalls sein Päckchen zu tragen. Harve Bennett nämlich war es vom Fernsehen gewohnt, stets die Kontrolle zu behalten beziehungsweise das letzte Wort zu haben – auch über die Regisseure. Beim Film war dieser Ansatz eher ungewöhnlich, doch gelang es ihm, seinen Einfluss geltend zu machen. Nimoy fühlte sich dadurch mehr als einmal kontrolliert und beobachtet.

Am Ende stand dennoch ein Film, der zwar nicht auf breite Begeisterung, allerdings auch nicht auf Ablehnung stieß. Viele Elemente gefielen den Fans und ließen sie über Schwächen – insbesondere in der Darstellung der Klingonen – hinwegsehen.

DAS FAZIT

Was mich angeht, halte ich den Film für besser, als sein landläufiger Ruf vermuten lässt. Mit seiner warmherzigen Suche nach dem verlorenen Freund landete *Star Trek III: The Search for Spock* qualitativ im guten Mittelfeld. Emotional war der Film dabei ein großer Gewinner ohne Schwächen, wurde jedoch in der zweiten Hälfte durch blasse Gegenspieler und einen wenig ergiebigen Genesis-Subplot um eine bessere Wertung gebracht.

Im ersten Kinofilm der Reihe hatte man sich noch auf ein verzwicktes und großformatiges SciFi-Konzept gestürzt und die Emotionen vergessen. Im zweiten Teil wurde es innerhalb der Crew und mit dem Kampf Kirks gegen seine Seriennemesis Khan dafür schon deutlich persönlicher. Im dritten Anlauf zog man daraus seine Lehren und schickte die Crew auf eine weitere persönliche Mission: die titelgebende Suche nach Spock. Dabei handeltes es sich um Suche nach einem Freund, nach Familie. Die Wunde, die dessen Tod hinterlassen hatte, war eine klaffende. Kirk wurde seiner wichtigsten Bezugsperson beraubt und spürt diese Leere am ganzen Körper. Hier wurde vom ausführenden Produzenten und Autoren Harve Bennett Maßarbeit an den Figuren geleistet. Sowieso konnte man die ersten 45 Minuten getrost mit dem Prädikat »hervorragend« belegen. Bis zu dieser Stelle muss sich der dritte Kinofilm hinter keinem anderen aus der Reihe verstecken, was natürlich im Besonderen am epischen Diebstahl des geliebten Schiffes lag.

Doch war eben leider auch nicht alles Gold. Der Klingone Kruge (verschenkt: Christopher Lloyd aus *Back to the Future*) und seine Schergen wurden neben dem unausgegorenen Genesis-Subplot zum größten Minuspunkt des Films. Zu comichaft, zu simpel, auch zu albern und schlicht unglaubwürdig agierten die stolzen Krieger. Hier verschenkten die Produzenten leider einiges an Potential, statt auch diesen Teil der Handlung auf einen Level zu hieven, der dem Rest gerecht wurde.

So blieb das dritte Leinwandabenteuer in der Summe ein zwar nicht perfekter, aber definitiv unterschätzter Film, der einen starken Mittelteil des gefühlten Dreiteilers bildete, der sich vom Khan-Konflikt über die Suche nach Spock bis hin zur Rettung der Erde im kommenden vierten Teil spannte.

> *Die Enterprise kommt mir vor wie ein Haus, das von allen Kindern verlassen worden ist... Nein, sogar noch leerer.*
>
> ***James T. Kirk***

STAR TREK IV: THE VOYAGE HOME

Mach's noch einmal, Leonard!

FAKTEN

Dt. Titel: Star Trek IV. Zurück in die Gegenwart
Produktion: Harve Bennett
Regie: Leonard Nimoy
Story: Harve Bennett & Leonard Nimoy
Drehbuch: Steve Meerson, Peter Krikes, Nicholas Meyer & Harve Bennett
Score: Leonard Rosenman
Laufzeit: 122 Minuten

DIE STORY

Eigentlich möchte die Crew nach dem Aufenthalt auf Vulkan nur zurück zur Erde, um sich dort zu verantworten. Mit dabei ist auch Spock, der den Kameraden beistehen möchte. Mit dem klingonischen Schiff gerät man jedoch direkt in die nächste Krise. Eine außerirdische Sonde bedroht das Leben auf der Erde, und offenbar kann niemand mit ihr kommunizieren. Außer vielleicht ein paar Buckelwale aus der Vergangenheit …

DIE ENTSTEHUNG

Leonard Nimoy war das Debüt auf dem großen Stuhl mit dem dritten Teil der Reihe gelungen. Noch bevor dieser in die Kinos kam, baten die Bosse ihn zum Gespräch und eröffneten ihm, dass er auch beim vierten Film wieder das Kommando erhalten sollte – erneut an der Seite des Produzenten Harve Bennett.

Einigkeit herrschte zwischen den beiden Hauptverantwortlichen bezüglich des Tonfalls des Films. Hatte man zuletzt sehr dramatische und beinahe düstere Seiten der Figuren ausgelotet, war nun ein vergnügliches Abenteuer geplant. Bennett hatte die Idee einer Zeitreise in den Ring geworfen, und lange Zeit plante man mit Eddy Murphy, dem großen Star aus *Beverly Hills Cop*, für die Hauptrolle. Dieser war bekennender *Star Trek*-Fan und hatte sich ausdrücklich gewünscht, Teil des Films sein zu dürfen. In frühen Drehbuchfassungen tauchte dann sogar immer wieder eine Rolle für Murphy auf (etwa als Professor oder Radiomoderator). Schlussendlich kam die Kooperation jedoch nicht zustande.

Dass Nimoy diesmal insgesamt selbstbewusster agierte, dürfte niemanden überraschen. Er hatte ein zweites Mal seinen Kollegen William Shatner ausgestochen und wollte sich nun auch von Harve Bennett nicht mehr alles sagen lassen. Dass das Studio an dieser Stelle offenbar nicht intervenierte, führte zu einem frostigen Verhältnis zwischen den beiden Männern und zum Zerbrechen ihrer eigentlich guten Beziehung. Die Ehe von Leonard Nimoy litt ebenfalls unter der Belastung – nur kurz nach der Premiere trennte sich das Paar.

So steinig der Entstehungsprozess nun schon zum wiederholten Mal auch gewesen sein mag, am Ende traf man fast ausschließlich richtige Entscheidungen. Nimoy hatte sich gegen Bennett durchgesetzt und die Laute der (im Zentrum des Geschehens stehenden) Sonde nicht übersetzen lassen, um das Mysterium zu bewahren – ein Segen für den Film. Außerdem setzte man mit Nicholas Meyer einen weiteren Autor ein, um primär die Dialoge im San Francisco der 1980er-Jahre zu schreiben, was zu vielen unnachahmlichen Situationen führte.

Für *Star Trek* und Paramount war der vierte Film somit im Jahr 1986 im wahrsten Sinne des Wortes ein absoluter Kassenschlager! Es gelang nicht nur das beste Abenteuer der Classic-Besatzung, sondern darüber hinaus auch ein kommerziell erfolgreicher und von Kritikern wie Fans gleichermaßen geliebter Film. Außerdem sorgte er dafür, dass man sich nach vielen Jahren des Zweifels wieder ernsthaft mit einer neuen Serie befasste. Das zitierfreudige Drehbuch, die tolle Öko-Botschaft und viele treffende Beobachtungen der damaligen Zeit hatten entscheidenden Anteil am endgültigen Durchbruch der Reihe. Bei einem Budget von 21 Millionen Dollar konnte man 81 Millionen in den USA erlösen und 133 Millionen Dollar weltweit generieren. Somit toppte man die Werte der letzten zwei Filme im Heimatland, der restlichen Welt und insgesamt.

DAS FAZIT

Meine Begeisterung für den Film ist über die Jahre nie abgekühlt, sondern eher noch einer Dankbarkeit und Bewunderung für die Macher gewichen. Der wohl beschwingteste Film der Kinoreihe punktete mit einer unfassbar hohen Gag-Dichte, spielfreudigen Darstellern und liebenswerten Figuren sowie einer charmanten, aber unaufdringlichen Ökobotschaft, die auch heute noch aktuell ist.

Dabei war besonders erwähnens- und lobenswert, wie man die komplette Besatzung in die Handlung einbrachte und jedem Mitglied der Crew starke Momente zugestand. Nie zuvor oder später funktionierte das besser als hier.

Letztlich fungierte dieser vierte Kinofilm der Reihe zudem als Abschluss einer Trilogie, die mit dem Disput um Khan und dem Tod von Spock begann, mit Genesis, dem Diebstahl der USS Enterprise, der Suche nach Spock und der Zerstörung des geliebten Schiffes seine Fortsetzung fand und hier nun mit Heimkehr, Rettung der Erde und einer Verhandlung über die Fehltritte der Crew endete. Am Ende blieb nur noch, die Crew auf ihr neues Schiff zu entlassen. Strahlend weiß erschien sie im Bild, die neue USS Enterprise NCC-1701-A. Kaum eine Überraschung, doch erneut ein Fest für uns Fans.

In der Summe war *Star Trek IV: The Voyage Home* ein nahezu perfekter Wohlfühl-Film, den die Reihe seitdem nie wieder in so bestechender Form hervorgebracht hat. Damals wie heute ein großer Spaß und fraglos *Star Trek* für die Ewigkeit!

Wo steht geschrieben, dass Menschen logisch sind?

Dr. Gillian Taylor

STAR TREK V: THE FINAL FRONTIER

Versenkt an (fast) allen Fronten

FAKTEN

Dt. Titel: Star Trek V: Am Rande des Universums
Produktion: Harve Bennett
Regie: William Shatner
Story: William Shatner, Harve Bennett & David Loughery
Drehbuch: David Loughery
Score: Jerry Goldsmith
Laufzeit: 106 Minuten

DIE STORY

Der Planet Nimbus III mitten in der neutralen Zone war früher eine Art Freihandelszone für die verfeindeten Romulaner, Klingonen und die Föderation. Als dort der charismatische Vulkanier Sybok mit seinen Anhängern einen Aufstand anzettelt, wird die USS Enterprise zur Hilfe gerufen und muss feststellen, dass Sybok sich auf einer ganz speziellen Suche befindet …

DIE ENTSTEHUNG

War der vierte Film nicht eigentlich die perfekte Steilvorlage gewesen? Die Zukunft der Kinoreihe musste doch minimal golden am Firmament schimmern, oder? Mitnichten. Die Macher hinter *Star Trek* schafften es tatsächlich, den bereitliegenden Elfmeter ohne Torwart unbedrängt in die Wolken zu dreschen.

William Shatner, dem die Regiearbeiten seines Kollegen Nimoy ohnehin immer ein Dorn im Auge gewesen waren, pochte nun vehement darauf, auch endlich einmal zum Zuge zu kommen, und erinnerte die Entscheider in diesem Zusammenhang an eine Klausel, die die Gleichbehandlung der beiden Stars garantieren sollte. Laut verschiedenen Erzählungen war es aber vielleicht gar Nimoy selbst, der vorschlug, Shatner nun ans Ruder zu lassen.

Eine andere im Raum stehende Theorie besagt, Shatner habe sich bereits bei der Entstehung des vierten Films eine Regie-Garantie für einen potentiellen fünften geben lassen. Welcher Variante man nun mehr Glauben schenkt, bleibt – wie so häufig – jedem selbst überlassen.

Ganz ohne Kettenhund sollte Shatner aber ebenfalls nicht auf den Film losgelassen werden. So kam es, dass Harve Bennett trotz all der Streitereien bei der letzten Produktion noch einmal zurückkehrte. Ob auf Wunsch Shatners oder als Absicherung seitens Paramount, ist nicht eindeutig zu belegen.

Das Grundkonzept des Kirk-Darstellers sah eine groß angelegte Suche vor, die niemand Geringeren als Gott höchstselbst in den Mittelpunkt des Interesses rücken würde. Am Ende sollte sich im Übrigen herausstellen, dass es sich bei ihm in Wahrheit um den Teufel handelte. Ein Vulkanier namens Zar wäre – so die Ausgangsüberlegungen – dafür verantwortlich gewesen, das Triumvirat aus Kirk, Spock und McCoy zu sprengen und den Captain und seine beiden Freunde auf unterschiedlichen Seiten zu positionieren. Weder Gene Roddenberry noch irgendjemand sonst bei der Produktion konnte diesem Ansatz allerdings wirklich etwas abgewinnen.

Shatner hatte außerdem in Sachen Technik große Pläne. Aus seiner TV-Arbeit übernahm er Stilmittel wie den Teaser vor der Vorspannsequenz oder den Einsatz von Handkameras. Visuell streckte er sich damit nach der Decke und versuchte in gewisser Weise,

STIMMEN AUS DEM FANDOM

Star Trek ist seit ich denken kann ein wesentlicher Teil meines persönlichen Lebens. Das Vehikel Hobby reicht da schon lange nicht mehr aus. Ja, eigentlich geht meine komplette Leidenschaft für das Phantastik-Genre in all seinen Facetten auf *Star Trek* zurück. In einem Radio-Interview vor vielen Jahren habe ich es einmal so ausgedrückt: Mit *Star Trek* hat damals alles bei mir angefangen, und ich glaube, dass mit *Star Trek* irgendwann einmal auch alles wieder enden wird.

Thorsten Walch, Oberhausen

Erfolgsformaten wie *Star Wars* nachzueifern, was sich vor allem in den Wüstensequenzen und anhand der Bar-Szene veranschaulichen lässt. Dass am Ende gerade die Spezialeffekte so schwach ausfielen und Shatner in diesem Bereich Abstrich um Abstrich machen musste, ist bedauerlich.

Die Produktionsgeschichte war jedoch ebenfalls noch geprägt von Scharmützeln hinter den Kameras und von Grabenkämpfen, die das Innenverhältnis des kompletten Teams stark belasteten. Gene Roddenberry schrieb während der Produktion dieses Teils so viele Memos wie nie zuvor; so musste sich Shatner neben den technischen Problemen auch nach und nach von seiner inhaltlichen Vision verabschieden, was in vielen Fällen dem fertigen Produkt anzumerken war.

Die beliebten Szenen zu Beginn, die zeigen, wie Kirk, Spock und McCoy ihren Landurlaub im Yosemite-Park verbringen, klettern und singend Marshmallows über dem Feuer rösten, hätten zunächst die tiefe Freundschaft und Verbundenheit der drei definieren sollen, bevor genau diese Werte dann später durch den Vertrauensbruch auf eine harte Probe gestellt worden wären.

Doch konnte sich niemand so recht mit der Idee anfreunden, dem Publikum Kirk als Einzelkämpfer für die richtige und gerechte Sache zu präsentieren. Zudem hätte dieser Ansatz ehrlicherweise dazu geführt, dass Spock und McCoy in einem ungünstigen Licht dagestanden hätten, da sie sich von einem fehlgeleiteten Prediger hätten vereinnahmen lassen. Man ließ die Idee fallen, und aus dem Teufel machte man kurzerhand eine außerirdische Lebensform. Shatner musste tatenlos zusehen, wie nach und nach weitere seiner Einfälle aus dem Drehbuch gestrichen wurden. An diesem Punkt wäre es vermutlich besser gewesen, ganz neu anzufangen. Doch wollte der Regisseur unbedingt retten, was noch zu retten war. Ob es letztlich besser gewesen wäre, die ursprüngliche Fassung zu verfilmen, wie Shatner es immer wieder betont hatte, sei einmal dahingestellt. Überzeugend klang der Erstentwurf auf dem Papier schließlich ebenfalls nicht.

Das Ergebnis war ein unfokussierter Film, der bereits in den Vorabkritiken durchfiel. Als er dann die Lichtspielhäuser enterte, konnte aber noch niemand absehen, wie spärlich das Interesse wirklich sein würde.

Stolze 33 Millionen Dollar hatte man Shatner für den Film als Budget anvertraut. 52 Millionen spielte er in den USA ein und lag damit weit unter dem Ergebnis der ersten drei Teile. Im Rest der Welt sah es sogar noch schlimmer aus: Insgesamt spülte der Film weltweit nur 63 Millionen Dollar zurück in die Kassen von Paramount. Eine Katastrophe, die die Zukunft der Filmreihe zumindest kurzzeitig wieder mehr als ungewiss erscheinen ließ.

Ein Punkt aber, den man bei all der berechtigten Kritik nicht unter den Teppich kehren darf, war die starke Konkurrenzsituation im Jahr 1989 mit *Indiana Jones III*, *Back to the Future II* und *Batman*. Und auch der verschobene Trek-Fokus auf die erfolgreich gestartete neue TV-Serie mit Captain Picard und seiner Crew dürfte Aufmerksamkeit abgezogen haben. Beim fünften Leinwandableger kam einfach eine Menge zusammen, was letztlich zu diesem – ja, man muss es so nennen – »Desaster« geführt hat – oder führen musste.

DAS FAZIT

Aus genannten Gründen ist es kaum möglich, den Film zu beschreiben, ohne dabei zwiespältige Gefühle zu bekommen. Denn eines ist sicher: S*tar Trek V: The Final Frontier* ist eine ganz schwierige Kiste. Man möchte ihn gerne irgendwie mögen dürfen, weil er das Herz am rechten Fleck hat und die Story durchaus eine Seele besitzt. Man konnte erahnen, was die Intention war, musste dabei jedoch viele ziellose Szenen schlucken, über einen Haufen Gaga-Humor hinwegsehen und insgesamt akzeptieren, dass weder die Drehbuchschreiber noch der Regisseur und am Ende nicht einmal die Effektschmiede in der Lage waren, ein stabiles und homogenes Gebilde zu präsentieren.

Einige Szenen wie der Auftakt in der Wüste, diverse gelungene Dialog-Scharmützel und besonders die späteren Sequenzen um den großen Schmerz von Kirk, Spock und McCoy sowie deren Reflektion ganz zum Schluss des Films zeigten, was möglich gewesen wäre.

Star Trek V: The Final Frontier war ein kolossaler Fehlschlag, weil er zu viel wollte, davon fast nichts erreichte und am Ende leider nur eine wichtige Mahnung für die Zukunft bereithielt: Stelle niemals dein Ego über den Erfolg des Teams. Einfach schade.

Ich mochte ihn lieber, bevor er tot war.

Dr. Leonard McCoy (über Spock)

STAR TREK VI: THE UNDISCOVERED COUNTRY

Meyer to the rescue

FAKTEN

Dt. Titel: Star Trek VI: Das unentdeckte Land
Produktion: Ralph Winter & Steven-Charles Jaffe
Regie: Nicholas Meyer
Story: Leonard Nimoy, Lawrence Konner & Mark Rosenthal
Drehbuch: Nicholas Meyer & Denny Martin Flinn
Score: Cliff Eidelman
Laufzeit: 110 Minuten

DIE STORY

Nach der Explosion des klingonischen Mondes Praxis, der die Hauptenergieversorgung der klingonischen Heimatwelt Qo'noS darstellte, sind die Klingonen plötzlich gesprächsbereit und auf Hilfsmaßnahmen angewiesen. Friedensverhandlungen mit der Föderation werden anberaumt. Ausgerechnet die kurz vor der Pensionierung stehende Crew um Captain James T. Kirk erhält den Auftrag, den klingonischen Kanzler Gorkon und sein Gefolge zu empfangen und sicher zu den Verhandlungen zu bringen ...

DIE ENTSTEHUNG

Die Faktenlage nach dem fünften Kinofilm gestaltete sich nicht ganz eindeutig. *Star Trek V: The Final Frontier* hatte inhaltlich und kommerziell enttäuscht und zudem für viele Spannungen unter den Schauspielern und Kreativen gesorgt. Dafür zeigte allerdings *Star Trek: The Next Generation* seit 1987 im TV, dass es durchaus noch ein großes Interesse an der Marke *Star Trek* gab. Ein weiterer Punkt war das nahende 25. Jubiläum der Erstausstrahlung von *The Man Trap* im Jahre 1991. Kurzum: Die Großkopferten bei Paramount überlegten und rangen sich schlussendlich noch einmal dazu durch, es abermals mit einem Film versuchen zu wollen.

Leonard Nimoy wurde auserkoren, sich eine Geschichte zu überlegen. Jeder bei Paramount wusste jedoch, dass er nicht erneut die Regie übernehmen konnte. William Shatner hatte mit seinem Versuch einen derartigen Gesichtsverlust erlitten, dass man ihm den Kollegen und Konkurrenten kein drittes Mal vor die Nase setzen konnte.

Ergo kehrte jemand zurück, der bereits einmal die Filmreihe vor dem Untergang gerettet hatte: Nicholas Meyer. Bis man sich auf eine Geschichte einigen konnte, verging aber auch diesmal viel Zeit – am Ende war zudem nicht mehr klar, wer letztlich welchen Einfluss auf das fertige Drehbuch gehabt hatte. Die offizielle Sprachregelung gab Nimoy, Lawrence Konner und Mark Rosenthal die Nennung für die Story, Nicholas Meyer und seinem Co-Autor Denny Martin Flynn für das verfilmte Drehbuch.

Es ist nicht unwahrscheinlich, dass sich diese Version nah an der Wahrheit befindet. Meyer hatte bei seinem ersten Versuch viele Eingriffe seitens Harve Bennett ertragen müssen und schwamm sich nun komplett frei. Auf diese Weise kam es auch zu einigen ungewöhnlichen Entscheidungen – exemplarisch seien hier die spärliche Beleuchtung der Sets, die Verwendung von Shakespeare als Inspirationsquelle für die Klingonen, der Schlafsaal, die Szene mit den Wörterbüchern oder die Kombüse samt Phaser genannt. Meyer wollte einfach einen guten Film machen und ignorierte dabei, ohne mit der Wimper zu zucken, einige Sachverhalte, die die vorherigen Trek-Filme oder die Serie etabliert hatten.

Eine kleine Kröte musste Nicholas Meyer allerdings doch noch schlucken: Nach dem Debakel mit dem fünften Film wurde das Budget für den sechsten wieder etwas heruntergeschraubt. 27 Millionen Dollar hatte der Regisseur zur Verfügung – und jeder Dollar zahlte sich aus und war im Gegensatz zum Vorgänger auch gut investiert, da auf der Leinwand zu sehen. In den USA nahm der Film rund 75 Millionen Dollar ein, weltweit erreichte man 97 Millionen. Nach dem Flop konnte nun also wieder ein Erfolg verbucht werden – wenn auch kein großer.

DAS FAZIT

Eine Sache, die in enger Verbindung zum kommerziellen Erfolg stand, war sehr erfreulich: Der Film hatte diese guten Zahlen in jederlei Hinsicht verdient! Dabei muss man zugeben: Der letzte Teil der Classic-Kinoreihe ist bis heute keiner, bei dem die Fans reihenweise enthusiastisch aus den Sitzen kippen. Dafür war er schlicht zu erwachsen, zu beruhigt und stellenweise zu zynisch im Umgang mit Roddenberrys Idealen. Dennoch war er auch von Grund auf authentisch, relevant und von sozialgeschichtlichem Interesse; er legte wunderbar das Fundament für das, was zwei Jahre später die bis heute beste Trek-Serie werden sollte. War der zweite Kinofilm der Höhepunkt in Sachen Spannung und der vierte in Sachen Humor, wurde dieser hier zum Höhepunkt im Bereich Story. Starke, glaubhafte Charaktere in einer Politallegorie, die *Star Trek* im Filmbereich viel zu selten derart konsequent auf die Leinwand gebracht hatte. Unter den sechs Classic-Filmen ist dieser bis heute mein Liebling.

Mit diesem Film endete dann gleichzeitig die Filmreihe der Classic-Besatzung – wenn man von den mehr oder weniger kurzen Auftritten von Kirk, Chekov und Scotty in *Star Trek Generations* einmal absieht.

Kirk durfte zum Schluss noch einmal aus Peter Pan zitieren, vor dem Abspann schrieben die Schauspieler ihre Namen in die Sterne, und der letzte Satz von Captain Kirk war ein Gänsehautmoment der Superlative für eine Crew, die sich ihren Ruhestand mehr als verdient hatte, sowie eine wunderbare Überleitung zu einer neuen Generation von Abenteurern …

*Persönliches Logbuch des Captains, Sternzeit 9529,1.
Dies ist die letzte Reise des Raumschiffs Enterprise unter meinem Kommando. Dieses Schiff und seine Geschichte werden bald in die Obhut einer neuen Mannschaft übergeben. Ihnen und ihren Nachkommen vertrauen wir unsere Zukunft an. Sie werden die Reisen fortsetzen, die wir begonnen haben, und mutig zu all den unentdeckten Ländern vorstoßen, wo noch kein Mensch, wo noch niemand zuvor gewesen ist.*

James T. Kirk

NACHRUF
DER GROSSE VOGEL UND SEINE LETZTEN STUNDEN

Der sechste und letzte Kinofilm mit der Originalbesetzung markierte auch noch ein anderes Ende. Gene Roddenberry verstarb am 24. Oktober 1991 an Herzversagen, nur rund 48 Stunden, nachdem er *Star Trek VI: The Undiscovered Country* zum ersten Mal gesehen hatte.

Er wurde 70 Jahre alt und hinterließ seine Ehefrau Majel Barrett-Roddenberry (die 2008 verstarb) sowie drei Kinder. Sein Sohn Eugene Wesley »Rod« Roddenberry Jr. folgte später in seine Fußstapfen und wechselte in den Produktionsstab von S*tar Trek: Discovery*.

Gene Roddenberry hatte seit den 1980er-Jahren mit einem sich stetig verschlechternden Gesundheitszustand zu kämpfen. Seit 1989 war er auf einen Rollstuhl angewiesen und lebte fortan zurückgezogen.

1985 erhielt er seinen Stern auf dem Hollywood Walk of Fame – als erster TV-Produzent zu diesem Zeitpunkt. Ein Asteroid (4659 Roddenberry) wurde ebenso nach ihm benannt wie ein Krater auf dem Mars (The Roddenberry Crater) und das Roddenberry Planetarium in El Paso, seiner Geburtsstadt.

Star Trek: The Next Generation markierte seine letzte Beteiligung an *Star Trek* in Serienform. An den weiteren Ablegern beginnend mit *Star Trek: Deep Space Nine* war er nicht mehr beteiligt. Dafür entdeckte seine Witwe 1996 einige Drehbücher, die zur Serie *Earth: Final Conflict* führten, und die Serie *Andromeda* war ebenfalls auf seine Notizen zurückzuführen. Beide liefen fünf Staffeln und erreichten jeweils 110 Episoden.

Gene Roddenberry war einer der ersten Menschen, der im Weltraum seine letzte Ruhestätte fand, als ein Teil seiner Asche 1997 von einer Pegasus-XL-Rakete in die Umlaufbahn gebracht wurde. 2004 verglühte die Kapsel mit der Asche in der Atmosphäre.

Danke für alles und ruhe in Frieden, du großer Vogel der Galaxis!

NEUER GLANZ
REMASTER ME!

Der Zahn der Zeit hatte über die Jahrzehnte gewaltig an der klassischen *Star Trek*-Serie genagt. Nicht nur war die Schärfe auf immer größeren Displays schon lange nicht mehr ausreichend gewesen; vor allem die Effektsequenzen wirkten mehr als angestaubt.

Zur großen Freude der Fans entschied man sich Anfang des neuen Jahrtausends, die komplette Serie durch einen Remastering-Prozess laufen zu lassen. Dabei wurden die Episoden anhand der Original-Filmnegative neu und in HD gescannt. Die Effektszenen (wie Planeten, Raumschiffe, Phaser oder der Sichtschirm) mussten hingegen komplett neu erstellt werden, um der Serie einen etwas moderneren Look zu verleihen. Dadurch wurden sogar teilweise Fehler ausgebügelt; es entstanden aber auch einige Abweichungen, die Puristen nicht erfreuten.

Das 4:3-Seitenverhältnis behielt man jedoch bei, obwohl man die Effekte (für eine eventuelle spätere Verwendung) grundsätzlich in 16:9 anlegte. Auf diese Weise wurde der Stil der Serie erhalten, und es gingen außerdem keine Bildinformationen verloren. Die ikonische Titelmelodie wurde überdies mit einem Orchester neu aufgenommen.

Star Trek erstrahlt dank dieser aufwendigen Bearbeitung in einem Glanz, der selbst für große Fernseher unserer Zeit ausreichend ist, und kann damit problemlos auch von einer jüngeren Generation konsumiert werden.

DER AUTOR
ABWESEND AUS GUTEM GRUND

Ich weiß noch genau, wo ich am 8. September 1966 war, dem Tag der US-Erstausstrahlung von *Star Trek*, nämlich nirgendwo. Es sollte fast noch elf weitere Jahre dauern, bis ich das Licht der Welt erblickte – somit verpasste ich logischerweise ebenso die deutsche Erstausstrahlung im Jahr 1972. Da war meine Geburt dann jedoch immerhin vielleicht schon grob ins Auge gefasst. So schön es sicher auch wäre, sich Trekkie der ersten Stunde nennen zu können, ich muss leider darauf verzichten.

Dennoch erfasste mich das Fieber relativ früh. Mit gerade einmal acht Jahren sah ich den dritten Kinofilm – und verstand ihn nicht. Den vierten schaute ich dann bereits im Kino – ein großer Spaß und perfekter Einstieg. Die Episoden der Originalserie holte ich unregelmäßig nach, wenn sie im TV liefen. Was ich sah, reichte vollkommen aus, um mein Interesse für all das zu wecken, was da noch auf mich zukommen würde …

In der Rückschau ist die Ur-Serie für mich wie die erste Schwärmerei für eine Sandkastenfreundin, der man schwört, dass man sie irgendwann heiratet, sie dann aber doch schnell aus den Augen verliert. Als Kind waren mir die Themen einiger Episoden auf eine zu subtile Weise präsentiert worden. Auch verstand ich viele gesellschaftskritische Anmerkungen nicht. Als Erwachsener waren dann die späteren Serien aus den unterschiedlichsten Gründen einfach von größerem Interesse für mich.

Dennoch habe ich mir meine Zuneigung und die Erinnerung an diesen ersten Kontakt mit *Star Trek* immer bewahrt, bleibe regelmäßig beim Zappen an Episoden hängen oder schaue mir bewusst die eine oder andere Highlight-Folge dieser Ära an. Ich weiß genau, dass es in den 1980er-Jahren war, als meine Trek-Leidenschaft mit Kirk & Co ihren Anfang nahm.

Die (erste) große Liebe sollte aber erst hinter dem nächsten Planeten auf mich warten …

THE REVIEWER'S WIFE

FÜR EIN SCHMUNZELN REICHT'S

Wer meine Rezensionen und Kolumnen für das Portal Serienjunkies kennt, ist dort sicher auch schon meiner lieben Ehefrau begegnet, die in ihrer Funktion als *The Reviewer's Wife* seit Jahren Episoden kommentiert und mit ihrem ganz speziellen (und manchmal durchaus verwirrenden) Blickwinkel versieht. Der Clou an der Sache ist: Als sie mich vor fünfzehn Jahren kennenlernte, hatte sie nichts für *Star Trek* übrig. Im Gegenteil: Sie machte sich eher noch darüber lustig! Mit den Jahren jedoch wuchs ihre Zuneigung, und heute darf man sie getrost als kleinen Fan des Ganzen bezeichnen, ohne ihr damit zu nahe zu treten.

Für die Originalserie gilt dieser Umstand aber trotz großer Bemühungen bis heute nicht wirklich. Ihr fällt es einfach schwer, über die Kulissen, Effekte und die Dramaturgie der 1960er-Jahre hinwegzusehen. Ähnliche Probleme bereitet ihr beispielsweise auch *Babylon 5*, obwohl diese natürlich sehr viel aktueller ist.

Was ihr allerdings in verschiedenen Episoden immer wieder gefällt, sind der Humor, der Charme, die Zusammenarbeit und die positive Atmosphäre der Serie. Sie hält Captain Kirk für einen charismatischen Anführer und Helden, einen Womanizer, der verdientermaßen einen Schlag bei den Frauen des Universums hat. Auf den Punkt gebracht ist er sogar der einzig wahre Captain für sie. Doch auch Spock und McCoy sind ihr mit ihren Sprüchen und der herrlichen Chemie durchaus ans Herz gewachsen.

Eine große Liebesbeziehung zur Originalserie wird sich bei ihr zwar nicht mehr entwickeln, ich konnte ihr aber zumindest erfolgreich vermitteln, warum diese erste Inkarnation einen derartigen und langfristigen Erfolg für das heutige Franchise begründete. Soll heißen: Sie versteht den Kult!

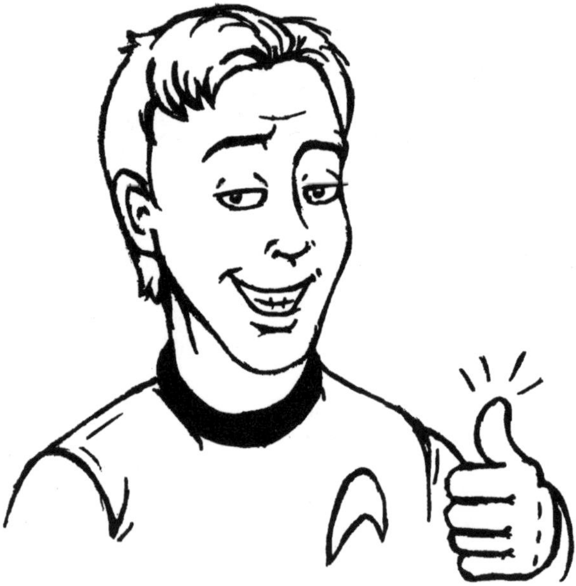

III. STAR TREK: THE NEXT GENERATION

DER GLATZKOPF MACHT DIE FANS VERRÜCKT

Fakten
US-Erstveröffentlichung: 1987 bis 1994
US-Premiere: 28. September 1987
Deutscher Titel: Raumschiff Enterprise: Das nächste Jahrhundert
Deutsche Premiere: 7. September 1990 im ZDF
Staffeln: 7 / Episodenzahl: 178
Titelmusik: Alexander Courage & Jerry Goldsmith
Hauptdarsteller: Patrick Stewart (Jean-Luc Picard), Jonathan Frakes (William T. Riker), Brent Spiner (Data), LeVar Burton (Geordi LaForge), Michael Dorn (Worf), Denise Crosby (Tasha Yar), Marina Sirtis (Deanna Troi), Gates McFadden (Beverly Crusher), Wil Wheaton (Wesley Crusher) u. a.

DIE MACHER

MAN SCHLÄGT SICH GEPFLEGT DIE KÖPFE EIN

Eines hatte man bei Paramount in den 1980er-Jahren ganz sicher realisiert: Es gab noch einen Markt für *Star Trek*. Im TV brummten die Wiederholungen, das Fandom zeigte seine Energie in immer neuen Blüten, und die Kinoreihe befand sich nach dem Wal-Abenteuer auf dem absoluten Höhepunkt. Was sprach also dagegen, den bereits einmal auf Eis gelegten Plan, eine neue Serie entwickeln zu wollen, wieder aus der Schublade zu holen? Eine der wichtigsten Entscheidungen, deren Pendant in den 1970er-Jahren zum Scheitern geführt hatte, traf man bereits in der frühen Konzeptionsphase. Diesmal wollte man kein eigenes Network gründen und *Star Trek* als Aushängeschild des neuen Abendprogramms verwenden. Stattdessen kam man auf eine wahrlich geniale Idee: Die bisher eigentlich primär für Gameshows und Kindersendungen genutzte Syndication-Schiene sollte die Serie in alle

Märkte tragen und den Bossen satte Einnahmen bescheren. Das war zumindest der Plan.

Man setzte hier alles auf eine Karte, verzichtete bei der Vergabe der ersten Staffel komplett auf eine Gebühr und ließ sich stattdessen die Hälfte der Werbezeit überschreiben. Angesichts der horrenden Preise, die Paramount durch den schnellen Erfolg verbuchen konnte, rentierte sich dieses Vorgehen bereits im ersten Jahr. Man munkelt, dass die Werbeeinnahmen der Erstausstrahlung aller sieben Staffeln alleine über 500 Millionen Dollar eingebracht haben sollen, während man für die reinen Produktionskosten nicht einmal die Hälfte aufbringen musste. Sorgenfalten konnte man bei den Verantwortlichen daher diesmal keine entdecken – der finanzielle Erfolg beugte diesen eindrucksvoll vor. Nun mussten nur noch inhaltlich die richtigen Entscheidungen getroffen werden.

Paramount beauftragte Greg Strangis und Rick Berman mit der Erstellung eines Konzeptes. Dieses sah vor, Raumkadetten bei ihren Abenteuern zu begleiten. Und obwohl man Roddenberry hatte außen vor lassen wollen, da dieser ohnehin kein Fan der Idee einer neuen Crew war, schickte der damalige Paramount-Präsident John Pike ihm die Dokumente. Erfreulicherweise, muss

STIMMEN AUS DEM

FANDOM

Star Trek bedeutet für mich, dass niemand, der dabei sein möchte, davon ausgeschlossen wird und dass auch der Aufbruch zu Neuem ebenso dank *Star Trek* nicht nur im technischen Fortschritt, sondern vor allem in den Gesellschaften stattfand. Mit *Star Trek* erlernte ich den Vulkanischen Gruß, baute die Enterprise aus Lego und später mit CAD nach. Zudem lernte ich das Teetrinken zu lieben: Earl Grey, heiß! Ich mag den Humor der Classics und die Technik der Next Generation, ebenfalls gefällt mir der neue Erzählstil um die Discovery.

Hans Cordes, Kirchgellersen

man heute sagen. Denn Roddenberry sah kein großes Potential in dieser Idee, stellte die richtigen Fragen und verhinderte damit eine Serie, die schon im Ansatz nicht fesselnd klang. Auch sorgte dieser Vorgang dafür, dass man den Wert Roddenberrys bei Paramount wieder etwas mehr zu schätzen lernte. Man wollte ihn plötzlich doch wieder mit an Bord haben, letztlich auch, um die Fans zufriedenzustellen, die sich eine neue Serie ohne den Schöpfer der Ur-Serie kaum vorstellen konnten.

Die Bühne war also bereitet, die Kapelle engagiert, und die offizielle Pressekonferenz fand am 10. Oktober 1986 in Los Angeles statt.

Twenty years ago, the genius of a man brought to television a program that has transcended the medium. We are enormously pleased that man, Gene Roddenberry, is going to do it again.

Vor zwanzig Jahren brachte ein Genie eine Serie ins Fernsehen, die das Medium erweitert hat. Wir sind hocherfreut, dass dieser Mann, Gene Roddenberry, es ein weiteres Mal tun wird.

Mel Harris (Paramount)

Salbungsvolle Worte für einen Mann, der eine gefühlte Ewigkeit von seinem Baby ferngehalten worden war, der außer Memos zu schreiben keine Daseinsberechtigung an *Star Trek* mehr gehabt hatte und an dem man die neue Serie am liebsten vorbeiproduziert hätte.

Roddenberry durchschaute diesen Schachzug natürlich, wie seine Witwe einmal erzählte. Paramount brauchte sein Gesicht, um die Fans zu beruhigen. Außerdem stand außer Frage, dass seine Vision von der Classic-Serie das Phänomen begründet hatte. Was sollte also schon schiefgehen? Seinen Ehrgeiz hatte man in jedem Fall geweckt. Roddenberry wollte der Welt beweisen, dass er ein zweites Mal erfolgreich damit sein konnte, *Star Trek* im TV zu etablieren. Er holte Bob Justman, einen alten Weggefährten, mit ins Boot und erarbeitete ein Konzept. Der Name der Serie stellte dabei übrigens ein besonderes Problem dar. Als Justman eine Liste von möglichen Vorschlägen präsentierte, bestand diese zwar aus satten 44 Einfällen seinerseits, keiner davon lautete jedoch *Star Trek: The Next Generation.* Wer hätte geglaubt, dass eine Serie mit einem derart generischen Titel eine so komplizierte Findungsphase hinter sich hatte?

Doch auch inhaltlich machte Roddenberry es sich nicht leicht. Mit einem handverlesenen Team aus Vertrauten wie Justman, David Gerrold und Eddie Milkis wurden die Rahmenbedingungen festgelegt. Am 26. November 1986 hatte er dann zudem seine 22 Seiten lange Serienbibel fertiggestellt, die Figuren, Sets und Begrifflichkeiten vorgab. Eine wichtige Entscheidung war dabei, den Captain in Zukunft nicht mehr auf Außenmissionen zu schicken. Dieser aktivere Part fiel dem ersten Offizier zu. Auch wurde eine deutlich längere Laufzeit als die bekannte 5-Jahres-Mission angesetzt, was zu der Notwendigkeit eines größeren, komfortableren Schiffes führte sowie dazu, dass die Offiziere ihre Familien mitbringen konnten. *Star Trek* erfand sich neu.

DER START & DIE SCHAUSPIELER

EIN JAHR SCHAFFE ICH

Einer der größten Streitpunkte in der Produktionsphase war die Figur des Captains – oder vielmehr dessen Besetzung. Gene Roddenberry hatte hier eine klare Vision: Er wollte einen französischen Schauspieler in einer Rolle, die in der Tradition von großen Entdeckern wie Cousteau oder de Bougainville stand. Der erste Casting-Aufruf wies die Figur konsequenterweise als Julien »Luke« Picard aus.

Bob Justman aber hatte sich früh auf den britischen Schauspieler Patrick Stewart festgelegt, was Roddenberry zunächst strikt ablehnte. Dass der Macher der Serie hier den Kürzeren zog, ist hinlänglich bekannt. Er dürfte es nie bereut haben. Das Ende vom Lied war nun allerdings, dass man einen französischen Captain erhielt (dessen Namen keiner an Bord korrekt aussprechen konnte), der Earl Grey trank und mit einem unverkennbar britischen Akzent sprach. Nun könnte man sich natürlich jede Art der Herleitung gönnen: Picard ist selbstverständlich schon früh in die Welt gezogen, studierte lange auf einem englischen Eliteinternat, bereiste fremde Länder und erhielt sich immer diese zweite Heimat, die auch seinen Teegeschmack und die Art zu sprechen prägte. Die Realität war natürlich: Das Zerren der verschiedenen Parteien unter den Produzenten hatte hier ein kleines Kuddelmuddel erzeugt, das mehr fauler Kompromiss denn geniale Kreation war. Was für ein Glück, dass man mit Stewart trotzdem einen brillanten Schauspieler gefunden hatte! Dieser verpflichtete sich übrigens nur für die Rolle, weil er von seinem Agenten den Hinweis bekam, nach einem Jahr wäre eh wieder Schluss mit der Serie.

Bei den restlichen Figuren war man sich schneller einig. Geordi LaForge wurde nach einem verstorbenen Fan benannt, Dr. Beverly Crusher war als Schiffsärztin geplant, Deanna Troi sollte Counselor werden, und mit Data und Worf holte man noch einen Androiden und einen Klingonen dazu. Doch gab es auch einige kleine Abweichungen zu den späteren Figuren: William Ryker sollte der erste Offizier werden, Macha Hernandez die Sicherheitschefin und Leslie Crusher die Tochter der Ärztin.

Jonathan Frakes, LeVar Burton, Gates McFadden, Brent Spiner und Michael Dorn kamen auf mehr oder weniger großen Umwegen zu ihren Rollen. LeVar Burton war durch seinen Erfolg bei der Miniserie *Roots* direkt einer der Eckpfeiler des Casts gewesen. Frakes hingegen musste sieben Vorsprechen über sich ergehen lassen. Dorn war zunächst nur als Nebendarsteller für eine Handvoll Episoden geplant, stieg aber dann doch zum Mitglied der Stammbesetzung auf. Wil Wheaton erhielt die Rolle des Wesley Crusher, nachdem man in der Figurenzeichnung von einem Mädchen auf einen Jungen umgeschwenkt war. Denise Crosby hätte – der ursprünglichen Planung folgend – eigentlich Troi werden sollen und Marina Sirtis Macha Hernandez. Doch Roddenberry setzte sich durch, weil er Sirtis für die geeignetere Troi hielt, und tauschte die beiden aus – in diesem Verlauf wurde aus der guten Macha auch Tasha Yar. Bei Riker verschwand im Casting-Prozess das »y« aus dem Namen, und Picard erhielt seinen endgültigen Vornamen Jean-Luc.

DIE WELT

FRAUENPOWER UND MUT ZUR FRISUR

Ende der 1980er-Jahre entsprach das Bild einer Führungsperson nicht mehr zwingend dem eines wilden Cowboys, der jeder Schürze nachjagt. Die Donald Trumps dieser Welt relativieren diese Entwicklung zwar heute wieder etwas, sollten jedoch deswegen noch lange nicht als Normalfall angesehen werden. Deshalb – und sicherlich auch, weil man sich vom Vorgängerformat sichtbar abgrenzen wollte – legte man den

Captain der neuen Serie konsequent als älteren und weiseren Diplomaten und Schöngeist an – eine drastische Abkehr von der Rolle des Captain Kirk. In das entstandene Vakuum des Sunnyboys und Womanizers schrieb man dafür Commander William T. Riker, der einige von Kirks bekannten und beliebten Eigenschaften erhielt: Witze reißen, Köpfe verdrehen und mehr.

Auch das gängige Frauenbild hatte sich verändert: Während in den 1960er-Jahren Assistentin und Kommunikationsoffizierin wie das höchste der Gefühle anmuteten, waren nun gleich eine Chefärztin, eine Sicherheitschefin und eine Beraterin fester Bestandteil der Crew – zwei davon sogar primär auf der Brücke. Damit hatte man gleich drei im Grundsatz starke Frauenrollen, die alle in ihren Bereichen Leitungsfunktionen besetzten. Der Effekt, der bei der Originalserie durch die Einbeziehung von Minderheiten oder damaligen politischen Feindbildern der Amerikaner (Asiaten, Russen) oder sogar eines Außerirdischen erreicht worden war, wurde nun in vergleichbarer Form durch die Einbindung eines Androiden, eines Klingonen und eines blinden Farbigen erzeugt. Geordi LaForge wurde auf diesem Weg auch der erste Hauptcharakter mit einer offensichtlichen körperlichen Einschränkung – und somit zur Inspiration für viele Menschen weltweit. Vielfalt damals wie heute.

Das Ende des Kalten Krieges hatte zudem Auswirkungen auf die Darstellung der Klingonen. Sie waren nun Verbündete, und man näherte sich ihnen und ihrer Kultur in diversen Episoden deutlich an. Zentraler Punkt dieses Gedankens war die Berücksichtigung des Klingonen Worf als Mitglied der Besatzung. Ein unmissverständlicher Kommentar zum Thema Völkerverständigung.

DAS GENRE
ERNEUT VORREITER

Zu Zeiten der Classic-Serie war *Star Trek* auf dem SF-Markt in seiner Form lange Zeit nahezu konkurrenzlos gewesen. Mittlerweile hatte sich das Bild aber ein wenig verändert. Eine neue Vielfalt im TV war entstanden, und die Zuschauer konzentrierten sich nicht mehr nur auf wenige Sender und ein sehr überschaubares Angebot. Auch im Bereich der Phantastik im TV hatte sich etwas getan. Kurzzeitige Phänomene wie die erste Inkarnation von *Battlestar Galactica*, *Captain Future* oder *Space: 1999* erschienen auf der Bildfläche.

Von 1977 bis 1983 hielt die Star-Wars-Saga die Welt im Kino in Atem. Kurzum: Es war nicht sicher, ob sich eine neue *Star Trek*-Serie so einfach würde behaupten können.

Nicht zu vergessen die bei den Fans vorherrschende nostalgisch verklärte Sicht auf den Vorgänger. Die Messlatte lag ohne jeden Zweifel hoch. Dennoch fehlte der Science-Fiction zu dieser Zeit auch eindeutig etwas: Die Utopie, die die Ur-Serie ausgemacht und definiert und so ein positives Bild von einer möglichen Zukunft gezeichnet hat, war in keinem Konkurrenzformat zu sehen.

DAS FRANCHISE
GEWETZTE MESSER

Nach der Absetzung der Originalserie 1969, der wenig erfolgreichen Zeichentrickserie, der nie realisierten zweiten Fernsehserie und letztlich dem Start der Kinoreihe im Jahr 1979 hatte *Star Trek* sich zu einem präsenten Medienphänomen entwickelt. Man liebte die Darsteller, und ihre Rollen wurden zu Ikonen. Der große kreative wie finanzielle Erfolg von *Star Trek: The Voyage Home* Ende 1986 war daher logischerweise einer der besten Gründe, eine neue Fernsehserie in Aussicht zu stellen.

Die Fans gierten zwar nach neuen Geschichten, waren allerdings auch gleichzeitig besorgt, ob eine neue Gruppe Darsteller und Charaktere überhaupt funktionieren würde. Die vielzitierte Toleranz der Trekkies wurde schnell auf eine harte Probe gestellt. Im Allgemeinen prognostizierte man der Next-Generation-Crew keine außerordentlich lange Lebenszeit.

DIE SERIE
TEE TRINKEN & DARÜBER REDEN

Nachdem der Versuch, *Star Trek* erneut auf den Fernsehschirm zu bringen, in den frühen 1970er-Jahren noch daran gescheitert war, dass man sich bei Paramount für die Kinovariante entschieden hatte, war lange unklar, ob es überhaupt irgendwann eine Neuauflage im TV würde geben können. Als 1985 dann jedoch bekannt wurde, dass Gene Roddenberry an genau dieser neuen Serie arbeitete, begannen kontroverse Diskussionen unter den langjährigen Anhängern der Crew um James T. Kirk. Konnte und durfte es überhaupt eine Serie ohne die bekannten Helden geben? Wäre das dann überhaupt noch *Star Trek*?

The Next Generation wählte man gleich in mehrfacher Hinsicht einen anderen Ansatz. Das Schiff war größer und luxuriöser – man reiste nun mit Familien und Stil. Es gab Erholungseinrichtungen wie Holodecks sowie Teppiche, Bilder und Holzvertäfelungen, die eine andere Vision vom Reisen durchs Weltall vermittelten. *Star Trek* war visuell erwachsen geworden. Dass zunächst die Drehbücher mit dieser Idee nicht Schritt halten konnten und vieles in der ersten Staffel an die 60er Jahre erinnerte, ist vielen Scharmützeln hinter den Kulissen geschuldet. So heizten die häufig holprige Dramaturgie und schwache Kulissen die Anti-Picard-Stimmung vorerst eher noch an. Dennoch fand die Serie mit der Zeit ihre Stimme und erlaubte sich bald sowohl bei den Einschaltquoten als auch inhaltlich keine großen Schwächen mehr.

Dieser Aufstieg ist eng mit dem Tod von Gene Roddenberry und der Übernahme des Ruders durch Michael Piller und Rick Berman verbunden. Sie führten Roddenberrys Ideen fort, erlaubten sich aber auch einige Freiheiten – so wurde die Serie ihrem eigenen Anspruch und dem brachliegenden Potential auch inhaltlich gerecht. *Star Trek: The Next Generation* wurde in den folgenden Jahren ein Straßenfeger und Synonym für anspruchsvolle Science-Fiction, für Geschichten über gesellschaftliche Missstände, soziale Probleme und menschliche Dramen. Jede Woche löste die Crew Hand in Hand die Probleme anderer und zeigte die Menschheit dabei von einer Seite, die erstrebenswert schien.

Dass die Show zu einer derart souveränen Angelegenheit wurde, ist jedoch in besonderem Maße mit einer Personalentscheidung hinter den Kulissen verbunden: Patrick Stewart. Dass man sich traute, einen britischen Shakespeare-Mimen mit Halbglatze auf den Stuhl des Captains zu setzen, stellte sich als Jackpot heraus. Stewart machte sich den Charakter des Captains Jean-Luc Picard von der ersten Sekunde an zu eigen, und das, obwohl er nach eigenem Bekunden ja eigentlich davon ausgegangen war, nach einer Staffel von dieser Qual erlöst zu werden. Er stellte seine Klasse in den Dienst der Sache und bügelte miese Drehbücher, trashige Kulissen und die Talentfreiheit einiger Kollegen aus. Sieben Jahre und vier Kinofilme blieb Stewart der Fixstern für die Serie. Picards unaufgeregte, diplomatische, weise, väterlich strenge und unantastbar faire Art, mit Menschen und Problemen umzugehen, wurde dabei zum Markenzeichen der Serie.

Doch noch etwas anderes gelang fast spielerisch. *Star Trek* war auf einmal nicht mehr nur eine Angelegenheit für Nerds oder reine Science-Fiction-Fans. Die gediegene und seriöse Machart öffnete dem Mainstream Tür und Tor, was sich auch in den Einschaltquoten und der Art und Weise niederschlug, wie die Presse das Thema behandelte. Die Charaktere und das ikonische Schiff zierten die Titelblätter großer Hochglanzmagazine, der Merchandise-Sektor erlebte einen ungeahnten Boom, und die Stars wurden von Show zu Show gereicht.

Wie die Originalserie inspirierte der Nachfolger zudem viele Menschen in ihrer Berufswahl oder gab ihnen einfach nur Gelegenheit, ihr Leben sowie die Situation unserer Welt zu reflektieren und mit anderen darüber zu sprechen. Vom Professor bis zum Straßenreiniger, vom Schuhputzer bis zum Chefarzt – die Serie sprach auf ganz verschiedene Arten zu den Menschen und bereicherte mit pointierten Geschichten, Witz und Herz ihr Leben. *Star Trek* war mit dieser zweiten Serie reif und erwachsen geworden. Ob die Menschheit diesem leuchtenden Vorbild irgendwann wird folgen können?

Meistgesehene Episoden waren über die Jahre der Pilotfilm *Encounter at Farpoint*, die Doppelfolge *Unification* mit Leonard Nimoy und der Abschlussfilm *All Good Things*. Sie erreichten Spitzenquoten, die man – abgesehen vom *Star Trek: Voyager*-Piloten *Caretaker* – nie wieder erreichen sollte. In Sachen Einschaltquoten ist *Star Trek: The Next Generation* ohnehin bis heute die Trek-Serie mit der breitesten Fanbase. Dass man dann nach starken sieben Staffeln und bis heute für Trek-Verhältnisse ebenfalls ungeschlagenen 178 Episoden Kirk & Co. sogar erfolgreich im Kino beerbte und viermal dort antreten durfte, verdeutlicht die Ausnahmestellung dieser Inkarnation.

Star Trek: The Next Generation ist die letzte Serie, die federführend von Gene Roddenberry entwickelt wurde. Auch wenn sein Einfluss letztlich geringer war als zu Zeiten der Classic-Reihe, wird sie immer sein letzter Gruß an die treue Fangemeinde bleiben, die dieses Phänomen überhaupt erst möglich gemacht hat.

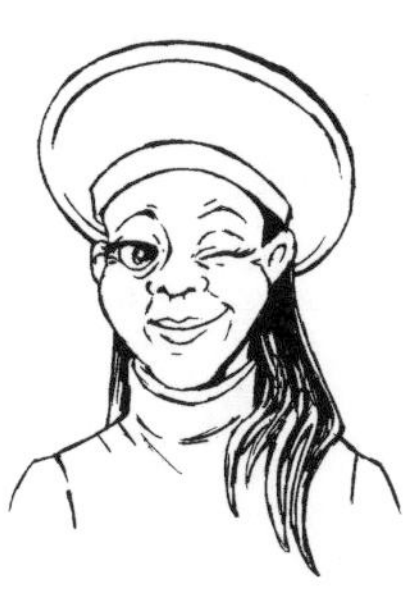

Die Deutschlandpremiere von »Star Trek: The Next Generation« lief parallel zu einer anderen Premiere. Während auf dem ZDF Captain Picard das Kommando über die NCC 1701-D übernahm, trugen auf RTL die Darsteller aus »Dirty Dancing« eine Wassermelone. Die Fernbedienung in der Hand, die Freundin neben sich auf dem Sofa, musste das also eine Diskussion ergeben, die doch sehr an die Zeiten Anfang der 1980er-Jahre erinnerte. Damals hieß es: »Sportschau oder »Raumschiff Enterprise«, jetzt schienen mir die Stolperversuche einer Tanzserie Knüppel zwischen die Beine zu werfen.

Nun, alles ist gut ausgegangen. 20 Minuten »Dirty Dancing« reichten, um uns beide davon zu überzeugen, dass wir pünktlich zur »Mission Farpoint ins Zweite schalten sollten – und tatsächlich war »Dirty Dancing« als Serie kein langes Leben beschert, während die Crew der NCC 1701-D zwar Sender- und Synchronsprecher-Hopping in Deutschland betrieb, aber so erfolgreich wurde, dass in diesen Jahren ein wahrer Boom an guten SF-Serien folgte.

Die Freundin von damals gibt es nicht mehr, »Dirty Dancing« wie gesagt auch nicht, aber das Bild der USS Enterprise, die sich majestätisch von den dunklen Weiten des Weltalls abhebt und über den Teppich aus sternenbesetzten schwarzen Samt dahingleitet, ist bis heute geblieben.

Aufgesetzt auf die sagenumwobene »Phase II« vom Ende der 1970er-Jahre, hat sie die Vision Gene Roddenberrys von der Zukunft der Menschheit in technologischer wie ethisch und moralischer Entwicklung perfekt ausgedrückt und dafür für immer einen Platz in meinem Herzen. Direkt neben dem Original. Wo sie hingehört.

Mike Hillenbrand
(Autor von »TREKminds«, »40 Jahre Star Trek« & »Star Trek in Deutschland«)

STAFFEL 1
(1987/1988)
DIE DREHTÜR DES UNIVERSUMS

Allen Unkenrufen fanatischer Kirk-Verfechter zum Trotz startete *Star Trek: The Next Generation* am 28. September 1987 in den USA in eine quotentechnisch starke, wenn auch von leichten Ausreißern nach unten geprägte, aber qualitativ definitiv verbesserungswürdige erste Staffel.

Der Pilotfilm wurde von rund 27 Millionen Zuschauern gesehen und führte all die neuen Figuren kompetent ein, konnte in Sachen Rahmengeschichte allerdings nicht vollständig überzeugen. Dafür verwöhnte man die alten Fans mit einem wunderbaren Gastauftritt von DeForest Kelley als steinalter Admiral Leonard McCoy.

Mit den ersten 90 Minuten machte man zweifellos vieles richtig – gelungene Charaktereinführungen wechselten sich mit spannenden Action-Sequenzen ab, und mit Q bot die Serie einen potenten Gegenspieler. Auf der anderen Seite kam die Story zuweilen schwachbrüstig und redundant daher, und einige Charaktere waren nichts als wandelnde Nervfaktoren. Dennoch: Für einen Pilotfilm hatte man hier eine zufriedenstellende Leistung abgeliefert.

Realistisch betrachtet war die erste Staffel jedoch arm an Höhepunkten. Es gab zu viele hölzern erzählte Schema-F-Geschichten und Füllmaterial. Die besten Episoden waren noch *Where No One Has Gone Before/Der Reisende* (mit dem ersten Auftritt des Reisenden), *DataLore/Das Duplikat* (in der wir Datas Bruder kennenlernten), *Home Soil/Ein Planet wehrt sich* und *Conspiracy/Die Verschwörung*.

Das größte Highlight war aber eindeutig die von Maurice Hurley und Robert Lewin geschriebene Episode *11001001*, die schon früh andeutete, in welcher Weise sich die Serie entwickeln respektive welch eine Sensibilität sie einmal auszeichnen würde und die überdies den Vergleich mit Höhepunkten der späteren Jahre keinesfalls scheuen muss. Wenn man eine Dreiviertelstunde der ersten Staffel nicht verpassen darf, dann diese.

Am anderen Ende der Skala reihten sich die Rohrkrepierer *Code of Honor/Der Ehrenkodex* (die man kaum als etwas anderes als rassistisch und frauenfeindlich bezeichnen kann), *The Last Outpost/Der Wächter* (mit den damals noch absolut unerträglichen Ferengi), *Justice/Das Gesetz der Edo* (der Planet der ewigen Liebe, auf dem Wesley in eine Hecke fiel), *Angel One /Planet Angel One* (der emanzipierteste Planet des Universums) und *When the Bough Breaks/Die Sorge der Aldeaner* (in der die auf der Enterprise lebenden Kinder entführt wurden) ein. Dazwischen gab es viel Mittelmaß, das den nach neuen Abenteuern lechzenden Fans allerdings genügte, um dafür zu sorgen, dass die Einschaltquoten relativ stabil blieben.

Hinter den Kulissen war diese Staffel von vielen Scharmützeln und Konflikten geprägt. Doch gehören diese bei der Produktion einer *Star Trek*-Serie nicht beinahe schon zum guten Ton? Gene Roddenberry versuchte, in allen Bereichen seinen zurückgewonnenen Einfluss geltend zu machen, eckte letztlich jedoch nur überall an. Er wurde zunehmend übellaunig und aggressiv und flüchtete sich immer wieder in den Alkohol. Seine Depressionen und größere gesundheitliche Probleme nahmen in dieser Zeit rasant zu.

Neben den bereits bekannten Gesichtern stießen noch Robert Lewin (der keine Ahnung von *Star Trek* hatte) und D. C. Fontana (die umso besser Bescheid wusste) zur Serie. Rick Berman wurde eine Art Verbindungsglied zwischen Paramount und dem Team Roddenberry. Eine Vorsichtsmaßnahme, die sich auszahlen sollte, da sich der beherrschte und ruhige Berman äußerst gut darauf verstand, das sprunghafte und jähzornige Naturell seines Chefs abzufedern – so gut, dass mit der Zeit immer mehr Mitglieder der Produktion es vorzogen, zunächst zu Berman zu gehen, als direkt beim großen Boss persönlich vorzusprechen.

Als Eddie Milkis früh im Jahr 1987 seinen Hut nahm, um andere Projekte zu verfolgen, und Rick Berman den vakanten Posten besetzte, begann mit einem Mal das muntere Stühlerücken so richtig an Fahrt aufzunehmen. Mit Gerrold und Fontana stritt man über ihre Bezahlung, was dazu führte, dass Roddenberry seinen Anwalt Leonard Maizlish zur Produktion holte. Dieser gilt vielen damals Beteiligten heute noch als Hauptgrund für stärkere Konflikte und einige negative Veränderungen an Roddenberry selbst, die jedoch durchaus auch mit seiner sich verschlechternden Gesundheit zu tun gehabt haben können. Maizlish wurde später sogar Story-Editor. Irgendwann zerstritten sich die langjährigen Weggefährten Fontana und Roddenberry dann endgültig, was zu einem Bruch mit und infolgedessen auch Rückzug der einstigen Sekretärin und Vertrauten des Produzenten führte.

Herbert Wright und Maurice Hurley wurden während der Staffel verpflichtet, Bob Justman hatte nach einem Jahr hingegen genug. Er wollte dafür sorgen, dass die Serie keine Katastrophe werden würde, und war letztlich zufrieden mit dem Ergebnis. David Gerrold (der ein großes Problem mit Leonard Maizlish hatte) und Robert Lewin verlängerten ihre Verträge ebenfalls nicht. Legendär ist, dass Roddenberry zunehmend Probleme damit hatte, für die Premierenstaffel überhaupt noch Autoren zu finden, die mit ihm arbeiten wollten. Seine Korrekturen an den Drehbüchern und die oft genannte Launenhaftigkeit hatten sich in der Szene schnell herumgesprochen und nach und nach einige Türen geschlossen, hinter denen sich mutmaßlich großes kreatives Potenzial befunden hätte. Als die Serie schließlich vor der zweiten Staffel stand, war nur noch Rick Berman von der ursprünglichen Besetzung dabei.

Auch bei den Figuren gab es einen Verlust zu beklagen: Denise Crosby war schon während der Dreharbeiten nicht mit der Einbeziehung ihrer Figur und der Beteiligung an der Handlung zufrieden gewesen. Somit entschied sie, die Serie zu verlassen. Wie sie später zugab, handelte es sich dabei aus verschiedenen Gründen um eine folgenschwere Fehlentscheidung: Einerseits kam ihre eigene Karriere danach nie wieder in Schwung, andererseits hatte sie angenommen, die Serie habe ohnehin kein langes Leben mehr vor sich. Sie war mit dieser Fehleinschätzung aber bekanntermaßen nicht allein.

Ich sehe keine Spitzen an Ihren Ohren, mein Junge,
aber Sie reden wie ein Vulkanier.

Admiral McCoy (Der Mächtige)

STAFFEL 2
(1988/1989)
DIE EINEN GEHEN, DIE ANDEREN DREHEN AUF

Die erste große Überraschung des zweiten Jahres betraf die Position der Schiffsärztin. Ohne große Gefühlsduselei wurde uns mit Dr. Katherine Pulaski alias Diana Muldaur eine neue Chefin auf der Krankenstation präsentiert. Offiziell war ihre von Gates McFadden porträtierte Vorgängerin versetzt worden.

Inoffiziell war man allerdings schlicht unglücklich mit der Entwicklung der Figur gewesen, obwohl sie an sich als wichtiger Teil des Ensembles eingeplant gewesen war. Dies konnte man auch an der Tatsache ablesen, dass ihr Sohn ebenfalls Teil des Casts und die belastete Vorgeschichte mit Captain Picard mehr als einmal zur Sprache gekommen und für die Handlung wichtig war.

McFadden hatte allerdings faktisch nichts falsch gemacht. Wie alle anderen Figuren hatte sie einfach nur relativ wenige Gelegenheiten erhalten, um sich wirklich auszeichnen zu können. In ihren raren Momenten wusste sie jedoch zu überzeugen – in jedem Fall mehr als die Kolleginnen Sirtis und Crosby. Dennoch fehlten den Produzenten Ecken und Kanten an der sympathischen Schauspielerin, wie Rick Berman einmal freimütig zugab.

Diana Muldaur war schon zum Zeitpunkt ihrer Verpflichtung eine alte Häsin in Hollywood, die zum Beispiel mit Burt Lancaster und Charlton Heston gedreht hatte. Für ihr Mitwirken an *L. A. Law* und *Born Free* wurde sie jeweils mit einen Emmy ausgezeichnet. In *Star Trek* hatte sie im Übrigen auch schon mitgespielt: Als Dr. Ann Mulhall in *Return to Tomorrow/ Morgen ist gestern* und als Dr. Miranda Jones in *Is there in Truth No Beauty?/Die fremde Materie* – beides Episoden aus der Originalserie. Witzigerweise war den Produzenten von *Star Trek: The Next Generation* das zum Zeitpunkt ihrer Verpflichtung aber gar nicht bewusst.

Muldaur brachte eine Art von McCoy-Gehabe in ihren Charakter ein und bot somit einen willkommenen Gegenpol zum dominanten Picard und sogar zum intellektuell unantastbaren Data. Den Autoren gelangen vom Start weg wunderbare One-Liner, die Muldaur kompetent zu nutzen wusste. Schon nach wenigen Episoden war klar: Man hatte sich auf der Position der Schiffsärztin klar verbessert.

Da man neben McFadden außerdem noch Denise Crosby verloren hatte, entstand allerdings in Sachen weibliche Besatzung trotz der Hereinnahme von Muldaur eine Vakanz. Dieser wirkte man auf sehr kreative Weise entgegen. Whoopi Goldberg, die in den 1980er-Jahren mit Filmen wie *Die Farbe Lila* oder *Jumpin' Jack Flash* Erfolge gefeiert hatte, outete sich als riesengroßer Fan und buhlte um eine Gastrolle. Diese erhielt sie in Form der

Betreiberin von Ten Forward, der El-Aurianerin Guinan. Sie blieb für den Rest der Serie an Bord (wobei sie genaugenommen in der siebten Staffel nicht mehr auftauchte) und war schließlich sogar in *Star Trek: Treffen der Generationen* und *Star Trek: Nemesis* dabei.

Obwohl Goldbergs Rolle nicht groß war, brachte ihre Figur doch verschiedene Qualitäten in die Serie ein, die zu Beginn noch rar gewesen waren: Sie strahlte Würde, Ruhe und etwas Geheimnisvolles aus und machte ihre Bar zu einem Treffpunkt für intime Gespräche und persönliche Momente. Zudem brachte Goldberg Starappeal in die Serie und zeigte, wie begehrt das Produkt selbst für Hollywoodstars war.

Die zweite Staffel bewies eindrucksvoll, dass man die richtigen Konsequenzen aus den Rückmeldungen beziehungsweise Fanmeinungen zum allgemeinen Stimmungsbild gezogen hatte. Man schaffte es, die Einschaltquoten zu bestätigen, und auch die Qualität zog merklich an. Zu den besten Episoden des zweiten Jahres gehörten *Elementary, Dear Data/Sherlock Data Holmes* (mit dem ersten Auftritt von Prof. Moriarty), *A Matter of Honor/ Der Austauschoffizier* (wo Riker zeitweise auf ein klingonisches Schiff wechselt), *The Measure of a Man/Wem gehört Data?*, *Time Squared/Die Zukunft schweigt* (die Folge mit dem doppelten Picard), *Q Who/Zeitsprung mit Q* (samt Erstkontakt mit den Borg) und *Peak Performance/Galavorstellung*.

Reduziert man die 22 Folgen auf das eine ultimative Highlight, muss die Wahl eindeutig auf *Wem gehört Data?* fallen. Die von Melinda M. Snodgrass geschriebene Episode befasste sich mit dem Status von Data, der als Androide offenbar keine final geklärten Rechte als Person besaß. In einem hitzigen Rededuell mussten Picard und Riker gegeneinander antreten, obwohl eigentlich beide denselben Standpunkt vertraten. Am Ende obsiegte Picard – und mit ihm die Vernunft und Data, der fortan für sich selbst entscheiden durfte und nicht mehr als Eigentum der Sternenflotte betrachtet werden konnte. *Wem gehört Data?* bot ein Drehbuch, das die Zuschauer mit einem Roboter mitfühlen ließ, der selbst gar keine Emotionen besaß. Eine reife Leistung! Dazu gab es eine Dramaturgie zu bestaunen, die Kollegen einander gegenübergestellte und ihnen alles abverlangte, sowie Schauspieler, die Vollgas gaben und ein Kammerspiel erzeugten, das vor Spannung und Intensität nur so knisterte. Mit dieser Episode lieferte die Serie zudem früh ein wunderbares Beispiel für eine unverzichtbare Bottleshow ab.

Am anderen Ende der Qualitätsskala landeten *The Outrageous Okona/Der unmögliche Captain Okona*, *Manhunt/Andere Sterne, andere Sitten* und das unsägliche Staffelfinale *Shades of Gray/ Kraft der Träume*. Dieses hatte zwar nichts mit der schlüpfrigen Roman- und Kinoreihe zu tun, kam allerdings als plumpe Clipshow daher, oder wie man es ebenfalls zusammenfassen könnte: Riker wurde auf einem studiomorastigen Planeten Opfer eines intergalaktischen Killerstachels und träumte in der Krankenstation die zurückliegende Staffel nach. Währenddessen weinten Troi und Pulaski vor sich hin und setzten ihm doofe Geräte auf.

Generell kann man an dieser Auflistung jedoch sehen: Starke Episoden, ein breites Mittelfeld und wenige Aussetzer prägten das deutlich homogenere zweite Jahr. Die Serie hatte ihre Stimme größtenteils gefunden.

In Sachen Produktionsstab ging das muntere Stühlerücken gnadenlos einfach so weiter. Maurice Hurley erhielt die Leitung des Writers Rooms. Dafür verließ aber zum Beispiel Tracy Tormé die Serie, nachdem ihre Drehbücher zu *Hotel Royale* und *Andere Sterne, andere Sitten* ohne ihr Einverständnis oder Wissen umgeschrieben worden waren. Auch David Gerrold hatte genug von den Streitereien mit Leonard Maizlish und ließ seinen Vertrag auslaufen. Dafür gab es mit Melinda M. Snodgrass, Hans Beimler und Richard Manning starke Zugänge zu verzeichnen.

Ein großes Problem war 1988 noch der Streik der Writers Guild of America. Zunächst war das Team gezwungen gewesen, für den Start in die Staffel ein altes Drehbuch aus der Zeit von *Star Trek: Phase II* zu verwenden und an die Serie anzupassen. Daraus wurde die Episode *The Child/Das Kind*. Doch auch in der Anzahl der Episoden schlug sich der Streik nieder. Nur 22 statt 26 Abenteuer galt es – wie gesagt – im zweiten Jahr zu bestehen. Als gegen Ende der Staffel dann noch das Budget knapp wurde, hob man die bereits erwähnte Clipshow *Kraft der Träume* aus der Taufe.

Die Staffel kam bei vielen Kritikern besser an als ihr direkter Vorgänger; verdientermaßen, muss man konstatieren. Bezieht man den Streik und die diversen Turbulenzen hinter verschlossenen Türen in die Bewertung mit ein, hat das Team damals eine starke Leistung abgeliefert und in vielerlei Hinsicht das Beste aus der Situation gemacht.

Sehen Sie, er hat bereits zwei Ihrer Kriterien für Empfindungsvermögen erfüllt. Was ist, wenn er das dritte auch noch erfüllt, und sei es nur ganz knapp? Was ist er dann? Ich weiß es nicht. Wissen Sie es?

Phillipa Louvois (Wem gehört Data?)

STAFFEL 3
(1989/1990)
HOUSTON, WIR HABEN EINEN HIT!

Um den unterhaltsamen Reigen der ersten beiden Jahre fortzusetzen, kam es auf der anderen Seite der Kameras selbstverständlich auch im dritten Jahr wieder zu einigen Umbesetzungen, auf die eingegangen werden muss.

Bereits zum Ende der letzten Staffel hatte Maurice Hurleys Trek-Reise ihr Ende gefunden. Außerdem wechselte Produktionsdesigner Herman F. Zimmerman zum Team von *Star Trek V – Am Rande des Universums*. Ihn ersetzte Richard James, der dem Format bis zum Serienende die Treue halten sollte. Doch war das erst der Anfang.

Obwohl die Figur der Dr. Pulaski sich problemlos ins Ensemble eingefügt hatte und für verschiedene denkwürdige Momente sorgen konnte, verabschiedete man sich nach nur einem Jahr wieder von ihr und der Darstellerin Diana Muldaur – nur um dafür die ein Jahr zuvor geschasste Gates McFadden als Dr. Beverly Crusher zurückzuholen. Muldaur zeigte sich allerdings als Sportsfrau, da sie offenkundig (und nach eigener Aussage) wenig Liebe für das Projekt hatte aufbringen können.

Über die Gründe für den erneuten Wechsel gibt es verschiedene Theorien. Man sah jedoch vermutlich schlicht die exponierte Stellung der Hauptfiguren Picard, Data und Riker durch die herbe und selbstbewusste Pulaski in Gefahr. Allerdings hält sich auch die These, dass Maurice Hurley McFadden hatte ersetzen wollen. Es war damals nur Roddenberry zu verdanken gewesen, dass man sie nicht permanent aus der Serie geschrieben hatte. Da Hurley nun seinerseits die Serie verlassen hatte, holte man McFadden einfach zurück. Unwahrscheinlich ist diese Version nicht.

Weitere Personalwechsel bei den Darstellerinnen und Darstellern blieben jedoch glücklicherweise aus. Im Gegenteil waren im dritten Jahr Schauspieler wie Dwight Schultz als Reginald Barclay oder Tony Todd als Kurn zu sehen und blieben dem Format über Jahre erhalten.

Mark Lenard erhielt außerdem einen viel beachteten Gastauftritt als Botschafter Sarek in der gleichnamigen Episode *Sarek/ Botschafter Sarek*. Dass diese überhaupt zustande kommen konnte und man in einer Mindmeld-Szene sogar Spock erwähnen durfte, war beachtlich, denn all dem war ein zähes Ringen vorausgegangen. Gene Roddenberry hatte die ersten Jahre darauf bestanden, die Classic-Serie aus den Drehbüchern weitestgehend herauszuhalten. Für die Autoren war diese Aufweichung hingegen eine Art Befreiung von Kreativitätsbeschneidungen, was sie von diesem Moment an auch noch häufiger für wundervolle Momente ausnutzen sollten.

Im Produktionsstab ging es aber nicht nur bei der Frage nach der Einbeziehung der alten Serie, sondern auch anderweitig heiß her. Kennen Sie Michael I. Wagner? Sie könnten ihn kennen, weil er an den Episoden *Evolution/Die Macht der Naniten*, *Survivors/Die Überlebenden auf Rana-Vier* und *Booby Trap/Die Energiefalle* beteiligt war. Doch in Wirklichkeit hatte Roddenberry ihn auch zum Co-Executive-Producer benannt – ein Job, den Wagner allerdings schon nach wenigen Episoden und insgesamt nur drei Wochen entnervt wieder aufgab. Michael I. Wagner starb drei Jahre nach seinem kurzen Intermezzo bei *Star Trek: The Next Generation* an einem Hirntumor.

Nun war es – auch auf Empfehlung von Wagner – an der Zeit für einen Mann, der *Star Trek* in seiner Gesamtheit und vor allem *Star Trek: The Next Generation* auf Jahre prägen sollte: Michael Piller. Dieser begann seine Arbeit mit dem Drehbuch zu *Die Macht der Naniten*. Nach *The Bonding/Mutterliebe* wurde er direkt zum Executive Producer befördert. Auch Ronald D. Moore, ein weiterer Eckpfeiler der kommenden Jahre, kam zur Serie, nachdem er erfolgreich das Drehbuch zu *Mutterliebe* verkauft hatte. Schaut man sich die Qualität der späteren Episode an, kann man jedoch weder glauben, dass ihm genau diese Arbeit den Job verschafft hatte, noch, dass er für diese überhaupt verantwortlich gewesen sein konnte. Ein gewisser Ira Steven Behr schlich sich ebenfalls an Bord ein und sollte etwas Ruhe und Struktur in den Writers Room bringen. Hans Beimler, Melinda M. Snodgrass und Richard Manning waren nämlich alle nicht glücklich mit ihrem neuen Chef Piller und weinten – wohl aus Loyalität – seinem Vorgänger Hurley nach.

Behr musste also immer wieder vermitteln und nicht nur dafür sorgen, dass Piller und die Autoren nicht ständig aneinandergerieten, sondern außerdem noch darauf bedacht sein, dass die überraschenden und zunehmend unberechenbaren Auftritte von Gene Roddenberry nicht zu Chaos führten. Das Fass zum Überlaufen brachte dann aber eine Sache, für die Michael Piller heute noch legendär ist. Sie hatte mit einer schlichten Anweisung an die Autoren der Serie zu tun. Für Piller waren nämlich zwei Aspekte generell für ein Drehbuch unabdingbar. Jede Episode muss sich mit dem Wachstum einer Figur befassen, und jede muss ein Thema haben. Aus diesem Mantra entstand zwar manchmal auch ein enges Gerüst, das einige Kollegen vermeintlich in ihrer Kreativität einschränkte, es führte allerdings ebenfalls zu einer starken Fokussierung innerhalb der Drehbücher, die man besonders *Star Trek: The Next Generation* immer wieder angemerkt hat.

Die aktuellen Autoren der Serie fühlten sich dadurch jedoch bevormundet und waren kurz davor, alles hinzuschmeißen. Es ist wohl einzig Ira Steven Behr zuzuschreiben, dass man zumindest bis zum Ende der Staffel weiter zusammenarbeitete – und schwieg.

Weniger dramatisch und dennoch erwähnenswert war die leichte Abänderung des Vorspanns und das »Feintuning« der Uniformen. So erhielten die Männer nun Zweiteiler, während die Frauen weiterhin auf ihre Jumpsuits angewiesen waren. Darüber hinaus gab es noch etwas zu feiern: Jonathan Frakes leistete mit *The Offspring/Datas Nachkomme* seine erste Regiearbeit ab.

Obwohl bereits die zweite Staffel deutlich besser war als ihr Ruf, verstummten erst an dieser Stelle nach und nach die teils höchst angeregt geführten Qualitätsdiskussionen unter den Fans und bei der schreibenden Zunft. Cast und Crew um Fixpunkt Patrick Stewart hatten auch dem letzten Kritiker die Argumente geraubt. In Sachen Einschaltquoten hielt der positive Trend vorerst an. Das Ergebnis: Werte, die *Star Trek* in späteren Jahren nie mehr erreichen sollte.

Auch was die Highlights anging, wurden die Listen langsam immer länger. Das Beispiel schlechthin, anhand dessen man sehr gut den qualitativen Quantensprung der Drehbücher und bei der

Umsetzung sehen kann, stellt die Episode *Yesterday's Enterprise/ Die alte Enterprise* dar, die nicht nur äußerst clever Tasha Yar zurückbrachte, sondern auch echte Kinoqualität erzeugte. Regie führte dabei übrigens David Carson, der später für *Star Trek: Treffen der Generationen* verantwortlich zeichnen durfte. Die Serie zelebrierte eine alternative Zeitlinie, die in jeder Sekunde fesselte und mit einem der besten Charaktercomebacks aufwartete, die die Serie jemals hervorgebracht hat. Ein würdiger verspäteter Abschied von Tasha Yar und eine insgesamt erstaunlich fokussierte Episode, die sich zwar kleine Schnitzer im Drehbuch erlaubte, diese aber derart unterhaltsam und spannend überspielte, dass die Höchstwertung angebracht war.

Mit dem Staffelfinale gelang es den Machern allerdings auf eindrucksvolle Weise, den Hype sogar noch zu toppen. Als die Borg, die zuerst in *Zeitsprung mit Q* zu sehen gewesen waren, wie ein dunkler Schatten über die Föderation hereinbrachen und überdies Captain Picard entführten, sorgte das bei sehr vielen Anhängern für mehr als einen Gänsehautmoment. Die von Riker gesprochenen Worte »Mr. Worf, fire!« sind noch heute legendär und definieren einen perfekt ausgeführten Cliffhanger.

The Best of Both Worlds/In den Händen der Borg war für die Serie eine Art Statement. Auf einmal war klar, hier passiert etwas ganz Großes. Hier handelte es sich um eine Serie, die »all in« ging und nicht auf Nummer sicher spielte. Der Cliffhanger gilt bis heute zu Recht als beispielhaft und wurde von vielen anderen Serien gewissermaßen »zitiert«. Grandiose Gegenspieler, große Gefühle, Action, Spannung und ein potenter Subplot um Riker und Shelby machten die erste echte Event-Episode der Serie mit zum Besten, was alle Trek-Welten je hervorgebracht haben.

Neben diesen beiden Folgen gab es allerdings noch eine Reihe weiterer Höhepunkte, die man sich nicht entgehen lassen sollte, als da wären: *Die Überlebenden auf Rana-Vier*, *Who Watches the Watchers/Der Gott der Mintakaner* (mit Picard als unfreiwilligem Gott einer Prä-Warp-Zivilisation), *The Enemy/Auf schmalem Grat* (eine sehr gelungene Soloshow für LaForge), *The Defector/ Der Überläufer* (über die tragische Geschichte eines romulanischen Abtrünnigen), *The High Ground/Terror auf Rutia-Vier* (eine gelungene Crusher-Episode rund um die Frage, was Terrorismus ist), *Déjà Q/Noch einmal Q*, *Sins of the Father/Die Sünden des Vaters*, *Datas Nachkomme* (über das kurze Leben von Lal), *The Most Toys/Der Sammler* und den bereits erwähnten Auftritt von

Mark Lenard als Botschafter Sarek in der gleichnamigen Episode. Eine verdammt lange Liste.

Aussetzer gab es am ehesten in der zu rührselig geratenen Episode *Mutterliebe* und in einer anderen Lwaxana-Troi-Episode, die zudem unter den damals noch extrem nervigen Ferengi litt: *Ménage à Troi/Die Damen Troi*. Übersichtlich, keine Frage. Somit gilt auch hier: Die Serie erreichte eine konstant hohe Qualität und konnte das Niveau gegenüber der Vorgängerstaffel sogar noch deutlich anheben.

Wir müssen immer nach mehr streben, als wir sind.
Es ist nicht wichtig, dass wir das angestrebte Ziel nie erreichen.
Das Bemühen allein ist der Lohn für uns.

Data (Datas Nachkomme)

STAFFEL 4
(1990/1991)
AUF DEM GIPFEL ANGEKOMMEN

Im vierten Jahr hatte die Serie sich endgültig alles zurechtgelegt. Autoren schrieben ihre Drehbücher nicht mehr zwischen Tür und Angel, die Situation im Produktionsstab entspannte sich, und alle Beteiligten konzentrierten sich auf das Wesentliche. Und das merkte man! *Star Trek: The Next Generation* traute sich auf einmal, bekanntes Terrain zu verlassen, experimentierte, brachte alte Themen wieder zur Sprache (Lore, die Klingonen, Tomalak, Tasha, Q) und warf neue Fragen auf. All das erzeugte einen höchst unterhaltsamen Mix, den man heute noch ohne Schmerzen am Stück schauen kann.

Ebenfalls ging man erstmals deutlicher in Richtung horizontales Erzählen. So weitete sich der in der dritten Staffel mit *Die Sünden des Vaters* begonnene Handlungsstrang um Worf, Duras, die Klingonen und ein romulanisches Komplott aus und wurde in *Family/Familienbegegnung*, *The Drumhead/Das Standgericht*, *Reunion/Tödliche Nachfolge* und *The Mind's Eye/Verräterische*

Signale oder dem Auftakt zum Zweiteiler *Redemption/Der Kampf um das Klingonische Reich* fortgeführt.

Man schaute außerdem verstärkt auf bisher vernachlässigte Nebenfiguren. Miles Edward O'Brien erhielt etwa endlich seinen Vornamen und wurde gleich in mehreren Episoden zur spannenden Ergänzung des Casts aufgebaut. Seine größten Momente hatte er dabei in *Data's Day/Datas Tag*, als man seine Hochzeit mit Keiko zeigte, in *The Wounded/Der Rachefeldzug*, wo es um seine problematische Vergangenheit mit den Cardassianern ging, und in *In Theory/Datas erste Liebe*, wo man erneut seine Ehe in den Mittelpunkt rückte. Das Ziel war dabei natürlich klar: Man wollte ihn für einen Wechsel zu *Star Trek: Deep Space Nine* vorbereiten, was auf diese Weise auch wunderbar gelang. Schauspieler Colm Meaney war ohnehin immer viel zu gut für einen Statistenpart gewesen. Schön, dass die Produzenten dies bemerkten und entsprechend würdigten.

Überhaupt ging es im vierten Jahr an vielen Stellen um das Thema Familie. Sogar Picard stellte man in diesem Zusammenhang in den Mittelpunkt, als es darum ging, seine Erlebnisse bei den Borg zu verarbeiten und das schwierige Verhältnis zu seinem Bruder Robert zu durchleuchten. Hier zeigte man den oft kühl, sehr rational und etwas unnahbar wirkendenden Captain von einer verletzlichen Seite, was Patrick Stewart die Chance gab, der Zuschauerschaft völlig neue Facetten dieser sowieso schon spannenden Figur zu präsentieren.

Dazu gab es familiäre Verwicklungen rund um Worf, Data und sogar Tasha Yar – man ließ ihre Schwester auftauchen.

Bevor man jedoch so richtig mit all diesen interessanten Themen durchstarten konnte, mussten noch diverse Konfliktherde aufgelöst werden – ein Prozess, der einige Abgänge zur Folge hatte. So hatten beispielsweise Hans Beimler, Richard Manning und Melinda M. Snodgrass nach dem Ende der dritten Staffel endgültig genug und verließen die Serie. Auch Ira Steven Behr wandte sich von dieser ab – sollte aber bereits bald in anderer Funktion zum Franchise zurückkehren. Michael Piller hatte ebenfalls mit dem Gedanken gespielt, seinen noch recht neuen Job als Showrunner wieder aufzugeben. Er hatte sogar Behr als Nachfolger vorgeschlagen, letztlich blieb er allerdings an Bord – ein Segen für *Star Trek*.

Neben Jonathan Frakes, der für *Tödliche Nachfolge* und *Das Standgericht* erneut auf dem Regiestuhl Platz nahm, feierte diesmal Patrick Stewart mit *Datas erste Liebe* sein gefühlvolles Debüt als wichtigster Mann am Set.

Im Cast sollte es jedoch auch noch eine größere Veränderung geben: Wunderkind Wesley Crusher musste aus der Serie herausgeschrieben werden, da sein Darsteller Wil Wheaton unzufrieden mit der Behandlung seiner Figur war. Diese Sichtweise hatte ja bekanntlich schon zu Denise Crosbys Abgang geführt. In beiden Fällen mussten die Darsteller aber später zugeben, dass sie sich geirrt hatten. In der Episode *Final Mission/Die letzte Mission* gab Wheaton somit vorerst seine Abschiedsvorstellung.

Dafür kehrte besagte Denise Crosby abermals zurück – in Gestalt einer hier noch mysteriösen Romulanerin. Zu sehen war sie schon in *Verräterische Signale*; in *Der Kampf um das Klingonische Reich - Teil I* trat sie allerdings endgültig aus dem Schatten.

Wenn es um die Highlights der Staffel geht, wird *Das Standgericht* oft vergessen; sie sticht qualitativ und vor allem in Sachen zeitloser Inhalt jedoch deutlich heraus. Ein Vierteljahrhundert nach Erstausstrahlung ist die Episode heute noch so aktuell wie damals, erklärt uns anhand einer kaum für möglich gehaltenen Hexenjagd auf der USS Enterprise Motive wie Fremdenhass und Angst und lässt uns nachdenklich zurück. Die Episode war eindeutig ein Powerhouse. Die Spannung stieg im Minutentakt, das drohende Desaster kroch in alle Ecken und eskalierte in einer menschlichen wie gesellschaftlichen Tragödie, deren Tragweite kaum zu ermessen war. Erneut zelebrierte die Serie die leisen Töne und bewies, wie klug und ihrer Zeit voraus sie immer gewesen war. Ob nun Buch, Regie oder Darsteller: Hier fügte sich schlicht alles zusammen und wurde zu einem All-Time-Highlight der Reihe.

Doch auch die Humorsparte wurde bedient. In *Datas Tag* erlebten wir eine ganz neue Seite des Androiden. Kant sagte einmal: »Die höchste Aufgabe des Menschen ist, zu wissen, was einer sein muss, um ein Mensch zu sein.« Demnach ist Data fraglos der perfekte Mensch, da er wie kein anderer Verhalten beobachtet, reflektiert, wertschätzt und sich bemüht, es in sein eigenes zu integrieren. Im Bereich der humorvoll-leichten Episoden war dieser Versuch ganz klar ein Gewinner. Brent Spiner spielte die Naivität des Androiden mit perfekter Mimik, und das potente Skript glänzte mit viel Charme und Pointen. Zudem repräsentierte die politische Nebenhandlung das sonst eher ernsthafte Setting der Serie, ohne den Fluss der aktuellen Handlung zu stören. Eine Ensembleshow der besten Art, die mir auch heute noch zeigt, warum die Serie mir vor so vielen Jahren dermaßen ans Herz gewachsen ist …

Andere Höhepunkte waren natürlich das Finale des Zweiteilers *Angriffsziel Erde*, die ungewöhnlich sentimentale Aufarbeitung der Gefühle des Captains in *Familienbegegnung*, das Crusher-Vehikel *Remember Me/Das Experiment*, *Future Imperfect/Gedächtnisverlust* (in der Riker ein ganz anderes Leben samt Sohn erlebt), *Brothers/Die ungleichen Brüder*, das höchst clevere *Clues/Beweise*, *First Contact/Erster Kontakt* und *Verräterische Signale*.

Dennoch muss gesagt werden: Zum wiederholten Male wurde auch die Qualität im Mittelfeld höher. Einen wirklichen Aussetzer leistete man sich höchstens mit *Devil's Due/Der Pakt mit dem Teufel*, einem Drehbuch, das interessanterweise bereits von Gene Roddenberry in einem sehr frühen Stadium für die Classic-Serie in Betracht gezogen worden war und schließlich zu den Drehbüchern für die nie produzierte Serie *Star Trek: Phase II* gehört hatte. Eine erste Überarbeitung durch Melinda M. Snodgrass brachte aber nicht das gewünschte Ergebnis. Erst als Michael Piller Philip LaZebnik mit dieser Aufgabe betraute, rückte eine Verfilmung in greifbare Nähe. Dass das finale Produkt trotz allem nicht überzeugen konnte, darf man getrost mit dem bekannten Sprichwort »Zu viele Köche verderben den Brei« erklären. Erschreckender Funfact: Bei der Erstausstrahlung hatte die Episode das bis dahin zweithöchste Rating der Seriengeschichte eingefahren – direkt nach dem Pilotfilm.

Oh ja. So fängt es an. Aber der Weg von einem legitimen Verdacht zu blindem Verfolgungswahn ist weitaus kürzer, als wir denken.

Jean-Luc Picard (Das Standgericht)

STAFFEL 5
(1991/1992)
ES KANN NICHT IMMER AUFWÄRTS GEHEN

Die fünfte Staffel war das Jahr der Veränderungen und Anekdoten hinter den Kulissen. So feierte man den 25. Geburtstag von *Star Trek* mit einer Zeremonie, bei der neben Gene Roddenberry auch die Schauspielerinnen und Schauspieler der Classic-Serie und die der Next Generation anwesend waren. Das Gene-Roddenberry-Building wurde eingeweiht, und Mel Harris hielt eine bewegende Rede.

Doch war es bekanntlich auch gleichzeitig das Jahr des Todes ebenjenes Gene Roddenberry, der sich zwischen der Ausstrahlung von *Disaster/Katastrophe auf der Enterprise* und *The Game/ Gefährliche Spielsucht* auf seine letzte große Reise begab.

Die Serie an sich wirkte dennoch weiterhin fokussiert und gefestigt. Figuren wie die Bajoranerin Ro Laren (Michelle Forbes) wurden eingeführt, Wil Wheaton erhielt als Wesley Crusher Gastauftritte, eine junge Ashley Judd schaute für ein paar Episoden als Ensign Robin Lefler vorbei, und mit Leonard Nimoy beehrte gar erneut eine Ikone des Vorgängers die Serie. Spock kehrte dabei für eine mehr als passfertige Geschichte zurück, in der unser geschätzter Vulkanier versuchte, seine Leute mit den Romulanern zu vereinen. Rick Berman, Michael Piller und Jeri Taylor gelang ein wunderbares Drehbuch, das die beiden Generationen charmant verband und viel besser funktionierte als der spätere Versuch mit William Shatner in *Star Trek: Treffen der Generationen.* Spocks Auftauchen wirkte zudem organisch innerhalb des Serienkosmos, und seine Interaktionen mit Picard und Data boten zahlreiche Anlässe zum Schmunzeln und sorgten mehrmals für Gänsehaut.

Auf dem Weg zu diesem Zusammentreffen besuchte Picard jedoch auch noch eine andere Figur der Trek-Geschichte: Den schwer erkrankten Sarek, der – wie schon in der gleichnamigen Episode der dritten Staffel – von Mark Lenard gespielt wurde. Ein melancholischer Abgesang auf diese tolle Figur.

Unification/Wiedervereinigung? war nebenbei auch der erste TNG-Zweiteiler innerhalb einer Staffel und erreichte grandiose Zuschauerzahlen.

Für die Staffel an sich überarbeitete man den Vorspann ein wenig (und integrierte Strahlen rund um den Schriftzug), Picard erhielt im Verlauf seine berühmte Uniformjacke, und es handelte sich für lange Zeit um die letzte Staffel, die ohne zweite parallele Serie lief. Erst im letzten Jahr von *Star Trek: Voyager* war das wieder der Fall. Obendrauf feierte während der Ausstrahlung dieser Staffel mit *Star Trek VI: Das unentdeckte Land* der letzte Film der Classic-Besetzung Premiere.

Die Themen des Jahres waren erneut Familie, Klingonen, Borg, Zeitreisen und andere spannende Konzepte. Die Serienmacher agierten inzwischen absolut selbstbewusst – wenn auch teilweise etwas zu sehr nach Schema F. So entstand ein wenig der Eindruck, dass hier eine gut geölte Maschine vor sich hin ratterte und die Bediener die Grenzen ihrer Phantasie eher bürokratisch auszuloten versuchten. Vielleicht war inzwischen doch alles ein Stück weit zu harmonisch geworden?

Eines war nämlich auffällig: Hinter den Kulissen war es im fünften Jahr so ruhig wie nie zuvor. Ronald D. Moore und Joe Menosky wurden zu Co-Produzenten. Herbert J. Wright hatte diesen Posten ebenfalls für kurze Zeit inne, verließ die Serie allerdings ein zweites Mal. Ihn ersetzte Peter Allan Fields, der bereits vorher mit Michael Piller zusammengearbeitet hatte. Um einem kreativen Burnout gegen Ende der Staffel entgegenzuwirken, lud Piller die Autoren in sein Haus in Mexiko ein – Ziel des Ganzen: die Batterien wieder aufzuladen.

An der Regiefront waren seitens der Darsteller erneut Jonathan Frakes (*Cause and Effect/Déjà Vu*) und Patrick Stewart (*Hero Worship/Der einzige Überlebende*) aktiv, die in der Zwischenzeit eindeutig beide ihren eigenen Stil gefunden und sich zu starken Alternativen hinter der Kamera entwickelt hatten.

Zwei Episoden der Staffel stachen besonders hervor und gehören noch heute zum Feinsten, was *Star Trek* je hervorgebracht hat. Zum einen handelt es sich dabei um eine Episode, die satte zwei Jahre lang brauchte, um endlich verfilmt zu werden. Rick Berman hasste die ursprüngliche Idee von Philip LaZebnik, doch Michael Piller war vernarrt in den Ansatz und gab ihn letztlich an Joe Menosky weiter, der das Drehbuch fertigstellte. LaZebnik ist somit interessanterweise innerhalb der Serie an einer absoluten Sternstunde und einem völligen Rohrkrepierer (*Der Pakt mit dem Teufel*) beteiligt gewesen.

Die Rede ist von der Episode *Darmok*, welche Captain Picard zwingt, in einer gefährlichen Situation auf einem Planeten mit einem Kontrahenten (oder doch Verbündeten?) zusammenzuarbeiten, mit dem keine Verständigung per Sprache möglich ist. Die Episode zeigte auf, wie sehr man sich an den Einsatz des magischen Universalübersetzers gewöhnt hatte und wie kompliziert es wäre, jede Woche die Sprachbarriere thematisieren zu müssen. Heraus kam eine Episode, deren universelle Aussage auch heute noch zum Nachdenken anregt. *Darmok* vermittelte eine gnadenlos simple Botschaft: Verstehen ist Versuchen. Zwei weise Männer erkannten, dass Sprache zwar hilfreich, aber längst nicht alles ist. Dass aufeinander zuzugehen auch durch Vertrauen und den Willen zum Miteinander bewerkstelligt werden kann. Eine Episode, die gar nicht viel macht, dafür jedoch alles richtig. »Darmok und Jalad auf Tanagra« – ein Satz, der mir nie mehr aus dem Kopf gehen wird. Ein Kleinod.

Der zweite große Höhepunkt der Staffel basierte auf einer Idee von Morgan Gendel, die dieser zusammen mit Peter Allan Fields ausarbeitete. Gendel gewann dafür als erster TV-Autor seit 1968 nach Harlan Ellison (für *Griff in die Geschichte*) einen *Hugo-Award*. Das gelang in Sachen Trek ansonsten nur mit den Episoden *The Menagerie/Talos IV - Tabu* aus der Classic-Serie und *All Good Things/Gestern, heute, morgen* aus *Star Trek: The Next Generation*. Der Titel seiner Arbeit, *The Inner Light/Das zweite Leben*, wurde übrigens durch die Beatles-B-Seite *Lady Madonna* beeinflusst. Patrick Stewart selbst liebt die Episode bis heute – als sein Sohn Batai ist übrigens sein echter Sohn Daniel zu sehen. Es gibt in den verschiedenen Serien immer wieder diese Momente, die man einfach gesehen haben muss und die im Kern das definieren, was *Star Trek* ausmacht. *Das zweite Leben* gehört in jedem Fall dazu.

Die Episode war – so simpel kann man das manchmal ausdrücken – einfach schön: Aus einer schier unvorstellbaren Situation destillierten die Autoren Erkenntnisse über das Wesen unserer Existenz, unsere Anpassungsfähigkeit, den Lebenswillen eines Individuums und die Macht der Verdrängung und des Vergessens. Sie schenkten Picard die Möglichkeit auf ein vollkommen anderes Leben und schickten ihn auf eine Reise, nach der er nie mehr derselbe sein konnte. Das Ganze war zudem wunderbar geschrieben, fantastisch gespielt und hervorragend umgesetzt worden. *Star Trek* und Serien-TV, wie es sein sollte – damals wie heute. Eine der besten Stunden aller Trek-Serien.

Zu den weiteren feinen Momenten der Staffel zählen der große Zweiteiler *Wiedervereinigung?*, *A Matter of Time/Der zeitreisende Historiker*, *Conundrum/Mission ohne Gedächtnis*, *Déjà*

Vu, *The First Duty/Ein missglücktes Manöver* (mit der Rückkehr von Wesley Crusher), *I, Borg/Ich bin Hugh*, *The Next Phase/ So nah und doch so fern* (mit Geordis und Ros vermeintlicher Todeserfahrung) und der Auftakt des Zweiteilers *Time's Arrow/ Gefahr aus dem 19. Jahrhundert* (mit Datas Kopf in einer Höhle und Mark Twain).

Bei den Rohrkrepierern zu nennen sind *Der einzige Überlebende*, *The Masterpiece Society/Das künstliche Paradies* und leider erneut eine Episode mit der wunderbaren Majel Barrett-Roddenberry alias Lwaxana Troi: *Cost of Living/Hochzeit mit Hindernissen*.

Insgesamt fällt auf: So stark einige Episoden auch waren, das Gesamtniveau der Serie fiel ein wenig ab. Erste Abnutzungserscheinungen? Vielleicht hatten es sich alle nach dem Chaos der Anfangsjahre wirklich ein wenig zu gemütlich gemacht. Dennoch steht außer Frage, wie erstklassig die Unterhaltung in dieser Phase der Serie immer noch war. Jammern auf hohem Niveau, wenn man so will.

Jeder Sternenflottenoffizier ist in erster Linie der Wahrheit verpflichtet, ob es die wissenschaftliche Wahrheit, die historische oder die persönliche ist. Das ist das oberste Prinzip der Sternenflotte. Und wenn Sie sich nicht imstande sehen, aufzustehen und die Wahrheit zu sagen, dann haben Sie es nicht verdient, diese Uniform zu tragen!

Jean-Luc Picard (Ein missglücktes Manöver)

STAFFEL 6 (1992/1993) DIE MASCHINE LÄUFT UND LÄUFT

Was für die Serie gilt, schleicht sich an dieser Stelle ebenfalls in meine Bewertung der sechsten Staffel ein: Routine. Die Episoden blieben auf hohem Niveau, die Einschaltquoten waren phantastisch. Der Start von *Star Trek: Deep Space Nine* nach gut der Hälfte der Staffel bedeutete überdies Konkurrenz aus dem eigenen Haus, die aber den Werten nicht schaden konnte. Im

Gegenteil: Während *Deep Space Nine* relativ schnell an Zuspruch verlor, blieb *The Next Generation* der Fels in der Brandung.

Patrick Stewart (*A Fistful of Datas/Eine Handvoll Datas*) und Jonathan Frakes (*The Quality of Life/Datas Hypothese*, *The Chase/Das fehlende Fragment*) führten beide erneut Regie. Zu ihnen gesellte sich erstmals auch Kollege LeVar Burton, der für *Second Chances/Riker:2=?* verantwortlich zeichnete. Mit Adam Nimoy kam außerdem der Sohn von Leonard Nimoy als Regisseur dazu und nahm bei *Rascals/Erwachsene Kinder* und *Timescape/Gefangen in einem temporären Fragment* erstmals auf dem äußerst begehrten Stuhl der Macht Platz. Es blieben allerdings auch seine einzigen Episoden am Ruder der Serie.

Mit *Chain of Command/Geheime Mission auf Celtris Drei* und *Birthright/Der Moment der Erkenntnis* gab es diesmal – ebenfalls eine Premiere – zwei Zweiteiler innerhalb einer Staffel und mit letzterer Episode sogar ein Crossover mit der Schwesterserie vom Wurmloch, in dem Alexander Siddig als Dr. Bashir einen Gastauftritt erhielt.

Neben den etablierten Gästen wie Reginald Barclay, Guinan, Alyssa Ogawa, Ro Laren und Worfs Sohn Alexander war Q in dieser Staffel gleich zweimal mit dabei (*True Q/Eine echte "Q"*, *Tapestry/Willkommen im Leben nach dem Tode*), nachdem er im Jahr zuvor pausiert hatte. Darüber hinaus tauchten Lore (*Descent, Part I/ Angriff der Borg – Teil 1*) und Professor Moriarty (*Ship in a Bottle/Das Schiff in der Flasche*) je einmal wieder auf.

Majel Barrett-Roddenberry leistete ihren jährlichen Trek-Auftritt als Lwaxana Troi in der Schwesterserie *Star Trek: Deep Space Nine* ab und war dort Gast in der Episode *Fascination/Das Festival*. Auch Wil Wheaton kam im sechsten Jahr nicht vor – es war das einzige, in dem er aussetzte.

Waren es aus der Classic-Serie direkt zum Auftakt DeForest Kelley in einem Cameo als Admiral McCoy und in der letzten Staffel Leonard Nimoy als Spock gewesen, die der neuen Crew die Ehre erwiesen hatten, schaute diesmal James Doohan als Scotty auf der USS Enterprise vorbei. Seine Geschichte wurde jedoch leider durch das Auftreten Doohans in *Star Trek: Treffen der Generationen* später noch ad absurdum geführt. In *Relics/ Besuch von der alten Enterprise* sagte er, dass er immer gewusst habe, dass Kirk ihn retten würde. Im zeitlich davor spielenden *Star Trek: Treffen der Generationen* hatte er aber live und in Farbe dessen Tod mitverfolgen müssen. Nennen wir es vielleicht einfach Transporteramnesie.

An der Front der Verluste war in dieser Staffel Colm Meaney alias Miles O'Brien samt seiner Familie zu nennen. Die O'Briens wechselten geschlossen ihren Lebensmittelpunkt und Arbeitsplatz auf die Raumstation Deep Space Nine. Ein schöner Entwicklungsschritt für die Figur, die im Pilotfilm noch als namenloser Con-Offizier begonnen hatte. Nach der Episode *Erwachsene Kinder* im November 1992 galt O'Brien offiziell als versetzt und tauchte im Januar 1993 dann pünktlich und frisch befördert zur Premiere von *Deep Space Nine* wieder auf.

An Höhepunkten war die Staffel durchaus nicht arm. Eine besonders mitreißende Episode gelang nach einem Drehbuch von Brannon Braga und unter der Regie von James L. Conway. In *Frame of Mind/Phantasie oder Wahrheit?* konnte William T. Riker nicht mehr zwischen der Realität seines Lebens, dem Theaterstück, in dem er mitspielte, und einer eigentlich bereits abgeschlossenen Außenmission unterscheiden. Kammerspielartig, düster, packend – nur selten war Jonathan Frakes als Schauspieler so gut. Mit seiner vermutlich besten Performance innerhalb der Serie hatte die Episode bereits ein gewaltiges Pfund auf ihrer Seite. Aber auch in Sachen Story erzählte man hier eine kompetente Abhandlung über Kontrollverlust und geistigen Verfall, die von der ersten bis zur letzten Minute mitreißen konnte.

Doch gab es selbstverständlich noch weitere starke Momente. Dazu gehören *Besuch von der alten Enterprise*, *Schisms/In den Subraum entführt*, *Datas Hypothese*, *Geheime Mission auf Celtris Drei* ("Es sind vier Lichter!"), *Das Schiff in der Flasche* (mit dem faszinierenden Professor Moriarty und Reginald Barclay), *Willkommen im Leben nach dem Tode* (eine der vermutlich besten Q-Episoden über Picards Lebensentscheidungen), *Starship Mine/ In der Hand von Terroristen* (wo Picard sich als Bordfrisör gegen Eindringlinge stellt) und das wirr-clevere *Gefangen in einem temporären Fragment*. Der Zweiteiler *Der Moment der Erkenntnis* litt unter einer nur bedingt zusammenhängenden Dramaturgie und enttäuschte etwas, der Cliffhanger *Angriff der Borg* zeigte indes bereits leichte Abnutzungserscheinungen seitens der Borg. Weiterhin eher schwach gerieten *Man of the People/Der unmoralische Friedensvermittler*, *Aquiel* (mit einer weiteren tragischen Geordi-Liebelei) und *Das fehlende Fragment* (in der man aber immerhin eine ziemlich erstaunliche Entdeckung machte).

Dennoch hielt die Serie eindeutig das bereits bekannte hohe Niveau. Brent Spiner und Ronald D. Moore bezeichnen die sechste Staffel sogar als die ihrer Meinung nach beste der Serie. Der Peak war für mich zwar im vierten Jahr erreicht und hinter sich gelassen worden, in die Knie ging die Qualität aber hier definitiv noch nicht. Das Publikum dankte es mit anhaltend hohen Quoten.

Folter war noch nie ein verlässliches Mittel, um an Informationen zu gelangen. Sie ist als Kontrollfunktion wirkungslos. Sie wissen nie, ob Sie angelogen wurden.

Jean-Luc Picard (Geheime Mission auf Celtris Drei)

STAFFEL 7
(1993/1994)
... MUST COME TO AN END.

Nach sechs erfolgreichen Jahren, die in Sachen Zuschauerzuspruch keine Abnutzungserscheinungen gezeigt hatten, fiel seitens Paramount eine denkwürdige Entscheidung: Die Serie sollte nach dem siebten Jahr enden und die Crew danach direkt die Chance erhalten, sich im Kino zu beweisen. 1991 hatte man mit *Star Trek VI: Das unentdeckte Land* die Besatzung der Originalserie in Rente geschickt, und so schien der Zeitpunkt günstig zu sein, nun ebenfalls auf der großen Leinwand die Staffelübergabe zu vollziehen. Rein von den Zahlen hielt sich das Risiko mutmaßlich in Grenzen. Captain Picard und seine Gefolgsleute waren beliebt und würden auf der Welle ihres anhaltenden Erfolges sicher auch ausreichend Zuspruch beim Wechsel des Mediums erhalten können – so die Annahme der Macher.

Doch brachte die siebte Staffel zunächst eine große Veränderung mit sich. Michael Piller hatte die Serie wie kein anderer über die vergangenen Jahre geprägt und sie als Showrunner seit dem dritten Jahr erfolgreich und kreativ geführt. Nun allerdings entschloss er sich, seinen Fokus mehr auf *Star Trek: Deep Space Nine* zu legen, welches sich in der zweiten Staffel befand. Für ihn übernahm Jeri Taylor, die direkt eine diskutable Entscheidung traf: Sie beendete die Politik, Drehbücher von außen zuzulassen, und wollte sich stattdessen lieber auf ein Kernteam an Autoren konzentrieren. Die Qualität ihrer siebten Staffel spricht jedoch leider retrospektiv Bände in Bezug auf die Entscheidung sowie den Personalwechsel und untermauert rückwirkend eindeutig Michael Pillers Leistung. Dabei steht in keiner Weise zur Debatte, dass Jeri Taylor eine ganz wunderbare Autorin ist. In diesem Fall jedoch hatte sie offenbar kein glückliches Händchen für den Job an der Spitze des Writers Rooms.

Seitens der Gastdarsteller gab es zum Ende der Serie noch einmal das ganz große Aufgebot: Lwaxana Troi, Alyssa Ogawa, Ro Laren, Wesley Crusher, Reginald Barclay, der Reisende und Alexander Rozhenko machten *Star Trek: The Next Generation* zum Abschluss ihre Aufwartung. Außerdem holte man sogar Tasha Yar und Miles O'Brien für die Rückblenden im Finale zurück und erlaubte Quark alias Armin Shimerman einen Gastauftritt in *Firstborn/Ritus des Aufsteigens*. Überdies empfing man den aus *Star Trek: Deep Space Nine* bekannten Gul Evek alias Richard Poe zweimal an Bord (*Journey's End/Am Ende der Reise* und *Preemptive Strike/Die Rückkehr von Ro Laren*).

Patrick Stewart war auf dem Regiestuhl für ebenjenes Ro-Vehikel *Die Rückkehr von Ro Laren* sowie für die herrlich kauzige Traumepisode *Phantasms/Traumanalyse* (Troi als Kuchen!) verantwortlich, Jonathan Frakes für *Attached/Kontakte* und *Sub Rosa/Ronin* (mit Beverlys Flaschengeist) sowie LeVar Burton für *The Pegasus/Das Pegasus-Projekt*. Als Vierte aus dem Cast schlüpfte Gates McFadden für *Genesis* in diese Rolle.

Zu den Highlights des letzten Jahres sind definitiv der Zweiteiler *Der Schachzug* (mit Picard als totgeglaubtem Undercover-Schmuggler), *Traumanalyse*, *Kontakte* (über das enge Band zwischen Picard und Beverly Crusher), *Parallels/Parallelen*, *Das Pegasus-Projekt* (über den Ex-Captain von Riker), *Lower Decks/Beförderung* (über die unteren Ränge auf der Enterprise, was viel später die Vorlage für die Serie *Star Trek: Lower Decks* lieferte) und die traurige, aber überzeugend erzählte vorletzte Staffelfolge *Die Rückkehr von Ro Laren* zu zählen.

Dazu gesellte sich ein recht breites Mittelfeld, jedoch auch erstmals eine Reihe an Episoden, die einen gewissen Trashfaktor nicht verleugnen konnten (wenngleich sie teilweise wirklich Spaß machten). Zu nennen wären hier *Ronin*, *Masks/Der Komet* (bei der das Schiff transformiert wurde), *Genesis* (mit Picard als Zwergpinseläffchen) und *Emergence/Neue Intelligenz* (oder: die

Enterprise bekommt ein Baby). Einige gerieten hingegen schlicht langweilig oder blutleer: *Interface/Das Interface*, *Homeward/ Die oberste Direktive*, *Ritus des Aufsteigens* und *Bloodlines/ Boks Vergeltung* wären Beispiele hierfür. Die Autoren versuchten verzweifelt, verschiedene Handlungsstränge noch einmal aufzugreifen und zu einem Ende zu führen, fanden dabei aber nicht immer den richtigen Schlüssel, eine spannende Dramaturgie zu erzeugen, oder übersahen, dass einige Aspekte einfach schon auserzählt waren.

Im siebten Jahr ging dem Format somit zweifellos ab einem Punkt X der Sprit aus. Ob das an den Vorbereitungen für den ersten Kinofilm lag oder ob einige Autoren schlicht müde und ausgebrannt waren, liegt im Auge des Betrachters. Auch der genannte Jeri-Taylor-Faktor sollte nicht außer Acht gelassen werden. Fakt ist in jedem Fall, dass die ganze Staffel über parallel am Kinofilm geschraubt wurde und die Stammbesetzung nur zehn Tage nach Ende der Dreharbeiten zu ihrem Serienfinale erneut für *Star Trek: Treffen der Generationen* vor die Kameras treten musste. Vielleicht war die Vermischung einfach unvorteilhaft. Das Gesamtniveau reichte zwar noch für gute Unterhaltung mit einigen Ausbrüchen nach oben, der Rest dümpelte allerdings leider vor sich hin.

Auch Ronald D. Moore empfand es so, dass die Serie ein Jahr zu lange auf Sendung geblieben war. Aus seiner Sicht hatten die Autoren nicht mehr gewusst, was sie mit ihr anfangen wollten und in seinen Augen einen klaren Fokus sowie Inhalt vermissen lassen. Gut war jedoch, dass man noch einen letzten Knalleffekt im Köcher hatte.

Das Serienfinale nämlich, geschrieben von Brannon Braga und Ronald D. Moore, gelang derart virtuos, dass man den etwas blassen Eindruck der vorangegangenen Wochen schnell wieder vergessen machen konnte. Zukunft, Gegenwart, Vergangenheit, viele wunderbare Momente und Schauspielleistungen, tolle Effekte, Spannung, Humor und Action – *Star Trek: The Next Generation* landete den letzten großen Coup im Fernsehen.

All Good Things/Gestern, heute, morgen war der perfekte Abschluss einer wunderbaren Serie, die es sich erlaubte, aufzuhören, als man noch nach weiteren Abenteuern dürstete. Die Episode schloss nicht nur den Rahmen der Serie und ging intensiv auf ihre Charaktere ein, sie bot auch ein großformatiges Zeitparadoxon und ließ somit nostalgisch-sentimentale Blicke in die Vergangenheit und eine potentielle Zukunft der geliebten

Helden zu. Denker-SF traf Abenteuer traf Humor traf Q. Was wollte man mehr? Die Episode war der verdiente Höllenritt zum Abschluss.

So war es also der 23. Mai 1994, an dem die Crew um Captain Picard nach 178 Episoden in sieben Jahren Lebewohl sagte. Man hatte die Herzen der Fans und Kritiker gewonnen, Paramount viel Geld in die Kassen gespült, Nachfolgeserien ermöglicht und sich sogar noch den Weg ins Kino geebnet. Mehr ging wirklich nicht.

Oder etwa doch? Die siebte Staffel brachte der Serie nämlich noch eine Nominierung für den *Primetime Emmy Award for Outstanding Drama Series* ein. Sie war somit die erste Syndication-Serie, der diese Ehre zuteilwurde.

Komisch, finden Sie nicht? Ihr gesamtes Wissen,
Ihre ganze Zivilisation – das alles beginnt hier, in diesem
ach so jämmerlichen… schlammigen Loch.

Q (Gestern, heute, morgen)

DIE SYNCHRONISATION
BÄUMCHEN, WECHSLE DICH

Eins vorweg: Ich wuchs mit den deutschen Stimmen der Originalserie und der Next Generation auf. Als letztere startete, war an ein Besorgen des englischen Originals ohnehin nicht zu denken (ich wäre vermutlich auch nie auf die Idee gekommen!). So war ich zunächst auf das angewiesen, was das deutsche Fernsehen aus dem Stoff machte – und konnte gut damit leben!

Bevor die Serie im TV Einzug hielt, förderte sie allerdings noch ein Kuriosum zutage. Es entstand eine Vorabversion für den Verleihmarkt, die auf vollkommen andere Sprecher setzte, als wir sie heute im Ohr haben, flapsige Sprüche in die Drehbücher integrierte und deshalb auch den Ton der Serie überhaupt nicht traf. Andreas von der Meden (den man hierzulande als Michael Knight aus *Knight Rider* oder Skinny Norris/Morton aus den *Die drei-???*-Hörspielen kennt) sprach zum Beispiel Geordi LaForge. Am auffälligsten war jedoch, dass der Märchenonkel der Nation, Hans Paetsch, den Vorspanntext förmlich zelebrierte. Unbedingt anhören!

Für die reguläre Veröffentlichung der Serie hatte man aber glücklicherweise einen komplett anderen Plan, der schließlich auch realisiert wurde. Michael Erdmann kümmerte sich für Arena Synchron Berlin um Dialogbuch und Regie. Statt Hans Paetsch durfte nun Harald Dietl den Vorspanntext lesen – warum man auch hier nicht wie im Original den Synchronsprecher des Captains verwendete, bleibt rätselhaft. Die einzig plausible Erklärung ist, dass man auf diese Weise eine Konsistenz zur Originalserie herstellen wollte, bei der man bekanntermaßen ebenfalls diese sonderbare Entscheidung getroffen hatte.

Captain Picard wurde mit Rolf Schult sehr passend, wenn auch hier und da etwas zu sanftmütig besetzt und umgesetzt. Bei Riker (Detlef Bierstedt), LaForge (Charles Rettinghaus), Crusher (Rita Engelmann) und Troi (Eva Kryll) machte man allerdings nichts falsch. Besonders positiv tat sich von Beginn an Michael Pan als Data hervor, was dazu führte, dass die Figur in Deutschland fast noch beliebter wurde als in den USA. Wie einst Tommi Piper in der Rolle des ALF gelang es Pan, nur über die Kraft seiner Stimme eine wunderbare Figur entstehen zu lassen. Raimund Krone als Worf brauchte hingegen eine Weile und wirkte zu Beginn der Serie oft etwas steif. Nach kurzer Anlaufzeit prägte er die Figur jedoch ähnlich wunderbar wie Pan den Data.

Bei den Nebenfiguren gewann man vom Start weg Hans-Werner Bussinger als Q, der seine Sache ganz famos machte, und ab der zweiten Staffel die wunderbar sanfte Regina Lemnitz (Whoopi Goldbergs Feststimme bis heute) mit ihrem hohen Wiedererkennungswert für Guinan.

So lief also am 7. September 1990 unter dem etwas sperrigen Titel *Raumschiff Enterprise – Das nächste Jahrhundert* die erste Episode der zweiten Serie aus diesem Kosmos im ZDF an. Man zeigte zunächst die Folgen 1 bis 32 sowie 34. Die Episode *Unnatural Selection/Die jungen Greise* entfiel bei diesem Durchlauf. Man holte sie dann jedoch ab dem 7. Februar 1992 zusammen mit den Episoden 35 bis 67 nach. Nach einer erneuten Pause wurden vom 1. März 1993 an noch einmal alle bisherigen Abenteuer zuzüglich der Ausgaben 68 bis 83 ausgestrahlt. Mit der Episode *Final Mission* endete die Zeit der Serie im ZDF. Es war die finale Mission der USS Enterprise D im ZDF, obwohl der Titel eigentlich nur auf die vorerst letzte Mission des Wesley Crusher anspielte.

So vollzog man also mitten in der vierten Staffel einen Senderwechsel. Vom ZDF ging es zu den Privaten, genauer zu Sat.1. Für die Serie war diese Veränderung mehr als nur ärgerlich. Hatte man sich vorher mit den Stimmen und Begrifflichkeiten noch einige Mühe gegeben, mussten die Fans nun gleich an diversen Fronten kleinere und größere Kröten schlucken. Picard, Troi, Crusher und Guinan erhielten (wie auch noch einige Nebenfiguren) neue Stimmen.

Beim Captain wechselte man auf Ernst Meincke, der zugegebenermaßen aber sogar eher dem Original entsprach als Schult. Die Damen fielen allerdings ab diesem Moment in die Kategorie »Ohren zuhalten«. Ohne den Sprecherinnen zu nahe treten zu wollen, verloren alle drei Figuren drastisch bei diesem Wechsel. Troi erhielt Ulrike Lau, Crusher Ana Fonell und Guinan Marianne Groß. Dabei geht es gar nicht um die Sprecherleistung, sondern um die Passgenauigkeit der Stimmen. Guinan und Crusher wurden zu quietschig, Troi verlor komplett das sanfte und subtile, das für die Figur so elementar war.

Was unglaubliche Wortschöpfungen anging, war die Sat.1-Synchro ebenfalls ganz weit vorne dabei: Der »Universaltranslator« steht hier sinnbildlich für eine Kultur der Wortmonster, die man viel zu lange pflegte und sich offenbar zu einer Art Hobby machte.

Ab dem 26. Oktober 1993 zeigte der Bällchensender dann alle 178 Episoden der Serie am Stück. Das war insofern beachtlich, weil man dadurch im Juni 1994 schon die Serie beendete, obwohl sie im Mai des gleichen Jahres erst in den USA ihr Finale gefeiert hatte. Somit bleibt der größte Verdienst von Sat.1 das zeitnahe Ausstrahlen der Serie und das Beenden noch vor dem Kinostart von *Star Trek: Treffen der Generationen* in Deutschland Ende 1994. In jeder anderen Hinsicht mussten Fans und Serie allerdings leiden und die mit dem Wechsel verbundenen Kröten schlucken. Noch heute stört der starke Bruch bei den Stimmen und Begrifflichkeiten beim erneuten Anschauen.

Wenig erfreulich ging es dann auch im Kino weiter. Gerade hatte man sich an die neue – und im direkten Vergleich letztlich gar passendere – Stimme des Captains gewöhnt, da wurden die Uhren gefühlt wieder zurückgedreht. Rolf Schult kehrte in *Star Trek:*

Treffen der Generationen zurück und übernahm insgesamt noch viermal die ikonische Rolle. Doch war es damit nicht genug.

Nachdem bereits im Serienverlauf Picard, Crusher, Troi, Guinan und einige andere Figuren an akutem Stimmverlust gelitten hatten, waren bei *Star Trek: First Contact/Der erste Kontakt* nun Riker und LaForge an der Reihe.

William T. Riker war sieben Staffeln lang und in *Star Trek: Treffen der Generationen* von Detlef Bierstedt, dem bekannteren der beiden deutschen Haupt-George-Clooney-Sprecher, vertont worden, zum achten Kinofilm *Star Trek: Der erste Kontakt* übernahm die Rolle nun Tom Vogt, den man eigentlich bereits als Tom Paris in *Star Trek: Voyager* kannte – eine sehr ungewöhnliche Wahl, die jedoch grundsätzlich ebenso gut zu Frakes passte. Zu den bekannten Rollen Vogts gehören Colin Firth, Laurence Fishburne oder Chris Noth in *Sex and the City.* Und obwohl Vogt alle drei Kinofilme sprechen durfte, kehrte Detlef Bierstedt für den Auftritt der Figur in der Episode *These are the Voyages.../ Dies sind die Abenteuer* aus *Star Trek: Enterprise* ein vorerst letztes Mal zu seiner alten Rolle zurück.

Geordi LaForge wurde ebenfalls sieben Jahre lang und in *Star Trek: Treffen der Generationen* von Charles Rettinghaus, den meisten wohl als deutsche Stimme von Jamie Foxx im Ohr, geprägt. Dieser sprach die Rolle übrigens auch in der Episode *Timeless* von *Star Trek: Voyager*, die erst 2000 das erste Mal in Deutschland ausgestrahlt wurde. Im Kinofranchise wechselte und blieb man aber analog zu Tom Vogt ab *Star Trek: Der erste Kontakt* bei Bernd Vollbrecht, der somit wie sein Kollege auf drei Filmeinsätze kam.

Interessanterweise vollzog man wie bei Picard auch bei einigen anderen Figuren einen Rückwärtssalto. Nach dem Wechsel innerhalb der Serie kehrte man zum Beispiel bei Guinan für die beiden Auftritte in *Star Trek: Treffen der Generationen* und *Star Trek: Nemesis* zu Regina Lemnitz zurück.

Bei Dr. Crusher revidierte man analog dazu den Wechsel von Engelmann zu Fonell und besetzte erneut die aus der Anfangszeit der Serie bekannte Stimme.

Bei Deanna Troi wechselte man von Lau zurück auf Eva Kryll. Irritierenderweise lief es in den Serienauftritten der Figur dann allerdings wieder auf Ulrike Lau hinaus, die in drei Episoden von *Star Trek: Voyager* und im Finale von *Star Trek: Enterprise* eingesetzt wurde.

So sind es von der Stammbesetzung der Serie am Ende nur Raimund Krone als Worf und Michael Pan als Data, die alle Episoden und Kinofilme am Mikrofon bestreiten durften. Krone besetzte man zudem noch für vier Staffeln *Star Trek: Deep Space Nine* in der gleichen Rolle; Pan durfte den Vorfahren von Data-Erfinder Dr. Noonien Soong in zwei Episoden von *Star Trek: Enterprise* geben und sogar im Finale der Serie die kurze Kommunikation über die Sprechanlage vertonen. Wenn doch immer alles so einfach wäre!

In der Serie behielt immerhin Wil Wheaton alias Wesley Crusher ebenfalls seinen Sprecher: nämlich Sven Plate. Bei dem kurzen Auftritt in *Star Trek: Nemesis* hatte der Schauspieler dann keinen Text. Auch Q alias John de Lancie behielt seine Stimme und wurde in allen Episoden und sogar bei den Auftritten in *Star Trek: Deep Space Nine* und *Star Trek: Voyager* von Hans-Werner Bussinger vertont.

DIE FILME

DER ELFMETER OHNE TORWART

Steilvorlagen und das Nichtverwerten derselben sind Teil der Geschichte von *Star Trek*. Trotz einer langen Vorlaufzeit wurde der erste Kinofilm Ende der 1970er-Jahre ein mittelschweres Desaster. Trotz der Erkenntnisse aus der Originalserie und den sich ändernden Sehgewohnheiten der 1980er-Jahre krankte die erste TNG-Staffel inhaltlich bedenklich an einer nicht mehr zeitgemäßen Dramaturgie. Und nun greife ich kurz vor: Obwohl der Erfahrungsschatz der Verantwortlichen immer größer wurde, fühlten sich auch die ersten Staffeln der Folgeserien durchweg unrund an.

Wieso sollte es also bei den Filmen um Captain Picard anders gelaufen sein? Die letzte Staffel der Serie war zwar eine teilweise etwas ernüchternd gewesen, das Format befand sich aber dennoch in der Blüte seines Lebens. Die Zuschauer waren weiterhin begeistert, und mit *Gestern, heute, morgen* hatte man eine schier sensationelle Abschlussepisode präsentiert – ja, gar ein Ausrufezeichen gesetzt!

Die Serie war mit einem Feuerwerk von der Bildfläche verschwunden – der Vorhang wackelte gefühlt noch. Und im Hintergrund war man bereits seit geraumer Zeit damit beschäftigt, die Kulissen umzubauen, die Uniformen aufzupeppen und an einer Geschichte zu schrauben, die nicht nur für diese Generation, sondern für deren zwei zum Vehikel werden sollte. Man plante den ganz großen Wurf in einer Phase, in der *Star Trek* in aller Munde, auf jedem Cover und endlich vollständig mainstreamfähig geworden war. Man konnte auf sieben Jahre erfolgreiche Arbeit mit den Figuren und in den etablierten Sets aufbauen, hatte ein begeistertes Team beisammen, und alle brannten auf die Chance, ihre Serie auf die große Leinwand zu bringen. Was zur Hölle konnte da schon schiefgehen?

STAR TREK GENERATIONS

Wo ist bloß der Dill?

FAKTEN

Dt. Titel: Star Trek: Treffen der Generationen
Produktion: Rick Berman
Regie: David Carson
Story: Rick Berman, Brannon Braga &
Ronald D. Moore
Drehbuch: Brannon Braga, Ronald D. Moore
Score: Dennis McCarthy
Laufzeit: 118 Minuten

DIE STORY

Captain Kirk stirbt bei dem Versuch, die Besatzung der Enterprise B auf ihrem Jungfernflug vor der Zerstörung zu retten. 78 Jahre später untersucht die Besatzung der Enterprise D den Angriff auf einen Außenposten und die Beteiligung eines Wissenschaftlers, der finstere Pläne schmiedet …

DIE ENTSTEHUNG

Die Überschrift verrät schon fast zu viel: Denn es waren in der Tat die ganz großen Fragen, mit denen man sich beim Aufeinandertreffen der beiden Ikonen Captain Kirk und Captain Picard befassen wollte. Doch gehen wir lieber chronologisch vor.

Die Idee, Picard auf Kirk treffen zu lassen, kam schon ganz früh in der Planung zum ersten Kinofilm dieser Generation auf und wurde nie mehr fallengelassen. Zunächst betraute man jedoch Maurice Hurley sowie ein Team, bestehend aus Brannon Braga und Ronald D. Moore, damit, unterschiedliche Vorschläge einzureichen. Maurice Hurley wollte, dass Picard auf dem Holodeck den Rat von Kirk einholen würde, um in einer Krise einen neuen Blickwinkel zu erhalten. Diese Idee klingt heute ebenso wenig kreativ wie damals und wäre für William Shatner vermutlich außerdem keine große Herausforderung gewesen. Nebenbei bemerkt wäre Picard somit eben nicht wirklich auf Captain Kirk getroffen, und die Fans hätten nur ein blasses Abbild aus dem Computer erhalten.

Da verwundert es nicht, dass Rick Berman und die Verantwortlichen bei Paramount direkt mehr Gefallen an dem Entwurf von Braga und Moore fanden, der zu diesem Zeitpunkt zudem bereits in einem deutlich fortgeschrittenen Stadium war. Darin wollte man beide Crews aufeinandertreffen lassen. Wie Ronald D. Moore einmal erklärte, habe es in seinem Kopf keine bessere Idee für ein Kinoplakat gegeben als zwei sich beschießende Raumschiffe mit dem Namen Enterprise. Da man jedoch keinen Plot konstruieren konnte, in dem beide Crews trotz dieses Feuergefechts am Ende gut weggekommen wären, verwarf man die Idee schnell wieder.

Dennoch: Braga und Moore hatten den Zuschlag erhalten und suchten nun nach einem Aufhänger. Diesen fanden sie in der Idee, Kirk sterben zu lassen. Offenbar waren alle Beteiligten sofort begeistert davon, weswegen man dieses Element – wie auch das Aufeinandertreffen mit Picard – nie mehr verwarf. Mit dem Abstand von über zwanzig Jahren muss man sich aber ernsthaft fragen, was den Damen und Herren seinerzeit grandios an dieser Idee vorgekommen war. Die emotionale Resonanz, die entstanden wäre, hätte man beide Captains einfach eine gemeinsame und erfolgreiche Mission erleben lassen, wäre vollkommen ausreichend gewesen. Es wirkte fast ein wenig so, als wollte man sich vom Ballast der beliebten Crew der Originalserie befreien – zumindest etwas, das die TNG-Crew gar nicht mehr nötig hatte.

Als man sich dann zunächst einmal darauf geeinigt hatte, die Classic-Crew primär im Prolog einzusetzen, waren zuerst alle Mitglieder der Stammbesetzung eingeplant. Leonard Nimoy wollte man sogar als Regisseur verpflichten. Da seine

Anmerkungen bezüglich diverser Schwächen im Drehbuch jedoch leider auf taube Ohren stießen, wollte Nimoy nichts mit der Sache zu tun haben. Er war es gewohnt, Einfluss auf verschiedene Bereiche der Produktion zu nehmen; einfach nur ein Drehbuch 1:1 zu verfilmen, stellte für ihn keine Option dar – vor allem, wenn er mit dem Inhalt nicht zufrieden war. Zudem sah er in den Spock zugeschriebenen Dialogsequenzen einfach nichts, was seiner Figur hätte helfen können, neue Alleinstellungsmerkmale zutage zu fördern. Spock war für den Film schlicht inhaltlich entbehrlich; man wollte ihn seitens der Produzenten nur irgendwie dabeihaben. Doch Nimoy war das zu wenig – und folgerichtig war er draußen. Auch DeForest Kelley war mit seinem letzten Auftritt als Dr. McCoy im sechsten Film als Abschiedsvorstellung sehr zufrieden gewesen und wollte nicht für mehr zurückkehren.

Somit blieben nur Kirk, Chekov, Sulu, Scotty und Uhura übrig. Als Braga und Moore realisierten, dass sie nicht die ganze Crew haben konnten, strichen sie Sulu und Uhura ebenfalls aus ihrem Prolog und konzentrierten sich auf Kirk, Scotty und Chekov. Sulu wurde immerhin in einer Dialogpassage noch genannt, da seine Tochter Demora Dienst auf der Enterprise B tat. Uhura dagegen ließ man vollständig unter den Tisch fallen.

Als Regisseur holte man David Carson an Bord, der bereits bei einer Handvoll Episoden der Serie federführend gewesen war und besonders bei *Yesterday's Enterprise* bewiesen hatte, dass er es versteht, bildgewaltig für das Kino zu inszenieren. Ihm und dem Produktionsteam gelang der Sprung auf die große Leinwand mühelos, wenn die Ausleuchtung der Kulissen teilweise auch – und ich untertreibe hier gerne mal – ein wenig zu schummrig wirkte.

Um den Score sollte sich Dennis McCarthy kümmern, der bereits zu Serienzeiten immer wieder gezeigt hatte, dass man bei ihm stets mit allem rechnen musste: mit starken Arbeiten genauso wie mit unerträglicher Fahrstuhlmusik. Diesmal lieferte er primär Letzteres ab und sorgte für eine Untermalung, die nie den Weg ins Ohr fand und schnell in Vergessenheit geriet. Schade!

Bei den Uniformen traf man aus Zeit- und Kostengründen die Entscheidung, neben den bekannten Gewändern der Serie auf den Fundus von *Star Trek: Deep Space Nine* zurückzugreifen, was ein äußerst irritierendes Bild abgab. Die Uniformen der Niners hatten eigentlich Stationspersonal kennzeichnen sollen. Hier nun eine Crew mit gemischten Jerseys antreten zu lassen, wirkte ein wenig, als würden die Abwehrspieler des FC Schalke 04 in Trikots des BVB aus Dortmund auflaufen, weil die Wäsche nicht rechtzeitig fertig geworden war.

Malcolm McDowell kam als Bösewicht und Kirk-Mörder Dr. Soran an Bord, die aus der Serie bekannten Klingoninnen Lursa und B'Etor hatten ihren letzten Auftritt, und Whoopi Goldberg war wieder einmal als Guinan zu sehen.

In Sachen schierer Größe enttäuschte der Film nicht. Die Szenen auf der Enterprise B bargen viel des alten Charmes der Classic-Serie in sich, und der Übergang auf das Segelschiff HMS Enterprise geriet den Machern geradezu episch. Was allerdings nicht so gut funktionierte, war der Humor der neuen Generation. Hier konnte man den Eindruck gewinnen, dass das Team die inneren Mechanismen der Figuren gar nicht verstanden hätte. Vielleicht war auch der Kontrast zu den eingespielten Recken Kirk, Scotty und Chekov schlicht zu groß.

Data wurde völlig überreizt, einige Charaktere wirkten unnötig steif, und Picard – als Held der Handlung – schrieb man eine zwar rührende und stark gespielte, letztlich jedoch etwas zu melodramatische Szene ins Drehbuch, die sich mit dem Tod seines Bruders und dem seines Neffen befasste. Bedauerlich war auch, dass man es nicht schaffte, die korrekten Darsteller aus der Serie für die Fotos zu gewinnen.

Größter Schwachpunkt war aber der Nexus, den man kaum greifen oder begreifen konnte und der somit zum Inbegriff eines Deus Ex Machina wurde. Das Treffen zwischen den Legenden Kirk und Picard geriet fast irritierend banal – Kirk brutzelte Eier und suchte den Dill, während Picard ihm wie ein kleiner Junge hinterherrannte und Belehrungen vor den Latz geknallt bekam. Hier fehlte es den Autoren definitiv an einer Vision für ein solches Treffen und der Fähigkeit, die passenden Dialoge zu ersinnen. Als Ausnahmen gingen lediglich die wenigen pointierten Sätze des James T. Kirk durch.

Wieso man Picard so darstellte, als sei er seinem Vorgänger nicht im Ansatz gewachsen, wird wohl für immer das Geheimnis der Macher bleiben. Man denke an dieser Stelle auch an den wenig glorreichen Faustkampf gegen Soran.

Enttäuschend war darüber hinaus noch der Tod von Kirk. Nicht nur hatte dieser im fünften Kinofilm zu seinen Freunden Spock und McCoy gesagt, er wisse schon immer, er würde alleine sterben (was für sein Ableben auf der Enterprise B übrigens durchaus gegolten hatte), auch war der Absturz mit einer Brücke nach einem Faustkampf dieser Ikone nicht würdig und zudem ein ganz alter Hut aus TV und Kino. Picard setzte diesen Helden der Föderation dann zu allem Überfluss noch humorlos auf einem unbewohnten, fremden Planeten im Nirgendwo bei – nein, hier stimmte dramaturgisch leider gar nichts, von einigen hellen Momenten vielleicht einmal abgesehen.

35 Millionen US-Dollar standen dem Team für den Film zur Verfügung, und in den USA spielte der Streifen schließlich ganze 76 Millionen Dollar ein. Im Rest der Welt kamen 42 Millionen hinzu, was zu einem Gesamtergebnis von rund 118 Millionen US Dollar führte. Kein Knaller, allerdings doch ein Erfolg.

DAS FAZIT

Mich verbindet mit dem Film eine mehr als wechselhafte Beziehung. Gut kann ich mich noch an den ersten Kinobesuch erinnern. Ich war mit zwei Freunden bei der Premiere und wollte diesen tollen, heiß ersehnten Leinwandausflug meiner geliebten Crew unbedingt von vorne bis hinten wunderbar finden dürfen. Doch kaum lief der Abspann, da lehnte sich mein Sitznachbar zu mir und sagte ohne Umschweife: »Ich bin mega enttäuscht!« Nein, das wollte ich nicht sein. Er hatte zwar mit allem recht, was er dann auf mich (und den Film) einprasseln ließ, zugeben konnte ich das jedoch erst eine Weile später.

Vor mehr als zwanzig Jahren im Kino wollte ich den Film lieben, konnte aber schon damals kaum über das zerfaserte Drehbuch und die teils überflüssigen Szenen hinwegsehen. Heute ist es mir fast unmöglich, dem Film auch nur eine moderate Empfehlung auszusprechen. Was sich die Autoren gedacht haben, welche Richtung sie eigentlich verfolgen wollten – ein Rätsel. Zu viel wurde in einen Topf geworfen, zu lieblos umgerührt. Das Ergebnis: Ein kunterbuntes Irgendwas ohne Fokus oder konkrete Aussage. Einzig David Carson gelang mit seiner dynamischen Regie und der potenten visuellen Umsetzung ein Werk, das man auch heute noch mit großen Augen genießen kann. Der Film ist eine Ansammlung von Einzelteilen, die nicht zum selben Puzzle zu gehören scheinen und doch krampfhaft versuchen, ein homogenes Ganzes zu werden. Leider reichte es jedoch nur für eine äußerst wackelige Karosserie. Sogar im Vergleich zum fünften Kinofilm handelte es sich hier um das zu diesem Zeitpunkt vielleicht schwächste, weil fahrigste und inkonsistenteste Drehbuch der Reihe. Einzige Möglichkeit: Hirn ausschalten, nur wenig erwarten, das mitnehmen, was da ist, und an den durchaus vorhandenen Schauwerten erfreuen.

Jemand hat mir mal gesagt, die Zeit würde uns wie ein Raubtier ein Leben lang verfolgen. Ich möchte viel lieber glauben, dass die Zeit unser Gefährte ist, der uns auf unserer Reise begleitet und uns daran erinnert, jeden Moment zu genießen, denn er wird nicht wieder kommen. Was wir hinterlassen, ist nicht so wichtig wie die Art, wie wir gelebt haben; denn letztlich, Nummer Eins, sind wir alle nur sterblich!

Jean-Luc Picard

STAR TREK: FIRST CONTACT

Feingeist in Feinripp

FAKTEN

Dt. Titel: Star Trek: Der Erste Kontakt
Produktion: Rick Berman, Marty Hornstein & Peter Lauritson
Regie: Jonathan Frakes
Story: Rick Berman, Brannon Braga & Ronald D. Moore
Drehbuch: Brannon Braga, Ronald D. Moore
Score: Jerry & Joel Goldsmith
Laufzeit: 111 Minuten

DIE STORY

Der schlimmste Feind der Föderation ist zurück: Die Borg! Am Ende einer Schlacht in der Nähe der Erde reisen die

Maschinenwesen in die Vergangenheit, um den ersten Kontakt der Menschen mit den Vulkaniern zu verhindern – und nur die Crew der USS Enterprise kann sie noch aufhalten …

DIE ENTSTEHUNG

Die Crew der Enterprise D hatte – Qualität hin oder her – ihren ersten Fußabdruck im Kino hinterlassen und damit bekanntermaßen direkt das Schiff auf den Schrottplatz befördert, das sieben Jahre lang ihre Serienheimat gewesen war. Dass ein solcher Schritt nicht das Ende sein musste, wurde aber schon von der Classic-Reihe bewiesen, weswegen Picards Satz über die vielen Buchstaben des Alphabets am Ende des siebten Films viel eher realistisch denn prophetisch war.

Paramount sah das nicht anders und ließ zwei Monate nach Kinostart von *Star Trek Generations* im Februar 1995 wissen, dass man für 1996 ein weiteres Abenteuer vorbereiten würde. So standen also zunächst die Designer vor der Aufgabe, die Enterprise E vom Stapel zu lassen, während es an Rick Berman war, die richtigen Autoren für das zweite – und erste eigenständige – Abenteuer der Crew zu finden.

Eines konnte man Berman nie vorwerfen: Sprunghaftigkeit. Er war definitiv eine treue Seele. So erhielten den Zuschlag für dieses Projekt erneut Brannon Braga und Ronald D. Moore. Diese legten sich frühzeitig fest: Die Borg sollten diesmal zentraler Faktor der Handlung werden. Da Rick Berman darüber hinaus gerne eine Zeitreise im Mix haben wollte, kombinierte man beide Ideen einfach und plante zunächst, die Crew mitten hinein ins Europa der Renaissance zu schicken. Rick Berman hatte sich eine Geschichte im Kopf zurechtgelegt, bei der man Phaserfeuer mit Schwertkämpfen hätte verbinden können und bei der Data eine Art Lehrling von Leonardo da Vinci geworden wäre. Man traute diesem Braten allerdings wohl selbst nicht und entschied sich daher stattdessen für eine fiktive Zukunft unserer Welt und damit für die Vorgeschichte des uns bekannten Trek-Kanon.

Es war Brannon Braga, der gerne die Zeit visualisieren wollte, als die Menschen den Grundstein für ihren Weg ins All legten. Im Jahr 2063 litt die Welt unter den Folgen des dritten Weltkriegs; ein gewisser Zefram Cochrane baute jedoch irgendwo im Nirgendwo von Montana ein warpfähiges Schiff, um eine neue Ära einzuläuten. Perfekt für einen Angriff zeitreisender Borg! Was hier ein wenig trashig klingt, wurde aber nicht nur zu einem starken

Drehbuch, sondern dank der feinfühligen Regie von Jonathan Frakes ebenfalls zu einem mehr als starken Film. Frakes war zwar anfangs keinesfalls die erste Wahl der Entscheider gewesen, erhielt allerdings letztlich doch den Zuschlag, da er die Serie in- und auswendig kannte und ganz offensichtlich das richtige Gefühl mitbrachte, das bei David Carsons Vorgänger teilweise gefehlt hatte. Zugute kam dem Film offenbar auch die Einbeziehung Patrick Stewarts, der einige treffende Anmerkungen zum Drehbuch machte und dafür sorgte, dass Picard eine deutlich aktivere Rolle einnahm.

Die Einbeziehung von John de Lancie alias Q scheiterte am Fehlen einer zündenden Idee. Die Ergänzung der Borg um eine Führungsperson geschah auf Wunsch von Paramount, da man einen zentralen Bösewicht wollte, den man auch als solchen identifizieren konnte: Die Borg-Königin war geboren. Diese Anekdote zeigt immerhin, dass die Einmischung von Studiobossen nicht immer in die Hose gehen muss.

Die neue Enterprise E erhielt ein deutlich schlankeres Design, das auf John Eaves und Herman Zimmerman zurückging und sich sowohl innen als auch außen deutlich vom Kreuzfahrtschiff im All abhob, das uns seit 1987 begleitet hatte. Die Gänge, der Maschinenraum, die Quartiere und die Brücke wurden enger, dunkler und erinnerten mehr an ein U-Boot als an das pompöse und helle Design des Vorgängers. Zeitgeist lässt sich eben nie gänzlich ignorieren.

Den Cast brachte man selbstverständlich komplett zurück. LeVar Burton gelang es nach jahrelanger Arbeit am Thema, den VISOR einmotten zu lassen. Schon immer hatte ihn die klobige Sehhilfe stark behindert; nach sieben Staffeln und einem Kinofilm gelangte er nun an den Punkt, auf diese verzichten zu können. Seine Figur erhielt stattdessen künstliche Augen, die jedoch inhaltlich nicht weiter erklärt wurden. Somit konnten die Zuschauer ihren beliebt-bekannten Geordi LaForge noch einmal vollkommen neu erleben.

Einzig bei Michael Dorn gestaltete sich die Sache etwas schwieriger. Worf verrichtete inzwischen seinen Dienst auf einer Raumstation. Er war Teil des Casts von *Star Trek: Deep Space Nine* und deshalb nicht mehr auf der USS Enterprise zuhause. Deswegen ließ man ihn kurzerhand mit der USS Defiant an der Schlacht gegen die Borg teilnehmen. Das Schiff wurde dabei schwer getroffen, Worf herübergebeamt und ohne große Diskussionen mit auf Zeitreise genommen. Zunächst wollten Braga und Moore das kleine Schiff sogar zerstören. Das ließ Ira Steven Behr aber nicht zu, da er es für seine Serie noch benötigte.

Als neuen Steuermann Hawk holte man Neal McDonough an Bord, dem allerdings schon früh klar gewesen sein dürfte, dass er als Redshirt würde herhalten müssen. Für die Rolle des ikonischen Zefram Cochrane gelang mit James Cromwell ein wunderbares Casting, da er die Figur mit genau der richtigen Mischung aus Genialität, Humor und Wahnsinn anlegte. Dass Cromwell dabei keinerlei Ähnlichkeit mit Glenn Corbett besaß, der die Rolle in der Classic-Episode *Metamorphosis* gespielt hatte, störte wohl am Ende niemanden im Autoren- und Produktionsstab oder auf Seiten der Fans. Erstaunlicherweise wollte man ursprünglich jedoch einen ganz großen Casting-Stunt landen und kontaktierte Tom Hanks. Dieser hatte aber bereits für *That Thing You Do!* zugesagt und war aus diesem Grund nicht verfügbar.

Die Rolle der Lily Sloane erhielt mit der 1984 (für ihre Performance in *Cross Creek*) für den Oscar nominierten Alfre Woodard eine ebenso talentierte Darstellerin. Eine weitere wichtige Rolle war dann noch die der Borg-Königin. Hier setzte man auf Alice Krige, die eine wunderbare Leistung unter heftigem Make-up ablieferte.

Außerdem holte man mit Dwight Schultz als Barclay und Patti Yasutake als Ogawa zwei bekannte Gesichter aus der Serie zurück. Whoopi Goldberg, die durch ihre Erlebnisse mit den Borg in der Vergangenheit als Guinan für den Film prädestiniert gewesen wäre, wurde leider nicht gefragt. Dafür ließ man aber Robert Picardo als Holodoc der Enterprise E auftreten und Ethan Phillips (Neelix) eine Figur auf dem Holodeck spielen, ohne allerdings seinen Namen im Abspann zu verraten. Ein Doppel-Cameo für Fans von *Star Trek: Voyager* also.

Jerry Goldsmith (und sein Sohn Joel) erhielten den Auftrag, den Score zu schreiben, und legten eine Titelmelodie vor, die bis heute für Wellen von Gänsehaut gut ist. Insgesamt ist das Titelthema des Leinwandablegers gar ähnlich brillant wie das *von Star Trek: The Undiscovered Country* und wird wahrscheinlich jedem Fan für immer im Ohr klingen. Dazu gab es im Film auch noch zwei Klassiker der Musikgeschichte zu hören: *Ooby Dooby* von Roy Orbison und *Magic Carpet Ride* von Steppenwolf.

In Sachen Titel machte man es sich ebenfalls nicht leicht. Die Liste erstreckte sich von *Star Trek: Renaissance* über *Star Trek: Borg*, *Star Trek: Destinies*, *Star Trek: Future Generations*, *Star Trek Generations II* (fraglos der Höhepunkt der Kreativität!) und *Star Trek: Resurrection.* Da waren definitiv einige Rohrkrepierer dabei! *Star Trek: First Contact* war schließlich eine wunderbare Idee und auch der letzte nicht generisch klingende Titel eines TNG-Films. Erwähnt werden sollte dabei allerdings, dass es bereits eine Episode innerhalb der Serie gleichen Titels gegeben hatte.

Jonathan Frakes standen mutige 45 Millionen US-Dollar Budget zur Verfügung, um den Film umzusetzen. Mit 92 Millionen Dollar Einspielergebnis in den USA und 54 Millionen Dollar aus den Übersee-Märkten holte man am Ende des Tages starke 146 Millionen Dollar in die Kassen. Der Film erhielt jedoch angesichts des 30. Geburtstages von *Star Trek* auch zugegebenermaßen viel Marketingunterstützung, es gab haufenweise Merchandise, und in vielen Ländern fanden spezielle Premieren statt – in den USA traditionell im Chinese Theatre in Hollywood, Los Angeles. Außer Brent Spiner war der komplette Cast zu diesem Event erschienen. Dazu gesellten sich Braga, Moore, Goldsmith und Produzent Marty Hornstein. Aus den anderen Serien waren zum Beispiel DeForest Kelley, Avery Brooks, Colm Meaney, Rene Auberjonois, Armin Shimerman, Kate Mulgrew, Terry Farrell, Robert Duncan McNeill, Tim Russ, Ethan Phillips oder Robert Picardo dabei. In England saß zur Premiere Prinz Charles im Publikum.

Bis ins Jahr 2009 und damit bis zu den Reboot-Filmen blieb dies der erfolgreichste *Trek*-Film aller Zeiten.

DAS FAZIT

Ein Film über den Angriff von Maschinenwesen, der seinen Fokus auf das Herz legt: Dafür gibt es noch heute ein dickes Kompliment an alle Beteiligten von mir.

Für die Bewegtbildabenteuer der Crew rund um Captain Picard war dieser zweite Versuch dann auch verdientermaßen der große Befreiungsschlag. Man hatte es wie bereits beim vierten Film der Classic-Reihe geschafft, ein konsensfähiges Werk zu kreieren, das Fans, Kritiker und den Zahlmeister bei Paramount gleichermaßen glücklich machte.

Die Effekte von Industrial Light and Magic waren größtenteils erstklassig. Sei es die Traumsequenz zu Beginn oder der Ausflug auf die Hülle – hier wurde Maßarbeit abgeliefert. Dennoch gab es auch Aussetzer: So sah zum Beispiel die Szene, in der Datas Kopf angebohrt wird, so aus, als sei sie direkt aus einem billigen B-Movie entliehen worden.

Höhepunkte des Films waren dagegen eindeutig der Humor, die Ahab-Metapher bezüglich Picards Wut auf die Borg, die fesselnde Geschichte rund um Cochrane und seinen Warp-Flug sowie selbstredend die finalen Momente, die schon beim darüber Schreiben Gänsehaut bescheren. Hatte ich den phantastischen Score erwähnt? Wunderbar!

Der erste richtige und insgesamt zweite Film mit den Charakteren aus *Star Trek: The Next Generation* fing deren Chemie besser als je zuvor ein, präsentierte eine brillante Gegenspielerin, wucherte mit Action, Effekten, starken Gastdarstellern, treffsicherem Humor, einer kreativen und relevanten Geschichte, die bis ins Herz des Franchises vorstieß, und bot dazu noch einen der besten Scores der Trek-Geschichte. Ein Meilenstein für *Trek*, Science-Fiction und, was mich auch heute noch angeht: Kino!

Denken Sie, ich will zu den Sternen? Ich fliege nicht mal gern! Ich fahre mit dem Zug! Ich habe dieses Schiff gebaut, damit ich mich zur Ruhe setzen kann. Auf einer tropischen Insel. Voller ... nackter Weiber. Das ist der Zefram Cochrane, das ist seine Vision. Dieser andere Typ, von dem Sie dauernd reden, diese historische Figur, ist mir nie begegnet. Das wird wohl auch nie passieren.

Zefram Cochrane

STAR TREK: INSURRECTION

Pickel, Tango & der perfekte Moment

FAKTEN

Dt. Titel: Star Trek: Der Aufstand
Produktion: Rick Berman
Regie: Jonathan Frakes
Story: Rick Berman, Michael Piller
Drehbuch: Michael Piller
Score: Jerry Goldsmith
Laufzeit: 103 Minuten

DIE STORY

Was ist bloß mit Data los? Auf einer Mission scheint der Androide plötzlich Amok zu laufen! Captain Picard und seine Crew nehmen die Sache persönlich in die Hand, finden ein Paradies und müssen sich mit einer hinterhältigen Bedrohung herumschlagen …

DIE ENTSTEHUNG

Nach dem großen Erfolg mit dem ersten (echten) Solo-Abenteuer der Crew um Captain Picard war eine Fortsetzung keine Überraschung. Vollkommen entgegen der üblichen Vorgehensweisen *never change a winning team* und *never change a winning concept* wollte Paramount diesmal jedoch eine andere Art von Abenteuer haben. Man erinnerte sich an den großen Erfolg mit *Star Trek IV – Zurück in die Gegenwart* und regte daher eine leichtere Geschichte mit viel Humor an.

Auch Rick Berman hatte erneut viele Ideen. Er dachte daran, Lore zurückzuholen (ein Plan, der später in etwas abgeänderter Form in *Star Trek: Nemesis* in die Tat umgesetzt wurde), regte an, Picard von einem Doppelgänger ersetzen zu lassen (was ebenfalls in *Star Trek: Nemesis* aufgegriffen wurde) und konnte sich eine Rettungsmission Picards vorstellen, wie man sie in dem Klassiker *The Prisoner of Zenda* gesehen hatte.

Michael Piller erhielt den Auftrag, ein Drehbuch zu erarbeiten. Seine grundlegende Inspiration zog er aus *Heart of Darkness* von Joseph Conrad, was auch zum frühen Arbeitstitel *Star Trek: The Heart of Lightness* führte. Er hatte die Idee, eine Art Quell ewiger Jugend zu zeigen, da er in Zeiten des Jugendwahns und der plastischen Chirurgie hier eine Möglichkeit sah, den Zeitgeist einzufangen und zu kommentieren.

Leider war die Entwicklungsphase des neunten Trek-Kinofilms aber geprägt von derart vielen Köchen, dass am Ende kein wirklich schmackhafter Brei mehr herauskommen konnte.

STIMMEN AUS DEM
FANDOM

Star Trek hat mich geprägt wie kaum etwas zuvor. Die Idee, dass alle Menschen gleich behandelt werden, dass es keinen Krieg und keinen Hunger mehr gibt, dass das Anhäufen von Vermögen nicht mehr die treibende Kraft ist, dass verschiedenste aktuelle Themen rund um das Thema Politik und Mensch so direkt angesprochen werden, hat mir gezeigt, dass es sich lohnt, stets positiv und optimistisch in die Zukunft zu blicken. Geprägt hat es mich speziell in meiner Art, stets das Gute im Menschen zu sehen, Konflikte diplomatisch nach Jean-Luc-Manier anzusprechen und logisch und vernünftig wie Mr. Spock und Data zu argumentieren, um Verbesserungen in den verschiedensten Bereichen zu erreichen. Ich würde sagen, *Star Trek* hat mich zu dem gemacht, was ich heute bin: ein Idealist, der hilfsbereit ist, der Verständnis für die Sorgen und Ängste anderer hat und außerdem ein Optimist, der sich nicht durch Negativität beeinflussen lässt und stets das Gute im Blick hat.

Dominik Stark, Salzburg

Einige Elemente blieben, viele verloren sich allerdings ebenfalls mit jeder weiteren Überarbeitung. So waren in den ersten beiden Fassungen die Romulaner als Antagonisten dabei, da man sie vorher nie in einem Trek-Film verwendet hatte (auch das sollte sich mit *Star Trek: Nemesis* ändern). Erhalten konnte man jedoch die heimliche Umsiedlung der Bak'u via Holoschiff (eine Idee, die man bereits in der Episode *Homeward* aufgegriffen hatte) und den Beobachtungsposten (wie man ihn bereits aus *Who Watches the Watchers* kannte). Auch Picards Auflehnung gegen Befehle und sein Einsatz für eine gefährdete Spezies waren Elemente der ersten Fassungen Pillers.

Patrick Stewart empfand die ersten Drehbücher aber als nicht episch genug und hatte Angst, man würde wieder auf das Niveau einer aufgeblasenen TV-Episode zurückfallen.

Michael Piller bekam derweil ebenfalls Zweifel. Er legte seinem Freund Ira Steven Behr das Drehbuch vor, und dieser bestätigte seine Befürchtungen. Behr kritisierte, dass die Son'a zu flache Gegenspieler seien und das Drehbuch an sich nicht ergiebig genug wäre. An diesem Punkt überarbeitete Piller seinen Ansatz noch einmal komplett, ergänzte die Liebesgeschichte um Anij sowie das Finale auf dem Kollektorschiff und versuchte, das, was die Son'a besonders machte, besser herauszuarbeiten. Zu diesem Zeitpunkt hieß der Entwurf *Star Trek: Stardust*.

Rick Berman wollte das Konzept nun gerne dem Studio vorlegen, haderte allerdings noch mit dem Arbeitstitel. Verschiedene Ideen wurden verworfen, darunter die Anhängsel *Prime Directive*, *The Enemy Within* und *Apostasy*. Am Ende reichte Berman das Drehbuch mit dem Titel *Star Trek IX* ein, da er sich mit Piller nicht auf einen Titel einigen konnte. Wenn gar nichts mehr geht, hilft eben oft ein wenig Zeitspiel.

Überraschenderweise war man bei Paramount jedoch komplett begeistert. Das Studio wünschte sich zusätzlich eine Fortführung der Romanze zwischen Troi und Riker und bat darum, statt Barclay erneut einzubeziehen, lieber Dr. Crusher oder Worf mehr in den Fokus zu rücken. Ansonsten hielten sie das Drehbuch aber für humorvoll und sexy. Patrick Stewart allerdings war mit der Flucht in die Berge nicht glücklich und hätte stattdessen gerne eine Art Alamo-Belagerung nachgespielt. Hier stand jedoch das Budget im Weg. Auch konnte Piller die Idee nicht sinnvoll in seinen bestehenden Ansatz einfügen. Als die Dreharbeiten schon lange im Gang waren, hieß der Film übrigens immer noch *Star*

Trek IX, da die Namensvorschläge *Sacred Honor* (Pillers Favorit), *Beyond Paradise* oder *Forever* ebenfalls durchgefallen waren.

Abgesehen von Kleinigkeiten stand das Drehbuch nun also, und es fehlte schlicht noch der Titel des Films. Aus der Auswahl *Insurrection*, *High Treason*, *Rebellion* und *Act of Treason* wählte man schließlich *Star Trek: Insurrection* und konnte die Marketingmaschinerie nun endlich anlaufen lassen.

Mit der Regie betraute man nach den positiven Erfahrungen mit dem letzten Film erneut Jonathan Frakes. Während es diesem dort aber gelungen war, aus dem Serienschema auszubrechen, wirkte seine Arbeit diesmal leider ein wenig zu steril und schablonenhaft. Gerade der Schnitt ließ das fertige Werk teilweise ungünstig komponiert wirken. Die schwachen Special-Effects und das holprige Drehbuch taten ihr Übriges, weshalb man dem Regisseur sicher nicht die alleinige Schuld geben kann.

Für den Score blieb man bei Jerry Goldsmith, der erneut ein gelungenes Werk ablieferte, das aber auch nicht ganz an die Klasse des Vorgängers heranreichte.

Für die Gastrollen engagierte man den Oscargewinner F. Murray Abraham (er gewann den Goldjungen für seine Arbeit an *Amadeus*) in der Rolle des Ru'afo, Anthony Zerbe als Admiral Dougherty und Donna Murphy als Anij. Letztere konnte immerhin auf den Gewinn von zwei Tony-Awards zurückblicken. Starke Darsteller, die sich in allzu klischeehaften Rollen allerdings kaum in den Vordergrund spielen konnten.

Michael Dorns Beteiligung erschien erneut wenig sinnvoll. Er schaute zu Beginn des Films zufällig vorbei und blieb dann einfach vor Ort. Den Erklärungsansatz verschob man dramaturgisch in den Hintergrund, sodass man nicht hören konnte, was in den entsprechenden Momenten besprochen wurde. Das geht sogar als charmant durch.

Ursprünglich hatte man geplant, am Ende des Films Armin Shimerman alias Quark aus *Star Trek: Deep Space Nine* auftreten zu lassen. Diese Szene wurde im Übrigen wirklich gedreht, am Ende jedoch herausgeschnitten.

Für die Umsetzung durfte Jonathan Frakes diesmal stolze 58 Millionen Dollar auf den Kopf hauen – leider trifft diese Formulierung den Nagel auch absolut auf selbigen. Wenn man das Budget mit beiden Vorgängern vergleicht, gelang es hier überhaupt nicht, die Dollarscheine auf den Bildschirm zu bringen. Das Dorf der Bak'u wirkte viel zu sehr wie aus dem Möbeldiscounter-Katalog, die Special-Effects von den Santa Barbara und den Blue Sky Studios erreichten, wie bereits eingangs erwähnt, nicht das bekannt hohe Niveau.

Am Ende konnten 70 Millionen US-Dollar im Heimatland und 42 Millionen US-Dollar im Rest der Welt aus den Kinokartenverkäufen erwirtschaftet werden. 112 Millionen US-Dollar insgesamt reichten somit nicht, um die Kosten zu decken. Hier muss man sich ebenfalls immer wieder bewusst machen, dass nicht einmal die Hälfte der Kinoeinnahmen beim Studio ankommt. Man spricht oft auch davon, dass ein Film als Faustregel das dreifache seiner Produktionskosten einspielen muss, um schwarze Zahlen zu erreichen. Die TNG-Crew hatte also ihren ersten Fehlschlag erlitten.

DAS FAZIT

Leider galt diese Bewertung ebenfalls inhaltlich: Thematisch gefielen alle Szenen, die etwas tiefer in die Kultur der Bak'u eintauchten. Es waren bedauerlicherweise nur nicht sonderlich viele. In diesen verbarg sich aber das Storygold, das Michael Piller vermutlich einst einmal hatte heben wollen, welches sich allerdings in den vielen Überarbeitungen verloren hatte. Die Chemie zwischen Patrick Stewart und Donna Murphy stimmte hingegen. Ihre gemeinsamen Szenen gehörten dann auch beinahe folgerichtig zu den absoluten Höhepunkten des Films.

Darüber hinaus wusste Picards Konflikt mit Admiral Dougherty – zumindest im Ansatz – zu gefallen. Die Szene, in der die beiden die Umsiedlung der Bak'u diskutieren, hätte dabei durchaus Kern des Dramas sein können, wäre alles um diesen Augenblick herum nicht so austauschbar geraten.

Das Gleiche galt ebenfalls für die Enthüllung, dass es sich bei den Son'a um die Kinder der Bak'u handelte. Hier verschleuderte man viel Potential. Ähnliches lässt sich über den Showdown sagen, der die typische Endkampf-Szenerie heraufbeschwor (und somit auch beide Vorgängerfilme in Bezug darauf wiederholte) und deshalb keinen bleibenden Eindruck beim Publikum hinterlassen konnte.

Richtig peinlich wurde es jedoch in Sachen Humor – immerhin ja dem Kern des ursprünglichen Paramount-Wunsches. Ein Tango tanzender Picard ging gerade noch als erträglich durch, und auch das Scharmützel zwischen Riker und Troi nach dem ersten Kuss mit Bart war charmant. Worf wurde dagegen einzig und allein für Kalauer verheizt – sei es mit seinem albernen Scotty-Moment nach dem Aufwachen, der unfreiwilligen Gesangseinlage oder seinem leuchtenden Pickel. Fairerweise muss hier Erwähnung finden, dass Data mindestens ebenso viel Pech hatte: Sein Witz über straffe Brüste gehört wohl zum Peinlichsten, was *Star Trek*, egal in welcher Inkarnation, jemals gemacht hat. Die einzig denkbare Steigerung wäre nur noch ein Quark in Frauenkleidern, der mit Data über die Straffheit seiner falschen Brüste spricht. Böses Kopfkino.

Dafür erhielt LeVar Burton als Geordi eine tolle Szene: Man konnte miterleben, wie er zum ersten Mal – vom Score gelungen untermalt – einen Sonnenuntergang mit seinen eigenen sich regenerierenden Augen sehen konnte.

Wenn man sich die Mühe machte, auf die Suche zu gehen, besaßen viele Momente des Films mehr Tiefe, als *Star Trek: Insurrection* in seiner Gesamtheit zu transportieren vermochte. Dennoch war es auch schade – nach dem großen Erfolg mit dem achten Film machten es sich alle Beteiligten derart bequem und gemütlich, dass ein Scheitern fast nicht zu verhindern war. Im festen Willen, eine im Kern tiefgreifende Story zu erzählen und diese mit leichtem Humor und einem Schuss Romantik zu garnieren, hatten alle Beteiligten sicher eine nicht unerhebliche Menge Spaß. Dieser übertrug sich jedoch nie richtig auf die Zuschauer, die weder Zeit erhielten, in die tiefliegenden und unausgegorenen Themen einzutauchen, noch sich von den willkürlich eingestreuten Kalauern zu erholen. Warum nur hatte niemand auch nur eine Sekunde an den fünften Teil der Reihe gedacht? Dieser hatte im Prinzip exakt den gleichen Mix versucht und war bekanntermaßen grandios gescheitert. So war *Star Trek: Insurrection* ein zwar irgendwie liebenswert-alberner Film mit Potential, machte aber derart viele formale Fehler, dass es in der Bewertung nur zu Mittelmaß reichen durfte. Wirklich schade. Die Ideen und das Herz waren großflächig vorhanden, es hatte nur niemand dem Gesamtwerk eine ordnende Hand gereicht.

Wir brauchten Jahrhunderte, um zu lernen, dass man keine Jahrhunderte braucht, um zu lernen.

Anij

STAR TREK: NEMESIS

Hätte, hätte, Warpkernkette

FAKTEN

Dt. Titel: Star Trek: Nemesis
Produktion: Rick Berman
Regie: Stuart Baird
Story: Rick Berman, John Logan, Brent Spiner
Drehbuch: John Logan
Score: Jerry Goldsmith
Laufzeit: 116 Minuten

DIE STORY

Eigentlich möchte die Crew um Captain Picard nur die Hochzeit von Deanna Troi und William T. Riker feiern. Positronische Signale und eine Mission nach Romulus sorgen jedoch für eine Planänderung. Und wer ist eigentlich dieser Shinzon?

DIE ENTSTEHUNG

Was tun, sprach Zeus? 1994, 1996 und 1998 waren *Star Trek*-Kinofilme der *Next Generation*-Crew erschienen; mit gemischtem Erfolg. Gerade der letzte Versuch hatte die Entscheidungsträger bei Paramount zum Nachdenken gebracht, was künftige Lichtspielhausausflüge anbelangt. Im Jahr 2000 war daher auch entgegen dem bisher gepflegten Abstand von zwei Jahren kein neuer Film in die Kinos gekommen. Dennoch wollte man die Filmreihe noch nicht gänzlich zu den Akten legen. Rick Berman, der im TV inzwischen ebenfalls vermehrt mit Quotenproblemen zu kämpfen hatte, bekam eine weitere Chance, es diesmal besser zu machen, und zog direkt seine Lehren aus dem Scheitern des Vorgängers.

John Logan, ein selbsternannter *Star Trek*-Fan, erhielt den Auftrag, ein Drehbuch zu verfassen. Der Neuzugang war einst für sein Drehbuch zu *Gladiator* für den Oscar nominiert gewesen, und man konnte diese Personalentscheidung durchaus als kleinen Coup bezeichnen.

Auch auf dem Regiestuhl hielt sich Berman an eine gängige Redensart: Neue Besen kehren gut. Stuart Baird, der sich als Cutter einen Namen in Hollywood gemacht hatte und einzig für *US Marshals* und *Executive Decision* auf dem großen Stuhl Platz genommen hatte, kam als personifiziertes Fragezeichen an Bord, hatte er doch nach eigener Aussage keinerlei Ahnung von *Star Trek*. Durchaus ein Wagnis von Berman, das man ohne zu viel Phantasie dem Druck von Paramount zuschreiben kann.

Berman wollte, dass Baird für frischen Wind sorgte respektive das Franchise etwas von unnötigem Staub befreite. Er hatte schließlich Erfahrung mit Action und modernen, schnellen Schnitten. Die Kombination mit dem Kenner der Materie John Logan erschien dem Produzenten offenbar stimmig. Jonathan Frakes wurde übrigens nicht zum dritten Mal in Erwägung gezogen – er hatte ohnehin genug mit seinem Film *Clockstoppers* zu tun.

Bei den Schauspielern kehrte zum dritten Mal die komplette Stammbesetzung zurück. In Sachen Michael Dorn alias Worf machte dieser Schachzug allerdings genaugenommen nun endgültig gar keinen Sinn mehr, da der stolze Klingone nach dem Ende von *Star Trek: Deep Space Nine* eigentlich an der Seite von Martok in die klingonische Heimatwelt zurückgekehrt war. Diese sehr angemessene Entwicklung seiner Figur war den Machern der Filme jedoch leider keinen Pfifferling wert gewesen. Für Dorn war diese Entscheidung natürlich positiv; im Kontext der Entwicklung seines Charakters negierte man aber die Arbeit von vier Staffeln *Star Trek: Deep Space Nine*.

Whoopi Goldberg alias Guinan kam – nach zweimaliger Abwesenheit – in den Kinofilmen zu ihrem letzten Auftritt, wobei dieser nur aus einer kurzen Szene während der Hochzeit von Riker und Troi bestand. Und sogar Wil Wheaton alias Wesley Crusher konnte im Drehbuch untergebracht werden. Durch die extremen Kürzungen am fertigen Endprodukt – um die wir uns später noch ausführlich kümmern werden – war er schlussendlich allerdings nur noch kurz am äußeren Bildrand zu sehen.

Als Shinzon, den Klon von Captain Picard, besetzte man Tom Hardy, dem das spätere Scheitern von *Star Trek: Nemesis* scheinbar lange zu schaffen machte – mittlerweile ist er aber längst ein mehr als gefragter Schauspieler und eine große Nummer in Hollywood. Seine Leistung in dem finalen Teil der Reihe war in jedem Fall definitiv kein Grund für das Scheitern des Films. Man zwängte ihn zwar in ein grauenhaftes Kostüm, mit Patrick Stewart konnte er allerdings leistungsmäßig absolut mithalten.

Der beliebte Genreschauspieler Ron Perlman hingegen wurde als Viceroy unter Tonnen von Make-up in einer substanzlosen Rolle verschenkt. Dina Meyer spielte die Romulanerin Donatra und blieb ebenfalls nur wenig im Gedächtnis. Ohnehin war es schade, dass man einerseits endlich einmal die Romulaner in einem Kinofilm unterbrachte, andererseits jedoch wenig mit ihnen anzufangen wusste.

Zum Schluss blieb sogar noch Platz für ein hübsches Cameo: Kate Mulgrew kehrte als Admiral Kathryn Janeway zu *Star Trek* zurück und gab Picard seine Befehle. Für die Kontinuität zwischen den verschiedenen Serien war diese Entscheidung fraglos die richtige. Warum sie aber früher als Picard einen derartigen Posten erhielt, durfte man sich durchaus leicht verwundert fragen. Vielleicht wollte die Sternenflotte einfach keine weiteren Schiffe mehr riskieren?

Mit dem Score betraute man abermals Jerry Goldsmith. Dieser lieferte ein vollkommen andersartiges und unerwartetes Werk ab, das zwar nicht wirklich im Ohr blieb, allerdings eine faszinierende Eigenständigkeit bewies und den Film wunderbar untermalte.

Das größte Problem lauerte jedoch (wie schon beim direkten Vorgänger) im Drehbuch – wenn auch diesmal aus anderen Gründen. Wie man an meinen Kommentaren zu *Star Trek: Insurrection* ablesen kann, geriet *Star Trek: Nemesis* zu einem Sammelsurium aus verworfenen Ideen der Vorgängerprojekte.

Das war angesichts der Wahl John Logans umso irritierender, da dieser eben nicht nur ein kompetenter und etablierter Autor, sondern – wie gesagt – außerdem ein Trekkie war. Ich erinnere mich gut daran, wie mich während der Produktionsphase des Films eine angebliche Abschrift des Drehbuchs erreichte. Zuerst wusste ich nicht, ob ich mir das Kinoerlebnis durch ein Überfliegen dieser Zeilen überhaupt würde kaputtmachen wollen. Dann jedoch hatte ich mich selbst davon überzeugt, dass es sich dabei sicher nicht um das echte Drehbuch handeln würde. Ich las es deswegen zumindest quer und hörte in etwa an der Stelle auf, als Picard, Riker, Worf und Data in der Wüste die Androidenteile zusammensuchten. Spätestens da war ich mir absolut sicher: Hier handelte es sich um ganz nette, aber letztlich vorhersehbare Fanfiction. Ein John Logan würde Derartiges sicher nicht abliefern. Nun ja, im Kino wurde ich dann später schmerzhaft eines Besseren belehrt.

Diverse Ansätze des Films muteten eigentlich sogar recht vielversprechend an: Riker und Troi hatte man immer wieder umeinander kreisen lassen. Sah man einmal von der Entwicklung in *All Good Things* ab, handelte es sich bei den beiden durchaus um das »will-they-or-won't-they«-Paar der Besatzung. In *Star Trek: Insurrection* wurden ihre Gefühle füreinander an die frische Luft gelassen, hier folgte nun konsequenterweise die Hochzeit. Ein guter Schachzug, um zu zeigen, dass die Crew nach wie vor aus ganz normalen Individuen mit Privatleben bestand. Dass man den sich in diesem Kontext so wunderbar anbietenden Gastauftritt von Majel Barrett-Roddenberry als Lwaxana Troi nicht umsetzen konnte, ist dagegen äußerst schade. Dafür sprach die Witwe von Gene Roddenberry allerdings immerhin wie gewohnt den Schiffscomputer.

Auch der Gedanke der Vergänglichkeit und des unaufhaltsamen Fortschreitens der Zeit war eine gelungene inhaltliche Weiterentwicklung, die aus dem in *Star Trek Generations* angerissenen Tod von Picards Bruder Robert und seinem Neffen René sowie den Unterschieden zwischen Menschen und Bak'u resultierte. Sie mündete darin, dass sich die Crew schließlich in alle Richtungen zerstreute: Riker und Troi gingen auf die USS Titan, wo die ewige Nummer Eins endlich ein eigenes Kommando bekam, Crusher wechselte (mal wieder) zurück auf die Erde, Data starb den Heldentod, und Picard blieb mit Worf und LaForge auf der USS Enterprise.

Die Geschichten rund um die Romulaner sowie den Klon des Captains oder auch die Handlung rund um B-4 enttäuschten jedoch. So konnte man beispielsweise nur schwer nachvollziehen, warum es John Logan nicht geschafft hatte, Lore sinnvoll in die Handlung einzubauen beziehungsweise warum er überhaupt meinte, es wäre eine gute Idee, einen weiteren Soong-Androiden zu zeigen. Darüber hinaus gelang es ihm nicht, eine wirkliche Bindung zu den Figuren zu erzeugen oder die interessanten Aspekte der Geschichte so herauszuarbeiten, dass man sie nicht direkt wieder vergaß. Der Film setzte einfach mehr auf Action und Effektgewitter, anstatt sich einmal die Zeit zu nehmen, an einem bestimmten Ort zu verharren.

So war der Kinostart geprägt von viel Ernüchterung. Mit dem Erscheinen der diversen Deleted Scenes über die Jahre hinweg durfte man den Film hingegen noch einmal auf eine andere Art erleben. Szenen wie die zwischen Data und Picard in dessen Bereitschaftsraum zu Beginn oder die verschiedenen Verabschiedungsszenen hätten zu einer kompetenten Spiegelung der unterschwelligen Themen des Films geführt – und somit von allem, was bis dato mehr oder weniger unkommentiert im Raum gestanden hatte. Doch bekanntlich entschied man sich anders: Etwa ein Drittel des fertigen Films wurde in der Nachbearbeitung wieder herausgeschnitten. Stuart Baird hat übrigens seit *Star Trek: Nemesis* nicht mehr Regie geführt, ein gefragter Cutter ist er in Hollywood aber immer noch. Jeder hat eben seine Stärken.

Insgesamt kostete dieser vierte Ausflug der Crew 60 Millionen US-Dollar. Angesichts dieses Wertes musste da schon an der Kinokasse einiges passieren! Doch war das überhaupt möglich? Fairerweise muss nämlich erwähnt werden, dass man in direkter Konkurrenz zu einigen Schwergewichten wie *The Lord of the Rings – The Two Towers*, *James Bond – Die Another Day* oder *Harry Potter and the Chamber of Secrets* startete. Klingt aussichtslos? War es auch.

Branchenanalysten prophezeiten im Vorfeld fast geschlossen ein Scheitern des Films. Tja, und deren Prognose sollte sich bewahrheiten: *Star Trek: Nemesis* war der erste *Trek*-Film, der am Startwochenende nicht auf Platz 1 der Kinocharts landete. Jedoch unterlag er nicht einem der oben genannten Blockbuster, sondern ausgerechnet *Maid in Manhattan* mit Jennifer Lopez. Verrückte Kinowelt.

Am Ende spielte *Star Trek: Nemesis* gerade mal 43 Millionen US-Dollar im Heimatland ein. 24 Millionen kamen im Rest der Welt dazu. Ein wahrlich desaströser Auftritt – bis auf Deutschland, wo noch die meisten Tickets gelöst werden konnten.

DAS FAZIT

Obwohl der Film 2001 auch bei mir durchfiel, habe ich inzwischen meinen Frieden mit ihm gemacht. *Star Trek: Nemesis* war nämlich bei weitem nicht der kolossale Fehlschlag, als den ihn viele bis heute vehement bezeichnen. Während die Optik, der Score, die Spannung und einige angerissene Themen absolut überzeugen konnten und sich das Herz am rechten Fleck befand, fielen nur einige Elemente ab und verhinderten ein in Gänze stimmiges Werk und die nötige emotionale Resonanz für das finale Opfer Datas.

Auch die Gedenkszene für Data wirkte auf eine sonderbare Art emotional nebulös. Hier fehlten einfach die erwähnte Grundierung zu Beginn des Films und klarere Antworten in Bezug auf das Schicksal des Androiden. Dennoch hatte die Sequenz gerade durch ihre Reduzierung auf kleine Gesten und Rikers vergebliches

Grübeln über die Melodie, die Data bei ihrer ersten Begegnung auf dem Holodeck gepfiffen hatte, auch Argumente auf ihrer Seite.

Wären einige der gestrichenen Szenen im Film geblieben, es hätte doch noch ein würdiger Abgang für unsere geliebten Recken werden können. Trotzdem kann und muss man *Star Trek: Nemesis* ohne zu zögern eine Empfehlung aussprechen: Neben dem Borg-Abenteuer handelt es sich hier vielleicht sogar um den besten Film der Crew aus *Star Trek: The Next Generation.*

Mit dem vernichtenden Ergebnis an der Kinokasse endete die Filmreihe einer Serienbesatzung aber ein zweites Mal. Als Abschied eignete sich der zehnte Abendfüller zwar deutlich schlechter als der von Kirk und seiner Crew, dennoch setzte die TNG-Crew das Franchise-Erbe im Kino in der Summe erfolgreich fort.

Und das ist es, was den Menschen ausmacht:
Mehr aus sich zu machen, als man ist.

Jean-Luc Picard

NEUER GLANZ
REMASTER ME AGAIN!

Genau wie bei der Classic-Serie nahm man sich den Nachfolger ebenfalls für eine komplette Neubearbeitung in HD vor. Anfang 2012 gab es vorab und als Appetitanreger die BluRay *Star Trek: The Next Generation – The Next Level* mit den Episoden *Der Mächtige & Mission Farpoint*, *Das zweite Leben* und *Die Sünden des Vaters*.

Diese Zusammenstellung zeigte deutlich, wohin die Reise gehen würde. Man entschied sich, das Seitenverhältnis in 4:3 beizubehalten und keine Anpassung an veränderte Sehgewohnheiten in Richtung 16:9 vorzunehmen. So schade diese Entscheidung einerseits sicher ist, liegt die Serie aufgrund dessen andererseits weiterhin in genau der Form vor, wie man sie bei der Erstausstrahlung erleben durfte, diesmal allerdings zusätzlich mit einer knackigen Schärfe, tollen Farben und Details versehen, auf die man bislang hatte verzichten müssen. An dieser Stelle muss ehrlicherweise jedoch auch erwähnt werden, dass man im Fall eines 16:9-Releases ohnehin große Probleme bekommen hätte, da man beim Dreh natürlich nicht an so etwas gedacht hatte und Beleuchter, Stative und Ähnliches deshalb ständig seitlich platziert worden waren. Hier hätte man also oft heranzoomen müssen, was die Serie letztlich stark verändert hätte.

Den Machern gelang das phänomenale Endergebnis durch eine komplette Neuabtastung des Originalfilmmaterials. Alle Informationen von damals lagen noch vor, sodass alles exakt wieder so montiert werden konnte, wie es ursprünglich gedacht war. Die Effekte wurden – anders als beim Vorgänger – nicht komplett neu aufgesetzt. Einzig bei Elementen wie Phaserfeuer, Mattepaintings, Planeten oder anderen Kleinigkeiten ging man etwas weiter.

Aufgrund des sehr engen Zeitplans wurde die zweite Staffel nicht bei CBS Digital bearbeitet. Das Ergebnis war ein deutlich schwächerer Release mit diversen offensichtlichen Fehlern. Nach dieser Enttäuschung wurden alle restlichen Staffeln ausnahmslos bei CBS Digital realisiert – die zweite Staffel korrigierte man jedoch leider nicht mehr. Herausgekommen ist dennoch eine wunderbare Veröffentlichung, die sich besonders im englischen Original samt einer neuen Abmischung von Dialogen, Soundtrack und Effekten genießen lässt.

Die Optik ist über jeden Zweifel erhaben, und Farben, Kontrast sowie Schärfe machen einen tollen Eindruck – dass mir erstmals im Vorspann beispielsweise die Menschen auffielen, die hinter den Lounge-Fenstern zu sehen waren, kam nicht von ungefähr. Mit teils recht grobem Filmkorn und dem gelegentlichen Einsatz von Weichzeichnern muss man sich wohl oder übel arrangieren – beides ist allerdings auch schlicht Zeugnis der damaligen Zeit. Dafür erstrahlen vor allem viele Planeten in neuem Glanz, was das wunderschöne Modell der USS Enterprise ebenfalls noch besser zur Geltung bringt. Im Vergleich zu den teils künstlich wirkenden Kompositionen der Classic-Series-Neuauflage fügte sich hier alles stimmig ins Gesamtbild ein.

Die deutsche Tonversion (in Mono) ließ sich leider nicht neu bearbeiten und klingt weiterhin – besonders in den frühen Staffeln und im Vergleich zum Originalton – dumpf und flach. Mit den späteren Jahren trat allerdings eine Verbesserung ein.

Wer die Doppelfolgen ohne Pause sehen möchte, kann zusätzlich noch auf spezielle Veröffentlichungen zurückgreifen.

DER AUTOR
PICARD HILFT DURCH DIE PUBERTÄT

Angefixt durch die Originalserie und die ersten Kinofilme freute ich mich schon Ende der 1980er-Jahre auf die neue Serie – aufgrund meines Alters (ich wurde zu Zeiten der deutschen Ausstrahlung 1990 gerade mal 13 Jahre) war die Wiederbelebung für mich natürlich keine so große Sache wie für Fans der ersten Stunde. Ich war sozusagen irgendwie in die Sache hineingeschlittert und konnte mich darüber freuen, dass es immer konsequent Nachschub gab. Daher begegnete ich der neuen Serie auch vorurteilsfreier – und wurde letztlich sogar ein größerer Fan von Picard & Co als von der Originalcrew.

Im Großen und Ganzen war es ein ziemlich unbelastetes Alter zwischen Schule, Freunden und dem Kopf voller irrelevanter Dinge. *Star Trek* sorgte aber bei mir stets auch für eine gewisse Erdung und zugleich für eine Fokussierung auf Themen außerhalb des eigenen Mikrokosmos. Gerade was die Schulung eines jungen Geistes angeht, ist *Star Trek: The Next Generation* mit seiner positiven Sichtweise, dem meist konfliktfreien Miteinander, den Werten und Grundsätzen und der Suche nach friedlicher Koexistenz und dem unbändigen Forscherdrang damals ein echter Segen gewesen. Das Format brachte etwas mit, was vielen späteren und heutigen Serien (in und außerhalb von *Star Trek*) und damit ebenso Generationen von jungen Menschen im Medium TV schlicht fehlt.

Star Trek: The Next Generation hat mich somit nicht nur endgültig zu *Star Trek* gebracht, es hat mir über die Jahre überdies unzählige wertvolle Denkanstöße geliefert, meinen Horizont erweitert, mich Zustände auf der Erde – vergangene, gegenwärtige und zukünftige – hinterfragen und neu bewerten lassen und mir zudem auch noch Freude, Spaß und beste Unterhaltung geschenkt.

Seit mehr als zwanzig Jahren schreibe ich nun bereits über die Abenteuer der verschiedenen Trek-Besatzungen und liebe es heute noch genauso sehr wie zu Beginn. Folglich hat mir *Star Trek* – wie vielen anderen Menschen auch – nicht nur ein Hobby, sondern letztlich sogar eine Berufung beschert. Die Crew um Captain Picard ist in dieser Entwicklung das zentrale Puzzleteil gewesen.

Mit ihr verbinde ich wunderschöne Erinnerungen und erfreue mich bis zum heutigen Tag an der herausragenden Qualität vieler Episoden und den liebenswerten Charakteren. Ohne die Crew der

Enterprise D beziehungsweise das Team rund ums Team wäre vieles, was wir im Bereich der Science-Fiction heutzutage als gegeben hinnehmen, zweifelsohne nicht möglich gewesen.

THE REVIEWER'S WIFE
DER LANGWEILIGE TEETRINKER

Auch bezüglich der zweiten Serie aus dem Hause *Star Trek* muss ich bis zum heutigen Tage regelmäßig diverse Kröten schlucken, wenn es daran geht, Episoden zu schauen oder nur mit meiner lieben Frau darüber zu sprechen. Für jemanden wie mich, der so viel für die Serie übrig hat, handelt es sich dabei natürlich um eine ziemlich unangenehme Angelegenheit.

Doch was stört die Frau des Autors denn nun genau? Ihren ersten Kontakt mit den Abenteuern der Crew hatte sie gar nicht durch mich, sondern im Kino. Wir schreiben das Jahr 1998, und sie hatte Freikarten für eine Vorführung von *Star Trek: Der Aufstand* gewonnen. Mit einer Freundin machte sie sich wider besseres Wissen auf den Weg, ertrug die ersten zehn Minuten geduldig und setzte dann ihre Kopfhörer auf, um den Rest des Films lieber Musik zu hören. Albern, blöd, langweilig, Quatschkram: So lautete ihr vernichtendes Urteil, als bei uns das erste Mal das Gespräch auf diesen ersten Trek-Kontakt ohne mich fiel.

Also zeigte ich ihr – nach dem kompletten Durchlauf mit *Star Trek: Enterprise*, das ich 2003 als Startpunkt für unsere gemeinsame Trek-Aktion auserkoren hatte – daher alle Episoden in chronologischer Reihenfolge, ließ dabei aber wohlwissend große Teile der ersten Staffel aus und übersprang auch sonst noch die eine oder andere Episode, die man nicht unbedingt gesehen haben musste. Nach diesem Best Of aus ungefähr 120 Episoden lautete ihr Fazit dann: Das ist ja eigentlich doch ganz gut. Puh. So weit waren wir dann also schon mal gekommen.

Star Trek: Treffen der Generationen fand sie anschließend blöd, *Star Trek: Der erste Kontakt* ziemlich klasse, *Star Trek: Der Aufstand* nicht so schlimm, wie sie sich an ihn erinnerte und *Star Trek: Nemesis* ebenfalls gar nicht so übel.

Doch was verhinderte bei ihr eine größere Liebe zur Serie? Die Antwort ist simpel: Picard. So sehr ich sowohl Patrick Stewart als auch die Kunstfigur des Captains schätze, so wenig Gegenliebe bringt sie für Letzteren auf. Für sie ist dieser Typus Captain vollkommen unrealistisch, langweilig und uninteressant. Ein Opa, der viel redet und nie aus dem Quark kommt – so ihr vernichtendes

Urteil. Regelmäßig aufgezogen werde ich bis heute auch immer für sein in ihren Augen komatös-schwerfälliges »Energie«, bei dem ihr verlässlich die Füße einschlafen. Auch sonst konnte sie zu keiner Figur eine wirkliche Bindung aufbauen. Alle waren irgendwie okay, blieben allerdings für sie nicht emotional haften.

Was sie jedoch eingestand, war, dass die Serie es immer geschafft hatte, abwechslungsreiche Geschichten in einem faszinierenden Setting zu erzählen. Und das war viel mehr, als man nach ihrem Erstkontakt im Kino jemals hätte vermuten dürfen.

DER AUSBLICK

NEUE WELTEN FÜR ALTE RECKEN

Seit 2017 (und auch seit der Erstveröffentlichung von *Es lebe Star Trek* im August 2018) hat sich einiges im *Star Trek*-Universum verändert. Diverse neue Serien sorgen dafür, dass nicht nur neue Heldinnen und Helden geboren, sondern auch altgediente zurück ins Rampenlicht gezerrt werden. All das wird Thema der weiteren Bände dieser Sachbuchreihe sein.

Dennoch sei bereits an dieser Stelle der Hinweis darauf gestattet, dass die Figur des Jean-Luc Picard in der aus drei Staffeln bestehenden Serie *Star Trek: Picard* eine weitere Beleuchtung erhalten hat. Mit dem dritten Jahr der Serie kehrten dann sogar noch alle verdienten Kolleginnen und Kollegen zurück. Dazu gesellten sich über die Staffeln die Borg-Königin, Wesley Crusher und the one and only Q.

Ebenfalls nicht verheimlicht werden sollte, dass Figuren der Serie insbesondere in *Star Trek: Lower Decks* immer mal wieder eine Rolle spielen dürfen. Die *Next Generation* wird uns also auch nach Ende dieses Kapitels noch lange nicht loslassen.

IV. STAR TREK: DEEP SPACE NINE

AN DER GRENZE ZUM NIRGENDWO

Fakten
US-Erstveröffentlichung: 1993 bis 1999
US-Premiere: 3. Januar 1993
Deutscher Titel: Star Trek: Deep Space Nine
Deutsche Premiere: 28. Januar 1994 auf Sat.1
Staffeln: 7
Episodenzahl: 176
Titelmusik: Dennis McCarthy
Hauptdarsteller: Avery Brooks (Benjamin Sisko), Rene Auberjonois (Odo), Nana Visitor (Kira Nerys), Alexander Siddig (Julian Bashir), Armin Shimerman (Quark), Cirroc Lofton (Jake Sisko), Colm Meaney (Miles O'Brien), Terry Farrell (Jadzia Dax), Michael Dorn (Worf), Nicole de Boer (Ezri Dax) u. a.

DIE MACHER

ALLES NUR GEKLAUT?

Star Trek: Deep Space Nine war die insgesamt vierte Serie aus dem Kosmos des Gene Roddenberry (sofern wir, wie mittlerweile anerkannt und üblich, die erste Zeichentrickserie mit in die Rechnung einbeziehen). Vor allem aber war sie die erste, die nicht unter Mitwirkung des Erfinders von *Star Trek* und sogar erst nach dessen Tod entstand.

Roddenberry selbst war unsicher, ob eine Serie ohne den Faktor der Erforschung des Weltalls würde funktionieren können. Auch hatte er sich von frühen Ideen aus dem Jahre 1991 nur wenig begeistert gezeigt.

Die Legende besagt allerdings, dass Rick Berman den Segen des ehemaligen Chefs kurz vor dessen Tod noch erhalten habe. Wer von Roddenberry ein recht genaues Bild hat, dürfte sich mit ein bisschen Phantasie diesen Segen jedoch ganz gut ausmalen können. Roddenberry wusste in seinen letzten Jahren sehr genau, dass er keinerlei Einfluss auf das Geschehen mehr hatte. Sein Erbe lag in den Händen von Rick Berman und dessen Schicksal wiederum in jenen der Bosse bei Paramount. Im Gegensatz zu Roddenberry war Berman zudem immer ein untadeliger Angestellter gewesen: folgsam, strukturiert, bürokratisch. So wird Roddenberry seinem Ziehsohn sicherlich etwas Ähnliches gesagt haben wie: »Ihr macht doch eh, was ihr wollt. Sieh zu, dass du mein *Star Trek* nicht ruinierst, Rick.« Diese Ansicht vertrat übrigens auch Roddenberrys Ehefrau. Doch genug des Segens.

Rick Berman vernahm im Jahr 1991 den Wunsch seiner Vorgesetzten nach einer weiteren Serie im Trek-Universum. Der Legende nach kam ihm und Michael Piller die Idee einer Raumstation als Mittelpunkt des Geschehens zwar bereits vorher, Initiator war allerdings letztlich Brandon Tartikoff.

Doch wie war dieser als unkreativer Schlipsträger verschriene Mann hinter den Kulissen auf eine derart außergewöhnliche Idee gekommen? Dazu muss man die Geschichte unter einem anderen Gesichtspunkt betrachten. Im Jahr 1989 kam ein Mann zu Paramount, der eine Idee für eine Science-Fiction-Serie präsentierte. Er hatte die Serienbibel, Figurenbeschreibungen, Vorschläge zur Umsetzung, das Pilotskript und eine grobe Beschreibung von 22 Episoden bei sich. Sein Name: J. Michael Straczynski. Der Ort seiner Handlung: Babylon 5.

Nun möchte ich weder klingen wie unser geschätzter Freund Fox Mulder, noch bin ich darauf aus, eine groß angelegte Verschwörung aufzudecken. Fakt ist jedoch: Paramount sah sich die Ideen Straczynskis an, lehnte aber dankend ab. Nachdem Konkurrent Warner dann Jahre später die Serie *Babylon 5* ankündigte, kam Paramount zwei Wochen später mit der Presseerklärung zu *Star Trek: Deep Space Nine* um die Ecke. Und auf einmal hatte die Welt zwei parallele Science-Fiction-Serien, die auf Raumstationen spielten. Zufälle gibt's!

Man muss wissen: Straczynski selbst hätte vermutlich allen Grund zum Toben gehabt, ist mit der ganzen Angelegenheit die meiste Zeit allerdings sehr entspannt umgegangen, was von einigen Fans als Beleg angesehen wurde, dass seine Darstellung nicht stimmen könne. Er selbst bezeichnete sein Verhalten jedoch immer als den Versuch, erwachsen mit der Situation umzugehen und beiden Formaten nicht unnötig zu schaden. Für ihn war stets klar:

Die Entwicklung der neuen Trek-Serie wurde von Personen hinter den Kulissen in eine bestimmte Richtung gelenkt, die man fraglos auf seine Ausarbeitung zurückführen konnte, möglicherweise eben in Form eines kleinen Denkanstoßes von Brandon Tartikoff. Rick Berman und Michael Piller gab er hingegen nie die Schuld.

Doch wie hat es sich denn nun laut Schilderung der an *Star Trek: Deep Space Nine* Beteiligten abgespielt?

Tartikoff, so heißt es, wollte zunächst eine Serie machen, die in der Wüste von Bajor in einem schwer bewachten Außenposten gespielt hätte. Die damit verbundenen, ständigen Dreharbeiten im Freien waren finanziell aber nicht realisierbar, weswegen man eine Variante erdachte, die den Einsatz von Soundstages auf dem Paramount-Gelände ermöglichte. Vielleicht hatte Tartikoff sich absichtlich vom Konzept des J. Michael Straczynski entfernen wollen, sah sich unter den Gegebenheiten dann allerdings doch wieder gezwungen, zurückzurudern? Nun sind wir aber – wie bereits erwähnt – weder bei *The X-Files* noch bei *Galileo Mystery,* und am Ende des Tages handelt es sich hier zwar um eine spannende Geschichte, relevant ist sie heute allerdings nicht mehr. Beide Serien hatten ihre Zeit, beide sind Fanlieblinge geworden und existieren bis heute wunderbar nebeneinander. Auf *Babylon 5* werde ich übrigens später noch intensiver eingehen.

Ob nun mit ein wenig Hilfe, einem kleinen Stups in die richtige Richtung oder eben doch basierend auf dem eigenen Mist: *Star Trek* erfand sich ein weiteres Mal neu, ließ das Setting Raumschiff (vorerst) außen vor und verlegte sich auf einen Handlungsort, der gerade in erzählerischer Hinsicht gänzlich andere Anforderungen mit sich brachte als die Vorgängerformate. Jedoch boten sich auch unendlich viele neue Möglichkeiten.

Was passierte mit den eroberten Gebieten? Was trieb die Föderation am Rande ihres Raums? Wie ging man unter Druck mit anderen Kulturen um? Wie begegnete man Religionen und Krisen zwischen den Völkern? Und wie würde eine buntgemischte Multikulti-Crew auf einem Außenposten harmonieren, den man eigentlich nur verwaltete und welcher der Föderation nicht einmal gehörte?

Die Fragen waren gestellt worden. Aber würden die Verantwortlichen die Möglichkeiten nun auch nutzen können?

START & SCHAUSPIELER
MUT, FAMILIE, EXOTIK

Wie schon in den 1960er-Jahren sowie Ende der 1980er-Jahre standen die Produzenten erneut vor der Aufgabe, einen gänzlich neuen Cast zusammenzustellen. Und so spannend dieser Vorgang ein jedes Mal und bei jeder Serie dieser Welt ist, gestaltete sich der Prozess bei *Star Trek: Deep Space Nine* doch noch eine Spur abenteuerlicher als in beiden Fällen zuvor. Ihr glaubt mir nicht? Dann sage ich euch, dass im extremsten Fall von der Stammbesetzung Sisko, Jake, Kira, Odo, Dax, Bashir, O'Brien und Quark es lediglich Jake Sisko und O'Brien auch wirklich in den Hauptcast geschafft hätten, den wir kennen und lieben gelernt haben. Bei Benjamin Sisko, Bashir, Odo, Dax und Quark hätten wir um ein Haar andere Darsteller bekommen, die Figur der Dax schaffte es erst im zweiten Anlauf in die Serie, und Kira wäre fast jemand völlig anderes geworden. Dieser Umstand hat definitiv einen genaueren Blick verdient.

Eine spannende Personalie betraf seit der frühesten Planung der Serie die des Commanders der Station. Mal heißt es heutzutage, Berman und Piller hätten sich von Beginn an auf einen farbigen Captain festgelegt, dann wieder, dass Paramount Angst hatte, dieses Einbahnstraßendenken würde zu einem nicht optimalen Castingprozess führen. Es gab sogar die Befürchtung seitens Paramount, dass man durch die Festlegung auf einen farbigen Hauptdarsteller zu voreingenommen sein könnte und nicht erkennen würde, wenn ein Weißer eventuell viel besser für die Rolle geeignet war. Ira Steven Behr erinnert sich noch heute sehr gut daran, dass von den ersten Gesprächen mit Michael Piller an immer ein farbiger Commander von den Machern vorgesehen war. Die Frage, wie dann ein Weißer besser für die Rolle eines Farbigen hätte geeignet sein können, überlasse ich an dieser Stelle allerdings lieber klügeren Köpfen.

Avery Brooks erzählt übrigens ebenfalls noch heute gerne, wie absurd er die immer wiederkehrende Frage findet, wie es für ihn damals gewesen sei, als erster Darsteller einen farbigen Captain zu spielen. Und recht hat er – schließlich musste er ja nicht wirklich farbig *spielen*, oder?

Dennoch: Einer anderen Version der Geschichte zufolge sah Rick Berman zum Beispiel Alexander Siddig (der zu Beginn noch als Siddig El Fadil genannt wurde) als König Feisal in *A*

Dangerous Man: Lawrence After Arabia. Kurz gesagt: Berman war beeindruckt und wollte Siddig zunächst als Commander in der Show. Als er jedoch realisierte, dass Siddig noch viel zu jung für den Part war, gab er ihm die Rolle des Dr. Julian Bashir, der vorher noch Dr. Julian Amoros geheißen hatte. Paramount war jedoch auch damit nicht zufrieden, da man Siddig für das schwächste Glied im Cast und Bashir für eine überflüssige und unsympathische Figur hielt. Dass Berman hier standhaft blieb, ist ihm definitiv positiv anzurechnen.

Doch war Siddig nicht der einzige, den man als potenzielle Hauptfigur der Serie näher unter die Lupe nahm. Auch *Doctor-Who*-Darsteller Peter Capaldi beteiligte sich damals am Vorsprechen, Anthony Head aus *Buffy – The Vampire Slayer* ebenso. Bei den verschiedenen Castings und Gerüchten kann es somit eigentlich nur darum gegangen sein, nichts dem Zufall zu überlassen und nicht vorschnell etwas auszuschließen. Oder der kluge Berman wollte schlicht Paramount zufriedenstellen, um am Ende seine Wunschlösung durchzusetzen. Diese hieß Avery Brooks, der im TV-Bereich schon nachhaltig auf sich aufmerksam gemacht hatte. In der Serie *Spenser: For Hire* hatte er den bei den Fans sehr beliebten Hawk gespielt – allerdings mit Glatze und Bart. Für seine Rolle in *Star Trek: Deep Space Nine* hatte man aber zunächst eine solidere Außendarstellung im Sinn und verdonnerte Brooks zu dem aus den ersten Staffeln bekannten Look mit Haaren und ohne markantes Bärtchen. Bezüglich der Glatze liegt der Grund wohl auf der Hand: Wahrscheinlich wollte man einfach keinen farbigen Picard, so plump dieses Denken auch sein mag.

Der Commander sollte allerdings nicht ohne Familie auf die Station ziehen müssen. Die Autoren zeichneten ihn als Witwer, der bei der Schlacht von Wolf 359 (bekannt aus *The Best of Both Worlds* der Serie *Star Trek: The Next Generation*) seine geliebte Frau verloren hatte und seitdem die Erziehung seines Sohnes Jake alleine bewerkstelligen musste. Für die Figur des Jake Sisko wählte man den damals fünfzehnjährigen Cirroc Lofton aus, der bis dahin nur in kleineren Rollen aktiv gewesen war und hier nun seine erste große Chance erhielt.

Als Chefingenieur präsentierte die Serie eine Figur, die man von langer Hand bei *Star Trek: The Next Generation* aufgebaut hatte: Chief Miles O'Brien, der mit dem Posten auf DS9 einen neuen Rang erhielt und seine Ehefrau Keiko (Rosalind Chao) und Tochter Molly (Hanna Hatae) gleich mitbrachte. Ein toller

Schachzug der Macher und mehr als verdient für Meaney, der stets aus der Riege der Nebendarsteller herausgestochen war. Neben dem alleinerziehenden Vater Sisko (sowie später auch mit den Ferengi Rom und Nog) erhielt man auf diese Weise auch gleich noch ein anderes Familienmodell, das man beleuchten konnte.

Als bajoranische Hauptfigur wollte man zunächst einen weiteren Charakter aus *The Next Generation* herüberholen: Ro Laren. Michelle Forbes war jedoch nur wenig begeistert davon, sich für mehrere Jahre an eine Serie zu binden, und verzichtete. Dadurch entstand die Figur der Kira Nerys, die letztlich im Kontext der Rahmenhandlung auch viel sinnvoller erschien. Die einstige Widerstandskämpferin mit der herben Note wurde mit Nana Visitor besetzt, die von der ersten Episode an einen bleibenden Eindruck hinterließ und ein Stützpfeiler der Serie wurde.

Als Sicherheitschef hatte man sich einen Clou überlegt, der für Konfliktpotential und Exotik sorgen sollte. *Terminator 2* hatte gezeigt, wie stark die CGI-Technik in Sachen Morphing bereits gekommen war, und die Macher wollten diesen Umstand für sich nutzen. So erschufen sie mit Odo einen Gestaltwandler, der seine Herkunft nicht kannte und schon während der Belagerung durch die Cardassianer den Posten auf DS9 (beziehungsweise Terok Nor, wie die Station bis zur Übernahme durch die Föderation hieß) innehatte. René Auberjonois wurde schließlich als Darsteller ausgewählt.

Einen engen Zweikampf lieferte er sich aber bis zum Ende mit Andrew J. Robinson, der schlussendlich den Kürzeren zog, im Nachgang aber eine andere wunderbare Rolle auf den Leib geschrieben bekam, die bereits in der ersten Staffel auftauchen sollte und von da an im Grunde nicht mehr wegzudenken war, nämlich die des cardassianischen Schneiders Elim Garak.

Als Wissenschaftsoffizier hatte man zunächst eine Frau im Hinterkopf, die von einer Welt mit geringer Schwerkraft kommen sollte. Diese wäre auf der Station und bei der Arbeit an einen Rollstuhl gefesselt gewesen und hätte sich nur in ihrem Quartier und im Weltraum frei bewegen können. Das spannende Konzept war den Machern letztlich aber zu kostspielig, weswegen man einen konventionelleren Weg einschlug und sich diese Idee für einen späteren Gastauftritt in der Episode *Melora* aufsparte.

Auf diese Weise kam dann allerdings eine andere Figur ins Spiel: Jadzia Dax. Bei dieser handelte es sich um eine Trill, deren Spezies die Fans bereits aus *Star Trek: The Next Generation* kannten. Die junge und wunderschöne Frau präsentierte uns neckische Flecke, die an beiden Seiten ihres Kopfes und am Hals zu sehen waren und schließlich unter der Kleidung verschwanden. Davon abgesehen war nichts außerirdisch an ihr. Doch einen Moment mal?! Irgendetwas stimmt hier doch nicht! In der Episode *The Host* aus *Star Trek: The Next Generation* lernten wir Odan kennen, seines Zeichens Sonderbotschafter der Trill. Dieser Odan hatte keine Flecke, dafür jedoch eine typische Trek-Huckelstirn. In der Episode, die 2367 spielte, erfuhren wir zum Beispiel auch, dass es in der Föderation sogar unter Experten und Wissenschaftlern nicht bekannt war, dass die Trill teilweise symbiotisch existierten. Im Fall von Odan war der Symbiont aber sogar sehr eindeutig erkennbar gewesen. Während der Episode musste kurzzeitig Riker als Wirt aushelfen, ehe man den Symbionten Odan später in seinen neuen Wirt Kareel verpflanzte. Bei diesem handelte es sich um eine Frau, die ebenfalls keine Flecke besaß und besagte Huckelstirn zeigte.

Warum also veränderte man elementare Eigenschaften der just eingeführten Spezies so drastisch? Nun, man muss in diesem Kontext wissen, dass das Ganze eine Vorgeschichte hatte, man letztlich den Studiobossen nachgab und immer wieder das Make-up anpasste, weil man die Schönheit der Schauspielerin nicht unnötig verstecken wollten. Michael Piller und sein Team hatten verschiedene außerirdische Spezies für die Figur in Betracht gezogen, dann aber die Trill favorisiert und ursprünglich auch nur wenig an den Vorgaben aus *Star Trek: The Next Generation* ändern wollen. Es wurden sogar bereits Szenen für den Pilotfilm mit dem bekannten Make-up gedreht, die allerdings bei den Studiobossen durchfielen. Ein Ultimatum später hatte Jadzia Dax ihre Flecke und keinerlei andere Merkmale mehr. Als nicht ganz ernst gemeinte Erklärung gilt heute, dass es verschieden aussehende Trill gibt, je nachdem, aus welcher Ecke des Planeten sie kommen. Das ist nicht besonders spannend, aber wer mag schon widersprechen?

Gespielt wurde Dax am Ende von Terry Farrell, obwohl eigentlich Famke Janssen der Part angeboten wurde. Diese war jedoch genau wie Michelle Forbes nicht an einem langfristigen Serienengagement interessiert und lehnte ab. Mit Farrell hatte man aber zweifellos eine gute Wahl getroffen, auch wenn sie in den frühen Staffeln oft noch ein wenig blass wirkte. Terry Farrell kam übrigens als letzte an Bord. Michael Westmore machte aus dem Make-up-Prozess mit Farrell eine Kunstform. Er nummerierte alle Punkte, die er der Darstellerin immer persönlich auf den Leib malte, und war schließlich bei 479 angekommen, als Jadzia Dax aus der Serie geschrieben wurde.

Damit war man in Sachen Kreativität und Mut allerdings längst noch nicht am Ende angekommen. Berman und Piller wollten unbedingt die Ferengi in die Serie bringen, obwohl diese in *Star Trek: The Next Generation* nie wirklich zu überzeugen gewusst hatten. Dass es dabei essentiell war, einen möglichst perfekten Darsteller für den Besitzer der Bar und des Glücksspieletablissements zu finden, versteht sich von selbst. Fündig wurde man in Armin Shimerman, der auf diverse Filmrollen sowie Auftritte in Serien zurückblicken konnte, den meisten jedoch sicherlich durch seine Mitwirkung an sechzehn Episoden als Pascal in *Beauty and the Beast* in Erinnerung geblieben sein dürfte.

Bei Quark passierte nebenbei bemerkt das Gleiche wie bei Odo. Max Grodénchik war nur knapp daran gescheitert, die Rolle des Barbesitzers zu bekommen. Ihm wurde dann aber die Figur des Bruders Rom angeboten, die zunächst nicht viel Potential versprach, später allerdings erfreulicherweise ebenfalls ein Fanliebling wurde. Quark sah man dann im Pilotfilm im Übrigen nicht mit seiner korrekten (späteren) Nase, sondern mit der, die man für die Figur seines Bruders angefertigt hatte. Die Nase für Quark war schlicht nicht rechtzeitig fertig geworden. Als Sohn von Rom holte man Aron Eisenberg an Bord, dessen spaßige und herzliche Beziehung zu Siskos Sohn Jake bereits im Pilotfilm begann.

Eine wichtige Nebenfigur, die auch schon im Pilotfilm auftauchte, war die des Gul Dukat, der Terok Nor während der Belagerung mit harter und sadistischer Hand geführt hatte. Marc Alaimo verkörperte diesen Fiesling von der ersten Sekunde an mit hintergründiger Boshaftigkeit und einer Prise Humor.

Ebenfalls direkt im Pilotfilm zeigte man die spirituelle Anführerin der Bajoraner, Kai Opaka. Die Figur hatte man zunächst als Mann geschrieben, der das Pagh seiner Gegenüber per Fußmassage erspürt hätte. Hierin lag dem Vernehmen nach sogar ein durchaus gewollter sexueller Subtext. Als man jedoch Camille Saviola gecastet hatte, entfiel jeglicher Subtext, und man verlegte sich von den Füßen auf die Ohren. Quark wird's gefreut haben. Vielleicht hat man ihn deswegen so oft in der Nähe des Tempels gesehen? »Könnten Sie nicht noch mal mein Pagh überprüfen, bitte …? Haben Sie eigentlich auch Ordensschwestern …?«

In der Bibel zu DS9 gab es aber eigentlich noch einen weiteren wichtigen Nebenakteur, der es letztlich nur zu einem wiederkehrenden Gast schaffte. So wollte man Lwaxana Troi alias Majel Barrett-Roddenberry mindestens auf einer Stufe mit Jake und Nog behandeln. Dass sie Odo Avancen machen würde, war in diesem Konzept bereits als Kernpunkt eingeplant.

Was Darsteller und Charaktere anging, war man also bestens aufgestellt gewesen – wenn der Prozess auch viele Veränderungen mit sich gebracht hatte. Das Erzeugen einer gewissen Vielfalt war ohne Frage gelungen, und nebenbei hatte man noch etwas anderes erreicht: Die Regel des Gene Roddenberry, dass Konflikte innerhalb der Sternenflottencrew nicht auftreten sollten, wurde durch einen simplen Kniff umgangen. Odo, Quark, Garak, Dukat, Rom, Nog und sogar Kira gehörten gar nicht zur Sternenflotte und konnten somit jederzeit für externe Krisenherde sorgen. Clever!

DIE WELT
MULTIKULTI FÜR EINE NEUE GENERATION

Langsam gab es, was die Besetzung der neuen Serie anbelangte, natürlich keine wirklichen Wagnisse mehr. *Star Trek* und *Star Trek: The Next Generation* hatten schon in vielen Bereichen eine Vorreiterrolle eingenommen. Man hatte auf der Original-Enterprise einen Asiaten, einen Russen, eine Farbige und einen Außerirdischen an der Seite des Captains agieren lassen und später einen glatzköpfigen Captain gezeigt, der ebenfalls das Mitglied einer einst verfeindeten Spezies auf der Brücke beschäftigte (Worf); zudem war durch starke Figuren wie Crusher, Troi, Yar und Guinan sowie später auch Ro Laren ein deutlich moderneres Frauenbild gezeichnet worden. Einfach eine weitere Crew aus verschiedenen Nationalitäten zusammenzustellen, hätte wohl kaum mehr für Aufsehen gesorgt.

Sicher lag in dieser Erkenntnis einer der Hauptgründe für die doch recht naheliegende Entscheidung, den Commander der Station mit einem farbigen Schauspieler zu besetzen. 1992 hatte ein gewisser Barack Obama im Zuge der Präsidentschaftskampagne von Bill Clinton erstmals von sich reden gemacht. 1996 wurde er in den Senat gewählt. Auch hier kann man fragen: Sprang man auf einen fahrenden Zug auf, oder handelten die Verantwortlichen visionär, als sie 1993 ihren Commander mit einem Farbigen besetzten? Und wie schon im

Jahr 1966 musste man auch 1993 konstatieren: sicherlich war an beiden Sichtweisen etwas dran.

DAS GENRE

MASSE, KLASSE & EIN HARTER KONKURRENT

Große Veränderungen waren in der Welt der phantastischen Stoffe seit dem Start des Vorgängers *Star Trek: The Next Generation* im Jahr 1987 nicht wahrzunehmen gewesen. Durch Serien wie *The X-Files* hatte sich der TV-Zeitgeist jedoch eventuell bereits ein wenig in Richtung düsterer und komplexerer Stoffe gewandelt – oder war zumindest im Begriff dazu. Eine Tendenz, die sicher auch die Macher von *Star Trek: Deep Space Nine* beeinflusst hat. Schon als *Star Trek: The Next Generation* begann, gelang es, eine neue Vielfalt im Bereich der Science-Fiction im Fernsehen zu entwickeln. Durch den großen Erfolg der Serie folgten schnell weitere Versuche, ähnliche Formate möglichst genauso erfolgreich am Markt zu etablieren.

Zu den erfolgreicheren gehörten *SeaQuest DSV*, *Quantum Leap* mit Scott Bakula, dem späteren Captain Archer aus *Star Trek: Enterprise,* und *Babylon 5* von J. Michael Straczynski. Bei letzterer Serie handelte es sich sogar um einen handfesten Streitpunkt zwischen den Fanlagern. Andere Formate wie *TimeTrax* oder *Space Rangers* verschwanden recht schnell und leise wieder in der Versenkung.

Und dann war da – wie bereits erwähnt – im Jahr 1992 auch noch eine gänzlich neue Show auf Sendung gegangen: *The X-Files*. Hier verwob Macher Chris Carter eine Cop-Show mit übernatürlichen Elementen und einer großangelegten Alien-Verschwörung. Die Serie packte den Zeitgeist in jeder Hinsicht bei den Hörnern und entwickelte sich zu einem Massenphänomen.

Irgendwo in diesem Mix aus Qualität sowie neuer Quantität und an der Seite des eigenen starken Schwesterformats seinen Platz zu erobern und zu verteidigen, war Anfang der 1990er-Jahre also wahrlich keine allzu leichte Aufgabe mehr.

DAS FRANCHISE

STILLSTAND IST DER TOD?

Trotz der verschärften Konkurrenzsituation hatte es keinen besseren Zeitpunkt für den Versuch geben können, eine zweite Fernsehserie aus dem Roddenberry-Universum am Markt zu positionieren. Die Einschaltquoten von *Star Trek: The Next*

Generation lagen auf einem konstant hohen Level, mit *Star Trek Generations* war die Staffelübergabe im Kino längst beschlossene Sache, und auf Seiten der Medien und Fans schien der Hype noch lange nicht am Limit angekommen zu sein. Somit blieb für die Produzenten nur noch die Frage zu klären, welchen Weg man diesmal wählen würde: eine weitere Serie im Stil dessen zu produzieren, was bereits so wunderbar funktionierte, oder einen komplett anderen Ansatz zu verfolgen.

Ob die erste Variante bezüglich der Quoten besser funktioniert hätte, kann heute ohnehin niemand mehr sagen – qualitativ wurde aber fraglos die richtige Entscheidung getroffen. Für *Star Trek* in der Gesamtheit hat diese dritte Realserie eine ganz neue Welt ausgelotet – und das Universum in jederlei Hinsicht bereichert. Dass es danach mit erneuten Raumschiff-Shows quotenmäßig nicht mehr besser wurde, spricht eventuell zusätzlich Bände. Ein Problem hat *Star Trek: Deep Space Nine* nämlich ganz sicher nie gehabt: Die Qualität.

DAS FANDOM

GEHT'S VORAN, BLEIBT ALLES ANDERS

Dennoch entzündeten sich am neuen Ansatz innerhalb des Fandoms direkt die Gemüter. Die Fans waren es gewohnt, mit der Crew an fremde Orte zu reisen, fremde Welten und fremde Zivilisationen zu besuchen und zu erforschen. Für viele war es somit eine zu drastische Abkehr von dem, was Roddenberry sich in den 1960er-Jahren ausgedacht hatte.

So wurde das Argument des fehlenden Elements der Bewegung fast zum Sinnbild für den Zustand des Fandoms und der Reihe an sich. Die Macher hatten sich entschlossen, das Format zu entschleunigen und sich mit den Konsequenzen des Handelns ihrer Figuren auseinanderzusetzen. Dass man dabei auf ein Raumschiff verzichtete, war nur logisch. Dennoch fehlte dadurch natürlich auch eine Zutat, die in den anderen Serien für ständige Abwechslung gesorgt und den Forschergeist in vielerlei Hinsicht immer wieder neu befeuert hatte.

Kritik an einer neuen Serie gehörte allerdings seit dem Start von *Star Trek: The Next Generation* zum guten Ton. Die Argumente wurden durch dieses Vorgehen jedoch mehr als löffelfertig serviert, und der Weg, den harten Kern dieser Kritiker zu bekehren, gestaltete sich mitunter sehr steinig.

DIE SERIE

ANOMALIE ODER GENIESTREICH? BEIDES!

Star Trek: Deep Space Nine startete am 3. Januar 1993 mit dem Pilotfilm *Der Abgesandte/Emissary* in die erste Staffel und lief damit parallel zur sechsten Staffel der mehr als erfolgreichen Crew um Captain Picard, Riker und Data.

Wie auch später *Star Trek: Voyager* hatte die Serie ganz im Gegensatz zum Vorgänger von Beginn an mit konstant schwindenden Zuschauerzahlen zu kämpfen. Diese pendelten sich gegen Ende zwar auf einem gewissen Level ein, von einer extrem erfolgreichen Laufzeit kann jedoch keine Rede sein. Zu hoch waren die Maßstäbe, die die Crew der Enterprise D zuvor gesetzt hatte.

Man darf dabei aber zwei Punkte nicht vergessen: Der Syndication-Markt war inzwischen vollkommen überlaufen und die Konkurrenz immens angewachsen. *Star Trek: The Next Generation* profitierte stark von der aufgebauten Reputation und Pioniertätigkeit. *Star Trek: Deep Space Nine* musste sich mit einem kleineren Teil vom großen Kuchen zufriedengeben. Auch bewarb man seitens Paramount ab 1995 die nachfolgende Serie *Star Trek: Voyager* sehr stark und vernachlässigte das schwarze Schaf des Franchises im Zuge dessen ein wenig.

Größeren Zuschauerzuspruch fanden über die Jahre neben dem Pilotfilm insbesondere der Besuch von Thomas Riker in der Episode *Defiant* (es handelte sich hier um einen in der TNG-Episode *Second Chances* erzeugten »Doppelgänger« von Commander William T. Riker) aus der dritten Staffel, Worfs Ankunft in *The Way of the Warrior* zu Beginn der vierten Staffel, *Trials and Tribble-Ations* in der fünften Staffel und das Serienfinale *What You Leave Behind.* Insgesamt verlor die Serie allerdings über die sieben Jahre hinweg im Schnitt zwei Drittel ihrer Zuschauer.

Aus Quotensicht konnte man dem direkten Vorgänger also nicht das Wasser reichen. Dabei ist *Star Trek: Deep Space Nine* bis heute die außergewöhnlichste Inkarnation der Reihe. Ausgefeilte Stammcharaktere, hervorragende Darsteller, ineinandergreifende Handlungsstränge und viele herausragende Gastdarsteller machten das Geschehen auf der abgelegenen Raumstation, die plötzlich so sehr in den Fokus verschiedener Interessen rückte, zu jeder Zeit sehenswert.

Auch die vielen persönlichen und familiären Verwicklungen, die beizeiten an typische Soap-Operas erinnerten (was ich hier jedoch auf keinen Fall negativ verstanden wissen möchte), machten Star Treks dunklen Bruder zu einer gänzlich anderen Erfahrung. Aus der erwähnten Andersartigkeit ergab sich aber wahrscheinlich auch das größte Problem: Alle, die an die klinische Reinheit von *Star Trek: The Next Generation* gewöhnt waren, werden mit dem dreckigen Charme auf DS9 vielleicht wenig anzufangen gewusst haben. Dafür wurden allerdings sicher andere Zuschauerkreise erschlossen, die vorher Trek unter Umständen wenig Beachtung entgegengebracht hatten.

Der in späteren Jahren immer mehr ins Zentrum gerückte Krieg gegen das Dominion könnte Zuschauer vergrault haben, die lieber das freundliche und zuversichtliche Weltbild des Gene Roddenberry wieder und wieder erleben wollten. Hier nahm man sich seitens der Produzenten und Autoren die Freiheit heraus, einen anderen Weg zu gehen, realistischer auf das Grauen eines Krieges einzugehen und vor allem die Protagonisten nicht vor den Folgen ihrer Handlungen zu beschützen. In gewisser Weise handelte es sich dabei nur um eine konsequente Weiterführung der ohnehin vorhandenen Ideen innerhalb der Reihe. So hatte es im Trek-Universum bekanntermaßen vorher ebenfalls immer wieder Kriege und Konflikte gegeben. Jedoch: Es ging explizit und vordergründig stets um die Menschen, ihre Gefühle, Bedürfnisse und Sorgen, und das war in dieser Serie so spürbar wie in keiner anderen.

Die Macher von *Star Trek* hatten mit dieser Serie aber auch eindeutig ein Zugeständnis gemacht: Die Utopie der Vorgängerserien war nicht mehr das, was man als zeitgemäß betrachtete. Der Zeitgeist verlangte nach komplexen Figuren, weniger Schwarz-Weiß und mehr Grautönen.

Auch wurden horizontal erzählte Geschichten immer gefragter. All das bediente die Serie unter der Federführung von Ira Steven Behr ab Mitte der dritten Staffel. Rick Berman wandte sich irgendwann *Star Trek: Voyager* zu und zog sich mehr und mehr auf seinen gemütlichen Sessel auf dem Paramount-Gelände zurück. Man ließ Behr Freiheiten, da die bröckelnden Quoten dem Boss des Franchises Erzählungen zufolge auf den Magen geschlagen und ihm die Freude an den Weltraumabenteuern geraubt hatten. Vielleicht zog er sich allerdings auch einfach lieber rechtzeitig vom sinkenden Schiff zurück, solange er noch konnte?

Behr zumindest nutzte seine Freiheiten, wodurch man seine Rolle definitiv ganz unterschiedlich beurteilen kann: Entweder hat er die Ideale von *Star Trek* verraten oder schlicht und ergreifend um neue Facetten ergänzt. Wie so oft ist die Antwort eindeutig zweideutig: Beides ist in gewisser Weise richtig. Behr hatte eine klare Vision, setzte diese auch intern durch, sorgte somit für eine Erneuerung und hielt dennoch immer das hoch, was *Star Trek* ausmachte. Denn so kompliziert, tragisch, melancholisch oder brutal es auch wurde: Seine Figuren waren im Kern doch immer noch aufrechte Sternenflottenoffiziere, die versuchten, das Richtige zu tun. Courage under fire.

George Takei gehörte zu den ehemaligen Trek-Stars, die die Serie als das genaue Gegenteil der Vision Roddenberrys bezeichneten. Doch widersprach ihm D. C. Fontana in diesem Punkt vehement, da sie wegen Roddenberrys Vergangenheit als Veteran des Zweiten Weltkrieges der Ansicht war, dass dieser die Serie bestimmt verstanden und zu schätzen gewusst hätte. Ihr sprang auch Bjo Trimble zur Seite. Sie wies darauf hin, dass der Altmeister hauptsächlich wegen fehlender Gelder und Problemen in Sachen Umsetzbarkeit bestimmter, ihm wichtiger Dinge auf Raumschlachten verzichtet hatte. Er wusste jedoch immer genau, was das Publikum sehen wollte, und hätte diesen Aspekt an *Star Trek: Deep Space Nine* sicher gemocht.

Schaut man sich die folgenden beiden klassischen Trek-Serien an, ist *Star Trek: Deep Space Nine* aber tatsächlich die Anomalie, als die sie viele bezeichnen. Im Guten wie im Schlechten? Primär eindeutig im Guten. Die Serie hat sieben Jahre wunderbare Unterhaltung mit einem sensationellen Cast und einer komplexen Dramaturgie verwoben und das Ganze schließlich sogar adäquat und mitreißend aufgelöst – wenn auch sicher nicht perfekt.

Dass die Serie angesichts der Andersartigkeit und der Einschaltquoten keine Chance haben würde, im Kino verwertet zu werden, war früh klar. Dieser Sachverhalt machte das runde, wenngleich offene Ende allerdings in der Summe eigentlich nur prägnanter.

Für mich bleibt der siebenjährige Ausflug ans Wurmloch das Beste, was das klassische *Star Trek* zwischen 1966 und 2005 hervorgebracht hat.

Mein erster Kontakt mit »Star Trek: Deep Space Nine« geschah via VHS-Kassetten, die jemand aus den USA herübergeschmuggelt hatte, lange vor der deutschen Erstausstrahlung. Mir gefiel dieser neue, vielschichtige Sternentrek vom Fleck weg, auch wenn vor allem Staffel eins rückblickend noch einiges zu verbessern hatte. DS9 war die letzte Trek-Produktion, die mich vorbehaltlos begeistern konnte; mit vielem, was danach auf die Mattscheiben und Leinwände kam und kommt, hatte ich mitunter so meine Schwierigkeiten.

Als hätten es die Propheten so bestimmt, durfte ich zwanzig Jahre später die die TV-Serie fortsetzenden Romane ins Deutsche übersetzen. Über dreißig dieser Bücher gehen – dank Chefredakteur Markus Rohde, der sie auf meinen Schreibtisch beamte – im Deutschen auf meine Kappe, von zahlreichen Zeitschriften, Artikeln und sogar Brettspielen zu Gene Roddenberrys großer Utopie ganz zu schweigen. Ich durfte Autoren interviewen, Conventionauftritte moderieren, sogar für StarTrek.com als Autor aktiv werden. All das, weil ich Roddenberrys Schöpfung liebte und das Franchise mir wieder und wieder sein Vertrauen schenkte. Den zwanzigsten Geburtstag Deep Space Nine*s verbrachte ich folgerichtig mit der Arbeit an David Macks äußerst gelungenem Roman* Kriegspfad, *also einer DS9-Übersetzung. Die haben's eben drauf, diese Propheten ...*

Fan bin ich aber natürlich stets geblieben. Entsprechend viele Highlights bringt meine Arbeit daher mit sich. In S.D. Perrys grandiosem DS9-Roman »Einheit« wird zum Beispiel – Vorsicht: Spoiler! – Bajors Föderationseintritt beschrieben. Als ich die Übersetzung dieses Kapitels fertiggestellt hatte, begriff ich erst so richtig, welchem bedeutenden Stück Franchise-Historie ich da gerade den deutschen »Ton« hatte schenken dürfen.

In solchen Momenten schlägt der Fan in mir dem Literaturübersetzer lachend auf die Schulter und ist selig.

Christian Humberg
(Autor von »Star Trek: Prometheus« und »TREKminds«)

STAFFEL 1
(1993)
GROSSE PLÄNE, LANGE WEILE

Erdacht wurde die Serie offiziell von Rick Berman und Michael Piller. Letzterer leitete auch zu Beginn den Writers Room und war somit Showrunner. Diesen Posten hatte er schon bei *Star Trek: The Next Generation* erfolgreich bekleidet. Zum Autorenstab des ersten Jahres gehörten neben ihm ebenfalls D. C. Fontana, Peter Allan Fields, Robert Hewitt Wolfe, Hannah Louise Shearer, Sam Rolfe und Joe Menosky, die – wie er – allesamt bereits für die Vorgängerserie gearbeitet hatten.

Zu diesem illustren Kreis zählte auch Morgan Gendel, der für *The Inner Light/Das zweite Leben* aus *Star Trek: The Next Generation* verantwortlich gezeichnet hatte und hier nun die Vorlage zu *The Passenger/Der Parasit* lieferte. Darüber hinaus war Ira Steven Behr mit von der Partie und kehrte somit nach einer kurzen Auszeit zu *Star Trek* zurück. Er arbeitete an den Drehbüchern zu *The Nagus/Die Nachfolge* und *The Storyteller/ Die Legende von Dal'Rok* mit und lieferte einen Teil der Geschichte zu *Babel*. Mit vielen weiteren Freelancern und Newcomern hatte man einen zugegebenermaßen unübersichtlichen Autorenstab beisammen, der die neue Serie auf den Weg bringen sollte.

Die Titelmelodie ging auf Dennis McCarthy zurück, der erfreulicherweise seine vielleicht beste Arbeit an *Star Trek* ablieferte. Oft war er eher mit der bei Rick Berman beliebten Fahrstuhlmusik aufgefallen, die man am besten gar nicht bemerken sollte. Sein Score zu *Star Trek: Deep Space Nine* besaß nun allerdings durchaus Goldsmith-Züge und etablierte die Atmosphäre der Serie sehr schön. Bei den Regisseuren griff man wie auch in Sachen Autoren auf viele etablierte Kräfte wie David Carson, Winrich Kolbe, Corey Allen, David Livingston, Les Landau oder Cliff Bole zurück. Schauspieler waren an dieser Front im ersten Jahr noch nicht zu finden.

Mit einer etwas verkürzten Staffel von nur 20 Episoden startete man mit diesem Personal ins erste Jahr der Serie, das ungewöhnlicherweise komplett im Kalenderjahr 1993 im US-TV lief.

Den Pilotfilm *Emissary/Der Abgesandte* schrieben Rick Berman und Michael Piller gemeinsam – so etwas war eben Chefsache. Für Berman jedoch handelte es sich für eine Weile auch um die letzte Episode, an der er aktiv mitschrieb. Erst in der zweiten Staffel kehrte er noch einmal für die Doppelfolge *The Maquis/Der Maquis* zurück und setzte damit dann auch einen Schlusspunkt hinter seine Zeit als Autor an der Serie. *Der Abgesandte* etablierte komplexe Figuren in einem ungastlichen Setting und unterschied sich damit elementar von der parallel laufenden Serie um Captain Jean-Luc Picard. Auch wenn die Dramaturgie in der zweiten Hälfte des Pilotfilms unnötigerweise vermehrt auf Action setzte und dadurch ein wenig die Tiefe der ersten Dreiviertelstunde vermissen ließ, beeindruckte das Gesamtwerk durch einen mutigen, frischen Ansatz.

In einer virtuosen Mischung aus Charakterzeichnung, atmosphärischem Setting und verschiedenen Brandherden etablierte sich *Star Trek: Deep Space Nine* bereits hier als vollkommen eigenständige Kreation innerhalb des Trek-Franchises. Auch nach über 20 Jahren ist dieser Auftakt noch ein großes Vergnügen, das nur durch die etwas schwächere zweite Hälfte etwas ausgebremst wird. Dennoch handelt es sich hierbei ganz klar um den besten, weil mutigsten, frischesten und ambitioniertesten Pilotfilm aller *Star Trek*-Serien.

Der Start war also gelungen, wenngleich man es sich mit der schwermütigen und verkopften Handlung rund um Verlust, Trauer, nicht lineare Wesen und all die Konflikte untereinander nicht leicht gemacht hatte, die Herzen des Publikums im Sturm zu erobern. In der Folgezeit weichte man diese Konflikte zwar etwas auf und brachte auch viel Humor und erste Verbrüderungen und Verschwesterungen in die Serie ein, es plätscherte dadurch aber auch ein wenig vor sich hin.

Fast 18 Millionen Zuschauer waren beim Pilotfilm dabei – ein großartiges Ergebnis. Eine Episode später allerdings war bereits gut ein Viertel dieser Menschen wieder verloren gegangen, Mitte der Staffel sogar schon rund ein Drittel. Bei der letzten Episode der ersten Staffel schauten nur noch knapp 8 Millionen Menschen zu – ein wirklich herber Verlust im Vergleich zum Pilotfilm! Der Durchschnitt der gesamten Staffel lag mit 10,5 Millionen jedoch immerhin noch eine Ecke höher und somit im zweistelligen Bereich. Zum Vergleich: *Star Trek: The Next Generation* beendete ihre sechste Staffel mit knapp 11 Millionen Zuschauern und einem Schnitt, der in einem ähnlichen Bereich lag. Konstanz war dort immer vorhanden gewesen, bei *Star Trek: Deep Space Nine* schien sich diese Geschichte nicht zu wiederholen.

Duet/Der undurchschaubare Marritza war die erste Episode, die – leider erst kurz vor dem Ende der Staffel – wirklich elektrisieren konnte. Sie erzählte eine wendungsreiche Geschichte über Schuld und Sühne und porträtierte eine facettenreiche Figur, deren Motive lange im Unklaren blieben. Wer auf einfachste Art und Weise erfahren möchte, was es denn nun ist, das *Star Trek* von den meisten anderen SF-Serien unterscheidet, hat hier die einmalige Gelegenheit, es am eigenen Leib zu erleben. Es ist dieses gewisse Etwas, das unser geliebtes Franchise auf eine ganz andere Ebene hebt. Diese Art von TV-Unterhaltung wird für mich immer der prägende Aspekt aller Trek-Serie bleiben. Kompliment! *Duet* war dann auch die ultimative Episode der ersten Staffel, die man einfach nicht verpassen durfte. Großes Drama, starke Dialoge und bedeutsame Themen, verpackt in eine anspruchsvolle und lehrreiche Geschichtsstunde voller glaubwürdiger Charaktere und Motivationen – *Star Trek as good as it gets*.

Doch gab es neben diesen beiden Einträgen noch weitere sehenswerte Momente. *Captive Pursuit/Tosk, der Gejagte* hatte nicht nur den wunderbaren Tosk präsentiert, sondern auch früh die Andersartigkeit des Lebens hinter dem Wurmloch thematisiert. *Progress* mit Gaststar Brian Keith war die ruhige, fast meditative Studie eines prinzipientreuen und auch starrsinnigen Mannes, der nicht bereit war, seinen Lebensstil für die Allgemeinheit zu opfern, und ließ zudem Kira alias Nana Visitor glänzen. Das Staffelfinale *In the Hands of the Prophets/Blasphemie* zeigte ebenfalls die Stärken der Serie sowie der Figuren und konzentrierte sich ausschließlich auf das interne Drama.

Ein breites Mittelfeld von brauchbaren Episoden wie *Past Prologue/Die Khon-Ma*, *Vortex/Der Steinwandler*, *Battle Lines/ Die Prophezeiung* oder *The Forsaken/Persönlichkeiten* mit *Lwaxana Troi* führt dann aber auch in die Abgründe. Zu den schwächsten Momenten gehören eindeutig das alberne *Babel*, der unnötige Auftritt von Q und Vash in *Q-Less/Q - unerwünscht*, das wenig glaubwürdige Spielsetting aus *Move Along Home/Chula - das Spiel*, die abgedrehte Traumepisode *If Wishes Were Horses/ Macht der Phantasie* und das unglaubwürdige Meuterei-Setting aus *Dramatis Personae/Meuterei*. Eine ganze Menge faules Holz.

Insgesamt gelang es der ersten Staffel aber, die Figuren ausgewogen zu präsentieren und das Setting an der Oberfläche anzukratzen. Große Sprünge in Sachen Kreativität waren allerdings noch Mangelware, was vermutlich einige Zuschauer kostete.

Früh eingeführt wurden im ersten Jahr die wichtigen Nebenfiguren Nog und Gul Dukat (in *Der Abgesandte*) sowie der schweigsame Morn (ebenfalls im Pilotfilm), Elim Garak (in *Die Khon-Ma*), der Große Nagus Zek (in *Die Nachfolge*), Lwaxana Troi (in *Persönlichkeiten*) und schließlich Vedek Winn, die erstmals in *Blasphemie* auftauchte und direkt für Ärger sorgte. Schauspielerin Louise Fletcher war dabei eine ganz wunderbare Wahl für die Rolle und brachte – ganz im Gegensatz zu Camille Saviola als Kai Opaka – keinerlei Wärme, dafür jedoch ganz viel Unberechenbarkeit in die Serie. Auch Rom war im Pilotfilm schon zu sehen, hatte zu diesem Zeitpunkt aber noch keinen Namen. Richtig eingeführt wurde er erst in der Episode *A Man Alone/Unter Verdacht*.

Bei Quarks liebstem Gast Morn ist noch interessant zu erwähnen, dass Schauspieler Mark Allen Shepherd zunächst nur von einer einmaligen Sache ausgegangen war. Die aufwändige Maske landete allerdings auf verschiedenen Titelseiten, weshalb man sich seitens der Produzenten dazu entschloss, die Figur zu behalten und als stummen Gast (dem immer das Wort abgeschnitten wird) an die Bar zu setzen oder über die Promenade schlendern zu lassen.

Für die zweite Staffel galt es also, den Schwund bei den Zuschauern zu stoppen sowie vielleicht etwas weniger zu schlendern und stattdessen lieber etwas fokussierter zu erzählen.

Kriegsverbrechen? Wie kann es Kriegsverbrechen geben, wenn überhaupt kein Krieg herrscht? Oh, ich kann Ihren Wunsch verstehen, dass wir Krieg gehabt hätten. Die Sucht, die Sie haben, der pathetischen Fantasie nachzugeben, dass bajoranische Soldaten eine ehrenvolle Niederlage erleiden. Aber wir wissen beide, dass es gar keinen Krieg gegeben hat, keine Ehre. Bajor hat resigniert und sich ergeben.

Gul Darhe'el (Der undurchschaubare Marritza)

STAFFEL 2
(1993/1994)
SPIEL'S NOCH EINMAL, SAM

Um den Auftakt ins zweite Jahr möglichst erfolgreich zu gestalten, trafen die Macher eine kreative, wenn auch gewagte Entscheidung. Man schrieb einen Dreiteiler (den ersten in der Geschichte von *Star Trek*) und fokussierte sich dabei auf die politische Situation zwischen Bajor und Cardassia sowie auf religiöse Implikationen. Das Experiment glückte und zeigte, wie reichhaltig die Welt von *Star Trek: Deep Space Nine* sein konnte. Ob es im Hinblick auf Massentauglichkeit grundsätzlich jedoch die richtige Entscheidung war, ist langfristig nur schwer zu bewerten. Kurzfristig stiegen die Einschaltquoten aber zumindest wieder etwas an und kratzten an der 10-Millionen-Marke. Am besten sah es für *Homecoming/Die Heimkehr* und *Melora/Das Melora-Problem* aus, die beide knapp 9 Millionen Fans fanden. *The Collaborator/Die Wahl des Kai* hingegen stand gegen Ende der Staffel mit nur rund 6 Millionen Zuschauern relativ einsam da. Dennoch hielt die Staffel ihre positiven Werte weitestgehend und man pendelte sich zum Schluss bei circa 8 Millionen Fans ein, die die 26 Episoden im Schnitt verfolgten. Somit hatte man zumindest exakt das gehalten, was man zum Ende des ersten Jahres erreicht hatte. Zudem wurde Avery Brooks alias Benjamin Sisko mit seiner starken Arbeit an *Tribunal/Das Tribunal* der erste Darsteller der Serie, der auf dem Regiestuhl Platz nahm.

Interessant war, dass man zusätzlich zum Auftaktdreiteiler mit *The Maquis/Der Maquis* noch einen weiteren Zweiteiler innerhalb der Staffel präsentierte, der die gleichnamige Organisation (und somit ein weiteres politisches Element) in den Mittelpunkt des Geschehens rückte.

Was die Darsteller der Serie anging, änderte sich im Vergleich zum ersten Jahr nichts. Bemerkenswert war allerdings, dass man mit Melora Pazlar eine Figur als Gast zur Serie brachte, die ursprünglich sogar für die Stammbesetzung angedacht gewesen war. Es handelte sich hierbei um eine Frau aus einer Welt mit geringer Schwerkraft, die auf der Station an einen Rollstuhl gefesselt war.

Inhaltlich geriet die Staffel durchaus abwechslungsreich, wenn man auch immer noch sehr der Vorlage von *Star Trek: The Next*

Generation folgte und sich die eigene Identität der Serie nur langsam herausschälte. Man reiste in die Vergangenheit der Station (*Necessary Evil/Die Ermittlung*), rückte die Ferengi, die Trill, die Cardassianer und natürlich auch die Bajoraner in den Mittelpunkt und fand sogar noch Zeit für einen Gastauftritt altbekannter Klingonen in *Blood Oath/Der Blutschwur*. Ebenso ging man erstmals etwas näher auf Odos Volk ein, das gemeinsam mit seinem Schöpfer Dr. Mora Pol ins Gespräch gebracht wurde (*The Alternate/Metamorphosen*). Erwähnenswert war noch, dass man mit *Crossover/Die andere Seite* eine mehr als gelungene Episode im Spiegeluniversum lieferte, die ganz nebenbei – wie auch die erwähnte Klingonenepisode – einen erfreulichen Bezug zur Originalserie herstellte und viel Spaß machte.

Zum Finale wurde es dann sogar noch einmal richtig dramatisch, als Sisko, Jake, Nog und Quark in *The Jem'Hadar/Der Plan des Dominion* erstmals auf einen neuen Feind trafen, der für die weitere Serie von großer Wichtigkeit, sogar von entscheidender Bedeutung sein sollte. Überhaupt wurde das Fundament für den Konflikt mit den Gründern bereits in dieser Staffel gelegt – ein Umstand, der oft übersehen wird.

Zu den besten Episoden des zweiten Jahres zählt aber ohne Frage die nähere Beschäftigung mit der Figur des einfachen Schneiders Garak, der in Wirklichkeit so viel mehr war als ein unbedeutender Handwerker. *The Wire/Das Implantat* war ein energiegeladenes Kammerspiel mit zwei spielfreudigen Darstellern, die ihr kompliziertes Verhältnis charmant-herzlich hinterfragten und ausspielten. Die Episode funktionierte dabei sowohl als Garak- wie auch als Bashir-Vehikel. Eine faszinierende kleine Studie zweier meiner absoluten Lieblingscharaktere!

Weitere Highlights waren *Cardassians/Die Konspiration*, *Armageddon Game/Das Harvester-Desaster*, *Whispers/O'Briens Identität*, *Shadowplay/Die Illusion* und *Das Tribunal*. Der Rest reihte sich im gehobenen Mittelfeld ein. Die einzigen wirklichen Ausreißer nach unten waren *Invasive Procedures/Der Symbiont* und *Playing God/Der Trill-Kandidat* – richtig schlecht wurde es jedoch auch mit diesen Episoden nicht.

Die zweite Staffel kann man in der Rückschau als klare Verbesserung zum ersten Jahr bezeichnen. Der Weg, die Stärken der Serie zu finden und in den Fokus zu rücken, wurde hier begonnen und lässt sich mit dem Wissen späterer Ereignisse sogar noch besser genießen als beim ersten Anschauen.

Ich bin Angehöriger der Föderation, Sternenflotte, seitdem ich erwachsen bin. Niemand hat meine Loyalität in Frage gestellt. Niemand hatte in meinem ganzen Leben irgendwann Grund zu der Frage: »Miles O'Brien, sind Sie ein Krimineller?« Ich habe einen Eid geleistet, die Föderation zu verteidigen und das, wofür sie steht. Und ich bestehle sie nicht und ich belüge sie nicht. Ich bin kein Engel, aber ich versuche es jeden Tag, aus meinem Leben das Beste zu machen, was möglich ist. Ich will, dass meine Tochter am Morgen aufwacht und zu mir aufblickt und einen Mann sieht, den sie respektiert. Bisher konnte sie das.

Miles O'Brien (Das Tribunal)

STAFFEL 3
(1994/1995)
UND SO BEGANN ES

Für viele Fans begann erst mit dem dritten Jahr der unaufhaltsame qualitative Zugewinn der Serie, wenn wir auch im letzten Kapitel festgestellt haben, dass das Fundament schon zuvor gelegt worden war. Das Gesicht dieser erfreulichen Entwicklung war in jedem Fall Ira Steven Behr, der hinter den Kulissen einen kometenhaften Aufstieg vom Autor bis hin zur Übernahme des Showrunner-Postens hinlegte, den er dann auch bis zum Ende der Serie behalten und mit Leidenschaft ausfüllen sollte. Behr war es, der elementare Veränderungen in der Dramaturgie vornahm, der den Fokus auf die Brandherde der Serie lenkte und es verstand, die Figurenprofile zu schärfen.

Erneut startete man die Staffel mit einem Mehrteiler, in diesem Fall mit *The Search/Die Suche*, einem Zweiteiler, der uns gemeinsam mit der Crew auf die Suche nach Odos Volk schickte.

Doch auch mit *Past Tense/Gefangen in der Vergangenheit* und dem Zweiteiler aus *Improbable Cause/Der geheimnisvolle Garak, Teil I* und *The Die is Cast/Der geheimnisvolle Garak, Teil II* zementierte man den Ansatz, die Geschichten zukünftig epischer erzählen zu wollen. Dabei war das bei *Star Trek: Deep Space Nine* im Grunde gar nicht nötig. Die Episoden bauten ohnehin oft aufeinander auf und spielten mit vielen Handlungselementen, die immer wieder hervorgeholt und ausgebaut wurden.

In der Episode *Defiant* leistete nicht nur Jonathan Frakes einen Gastauftritt ab (der sich aber anders gestaltete als zunächst angenommen und einen cleveren Schachzug darstellte, da es sich um den Klon des bekannten William T. Riker handelte), man holte mit der Defiant überdies noch ein kleines, wendiges Kampfschiff zur Serie, das die Fangruppen zufriedenstellte, denen das Element des Vorankommens bei der Serie bisher immer gefehlt hatte. Ein Zugeständnis und auf lange Sicht betrachtet auch keine ganz schlechte Idee.

Jonathan Frakes führte übrigens bei *Die Suche, Teil II* sowie *Meridian* und *Gefangen in der Vergangenheit, Teil II* ebenfalls Regie. Avery Brooks durfte bei *The Abandoned/Der Ausgesetzte*, *Fascination/Das Festival* und *Der geheimnisvolle Garak, Teil I* auf dem großen Stuhl Platz nehmen, und mit René Auberjonois fand sich sogar noch ein zweiter Schauspieler aus der Besetzung der Serie dort wieder. Er zeichnete für *Prophet Motive/Das Motiv der Propheten* und *Family Business/Familienangelegenheiten* verantwortlich.

Zum Ende der Staffel verpasste man Avery Brooks schließlich noch seinen bereits von der Figur des Hawk aus *Spenser: For Hire* bekannten und sehr markanten Bart. Ira Steven Behr hatte in dieser Angelegenheit viel Überzeugungsarbeit bei Rick Berman leisten müssen, bei Brooks selbst lief er hingegen offene Türen ein, da dieser ohnehin am liebsten oben ohne und bärtig auftrat und sich die Haare nur für die Rolle des Sisko hatte wachsen lassen müssen.

Da wir gerade bei Brooks und Sisko sind: Ihm gehörte gemeinsam mit Alexander Siddig alias Dr. Bashir die beste Episode der Staffel, die gleichzeitig als eine der besten Episoden der gesamten Trek-Geschichte gilt: *Gefangen in der Vergangenheit.* In dieser zeigte man uns eine Zukunft, die schon damals kaum mehr abwegig schien: Die Menschen hatten aufgehört, sich dafür zu interessieren, was vor ihren Haustüren passierte. Sie hatten aufgehört, hinzuschauen und zumindest den Versuch zu unternehmen, zu helfen. Die Politiker hatten ihrer Ohnmacht freien Lauf gelassen und sind den simpelsten Weg gegangen. Sie sperrten erstmal alle weg, die nicht ins Bild passten. Sie brachten erstmal alle irgendwohin, wo sie niemanden störten. Erbärmlich, tragisch und unfassbar traurig. Allein diese

Betrachtung gesellschaftlicher Missstände hätte schon für die Bestwertung gereicht. Dabei war *Gefangen in der Vergangenheit* sicherlich gar kein typisches DS9, dafür aber reinstes *Star Trek*. Die Episode hielt unserer verkorksten Gesellschaft den Spiegel vor und ermahnte uns, die Probleme anzugehen und zu benennen, statt sie zu verdrängen und zu verstecken. Ein spannender, nachdenklicher, toll gespielter und sogar humorvoller Ausflug in eine barbarische Zeit. Leider die unsere.

Weitere Höhepunkte des dritten Jahres waren *Second Skin/ Die zweite Haut* (bei der Kira erleben durfte, wie es ist, Cardassianerin zu sein), *Visionary/Der Visionär*, *Through the Looking Glass/Durch den Spiegel* (mit einem weiteren Trip ins Spiegeluniverum), *Explorers/Die Erforscher* (eine wunderbare Vater-Sohn-Entdecker-Story um die Siskos) und das rasante Staffelfinale *The Adversary/Der Widersacher*. Mit *Meridian*, *Heart of Stone/Herz aus Stein* und *Das Motiv der Propheten* hatte man zudem erneut nur wenige Versuche dabei, die deutlich schwächer ausfielen.

Die Einschaltquoten hielten sich weiterhin halbwegs stabil. Zweimal schalteten noch fast 9 Millionen Zuschauer ein (bei *Die Suche, Teil I* und *Defiant* mit Jonathan Frakes). Allerdings fiel die Serie auch zehnmal unter die 7-Millionen-Marke und sogar einmal kurz vor Staffelende unter die 6-Millionen-Marke (*Facets/Facetten* erreichte nur rund 5,5 Millionen Zuschauer). Im Durchschnitt schalteten im dritten Jahr knapp über 7 Millionen Fans ein – man hatte also fast eine Million verloren.

Hörte man da jemanden Gegenmaßnahmen einleiten? Absolut. Den richtig großen Knalleffekt hatten sich die Produzenten nämlich für den Auftakt der vierten Staffel aufgehoben …

Leuten Schmerzen zuzufügen, weil man sie hasst, ist furchtbar. Aber diese Menschen leiden zu lassen, weil man vergessen hat, wie man hilft, das ist wirklich unverständlich.

Dr. Julian Bashir (Gefangen in der Vergangenheit, Teil I)

STAFFEL 4
(1995/1996)
AUF NEUEN WEGEN

Star Trek: The Next Generation war inzwischen beendet worden, die Crew ins Kino gewechselt. Somit ergab sich die Möglichkeit, im Cast der beliebten Schwesterserie zu wildern und das eigene Format somit ein wenig in den Fokus anderer Fangruppen zu rücken. Man entschied sich, die Klingonenthematik der Serie weiter auszubauen und mit Michael Dorn alias Worf eine von den Fans durchweg geschätzte Figur an Bord zu holen. Für Dorn bedeutete dies, dass er nach sieben Jahren auf der USS Enterprise noch vier weitere Jahre in das Make-up des Klingonen schlüpfen durfte.

Avery Brooks trug ab dieser Staffel zusätzlich zu seinem bereits bekannten Bart übrigens nun auch oben ohne und wurde somit endgültig zum Hawk von DS9. Der Look unterstrich die Bissigkeit seiner Figur, etwas, das Brooks zwar immer auch schon vorher gespielt hatte, das nun jedoch in einer Art von Wechselwirkung definitiv stärker zum Vorschein kam.

Bei den Autoren feierte das Duo aus David Weddle und Bradley Thompson sein Debüt mit der Geschichte zur Episode *Rules of Engagement/Das Gefecht*. In Sachen Regie waren neben den üblichen Verdächtigen auch wieder viele Darsteller mit von der Partie. Avery Brooks zeichnete für *Rejoined/Wiedervereinigt* (mit dem ersten Kuss zwischen zwei Frauen in *Star Trek*) und *Body Parts/Quarks Schicksal* verantwortlich, René Auberjonois für *Hippocratic Oath/Der hippokratische Eid* und *The Quickening/Hoffnung*. Hinzu kam ein weiterer alter Bekannter von der USS Enterprise: LeVar Burton alias Geordi LaForge legte dabei gleich ein straffes Tempo vor und lieferte *Indiscretion/Indiskretion*, *The Sword of Kahless/Das Schwert des Kahless*, *Bar Association/Der Streik*, *Das Gefecht* und *To the Death/Die Abtrünnigen*. Eine reife Leistung für seine Debütstaffel bei der Serie.

An Highlights war die vierte Staffel wahrlich nicht arm. Bereits zum Auftakt sorgte der von Ira Steven Behr und Robert Hewitt Wolfe geschriebene Zweiteiler, der Worfs Einstand thematisierte, für Gänsehaut und Hochspannung. James L. Conway führte zudem meisterhaft Regie und beleuchtete die bekannten Sets auf eine bisher nicht gekannte Weise. Nicht so glücklich war ich hingegen mit dem überarbeiteten Titelthema des Vorspanns.

Man versuchte, die neue Dramatik der Serie auch musikalisch abzubilden, und unterlegte das klassische Stück mit einem wummernden Beat, der aber irgendwie nicht ganz dem Tempo des Stücks zu folgen schien. Gemeinsam mit der gelungenen neuen visuellen Umsetzung, die eine geschäftigere Station zeigte, war das Denken der Macher zwar klar ersichtlich, die Umsetzung allerdings suboptimal.

Für viele Fans war *The Way of the Warrior/Der Weg des Kriegers* eine Art Weckruf für die Serie, andere empfanden den hohen Action-Anteil als Verrat an Gene Roddenberrys Idealen – was meiner Ansicht nach allerdings nicht zutrifft. Man spitzte die vorhandenen Konflikte nur zu und straffte die Dramaturgie. Für einen Event-Zweiteiler wie diesen war das eine Vorgehensweise, die man ebenfalls schon bei *Star Trek: The Next Generation* zu sehen bekommen hatte. *Der Weg des Kriegers* war großformatig und episch, fühlte sich eher wie ein Kinofilm an, erzählte eine spannende und wendungsreiche Geschichte mit alten und neuen Freunden und Feinden, bediente sich zudem eines beliebten Charakters des Franchises und bot nicht nur Witz und Rasanz, sondern auch stille Momente tiefer Einblicke in das Seelenleben der Protagonisten. Besser konnte man eine Staffel nicht beginnen, besser konnte man eine Serie nicht aufmotzen, besser konnte man Veränderungen nicht präsentieren. Ein klarer Gewinner und wichtiger Meilenstein innerhalb der Serienentwicklung.

Doch gelang kurz nach dem Auftakt auch noch ein sehr intimer und figurenbezogener Instant-Klassiker, der die besonders enge Beziehung zwischen Captain Sisko und seinem Sohn Jake in den Fokus rückte. Selten ging mir eine Episode so nahe wie *The Visitor/Der Besuch* aus der Feder von Autor Michael Taylor.

Schon mit 20 Jahren fand ich die Episode zum Heulen traurig. Heute, als Vater, ist sie fast gar nicht mehr zu ertragen. Das Band, das Jake mit seinem Vater verband, erinnerte in seiner Intensität an dessen eigene tragische Verbindung zu seiner verstorbenen Frau und zeichnete ein emotionales Bild von solcher Wucht, dass man das Gefühl bekam, dass ein Story-Reset-Button nie willkommener und nötiger war als hier. Große Emotionen, weise Worte, eine dichte Atmosphäre und eine schauspielerische Glanzleistung von Tony Todd in der Rolle des alten Jake führten in der Summe zu einer der feinsten Stunden der Trek-Historie. Unbezahlbar!

Also ich bin kein Schriftsteller, aber wäre ich einer, dann würde ich ab und zu das Verlangen verspüren, mich ein wenig umzusehen, damit ich weiß, was außerhalb meines Lebens noch so vor sich geht. Denn man verpasst es, wenn man die Augen nicht offen hält, Jake.

Benjamin Sisko (Der Besuch)

Der Krisenherd namens Dominion erfuhr ebenfalls eine würdige Fortführung in einem Zweiteiler und brachte unbändige Paranoia auf die eigentlich so friedliche Erde. In *Homefront/ Die Front* und *Paradise Lost/Das verlorene Paradies* von Behr, Wolfe und Ronald D. Moore finden sich nebenbei auch viele Parallelen zu unserer heutigen von Terror, Schläfern und ständiger Bedrohung geprägten Welt.

Was *Der Weg des Kriegers* für die Behandlung der Klingonen war, bot dieser Doppelpack für den Konflikt mit den Gründern. Die Erde wurde zum Schauplatz von Angst und Unsicherheit, die vorher noch schemenhafte Bedrohung zog in das tägliche Leben der Menschen ein. Dank einer straffen Handlung und kantigen Charakteren ein ganz außergewöhnlicher DS9-Moment, der heute sogar noch relevanter ist, als es damals absehbar war.

Mit einer zweiten eher ruhigen und nachdenklichen Episode fand die Staffel dann noch ein weiteres spätes Highlight – *Hoffnung* von Naren Shankar war ein wunderbares Vehikel für Dr. Bashir und erzählte dabei eine so einfache wie universelle Geschichte. Dabei war sie auch eine eher kleine und unscheinbare Episode, die den oft humorvollen Doktor von einer sehr ernsten und verletzlichen Seite zeigte, sensibel mit den aufgeworfenen Fragen umging und am Ende keinen leichten Ausweg durch fortschrittliche Technik präsentierte, sondern uns – wie die Protagonisten – mit vielen Fragen und Unklarheiten, jedoch auch einer Spur Hoffnung zurückließ. *Star Trek* in Reinkultur.

Auf diesem Level mithalten konnten höchstens noch die wunderbar schräge Bond-Hommage *Our Man Bashir/Unser Mann Bashir*, die jährliche Folterepisode für O'Brien namens *Hard Time/Strafzyklen*, der erneute Ausflug ins Spiegeluniversum in *Shattered Mirror/Der zerbrochene Spiegel* sowie das Staffelfinale *Broken Link/Das Urteil*. Nicht so erfolgreich war man mit *Accession/Die Übernahme*, der Jake-Episode *The Muse/ Die Muse* (an der keine Geringere als Majel Barrett-Roddenberry mitgeschrieben hatte) und *Quarks Schicksal*.

Die Einschaltquoten brachen rätselhafterweise im vierten Jahr aber deutlicher ein als zuvor. Dabei hatte man doch eigentlich mit den Veränderungen die Verluste stoppen wollen und sogar eine beliebte Figur aus *Star Trek: The Next Generation* zur Serie geholt! Zum Auftakt funktionierte diese Rechnung auch noch. Man holte mit *Der Weg des Kriegers* stolze 8,2 Millionen Fans vor die TV-Geräte, was eine Steigerung von mehr als einer Million bedeutete. Direkt danach fiel man jedoch auf nur noch 6,7 Millionen Fans. Bis zur sechzehnten Episode der Staffel konnte man diesen Level dann noch halten. Danach gingen mehr und mehr Fans verloren, und mit *Quarks Schicksal* erreichte man kurz vor Ende des Jahres noch einen neuen Tiefststand: unter 5 Millionen Zuschauer waren als enttäuschend zu bezeichnen. In der Summe reichten die Werte immerhin noch für fast 6 Millionen Zuschauer im Schnitt. Trotz größter Bemühungen und einer wirklich außergewöhnlich starken Staffel hatte man also erneut mehr als eine Million Zuschauer eingebüßt. Schade.

Die neue Konkurrenz durch *Star Trek: Voyager* wird sicherlich ein Faktor gewesen sein – ebenso wie die oft angesprochene Übersättigung des Marktes. Qualitative Aspekte hingegen dürften wie erwähnt nicht ursächlich gewesen sein. Die vierte Staffel von *Star Trek: Deep Space Nine* gehört mit zum Besten, was das Franchise jemals hervorgebracht hat.

Denken Sie über das, was Sie tun, nach. Wenn Sie sich jetzt gegen mich wenden, dann werden Sie, solange ich lebe, nirgendwo mehr im Klingonischen Reich willkommen sein. Ihre Familie wird aus dem Hohen Rat entfernt und ihr Land enteignet. Sie werden danach nichts mehr besitzen, ich schwöre es. Nicht einen Titel!

Gowron (Der Weg des Kriegers)

STAFFEL 5
(1996/1997)
VON TRIBBLES & KLINGONEN

Das vierte Jahr der Serie hatte aus allen Rohren gefeuert und einen qualitativen Level vorgelegt, den es nun zu halten oder gar zu überbieten galt. Wir alle wissen: So etwas funktioniert in den seltensten Fällen. *Star Trek: Deep Space Nine* hatte sich mit einer wirklich bombastischen Staffel in einen wahren Rausch gespielt. Von diesem Punkt an konnte es eigentlich nur noch abwärts gehen. Deshalb lag die größte Leistung der Verantwortlichen rückblickend darin, dass im fünften Jahr nur eine dezente qualitative Verschlechterung eintrat.

Bei den Autoren gab es einen spannenden Neuzugang, der jedoch nach diesem Jahr auch schon wieder weg sein sollte und dann nur noch für die Schwesterserie im Deltaquadranten schrieb: Bryan Fuller. Dieser lieferte die Geschichten für *The Darkness and the Light/Dunkelheit und Licht* und *Empok Nor*.

In Sachen Regie durften erneut auch die Schauspieler der verschiedenen Serien zum Zuge kommen. Aus dem eigenen Hause war wie schon in den Jahren zuvor Avery Brooks mit *Ties of Blood and Water/Die Überwindung* dabei, René Auberjonois lieferte *Let He Who is Without Sin.../Die Reise nach Risa* und *Ferengi Love Songs/Liebe und Profit*. Hinzu kamen nun aber ebenso noch Alexander Siddig mit *Business as Usual/ Kriegsgeschäfte*, Michael Dorn mit *In the Cards/Die Karte* und sogar Andrew J. Robinson mit *Looking for par'Mach in All the Wrong Places/Gefährliche Liebschaften*. LeVar Burton übernahm diesmal keine fünf Episoden, war allerdings mit *Things Past/Die Schuld* und *Soldiers of the Empire/Martoks Ehre* dennoch gut vertreten.

Bei den Höhepunkten der Staffel sind besonders zwei Vertreter zu nennen, die gegensätzlicher nicht sein könnten. Beim ersten handelte es sich um eine brutal harte Kriegsgeschichte, die zudem auf die ungewöhnlichste Wahl bei den Figuren baute: Jake Sisko. *Nor the Battle to the Strong/Die Schlacht um Ajilon Prime* war die Essenz dessen, was die Serie über die Jahre wurde. Eine realistische, beinharte, zynische und niemals gewaltverherrlichende Abhandlung über den Horror des Krieges. Über Ängste, Verlust, Selbstzweifel, das Erkennen von eigenen Grenzen, jedoch ebenfalls über Moral, Verantwortung und großen Mut. Eben auch den Mut, zu sagen: »Ich kann das nicht!«

Das Drehbuch war tough, die Umsetzung auf den Punkt – wäre die schauspielerische Leistung Loftons nicht nur gut, sondern perfekt gewesen, hätte es für die Höchstwertung gereicht. Dennoch: Eine beispielhaft düstere, dreckige und demoralisierende Episode über ein Thema, das keine andere Behandlung verdiente: Hart, konsequent, zynisch – aber in ihrer Aussage einfach auch absolut wahr. Kudos.

Beim zweiten Highlight handelte es sich um die Würdigung der Originalserie zum 30. Geburtstag. Hierfür suchte man sich die bei Fans äußerst beliebte Episode *The Trouble with Tribbles/Kennen Sie Tribbles*? aus und bastelte eine DS9-Handlung, die bekannte Szenen mit aktueller Technik in den Kontext der später spielenden Serie integrierte. *Forrest Gump* ließ grüßen! Charlie Brill kehrte durch diesen Kniff sogar in seiner Rolle als Arne Darvin zurück. *Immer die Last mit den Tribbles* war eine pure Freude. Die Einbindung der neuen Crew in die Geschichte ihrer Serienvergangenheit machte jederzeit Spaß, die Rahmengeschichte mit den Agenten sorgt für Schmunzeln. Die Serie präsentierte sich hier locker, gelöst und sympathisch und setzte im Bereich Humor Maßstäbe. Technisch gesehen zelebrierte sie zudem ein Highlight, das man sich immer wieder gerne anschaute. Klar ist: Die Serie hat sicherlich viele relevantere Episoden hervorgebracht, aber vermutlich wenige, die mit mehr Herz der Vergangenheit huldigten.

Doch gab es auch noch viele weitere wunderbare Momente. Dazu gehören die zynische Episode *The Ship/Das Schiff*, der erneute Ausflug in die Zeit der Besatzung in *Die Schuld*, der Zweiteiler *In Purgatory's Shadow/Die Schatten der Hölle* und *By Inferno's Light/Im Lichte des Infernos*, der Auftritt von Dr. Lewis Zimmerman (alias Robert Picardo) mit der großen Enthüllung um den beliebten Arzt der Serie in *Dr. Bashir, I Presume?/Dr. Bashirs Geheimnis* sowie drei grandiose Episoden kurz vor Ende der Staffel: *Children of Time/Kinder der Zeit*, *Die Karte* und *Call to Arms/Zu den Waffen!*

Wahrlich, die Staffel hatte einiges zu bieten. Vor allem gelang es den Machern weiterhin, alle Ecken ihres Universums zu bespielen und die unzähligen Figuren sinnvoll einzusetzen. Nicht so gut gelungen waren diesmal die generischen Versuche *The Assignment/*

Die Erpressung, *Kriegsgeschäfte* und *Martoks Ehre*. Besonders schlimm geriet allerdings der Ausflug nach Risa in *Die Reise nach Risa* – ein echter erster Tiefpunkt der zuletzt so verlässlich starken Serie.

Endlich gab es dafür aber gute Neuigkeiten von den Einschaltquoten. Die Serie hielt nämlich fast den Durchschnitt des vierten Jahres und verlor nur rund 400.000 Einschaltwillige: rund 5,4 Millionen Fans waren im Schnitt noch bereit, der Serie zu folgen. Dabei darf man aber freilich nicht vergessen, dass die bereits angesprochene Tribbles-Episode für 7,5 Millionen Zuschauer gesorgt hatte! Der Rest war bescheidener ausgefallen und pendelte sich zwischen 4,4 und 6,8 Millionen Fans ein. Erneut war es die vorletzte Episode der Staffel, die das schwächste Ergebnis einbrachte: *Die Karte*.

Rein inhaltlich hatte man die ganz großen Kanonen ausgepackt und steuerte auf einen furiosen Staffelstart ins sechste Jahr hin ...

Selbst in den dunkelsten Stunden findet man immer noch etwas, das einen zum Lächeln bringt ...

Benjamin Sisko (Die Karte)

STAFFEL 6
(1997/1998)
UND DANN WAR KRIEG

Mit dem Dreiteiler zu Beginn der zweiten Staffel sowie den diversen Zweiteilern hatte *Star Trek: Deep Space Nine* schon immer auf zusammenhängende Geschichten gesetzt. Dass die Serie aber auch unabhängig von dieser Tatsache kaum mehr als episodisch zu bezeichnen war, wussten die meisten Fans nur zu gut. Zu Beginn der sechsten Staffel beschloss man daher, die Rückeroberung der Station direkt als großen Handlungsbogen über sechs Episoden anzulegen. Daraus wurde eine spannende Angelegenheit, deren einziger Nachteil war, dass die Staffel sich danach inhaltlich eine Weile neu sortieren musste.

Bei den Figuren hinterließ natürlich besonders der Tod von Jadzia Dax in der letzten Episode der Staffel einen starken emotionalen Eindruck. Es gibt viele verschiedene Theorien und Ansichten über die Gründe ihres Ausscheidens. Fakt ist, dass alle Verträge nach sechs Jahren ausliefen und Farrell sowie Paramount sich offenbar nicht auf einen Kompromiss bezüglich der Fortführung einigen konnten. Im TV-Geschäft passieren derlei Dinge häufiger, als man denkt, auch wenn es bei *Star Trek* eher zur Seltenheit gehört. Für die Fans (und Worf) war die Entwicklung natürlich im ersten Moment schade, der Qualität der Serie konnte der Umstand allerdings rückblickend nichts anhaben.

Die Rückkehr von Bareil aus dem Spiegeluniversum in *Resurrection/Erkenntnis* war ein nicht sonderlich kreativer und altbekannter Kniff, der Kira aus der Reserve locken sollte. Mit James Darren kam dann jedoch in *His Way/Auf seine Art* schließlich noch eine wichtige Figur für die letzten beiden Jahre an Bord: Vic Fontaine! Der selbstbewusste Holo-Nachtclubsänger mit eigener Suite im Quarks war eine famose Idee der Autoren und brachte Swing, große Gefühle und viel Humor in die Serie.

Erneut waren viele Schauspieler auf dem Regiestuhl aktiv. Vier Mitglieder des DS9-Casts erhielten je eine Episode. Avery Brooks setzte *Far Beyond the Stars/Jenseits der Sterne* um und knackte damit den Jackpot, Michael Dorn hatte mit *Inquisition* ebenfalls Glück, Alexander Siddig zeichnet hingegen für die grausame Travestie *Profit and Lace/Die Beraterin* verantwortlich, und René Auberjonois durfte mit *Waltz/Das Gute und das Böse* ebenfalls eine starke Dreiviertelstunde umsetzen. LeVar Burton schließlich kehrte für *Behind the Lines/Hinter der Linie* und *Erkenntnis* zurück.

Wie in den Vorjahren war die Serie um Höhepunkte nicht verlegen. Mit *Jenseits der Sterne* gelang sogar die vielleicht beste Trek-Episode aller Zeiten. Ira Steven Behr und Hans Beimler adaptierten die Idee von Marc Scott Zicree, der in *Star Trek: The Next Generation* die Prämisse zu *First Contact/Erster Kontakt* beigesteuert hatte, und legten sie in die Hände von Avery Brooks, der das Thema mit Herzblut anging. Heraus kam eine kleine Sensation, die einfach niemanden kaltlassen konnte. *Jenseits der Sterne* ist eine sensationelle Dreiviertelstunde zum Nachdenken, Träumen, Hinterfragen, Schwelgen, Weinen, Lachen, Genießen, Entdecken und Erkennen, was *Star Trek* in der Welt des Fernsehens so großartig macht. Wundervolle Schauspieler in cleveren Szenarien, die etwas über uns, unsere Geschichte und die Welt zu sagen haben – all das noch derart unterhaltsam sowie mit Herz, Hirn und unbändiger Phantasie geschrieben und verpackt, dass man sich wünschte, es würde nie enden. Eine Episode wie ein Kunstwerk.

Unmittelbar nach diesem Meisterwerk folgte eine weitere Episode, die Captain Sisko in den Mittelpunkt rückte – diesmal jedoch nicht in einer Phantasiewelt, sondern mitten in der harten Wirklichkeit des Krieges. An der Seite von Garak musste der Captain lernen, was Prinzipien und Selbstachtung unter höchstem Druck noch wert waren: im Zweifel nämlich gar nichts. *In the Pale Moonlight/In fahlem Mondlicht* sezierte dabei nicht nur den Menschen Benjamin Sisko und den Kommandanten von Deep Space Nine, die Episode zeigte auch auf schmerzhafte Weise, dass es manchmal die unmoralischen, fragwürdigen, illegalen und verachtenswerten Handlungen sind, die im Kampf gegen gnadenlose Feinde den entscheidenden Vorteil bringen können. Jene Handlungen, die niemand auf sein Gewissen laden möchte. An sich handelte es sich dabei um eine deprimierende, unerfreuliche und zutiefst Trek-untypische Erkenntnis. Wie das Drehbuch diese aber präsentierte, wie sie die Integrität der Charaktere zerpflückte und offenlegte und am Ende nur Verlierer zurückließ, machte die Episode dann wieder zum klassischen *Star Trek* und für mich zu einer der besten Episoden aller Serien.

Doch war es mit diesen beiden Über-Highlights natürlich noch nicht getan. Der komplette Sechsteiler zu Beginn der Staffel wusste zu gefallen, die Hochzeitsepisode von Worf und Dax *You Are Cordially Invited.../Klingonische Tradition* machte Spaß, *Das Gute und das Böse* war ein düsteres Vehikel für Sisko und Dukat, *Auf seine Art* zeigte Odo und Kira von einer ganz anderen Seite und führte Vic Fontaine ein, und *The Sound of Her Voice/ Der Klang ihrer Stimme* war eine unaufgeregte und emotionale Abhandlung über Einsamkeit und die Bedeutung von Kontakt und Kommunikation.

Im Mittelfeld tummelten sich diesmal jedoch auch einige schwächelnde Episoden mehr als zuvor, mit *Erkenntnis*, *The Reckoning/ Zeit der Abrechnung*, *Valiant* und der angesprochenen Ferengi-Episode *Die Beraterin* ging man sogar richtig baden. *Deep Space Nine* hielt in der Summe aber ein erstaunlich hohes Niveau.

Die Fans dankten diese hohe Qualität allerdings nicht und ließen den Schnitt der Staffel auf unter 5 Millionen sinken. Ein

Zwischenhoch hatte es mit dem Ende des Sechsteilers zu Beginn der Staffel gegeben, bei der Hochzeit von Worf und Jadzia waren gar über 6 Millionen des Einschaltens willig. Danach ging es jedoch sukzessive in den Keller und ließ die letzten Abenteuer bei nur noch knapp 4 Millionen Fans landen. Die Serie hatte sich also inhaltlich wie qualitativ in Stellung für das letzte Jahr gebracht, auf dem Weg dorthin aber inzwischen auch über drei Viertel der Zuschauer des Pilotfilms verloren.

Ich weiß, ich weiß. Aber vielleicht, nur möglicherweise, ist Benny gar nicht der Träumer, sondern wir. Vielleicht sind wir nichts weiter als Produkte seiner Fantasie. Es wäre doch möglich, dass in diesem Augenblick, irgendwo weit entfernt, jenseits dieser glitzernden Sterne, Benny Russell einen Traum von uns hat.

Benjamin Sisko (Jenseits der Sterne)

STAFFEL 7
(1998/1999)
TRÄNE IM KNOPFLOCH

Wie bereits bei *Star Trek: The Next Generation* war auch den Beteiligten bei *Star Trek: Deep Space Nine* mit dem Start des siebten Jahres klar: Diese Staffel würde die Serie beenden. Der große Unterschied bestand jedoch darin, dass die Crew um Captain Sisko nie eine realistische Chance besaß, danach – oder irgendwann später – ins Kino zu wechseln. Die Einschaltquoten hatten sich zu stark nach unten entwickelt, und das Studio hielt die Serie ohnehin für den düsteren, ungeliebten und kauzigen Onkel des Franchises. Ein Rick Berman, der früh die kreative Kontrolle abgegeben hatte, hätte sich vermutlich auch nie bei seinen Bossen für die Serie eingesetzt.

Die Macher hatten aber auf diese Weise immerhin Planungssicherheit und konnten ihre Vorstellungen umsetzen. Zunächst mussten sie sich allerdings mit einer Umbesetzung befassen. Nach dem Ausscheiden von Terry Farrell in der Rolle der Jadzia Dax lag es natürlich nahe, den Symbionten Dax einfach in einen neuen Wirt zu verpflanzen und somit für eine völlig neue Figurendynamik zu sorgen. Man entschied sich für die sympathische Nicole de Boer, die zukünftig als Ezri Dax auftreten sollte. Die 1970 geborene De Boer hatte man zuvor vor allem im Film *Cube* und kleinen Serienrollen wahrgenommen.

In Sachen Regie wurden nicht mehr ganz so viele Slots mit Schauspielern besetzt. Brooks (*The Dogs of War/In den Wirren des Krieges*), Dorn (*When it Rains.../Ein Unglück kommt selten allein*) und Auberjonois (*Strange Bedfellows/Eine sonderbare Kombination*) waren je einmal im Dienst. LeVar Burton durfte – oder sollte man vielleicht eher sagen musste? – *The Emperor's New Cloak/Die Tarnvorrichtung* umsetzen. Wahrlich kein gelungenes Abschiedsgeschenk für den sympathischen Mann.

Ein erstes großes Ausrufezeichen in qualitativer Hinsicht setzte die Serie im siebten Jahr mit einer beinharten Kriegsepisode, die sogar noch *Die Schlacht um Ajilon Prime* toppte. *The Siege of AR-588/Die Belagerung von AR-588* stammte aus der Feder von Ira Steven Behr und Hans Beimler und gehört auch heute noch zum Eindringlichsten, was *Star Trek* je hervorgebracht hat. Krieg ist brutal, bitter und abscheulich. Wer immer noch glaubte, *Star Trek: Deep Space Nine* würde am Beispiel des Dominionkonflikts Kriegshandlungen verherrlichen und den positiven Ansatz von *Star Trek* konterkarieren, musste sich spätestens hier endlich eines Besseren belehren lassen. Denn auch wenn man seine eigenen Ideale hochhielt, würde es immer wieder andere geben, die sie in Frage stellten und nicht auf friedlicher Basis zur Koexistenz fähig waren, ebensowenig auf der Erde wie in einer potentiellen Zukunft im Weltall. Die Autoren machten uns auf ihre Art bewusst, wie wichtig es war, welche Lehren man daraus zog und wie man mit sich selbst und seiner Umwelt umgehen musste. In dieser Hinsicht war die Serie eben explizit kein Verrat am Franchise, sondern ein Vorbild – im Bereich *Star Trek* und im Bereich TV allgemein.

Für ein sentimentales Figurenporträt eines Nebencharakters blieb derweil aber auch noch Zeit. Die ungewöhnliche Paarung aus Nog und Vic Fontaine stellte sich dabei als Volltreffer heraus und wurde zu einer Fortführung der Ereignisse aus *Die Belagerung von AR-588*, die an die Vorgehensweise aus der beliebten Folge *Family/Familienangelegenheiten* bei *Star*

Trek: The Next Generation erinnerte. Die Episode *It's Only a Papermoon/Leben in der Holosuite* verschafft der Serie damit eine fast schon meditative Studie der Folgen von Kriegsverletzungen und zeigte einen eher spaßigen Charakter verletzlich wie nur selten. Fazit des Ganzen: Manchmal heilt Zeit die Wunden, manchmal hilft ein Wechsel der Perspektive. Am Ende ist das Bewältigen von Schmerz vor allem eines: ganz individuell.

Doch waren das natürlich noch nicht alle Höhepunkte, wobei es gerade im abschließenden Zehnteiler zunehmend schwierig wurde, einzelne Episoden hervorzuheben. Dennoch sollten der gelungene Einführungszweiteiler *Image in the Sand/Das Gesicht im Sand* und *Shadows and Symbols/Schatten und Symbole* erwähnt werden, der nicht nur Ezri Dax präsentierte, sondern auch die Suche nach Wahrheit und Erleuchtung des Benjamin Sisko in seiner Rolle als Abgesandten der Propheten vorantrieb. Mir persönlich gefielen zudem die beiden humorvollen Episoden *Take Me Out to the Holosuite/Wettkampf in der Holosuite* und *Badda-Bing Badda-Bang* sowie das Weyoun-Vehikel *Treachery, Faith and the Great River/Verrat, Glaube und gewaltiger Fluss* und Bashirs Abenteuer mit der Sektion 31 in *Inter Arma Enim Silent Leges/Unter den Waffen schweigen die Gesetze.*

Besonders schwach gerieten hingegen *Covenant/Entscheidung auf Empok Nor* und die letzte Episode aus dem Spiegeluniversum mit dem dezent albernen Titel *The Emperor's New Cloak/Die Tarnvorrichtung.*

Für den Mut, die Geschichte in einem zehnteiligen Arc zu Ende zu führen, darf man den Produzenten und den Entscheidern bei Paramount ebenfalls gerne auch heute noch gratulieren. Zwar wurde längst nicht alles adäquat aufgelöst und behandelt (man denke hier besonders an den Eintritt Bajors in die Föderation), doch gab diese Vorgehensweise der Serie definitiv die Chance auf einen sentimentalen, spannenden Abgesang, der letztlich in weiten Teilen rund wirkte.

Und dann kam das Ende vom Ende, geschrieben von Ira Steven Behr und Hans Beimler. Obwohl man seit Wochen versucht hatte, die ganzen losen Enden parallel in die Hand zu nehmen, gestaltete man die letzten zwei Episoden doch als klassisches Serienfinale, das bereits im Titel *What You Leave Behind/Das, was du zurücklässt* auf bittersüße Entwicklungen hindeutete …

Damit war es dann auch endgültig vorbei. Die Crew der entlegenen Raumstation Deep Space Nine verabschiedete sich nach sieben aufregenden Staffeln mit einer fast schon drastisch zweigeteilten Episode, die zuerst mit Wucht und Tempo durch den Bereich Handlung pflügte, um sich schließlich nahezu meditativ und gefühlsduselig ganz den emotionalen Befindlichkeiten der liebgewonnenen Charaktere zu widmen. Musste man beim ersten Teil noch hier und da dezente Abstriche in Ausarbeitung und Tiefe hinnehmen, kompensierte die Aufarbeitung der Figurendramen aber letztlich alles, was man zuvor hätte kritisieren können. Das Ende der düstersten, aber dennoch im Kern hoffnungsvollsten, weil liebenswertesten, humorvollsten und an Gefühlen und Tiefe reichsten Trek-Serie war nicht zu 100% perfekt, feierte sich allerdings zum Abschied legitimerweise noch einmal selbst und offenbarte dabei ein Gespür für die Bedürfnisse der Fans, das im Genre seinesgleichen sucht.

Bezügliche der erwähnten Abstriche sollte neben dem Versäumnis, Bajor in die Föderation eintreten zu lassen, insbesondere die arg generische Auflösung der Dukat/Winn/Sisko-Problematik genannt werden. Bei der Fülle an Themen konnte man dies jedoch verschmerzen. Schade war ebenfalls, dass man in den Rückblenden Terry Farrell als Jadzia Dax nicht zeigen durfte, was vor allem in Bezug auf Worf keinerlei Sinn ergab. Auch integrierte man dort Szenen wie aus *Unser Mann Bashir*, an die sich nur der geneigte Zuschauer, die Figur allerdings nicht erinnern konnte. Die Emotionalität stimmte, Abzüge in der B-Note mussten die Macher an dieser Stelle jedoch fraglos hinnehmen.

Dafür gelangen die vielen offenen Enden umso prägnanter. Sisko verblieb im Wurmloch, Odo bei seinem Volk, Jake und Kira ließen sie – wie auch die schwangere Kassidy Yates – damit aber auch alleine auf der Station zurück. Die O'Briens verließen DS9 Richtung Erde, Rom wurde Nagus (und hatte Leeta an seiner Seite), Garak kehrte auf ein zerstörtes Cardassia zurück, Worf wurde Botschafter an der Seite Martoks, und vor Bashir und Ezri Dax lag eine gemeinsame Zukunft. Vieles veränderte sich, doch wie Quark es mit seinem letzten Satz – der auch der letzte der Serie wurde – sagte, musste das nicht immer etwas Schlechtes sein.

Es ist, wie ich sagte: Je mehr sich die Dinge ändern, desto mehr, ist das nicht eigenartig, bleiben sie gleich.

Quark (Das, was du zurücklässt, Teil II)

Die Einschaltquoten des letzten Jahres ließen noch einmal etwas nach, man landete letztlich bei rund 4 Millionen. Einzig der abschließende Zweiteiler konnte noch einmal für einen leichten Peak sorgen und holte über eine Million mehr Fans ab. Der Rest der Staffel bewegte sich auf einem fast schon zementierten Niveau. Einziger Ausreißer nach unten war (erneut) die vorletzte Episode *In den Wirren des Krieges*, die nur 3,7 Millionen Zuschauer fand.

Auch wenn *Star Trek: Deep Space Nine* somit zu Lebzeiten vielleicht nicht die Wertschätzung zuteilwurde, die die Serie verdient gehabt hätte, konnte sie seitdem viele neue Fans hinzugewinnen, die sich für die komplexen Figuren, das reichhaltige Setting, den Humor und die Emotionen sowie die realistische und doch immer noch von einer Utopie geprägte Darstellung eines kriegerischen Konfliktes erwärmen konnten.

Mein Herz habe ich an die Serie in jedem Fall verloren. Danke für sieben Staffeln hervorragende Unterhaltung.

Hören Sie, Kleiner. Ich weiß nicht, was Sie da draußen erwartet. Ich kann Ihnen nur sagen, dass Sie die Karten ausspielen müssen, die Ihnen das Leben zugedacht hat. Manchmal gewinnt man, manchmal verliert man. Aber nichtsdestotrotz sind Sie im Spiel.

Vic Fontaine (Leben in der Holosuite)

DIE SYNCHRONISATION
DER SEGEN DER KONSTANZ

Auch für *Star Trek: Deep Space Nine* entstand die Umsetzung ins Deutsche über sieben Jahre bei Arena Synchron Berlin. Für das Dialogbuch und die Dialogregie wählte man Boris Tessmann aus, den viele als Synchronsprecher von Dr. Derek Shepherd (Patrick Dempsey) aus *Grey's Anatomy* und natürlich auch von Dr. Julian Bashir (Alexander Siddig) aus eben *Star Trek: Deep Space Nine* kennen. Dass er auch hinter den Kulissen der Synchronisation in zentraler Rolle tätig war, ist heute immer noch nicht überall bekannt. Schade ist das vor allem deshalb, weil Tessmann seine Sache in beiden Bereichen ausgesprochen gut machte. Die Dynamik vieler Dialoge fing er schon früh wunderbar ein und punktete zudem mit kreativen Ideen. Bei den Stimmen hatte die Serie deutlich mehr Glück als ihr Vorgänger.

Bei den Hauptfiguren wurden einzig der Sprecher von Chief Miles O'Brien (Colm Meaney) in der vierten Staffel sowie der Sprecher des Jake Sisko (Cirroc Lofton) nach der ersten Staffel ausgetauscht, was bei einem Jungen im Stimmbruch allerdings ehrlich gesagt gar nicht weiter auffiel.

Bei O'Brien machte es sich hingegen schon eher bemerkbar. Hatte Jörg Döring den Chief immer etwas flapsig und auch stimmlich jünger wirken lassen, schien sein Nachfolger Roland Hemmo die Figur direkt älter und gesetzter zu machen. Hemmo passte jedoch auch deutlich besser zu Meaney und machte seine Sache nach der Umgewöhnung ebenso ganz fantastisch.

Bei Jake Sisko tauschte man Tobias Müller gegen Julien Haggége aus.

Alle anderen Stammsprecher durften die komplette Serie an Bord bleiben. Jörg Hengstler kam zwar nie an die theatralische Sprechweise des Avery Brooks heran, füllte die Figur allerdings auch im Deutschen mit viel Leben aus. Liane Rudolph vollzog wie auch Kira eine Entwicklung und sprach die zu Beginn sehr zynische und unfreundliche Bajoranerin später zunehmend sanft. Boris Tessmann begann bei Bashir sehr jugendlich und unbedarft, später brachte er jedoch darüber hinaus noch die sich entwickelnde Tiefe in die Rolle ein. Dennoch sollte man Siddig wie auch Brooks besser auch einmal im Original gehört haben.

Den rauchigen René Auberjonois machte Bodo Wolf sehr freundlich und sanft, was aber genauso gut zur Figur passte. Peter Gröger gab einen phantastischen Quark ab. Maja Dürr als Jadzia und Bianca Krahl als Ezri Dax waren immer sympathisch und trugen den Ton ihrer Figuren somit erfreulich gut.

Raimund Krone kehrte nach seiner Zeit als Worf bei *Star Trek: The Next Generation* und in den Filmen auch hier zu seiner Figur zurück und sprach unseren Lieblingsklingonen noch vier Jahre lang.

Erwähnenswert sind noch Friedrich G. Beckhaus, der einen formidablen Garak sprach, sowie der ebenso grandiose Tilo Schmitz als Dukat.

Patrick Stewart erhielt im Pilotfilm die aus *Star Trek: The Next Generation* bereits bekannte zweite Stimme von Ernst Meincke.

Ärgerlich war, dass man Morn, der im Original nie sprach, bei verschiedenen Gelegenheiten Worte in den Mund legte und somit den Gag zerstörte.

Die Synchronisation von *Star Trek: Deep Space Nine* kann man auch heute noch als gelungen bezeichnen, wenngleich man sich angesichts der teils tollen Schauspielerinnen und Schauspieler das Original ebenfalls zumindest einmal anhören sollte.

DIE ANDERE RAUMSTATION
PARALLELEN & UNTERSCHIEDE

Ich hatte es bereits angesprochen: Neben *Deep Space Nine* (1993-1999) lief noch eine zweite Serie zu dieser Zeit im TV, die das Leben auf einer Raumstation in den Fokus nahm und später einen großen Krieg zelebrierte. Ihr Name: *Babylon 5* (1994-1998).

Möchte man sie miteinander vergleichen, finden sich durchaus Ansatzpunkte. Beide Serien handelten von einem großen Krieg gegen einen schier übermächtigen Feind, der sich erst mit den Jahren entwickelte. Bei *Babylon 5* hatte man jedoch vom ersten Moment an in vielen kleinen Momenten die Basis dafür gelegt, während bei den Kollegen dieses Element erst später hinzukam, auch wenn man mit Odo schon von Beginn an die relevante Figur an Bord hatte. Hier machte sich im Vergleich einfach die Vision und bessere Vorausplanung des J. Michael Straczynski bemerkbar.

Ebenso waren bei beiden Serien Religion und Mythologie wichtige Teile des Gesamtbildes. Rein von der Umsetzung her gab es jeweils eine Promenade und Bars sowie Geschäfte, die für ein reges Treiben sorgten. Bei *Babylon 5* kamen jedoch noch Ständeunterschiede dazu, die sich in Armenbereichen auf den unteren Ebenen der Station ausdrückten. Es gab aber auch noch andere elementare Unterschiede. So verlagerte man bei *Babylon 5* das Geschehen bewusst nicht nur in die Nähe der Erde, sondern machte diese sogar zu einem gewichtigen Puzzleteil in der Gesamtgeschichte. Politische Intrigen, Wahlen, ökonomische Überlegungen (Stichwort: Stationsbudget) und andere Nebenkriegsschauplätze machten die Serie zu einer veritablen Zukunftsvision unserer Zeit.

Bei *Star Trek: Deep Space Nine* hingegen ging man – was auch schon der Titel verrät – so weit wie möglich weg von der Erde und konzentrierte sich auf den Konflikt zwischen zwei außerirdischen Spezies (Bajoraner und Cardassianer), die Trek-typisch allerdings natürlich für Entwicklungen aus der Erdvergangenheit Pate standen. Beide Ansätze waren jedoch gleichermaßen wertvoll und wussten auf ihre Art zu begeistern.

Deshalb ist es am Ende gar nicht die Frage, welche Serie besser war oder konsequenter ihre Geschichte erzählt hat. Fakt ist, dass die Science-Fiction-Szene ohne diese beiden Einträge deutlich ärmer wäre. Ich bin froh, dass es sie gibt – so ähnlich und doch unterschiedlich sie eben sind.

NEUER GLANZ
REMASTER ME – NOT.

Es hätte so schön sein können! Man stelle sich die Schönheit der Kulissen, die farbenfrohen Kostüme, die detaillierten Masken sowie die endlosen Kämpfe im Weltraum in den späteren Staffeln in perfektem HD auf einem großen Fernseher oder per Beamer auf der Leinwand vor! Dazu ein tobender, donnernder Soundtrack, der uns in bestem Surround um die Ohren fliegt.

Tja – hätte, hätte, Warpkernkette.

Die Macher bei Paramount waren mit den Verkäufen der BluRay-Boxen von *Star Trek: The Next Generation* nicht zufrieden und hatten zudem im Hinterkopf, dass *Star Trek: Deep Space Nine* sich bereits auf DVD deutlich schwächer verkauft hatte als der direkte Vorgänger. Somit kam man zu einer rein inhaltlich traurigen, ökonomisch aber absolut vulkanischen Entscheidung. Man hörte mit der aufwändigen Umsetzung der klassischen Trek-Serien nach der siebten Staffel um Picard & Co. auf.

Fakt ist: Die Serien nach *Star Trek: The Next Generation* konnten mit deutlich weniger Fans wuchern, die wöchentlich bereit gewesen waren, den Fernseher einzuschalten. Wer von denen sollte dann noch die sündhaft teuren Boxen kaufen, wenn es davor nicht einmal gereicht hatte? Man stampfte das Projekt also lieber ein, noch bevor es überhaupt so richtig angelaufen war.

Daher sind *Star Trek: Deep Space Nine* und auch *Star Trek: Voyager* heute die Serien aus dem Trek-Kosmos, die am schlechtesten altern und selbst auf Netflix mit Pixelbildung, ausgewaschenen Farben und wenig Schärfe auskommen müssen. Je größer das Display, desto schmerzhafter.

Ob es für die Zukunft noch Hoffnung gibt, vermag niemand zu sagen. Die letzten Jahre seit 2017 haben bewiesen, dass man seitens Paramount in die Zukunft blickt und lieber an neuen Formaten arbeitet. Bezieht man noch die Probleme der Streamingdienste in Sachen Profitabilität mit in die Rechnung ein, sinken die Chancen auf eine Bearbeitung des alten Materials weiter. Immerhin hat die ganz wunderbare DS9-Doku *What We Left Behind* (die wirklich niemand verpassen sollte!) mit einigen ausgewählten Szenen mittlerweile bewiesen, wie gut die Serie fit für die heutige Zeit gemacht werden könnte. Bleibt die Frage, ob Paramount so einen Mehrwert darin sieht, derart viel Geld für 176 Episoden in die Hand zu nehmen. Wer weiß, vielleicht hilft ja irgendwann eine kostengünstige KI-Variante? Den Serien und ihren Fans wäre ein Happy-End in jedem Fall zu wünschen.

Every single day, I hear people say how the show holds up, over so many years after we wrapped. Deeply flawed characters, with complicated, messy relationships, hashing out their lives. Boldly going, but not across universes. Boldly going across the boundaries of war, sometimes between species and sometimes within ourselves. We're the final frontier.

Ständig höre ich Leute sagen, wie gut sich die Serie auch heute, so viele Jahre nach dem Ende, noch schlägt. Fehlerbehaftete Figuren mit komplizierten, verfahrenen Beziehungen, die ihre Leben im Griff behalten wollen. Sie gehen mutig voran, aber nicht durch Universen. Sie tänzeln auf den Grenzen des Krieges, manchmal zwischen den Spezies und gelegentlich auch in sich selbst. Wir sind die letzte Grenze.

Ira Steven Behr (über das Vermächtnis der Serie)

DER AUTOR
SISKO LEHRT DAS LEBEN

Naja, irgendwie so war es damals wohl. Zwischen Kind und Erwachsenem und durchaus am Beginn einer rebellischen Phase kam mir die Serie über einen entlegenen, dreckigen und gefährlichen Ort, an dem eben nicht alles so rein und einfach ablief, gerade recht.

Die philosophischen Ausführungen zwischen Sisko und den Wurmlochwesen waren mir damals definitiv zu hoch, auch die Vater/Sohn-Dynamik sowie Siskos Verlust ließen mich eher unbeeindruckt. Dennoch schien die Serie auch für das schlichtere, weil jüngere Gemüt ausreichend Stoff zu bieten. Denn es war Liebe auf den ersten Blick. Die Serie mehr als zwanzig Jahre nach dem ersten Durchlauf noch einmal neu zu entdecken, macht diese lange Verbundenheit umso spannender.

Dinge, die damals gar keine große Rolle spielten, fordern mich heute besonders heraus. Die Angst vor dem Verlust eines geliebten Menschen. Werde ich mein Kind aufwachsen sehen? Wie zerbrechlich ist Glück? Was können Kriege, Terror und Krankheit mit meinem Leben machen? Wie stark beeinflusst mich die Lage in der Welt?

Star Trek: Deep Space Nine bietet auch heute noch viel. Damals war die Serie für mich schlicht spannend, unterhaltsam und kam genau zur richtigen Zeit im Leben eines Halbstarken. Heute lässt sie mich zusätzlich noch sinnieren und mitfühlen.

Jeder Mensch hat Lieder, Serien oder Filme, die ihn das ganze Leben begleiten, die man immer wieder gerne hervorholt und anschaut oder anhört. *Star Trek: Deep Space Nine* ist im Serienbereich ein elementarer Teil meiner Greatest Hits – oder um mit Vic Fontaines Worten zu sprechen: This one's from the heart.

THE REVIEWER'S WIFE
ICH SEH IN DEIN HERZ ...

Für die Frau des Autors ist die Sache mit *Star Trek: Deep Space Nine* ganz einfach. Zwar empfindet sie die Serie als düster und spannend, bezeichnet sie aber auch gebetsmühlenartig als das *Gute Zeiten, Schlechte Zeiten* des Trek-Universums. Der Trubel auf der Station sowie all die zwischenmenschlichen und zwischenaußerirdischen Geschichten bargen für sie immer einen hohen Soap-Charakter, der sie an das Dauerformat aus dem deutschen Privatfernsehen erinnerte. Und diese Einschätzung ist gar nicht despektierlich gemeint! Sie schaut nämlich beides gerne. Nun ist die Katze aus dem Sack! Ist da etwa jemand geschockt?

Bei den Darstellern spielte sich Quark ganz nach vorne in ihrer Gunst. Den knuffigen, lustigen, verschrobenen, durchtriebenen Barkeeper mochte sie jederzeit gerne sehen. Zudem gefiel ihr die Maskenarbeit der Kollegen hinter den Kulissen. Gleiches galt für Odo, der den Ferengi zu einem kongenialen Duo ergänzte. Dessen Suche nach seiner Heimat erinnerte sie an die Geschichte eines Adoptivkindes, das irgendwann im Leben seine Wurzeln finden muss, egal wie gut es ihm im eigentlichen Leben geht. Odo war für sie neben dem spaßigen Quark immer ein tieftrauriger Charakter voller Mysterien.

Weniger hatte sie allerdings für Sisko übrig, den sie bis heute gerne als intergalaktischen Kampfterrier bezeichnet und in engagierten Szenen des Schauspielers gerne mal mit »Wuff, wuff« in dessen ungewöhnlichen Sprechrhythmus einsteigt …

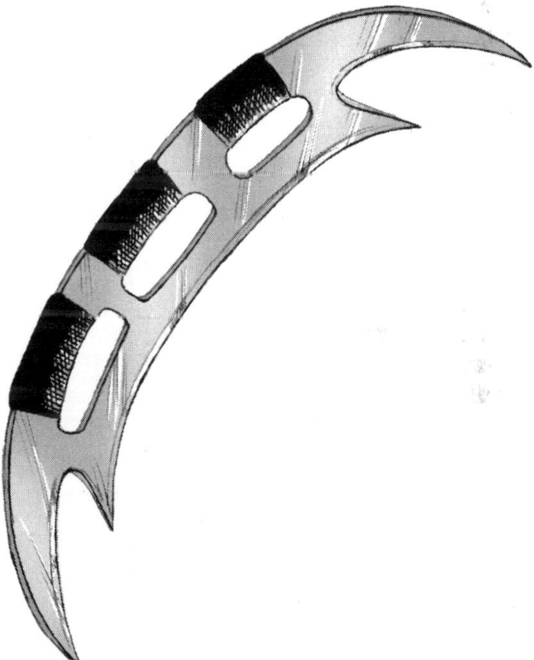

V. STAR TREK: VOYAGER

KATHY VERLIERT DEN ÜBERBLICK

Fakten
US-Erstveröffentlichung: 1995 bis 2001
US-Premiere: 16. Januar 1995 auf UPN
Deutscher Titel: Star Trek: Raumschiff Voyager
Deutsche Premiere: 21. Juni 1996 auf Sat.1
Staffeln: 7
Episodenzahl: 172
Titelmusik: Jerry Goldsmith
Hauptdarsteller: Kate Mulgrew (Kathryn Janeway), Robert Beltran (Chakotay), Roxann Dawson (B'Elanna Torres), Jennifer Lien (Kes), Robert Duncan McNeill (Tom Paris), Ethan Phillips (Neelix), Robert Picardo (Holodoc), Tim Russ (Tuvok), Garrett Wang (Harry Kim), Jeri Ryan (Seven of Nine) u. a.

DIE MACHER
FRAUENPOWER & ALTBEWÄHRTES

Star Trek: Voyager war die insgesamt fünfte *Star Trek*-Serie (sofern wir, wie mittlerweile anerkannt und üblich, die erste Zeichentrickserie mit in diese Rechnung einbeziehen). Als *Star Trek: The Next Generation* dem Ende entgegensteuerte, vernahm Rick Berman den Wunsch seitens Paramount, dem Franchise-Portfolio zeitnah eine weitere Serie hinzuzufügen. Man war durchaus zufrieden mit den Erfahrungen, zwei Serien parallel zu betreiben, und wollte die Kuh melken, solange sie noch auf allen vier Beinen stand. Außerdem wiederholte sich eine Geschichte aus den 1970er-Jahren. Damals hatte man mit *Star Trek: Phase II* ein eigenes Network auf den Weg bringen wollen, und ebendieser Plan sollte nun nach all den Jahren endlich in die Tat umgesetzt werden.

Ein weiterer gewichtiger Faktor im inhaltlichen Entscheidungsfindungsprozess war die Tatsache, dass *Star Trek: Deep Space Nine* die hohen Quotenerwartungen des Studios bereits in der ersten Staffel nicht hatte erfüllen können und schnell deutlich schwächelte. Von den fast achtzehn Millionen Fans zu Beginn waren schon nach rund zwei Monaten – und damit gerade einmal der Hälfte der Staffel – nur noch gut 10 Millionen übrig gewesen! So kam es, dass Rick Berman noch während der Produktion der zweiten DS9-Staffel und der siebten TNG-Staffel deutlich zwischen den Zeilen las und wusste, was sein Auftrag sein würde. Seine gestalterischen Zelte am Wurmloch hatte er ohnehin schnell abgebrochen und war nicht böse, sich einem neuen, frischen Projekt zuwenden zu können.

Bei dieser lag aber ein spezialgelagerter Sonderfall vor. Die Serie sollte nämlich einerseits als Zugpferd für den neuen, hauseigenen Paramount-Sender UPN fungieren, andererseits allerdings eben auch der direkte und echte Nachfolger von *Star Trek: The Next Generation* werden. Der erste Grund dafür lag auf der Hand: Man sehnte sich seitens der Verantwortlichen wieder nach Abenteuern einer bunten Crew an Bord eines Raumschiffes. Der zweite leitete sich direkt daraus ab: Die Bosse bei Paramount glaubten, dass die Ursache für die schwächeren Quoten der Jungs und Mädels am Wurmloch genau darin begründet lag. Sie hofften, mit einer neuen Serie wieder ein verlässliches Erfolgsformat etablieren und auf diese Weise den Hype der Picard-Crew wiederholen zu können. Doch ob sich das so einfach bewerkstelligen ließe?

In diesem Zusammenhang muss man zwei grundsätzliche Dinge wissen: Erstens verließ die Serie den Syndication-Markt und somit den Ort, der *Star Trek: The Next Generation* überhaupt erst so groß gemacht hatte. Zweitens erreichte UPN nur rund 69% der US-Haushalte. Setzt man diesen Wert in Relation zu den durchschnittlichen Einschaltquoten von *Star Trek: The Next Generation*, wären rund 8 Millionen Fans für die neue Serie damals eigentlich schon ein Erfolg gewesen. Rick Berman zeigte sich von derlei Überlegungen jedoch selbstredend vollkommen unbeeindruckt und konzipierte genau das, was seine Bosse sehen wollten.

Einen Trumpf hatte er dabei in jedem Fall im Ärmel: Durch die parallel laufenden Serien war es ab diesem Zeitpunkt nämlich möglich, vorauszuplanen und erste wichtige Konstellationen der neuen Serie anzubahnen. So entstanden in den Brüder- und Schwesterformaten diverse Episoden zum Maquis, den man als zentrales Element für *Star Trek: Voyager* im Blick hatte. Dieser sollte für Konflikte sorgen und die Serie von der meist problembefreiten Crew des Captain Picard abheben. Rick Berman hatte genaue Vorstellungen, welche Zutaten nötig waren, um etwas spürbar Neues zu erschaffen, allerdings gleichzeitig das Erfolgsrezept nicht zu sehr zu verändern.

Somit wurden Konflikte, der abgebrochene Kontakt zur Sternenflotte und ein weiblicher Captain zu den drei Säulen des Formats. Letztgenannter Aspekt war ein logischer Schritt gewesen, den Berman auch nicht erst mühsam beim Studio hatte durchsetzen müssen. Waren in der Causa Benjamin Sisko noch Diskussionen darüber entstanden, dass man sich nicht zu sehr bezüglich der Hautfarbe der Figur festlegen sollte, war diesmal eines von Beginn an klar: Man wollte eine Frau auf dem Kommandosessel des Schiffes haben.

Gemeinsam mit Michael Piller und Jeri Taylor wurde das Konzept ausgearbeitet. Dabei lag der Fokus allerdings noch auf einem anderen Punkt: Man wollte sich selbst unter Zugzwang setzen, ein komplett neues Universum an Geschichten zu erdenken, indem man die Handlung weg vom Bekannten und hinein ins Unbekannte verlegte. Wie in vielen Q-Episoden geriet die Besatzung hier in eine Situation, aus der es diesmal jedoch kein schnelles Entrinnen gab. Dieser Ansatz klang auf dem Papier dann auch mehr als faszinierend.

Faszinierend muss es auch für die beteiligten Schauspielerinnen und Schauspieler gewesen sein. Sie folgten den ikonischen Figuren aus *The Next Generation* nämlich buchstäblich nach. Die Serie wurde direkt nach Ende des Vorgängers auf den gleichen Soundstages gedreht. Ein fließender Übergang, der einen reibungslosen Ablauf garantierte. Zu diesem Zeitpunkt war *Star Trek* vermutlich die am besten geölte Maschinerie Hollywoods.

Dennoch zeigte man sich auch experimentierfreudig: Als erste Trek-Inkarnation setzte man beispielsweise verstärkt auf CGI und kam dabei sogar nach und nach von den zuvor verwendeten Modellen ab. Dafür vertraute man in Sachen Titelmelodie jedoch auf den bewährten Jerry Goldsmith, der ein wunderschönes Thema fand, um die auch visuell starke Vorspannsequenz angemessen zu unterlegen. Erfreulicherweise erhielt *Star Trek: Voyager* nebenbei bemerkt in den ganzen sieben Jahren kein Update der Titelmelodie durch Stampfbeat oder Tschingderassabumm.

Als sich *Star Trek: Deep Space Nine* in der dritten Staffel befand, war es dann endlich soweit: Die Reise begann, was bedeutete, dass *Star Trek: Voyager* fortan in direkter Konkurrenz zur gerade erst zwei Jahre alten Schwester-Serie lief. Mit einem neuen Schiff, einem unbekannten Raumsektor, einer gefährlichen und schwierigen Ausgangskonstellation, zwei zusammengewürfelten Besatzungen und vielen neuen Außerirdischen hatte man die Basis für einen mehr als wilden Ritt gelegt. So blieb eigentlich nur noch eine Frage übrig: Würden die Autoren liefern können?

DER START & DIE SCHAUSPIELER

DIE KRUX MIT DER LEADING LADY

Nach James, dem smarten Cowboy, Jean-Luc, dem glatzköpfigen Schöngeist, und Benjamin, dem farbigen Terrier des Wurmlochs (man möge mir diesen Exkurs in die Sprechweise aus *Bauer sucht Frau* verzeihen), war *Star Trek* nun – wie bereits erwähnt – endlich bereit für einen weiteren Meilenstein. Zwar hatte man bereits in der Episode *Yesterday's Enterprise* aus *Star Trek: The Next Generation* mit Tricia O'Neill alias Captain Rachel Garrett eine starke weibliche Captain-Figur gezeigt, nun aber wurde erstmals die Hauptrolle einer Trek-Serie mit einer Frau besetzt. Die zunächst ausgewählte Frankokanadierin Geneviève Bujold, die durch ihren hohen Bekanntheitsgrad beim US-Fernsehpublikum einen Werbeeffekt erzielen sollte, konnte allerdings mit dem Umstand, täglich zu drehen, technische Dialoge auswendig zu lernen und in den seltsamen Kostümen zu stecken, nicht umgehen und verließ nach wenigen Drehtagen die Produktion – dies wurde von ihren Kollegen jedoch nicht bedauert, da Bujold als anstrengend und unterkühlt galt. Die bereits gefilmten Szenen sind erst Jahre nach dem Desaster an die Öffentlichkeit gelangt und zeigten eine Frau, die sich sichtlich unwohl fühlte und keine Energie in die Darstellung legen konnte.

Als ihre Nachfolgerin wurde letztlich Kate Mulgrew an Bord geholt, die zuvor schon erfolglos für die Rolle vorgesprochen hatte. Nun erwies sie sich aber schnell als absoluter Glücksgriff, weil sie aus dem Stand genau das an Energie und Führungsstärke mitbrachte, was der Kollegin so gefehlt hatte. Mulgrew war ebenfalls eine sehr bekannte Darstellerin, die man aus den Serien *Ryan's Hope* und *Kate Loves a Mystery* kannte. Außerdem liebte sie die Bühne und feierte dort oft große Erfolge.

Erster Offizier wurde nach den Ereignissen des Pilotfilms der Maquis-Angehörige und ehemalige Sternenflottenabsolvent Chakotay, dessen indianische Herkunft elementarer Teil der Figur war. Man besetzte die Rolle mit Robert Beltran, der sich am Theater und in kleinen Filmen einen Namen gemacht hatte.

Ebenfalls zur Maquis-Crew gehörte der farbige Vulkanier Tuvok (der allerdings ein Spion der Föderation war). Diesen ließ man von Tim Russ verkörpern, der bereits in *Star Trek Generations* und in der Episode *Starship Mine* aus *Star Trek: The Next Generation* mit von der Partie gewesen war. Bei letzterer Serie hatte er zudem lange Zeit als Alternative für die Rolle des Geordi LaForge gegolten, hätte man LeVar Burton damals nicht kriegen können. Später war er übrigens auch noch in einer Episode aus *Star Trek: Deep Space Nine* (*Through the Looking Glass*) als Mirror-Tuvok zu sehen. Auf Umwegen kam auch Tom Paris zu seinem Posten als Beobachter und späterer Pilot. Captain Janeway hatte den Rebellen aus dem Gefängnis geholt und auf die Mission mitgenommen. Die Wahl des Schauspielers ließ indes aufhorchen: Robert Duncan McNeill hatte in *Star Trek: The Next Generation* in der Episode *The First Duty* ebenfalls einen jungen Rebellen gespielt, der gegen die Regeln verstieß und dort zu einer Gefängnisstrafe verurteilt wurde. Dieser Nicholas Locarno wäre genaugenommen nicht nur eine wunderbare Wahl für die Serie gewesen, man hätte auf diese Weise auch eine tolle Brücke zur Vorgängerserie schlagen können. Leider war den Produzenten das Eisen zu heiß und die Figur durch das Wissen des Publikums um dessen Taten zu negativ belegt. Scheute man etwa an dieser Stelle schon das Risiko? McNeill war auf jeden Fall eine gute Wahl und hatte keine Probleme, den Witz, Charme und die Unberechenbarkeit, die der Charakter mit sich brachte, herauszuspielen.

Als Fähnrich auf der Brücke und Youngster des Teams hatte man Harry Kim mit dabei. Der Schauspieler Garrett Wang hatte in *All American Girl* seinen ersten Fernsehauftritt absolviert und war direkt danach bei *Star Trek: Voyager* gelandet – vom People's Magazine wurde er nebenbei bemerkt während der Serie zu einem der fünfzig schönsten Menschen im TV gewählt. Wang war perfekt für den Part des stillen, netten Jünglings und eignete sich zudem ideal als Sidekick für Tom Paris.

Etwas mehr Zündstoff versprach die Rolle der Halbklingonin B'Elanna Torres, die von Roxann Dawson gespielt wurde. Dawson war aus der Serie *Nightingales* und diversen Gastauftritten in anderen Produktionen bekannt. Mit *Star Trek: Voyager* startete sie später übrigens auch eine erfolgreiche Karriere als Regisseurin, die sie bis heute quer durch verschiedene Formate führt.

Eine Figur, die bei Bekanntwerden der ersten Informationen noch relativ wenig Gehalt versprochen hatte, war die des medizinischen Notfallhologramms, das durch den Tod des Arztes der USS Voyager aktiviert wird und den Job übernehmen muss. Dank wunderbarer Texte und Geschichten sowie des famos aufspielenden Robert Picardo wurde der Holodoc allerdings schnell zu einem Favoriten der Fans. Picardo könnten Genrefans insbesondere in *Explorers* von Joe Dante begegnet sein.

Ein wenig Exotik gönnte man dem Cast dann aber auch noch. Der etwas sonderbare Talaxianer Neelix kam in Gestalt von Ethan Phillips an Bord. Diesen hatte man bis dahin vornehmlich in seinen Rollen bei der Serie *Benson* und im Film *Critters* wahrnehmen können. Der überdrehte, kleine Außerirdische war eine Paraderolle für Phillips, wenngleich die Figurenzeichnung auch manchmal Nervpotential bot.

An seine Seite stellte man die ebenfalls außerirdische Kes, die von Jennifer Lien gespielt wurde. Lien war durch ihre Teilnahme an den Serien *Another World* und *Phenom* einem größeren Publikum bekannt geworden.

Neben diesen Hauptdarstellern leistete sich die Serie über die Jahre noch einige mal mehr und mal weniger bedeutende Nebenrollen. So war beispielsweise zunächst Josh Clark als Lt. Carey für den Maschinenraum zuständig. Auf weitere Figuren werde ich dann im Kontext der jeweiligen Staffel eingehen. In der Summe hatten wir es hier in jedem Fall mit einem sehr bunten Cast zu tun, der Mitgliedern der Sternenflotte sowie des Maquis und darüber hinaus zwei Außerirdischen ein Zuhause bot. Ein kreativer Ansatz, der einiges an Potential versprach.

DIE WELT

ALLES WISSEN, NICHTS SAGEN

Nachdem *Star Trek* zuletzt mit der Besetzung eines farbigen Schauspielers für die Rolle des Kommandanten der Raumstation Deep Space Nine einen weiteren logischen Schritt getan hatte, blieb für die neue Serie wenig Raum für bahnbrechende Strategien.

Und natürlich hatte sich das Franchise über die Jahrzehnte an den Veränderungen im Bereich der Gleichstellung der Frau abgearbeitet – von Janice Rand oder Uhura über Tasha Yar, Deanna Troi und Beverly Crusher bis hin zu Kira Nerys oder Jadzia Dax hatte man sich stets dem gesellschaftlichen Fluss angepasst oder war ihm einen Schritt vorausgeeilt. Einen weiblichen Captain hatte es, wie bereits erwähnt, zumindest schon in einer Nebenrolle in *Yesterday's Enterprise* gegeben. Eine Sensation war die Besetzung der Kommandoposition auf der USS Voyager somit eigentlich nicht mehr – wenn sie auch medienwirksam als solche genutzt und ausgeschlachtet wurde. Das mag man aber bitte nicht negativ auslegen: Es war wunderbar, dass *Star Trek* endlich den Mut aufbrachte und zugleich noch den Maschinenraum einer starken weiblichen Figur anvertraute.

Ansonsten erscheint die Serie im damaligen wie auch heutigen Kontext allerdings absolut unpolitisch und vom Zeitgeist unbeeinflusst. Man nutzte ausschließlich franchise- und serieninterne Überlegungen als Grundlage für das Format, um zu einer Konzeption zu gelangen. Was hatten wir schon? Was hatten wir noch nicht? Was hat funktioniert? Womit müssen wir brechen? Auf diese Weise entwickelte sich *Star Trek* in den 1990er-Jahren weg von einer Serie, die das Weltgeschehen reflektierte, hin zu reinem Entertainment. Die Welt war derweil dabei, durch neue Kommunikationswege und andere Zeitgeistphänome irritierend anonym zu werden. Globale Vernetzung als Auslöser für Entfremdung der Gesellschaft? Das Resultat dieser Einflüsse war eine Serie, die sich selbst genügte – wie viele Menschen sich ebenfalls.

DAS GENRE

DIE PROBLEME BLIEBEN

Für die Crew der USS Voyager gilt genaugenommen das Gleiche wie für die Niners vor ihnen – der Markt war zur damaligen Zeit zunehmend umkämpfter geworden, externe und nun sogar interne Konkurrenz ließ die Marktanteile kontinuierlich schmelzen. Der Überfluss hieß in letzter Konsequenz: Man musste nicht mehr zwingend eine *Star Trek*-Serie schauen, um Genre-Material auf die Mattscheibe zu bekommen. Dabei handelt es sich im Rückblick um einen Trend, den die Macher offenbar nie wirklich zu kontern imstande waren – sofern das überhaupt möglich gewesen wäre.

DAS FRANCHISE

ES WIRD GEGESSEN, WAS AUF DEN TISCH KOMMT

So sehr sich die Fans auch über sieben lange Jahre mit der Crew um Captain Jean-Luc Picard angefreundet hatten, so große Probleme brachte die neue Riege an Schauspielern aus *Star Trek: Deep Space Nine* mit sich. Auf einmal teilte sich das Fandom erneut. Waren es vorher die Fans der Originalserie gewesen, die etwas verächtlich auf das Neue geschaut hatten, rümpfte man nun die Nase über diese merkwürdige neue Inkarnation am Rand des Wurmlochs.

Plötzlich galt es wieder, Stellung zu beziehen. Bist du ein Fan von der einen oder der anderen Serie? Die Fronten verhärteten sich durch den nahenden Start von *Star Trek: Voyager* nur noch weiter, da viele Kritiker von *Star Trek: Deep Space Nine* die Rolle rückwärts als Eingeständnis werteten, dass das Spin-Off auf der fernen Raumstation einfach nicht funktionierte. Daher kann man getrost sagen, dass die wachsende Vielfalt im Trek-Universum unter den Fans zunächst mehr Probleme mit sich brachte, als dass sie für kollektive Glückseligkeit sorgte.

DIE SERIE

HART FAHREN UND SO

Die erste Staffel der neuen Serie startete am 16. Januar 1995 mit dem Pilotfilm *Caretaker* und bescherte UPN einen Traumeinstand. Über 21 Millionen Menschen schauten zu, als die USS Voyager im fernen Deltaquadranten strandete, um sich auf einen unter Umständen siebzig Jahre dauernden Rückweg zu machen. Die Serie wurde jedoch im Gegensatz zu den stiefmütterlich behandelten Abenteuern der Niners auch durchaus opulent beworben. Dadurch erhielt man definitiv eine besondere Aufmerksamkeit, die zur Basis für eine höchst erfolgreiche Laufzeit hätte werden sollen. Dass die Serie dennoch bereits nach 16 Episoden in der Zuschauergunst von 21,3 Millionen auf 8,3 Millionen abgerutscht war, also massiv Zuschauer verloren hatte, war diesen Begleitumständen kaum anzulasten. Es hatten vermutlich eine Menge Neugierige eingeschaltet und waren dann nach und nach schlicht ferngeblieben, weil ihre Erwartungen nicht erfüllt worden waren. Das Event der Senderöffnung von

UPN wog letztlich sicher schwerer als der Start einer neuen Trek-Serie. Das Quotenniveau der ersten Season entsprach dann auch insbesondere in der zweiten Hälfte durchaus den Werten der Schwesterserie *Star Trek: Deep Space Nine* in ihrer dritten Staffel. Somit muss man die rund acht Millionen, die man zum Ende der Season noch regelmäßig einheimste, rückblickend als realistischen Stand des Franchises zu diesem Zeitpunkt bezeichnen. Dass der sukzessive Schwund aber auch in dieser Serie anhielt, werden wir uns später noch einmal genauer anschauen. *Star Trek: The Next Generation* hatte aus Quotensicht Einmaliges geleistet. Wie schon *Star Trek: Deep Space Nine* konnte auch dieser Nachfolger ebenfalls nicht an die ganz großen Erfolge anknüpfen.

Die Serie lief, wie auch ihre beiden Vorgänger, letztlich sieben Staffeln, wobei sie es auf insgesamt 172 Episoden und auf eine Gesamtlaufzeit von knapp sechseinhalb Jahren brachte. Thematisch bot sie einen irren Mix quer durch den Gemüsegarten von Franchise und Genre. Weltraumphänomene, Action, Gerichtsepisoden, Religion, Politik, kulturelle Differenzen und eine ganze Menge Drama waren an der Tagesordnung. Das, was in *Star Trek: The Next Generation* noch weitestgehend gediegen dahergekommen war, entwickelte sich hier schnell zu einem wilden Best of ohne Grenzen. Dazu kam, dass *Star Trek: Voyager* ab der vierten Staffel eine Art Borg-Anthologie-Serie wurde. Mit Seven of Nine hatte man erstmals eine Vertreterin dieser Spezies direkt mit an Bord, traf allerdings auch sonst ständig auf die übellaunigen Zombies des Deltaquadranten. Das war nach über zwei Jahren mit den Kazon-Betonköpfen zwar eine Wohltat, nutzte sich jedoch mit der Zeit auch stark ab.

Das zu Beginn gepriesene Worldbuilding konnten die Autoren hingegen nie wirklich mit Leben füllen. Zu oft griffen sie auf Bekanntes zurück oder zeigten ein erschreckend geringes Maß an Kreativität – die Kazon waren an dieser Front nur die Spitze des Eisbergs und ließen vermuten, dass man die Klingonen im Writers Room schon zu Beginn vermisst hatte. Ebenso schwächte man das Setting durch zu einfache Auswege, die dann aber nicht funktionierten. Wurmlöcher seien nur beispielhaft für dieses Phänomen genannt. Auch einem Q wäre es ein Leichtes gewesen, das Schiff mit einem Fingerschnippen nach Hause zu bringen. Es war mehr als fahrlässig, diese Option nicht zu verfolgen. Hier wäre es besser gewesen, auf die Figur komplett zu verzichten. Die Autoren wollten allerdings den Kuchen immer wieder essen und behalten – ein Motto, das sich durch alle sieben Staffeln zog und zum Markenzeichen der Serie wurde.

Star Trek: Voyager gelang es mit diesem Mix trotzdem erstaunlich gut, das Niveau konstant zu verbessern. Vor allem ab der vierten Staffel – eine Wiederholung der Ereignisse aus *Star Trek: Deep Space Nine* – gelang ein Quantensprung, der eng mit der Hinzunahme von Jeri Ryan als Seven of Nine verbunden war. Gegen Ende der Serie schien es aber – und ich kann mir bis heute nicht wirklich erklären, warum –, als hätten die beteiligten Produzenten kein wirkliches Interesse mehr an ihrem Produkt gehabt. Gute Episoden hatten fast ausschließlich nur noch mit dem Doktor oder Seven of Nine zu tun, und immer deutlicher traten die Schwächen der Serie zutage. Viel zu viel Action, zu häufig eingesetzte technische Lösungen und keine wirkliche Kontinuität innerhalb der Handlung und der Charakterentwicklung waren die Folge und ließen die Qualität rapide sinken. Man hätte die Serie also auch getrost nach sechs Seasons enden lassen können – wobei es allerdings auch im letzten Jahr noch einige Highlights zu bewundern gab. Das Problem waren eher die alltäglichen Episoden, die im direkten Vergleich zu deutlich abfielen. Eine Entwicklung, die sich in *Star Trek: Enterprise* übrigens fortsetzte. Zu allem Überfluss verabschiedete sich die Serie mit der vollkommen enttäuschenden Doppelfolge *Endgame*. Doch auch darauf kommen wir später noch zu sprechen.

Star Trek: Voyager hat es trotz einiger Probleme geschafft, für viele Stunden intelligente Unterhaltung zu sorgen und sich einen Platz in der langen *Star Trek*-Historie zu sichern und zu verdienen. Wer sich die Serie ohne Vorurteile und mit einem gemäßigten Procedural-Anspruch anschaut, wird sicherlich zu einer ähnlichen Bewertung gelangen können – jedoch natürlich nicht müssen. Trotzdem gilt es festzuhalten, dass *Star Trek: Voyager* auch eine Menge mehr hätte sein können. Geworden ist es schlussendlich nur eine gute SF-Serie, die im Vergleich zur sonstigen täglichen TV-Kost aber noch mehr als gut mithalten konnte. Im Trek-internen Vergleich kann man dem Gesamtwerk jedoch leider nur einen Mitläuferstatus attestieren.

Und bevor jemand einen Leserbrief schreibt: Der als Überschrift dieses Kapitels dienende Satz »Hart fahren und so« stammt selbstverständlich nicht aus *Star Trek: Voyager*, sondern aus der Serie *Knight Rider*. Allerdings erinnerte mich die irrationale Kompromisslosigkeit von Captain Janeway, die jede ihrer Entscheidung auf dem langen Weg nach Hause vehement durchboxte und sich dabei gerne wie eine menschgewordene Planierraupe verhielt, oft an diesen Ausspruch. In diesem Punkt schrieben die Autoren ihr vollkommen sinnloserweise klischeebehaftete maskuline Züge zu – vermutlich aus Angst vor ihrer Weiblichkeit. Dabei war Janeway ansonsten eine wundervolle Figur, die von Kate Mulgrew mit viel Herz, Hirn und Charme gespielt wurde. Die Zeit war sicher reif gewesen für eine Frau als Captain, die Autoren waren es aber eventuell noch nicht.

Ach, und was den Satz aus *Knight Rider* angeht: Dieser zeigt auf wunderbare Weise auch auf, was passiert, wenn man ein zu großer Nerd ist: Irgendwann vermischen sich alle Universen: »Kumpel, ich brauch dich!«

Warum ich die Serie mag, ist eigentlich schwer zu beantworten. Wie soll ich eine Serie preisen, die mir zu düster ist, deren Charaktere ich nicht mag und deren Schiff zu grau ist? Das kann ich ganz einfach in einem Satz zusammenfassen: Es ist das Gesamtkonzept, das mich überzeugt hat.

Als Kind der Neunziger bin ich – wie viele andere – mit Captain Picard aufgewachsen und fühlte mich auf diesem wohnlich ausgestatteten Schiff mit den roten Teppichen und beige gefärbten Wänden sehr zuhause. Und dann kam die USS Voyager mit den grau-in-grau getönten kantigen Korridoren und den neuen Anzügen, die bis unters Kinn nur noch aus Schwarz bestanden. Es war für viele Trekkies ein schwerer Einstieg in die Serie, die von Anfang an düsterer werden sollte als alle vorherigen. Während die Crew der USS Enterprise in »Encounter at Farpoint« eine überdimensionale Lebensform befreite, begann »Star Trek: Voyager« mit der Zerstörung einer außerirdischen Raumstation. »Wow« konnte man da nur noch sagen, oder wie man es auch bei »Star Trek: Discovery« anfangs hörte: Das ist nicht mehr »Star Trek«. Aber man musste dem neuen Kind etwas Zeit geben, und das führte dazu, dass »Star Trek: Voyager« für mich eine der besten Serien aus dem »Star Trek«-Universum geworden ist.

Wie ich anfangs erwähnte, ist es das Gesamtpaket, was mir so gut gefällt. Anstatt wie alle anderen Schiffe ziellos durch den Weltraum zu düsen, hat die Serie ein sehr deutliches Ziel: nach Hause zurückzukehren! Der Leitfaden ist einfach immer präsent, und der Zuschauer eifert mit, einen Weg nach Hause zu finden. Obwohl jede einzelne Folge für sich steht, existiert von Beginn an ein paralleler Handlungsstrang mit wiederkehrenden Elementen, die den Weg nach Hause verkürzen. Jedesmal, wenn die Entfernung genannt wird, ist diese geringer. So kommt es zum Beispiel erst zu der Möglichkeit, Nachrichten zur Erde zu schicken, dann später sogar die Möglichkeit, über ein Relais nach Hause zu kommunizieren – und zum Schluss findet die Voyager in einem spektakulären Finale den Weg nach Hause.

Lieven L. Litaer
(Klingonisch-Experte, Übersetzer und Autor)

STAFFEL 1
(1995)
KUNTERBUNTE WELT DES WAHNSINNS

Im Januar 1995, parallel zur dritten Season von *Star Trek: Deep Space Nine*, rund ein halbes Jahr nach dem Ende von *Star Trek: The Next Generation* und drei Monate nach der Veröffentlichung von *Star Trek: Treffen der Generationen* im Kino war es soweit. Der Sender UPN öffnete seine Pforten und zeigte zum Start den neunzigminütigen Pilotfilm *Caretaker*.

Neben den ausführenden Produzenten Rick Berman, Jeri Taylor und Michael Piller (welcher auch als Showrunner fungierte) bestand der Writers Room ausschließlich aus bekannten Namen wie Brannon Braga, Naren Shankar, Joe Menosky oder David Kemper. Dazu kamen Neulinge wie Kenneth Biller oder John Nimerfro.

Man bot den Zuschauern von Beginn an einen rasanten Mix aus Anomalien der Woche, sonderbaren Phänomenen, Action, Zeitreisen und falschen Fährten (die gerne durch Wurmlöcher führten). Doch auch die Figuren wurden passabel etabliert und erhielten dosiert, aber angemessen verteilt, Anteil an der Handlung. Viel zu kurz kam allerdings der Konflikt zwischen Sternenflottencrew und Maquis – hier verschenkte man direkt das erzählerische Potential und ließ zu, dass alles unnatürlich glatt ging. *The Berman Way of Life*.

Im Fokus des Interesses stand jedoch natürlich zunächst der Pilotfilm *Caretaker/Der Fürsorger*, welcher das Abenteuer und die Figuren etablieren musste und von Michael Piller und Jeri Taylor geschrieben worden war. Rick Berman erntete immerhin auch noch einen Story-Credit. In gewisser Weise handelte es sich dabei um die Antithese zu *Emissary/Der Abgesandte*, dem Pendant vom Wurmloch. Man bot weniger Tiefe, dafür aber mehr Rasanz, weniger inhaltliche Streuung, jedoch mehr Überschaubarkeit. Dennoch ging dieser Versuch ebenfalls als ein klarer Gewinner durch, der die neue Serie kompetent, spannend und sehr unterhaltsam einleitete.

Weitere Höhepunkte der ersten Staffel waren der bittersüße Kontakt mit dem romulanischen Schiff aus der Vergangenheit in *Eye of the Needle/Das Nadelöhr*, die erste genauere Betrachtung der komplexen Figur der B'Elanna Torres in *Faces/Von Angesicht zu Angesicht* und die grandiose Studie eines Kriegsverbrechers in *Jetrel/Dr. Jetrels Experiment*. An der humorigen Front konnte auch *Heroes and Demons/Helden und Dämomen* überzeugen, wenn die Geschichte auch arg leichtgewichtig daherkam. Doch Robert Picardo riss es – nicht zum ersten und nicht zum letzten Mal – eindeutig raus.

Dazu gab es viel Mittelmaß und einige deutlich schwächere Episoden, wie etwa das generische *The Cloud/Der mysteriöse Nebel*, das grausig lahme Pseudo-Gerichtsdrama um Tom Paris *Ex Post Facto/Die Augen der Toten*, die beiden religiös verbrämten Episoden *Emanations/Das Unvorstellbare* und *Cathexis/Bewusstseinsverlust* oder die alberne Maquis-Episode *Learning Curve/Erfahrungswerte*, die leider auch die Staffel abschloss.

Vier Episoden wurden nämlich in die zweite Staffel verschoben, was dem ersten Jahr einen runden Abschluss verwehrte: Bei den verschobenen Episoden handelte es sich um *Projections/Das Holo-Syndrom*, *Elogium*, *Twisted/Die Raumverzerrung* und *The 37s/Die 37er*, was im Übrigen das wesentlich angemessenere Finale gewesen wäre und später als Auftakt zum zweiten Jahr diente. Der Grund war, dass man sich bei UPN einen Vorteil davon erhoffte, mit der neuen Staffel früher an den Start gehen zu können. Eine Konsequenz aus dieser kurzen Staffel war zudem, dass man – wie schon beim ersten Jahr von *Star Trek: Deep Space Nine* – im Januar ins Abenteuer startete. Damals war man mit den zwanzig Episoden im Juni fertig gewesen, diesmal endete die Staffel sogar schon Ende Mai.

In Sachen Quoten legte man – wie bereits angerissen – einen Sinkflug hin. Von den über 21 Millionen zum Start waren bereits bei der zweiten Episode sieben Millionen Zuschauer weggebrochen, Mitte der Staffel hatte sich die Zahl dann halbiert. Insgesamt kam man auf einen Durchschnitt von 12 Millionen. Wir reden hier übrigens von einem Durchschnittswert, den *Star Trek: Deep Space Nine* nie und *Star Trek: The Next Generation* nur im fünften bis siebten Jahr erreicht hatten und der somit aller Ehren wert war!

Im Vergleich zu den anderen Trek-Serien handelte es sich inhaltlich und qualitativ um eine typische erste Staffel zwischen Selbstfindung und dem Wiederkäuen bewährter Muster. Der große Wurf fehlte allerdings freilich noch.

In diesem Nebel gibt es Kaffee.

Kathryn Janeway (Der mysteriöse Nebel)

STAFFEL 2
(1995/1996)
DIE VOLLE QUALITÄTSPALETTE

Nur drei Monate nach dem Ende der ersten Staffel machte man sich im August bereits wieder auf den Weg in den Deltaquadranten. Die zweite Staffel wurde etwas in die Länge gezogen, indem man die 26 Episoden auf zehn Monate streckte. Üblich war bei *Star Trek: The Next Generation*, *Star Trek: Deep Space Nine* und später auch bei dieser Serie eigentlich meist der Zeitraum von September bis Mai gewesen.

Der erste Schauspieler, der Regie führen durfte, war Jonathan Frakes alias William T. Riker. Er hatte jedoch witzigerweise bei *Das Holo-Syndrom* das Ruder in der Hand gehabt und hätte somit eigentlich schon im ersten Jahr sein Debüt gefeiert. Er war es dann auch, der mit *Parturition/Der Höllenplanet* und *Prototype/Prototyp* im zweiten Jahr direkt zur Serie zurückkehrte. Zusätzlich gab LeVar Burton alias Geordi LaForge mit *Dreadnought/Der Flugkörper* seinen Einstand.

Bei den Autoren startete derweil ebenfalls ein sehr interessanter Mann seine Hollywood-Karriere: Mike Sussman. Mit *Meld/Gewalt* lieferte er seine erste professionelle Arbeit in der Traumfabrik ab, nachdem Kenneth Biller ihn dazu eingeladen hatte, ein Skript einzureichen. Auch Shawn Piller, Sohn von Michael Piller, betrat mit *Death Wish/Todessehnsucht* die Welt der USS Voyager. Ansonsten blieb für den Moment das meiste beim Alten.

An Höhepunkten war die Staffel wahrlich nicht arm: *Das Holo-Syndrom* war ein wunderbares Holodoc-Vehikel, *Gewalt* eine düstere Tuvok-Studie, *Todessehnsucht* ein interessanter Q-Auftritt, *Tuvix* eine komplexe Themenepisode, die komplizierte Fragen kontrovers beantwortete, und *Basics/Der Kampf ums Dasein* bot einen kompetenten Cliffhanger. Die beste Episode der Staffel war aber definitiv *Lifesigns/Lebensanzeichen*, in der der Doktor versuchte, einer Vidiianerin zu helfen.

Weniger erfolgreich war man mit *The Thaw/Das Ultimatum,* die für meinen Geschmack übermäßig experimentell daherkam und nicht fesseln konnte. Die Performances von Michael McKean als Clown und Carel Struycken (Mr. Homn aus *Star Trek: The Next Generation*) als Spectre waren allerdings sehenswert. Als tiefster Tiefpunkt musste jedoch *Threshold/Die Schwelle* herhalten. Diese Episode stammte aus der Feder von Brannon Braga (Drehbuch) und Michael De Luca (Story) und zeigte eine Mission, während der Janeway und Paris Echsenbabys zeugten und Transwarp erreichten. Ein Fall für Oliver Kalkofe!

Dazu kamen gerade in der ersten Hälfte der Staffel eine ganze Reihe an Füllepisoden, die keinen bleibenden Eindruck hinterlassen konnten oder sogar stark langweilten. Generell galt: Sobald die Kazon ins Spiel kamen, wurde es in der Regel schwer erträglich, da die Spezies weder interessant war noch irgendeinen charismatischen Vertreter erhielt. Die Vidiianer waren da beispielsweise deutlich besser konzipiert worden.

In Sachen Figurenzeichnung durfte man im zweiten Jahr auch erstmals richtig erleben, wie wenig konsequent Captain Janeway geschrieben worden war. Ihre Entscheidung in *Tuvix*, Tuvok und Neelix wieder zu trennen, obwohl ihr das neue Wesen mitteilte, dass es diesen Schritt nicht gehen wollte, war der Gipfel der Ignoranz. Hier entwickelte sich leider ein klares Muster: Janeway begann, Gott und Übermutter zu spielen, und nicht einmal ihre Vertrauten in der Crew konnten sie im Zweifelsfall aufhalten.

Sie setzte sich in genanntem Beispiel final sogar über den Doktor hinweg und nahm die Prozedur selbst vor!

Interessante Gastauftritte gab es – wie erwähnt – für John de Lancie alias Q, Aron Eisenberg (Nog aus *Star Trek: Deep Space Nine*) als Kazon Kar, Brad Dourif als Lon Suder und Jonathan Frakes als Commander William T. Riker, der dank Q dem Schiff einen Kurzbesuch abstattete.

Mit dem Auftakt erreichte man fast 11 Millionen Zuschauer. Der Wert fiel jedoch danach direkt wieder unter die 9-Millionen-Marke. Dort verharrte man dann weitestgehend. Drei Episoden hatten aber auch nur noch eine sechs vor dem Komma. Die zweite Season erreichte am Ende durchschnittlich etwas mehr als 8 Millionen Zuschauer, was dem Level vom Ende der ersten Staffel entsprach. Durchaus ein Erfolg, da man bei *Star Trek: Deep Space Nine* im parallel laufenden vierten Jahr trotz der Hereinnahme von Michael Dorn alias Worf und der etwas griffigeren Ausrichtung sogar schon auf nur noch knapp 6 Millionen im Schnitt abgesackt war. Im zweiten Jahr hatten die Niners nebenbei bemerkt aber noch über 8 Millionen Zuschauer erreicht, was ja auch einen adäquaten Vergleichswert darstellt.

Man machte in der zweiten Season letztlich genau die gleichen Dinge richtig wie auch falsch. Die Figurenzeichnungen und die generelle Vision ließen zu wünschen übrig; unterhaltsam, abwechslungsreich und spannend kam das Gezeigte allerdings fast durchgehend daher. Die Kazon waren jedoch ultimativ gescheitert und wurden nach dieser Staffel weitestgehend in Rente geschickt. Die angedeutete Liebesbeziehung zwischen Janeway und Chakotay legte man ebenfalls zu den Akten. Dafür wurde aber erstmals – und bekanntermaßen folgenschwer – eine besondere Beziehung zwischen Tom Paris und B'Elanna Torres angedeutet. Hierfür legte man dann auch die Streitigkeiten um Kes zwischen Tom Paris und Neelix erfreulicherweise bei. Ensign Samantha Wildman brachte derweil ihr Baby zur Welt: Naomi Wildman, die später noch wichtig werden würde. Die Crew wurde insgesamt etwas mehr zu einer großen Familie und die USS Voyager zu einer Art Zuhause. Der Weg dorthin war – wie auch der nach Hause – aber natürlich noch weit.

Mit dem Verräter Michael Jonas, den ganzen turbulenten Scharmützeln rund um die Bajoranerin Seska und die Kazon sowie dem Trick, Tom Paris kurzzeitig zum Abtrünnigen zu machen, geriet die gesamte Staffel recht düster und horizontal erzählt. Etwas, das man eigentlich hatte vermeiden wollen, da man in der seriellen Erzählweise von *Star Trek: The Next Generation* einen Teil des Erfolgsgeheimnisses vermutet hatte.

Star Trek: Voyager fehlte, wie auch dem gesamten Franchise in dieser Phase, eine Vision und Idee, wie man die immer weiter abwandernden Zuschauer zurückgewinnen konnte. Am Ende des zweiten Jahres gab Michael Piller seinen Posten als Showrunner auf. Wer würde das Erbe antreten und die nötigen Stellschrauben, an denen es zu drehen galt, finden können?

Wir alle haben gewalttätige Instinkte, wir haben uns aus räuberischen Wesen entwickelt. Nun ja, ich natürlich nicht, ich bin nur von räuberischen Wesen programmiert worden.

Holodoc (Gewalt)

STAFFEL 3
(1996/1997)
SULU AUF ZEITREISE MIT FERENGIS, Q, DINOS & BORG

Die Antwort lag auf der Hand: Jeri Taylor übernahm den Job und erhielt somit ihre zweite Chance nach der Arbeit am siebten Jahr von *Star Trek: The Next Generation*. Passenderweise in einer Serie, die wie keine zuvor auf weibliche Charaktere setzte.

Dennoch musste man es laut sagen dürfen: Es brannte inzwischen ein wenig in Bermans La-La-Land. *Star Trek: Deep Space Nine* hatte in der vierten Staffel trotz diverser Kniffe (Defiant, Worf, Kriegsszenario) nochmals ordentlich an Zuspruch verloren. *Star Trek: Voyager* war im zweiten Jahr zwar eine leichte Stabilisierung gelungen, die Tendenz deutete allerdings auch hier klar in die falsche Richtung. So kam es, dass die dritte Staffel zum ersten Wendepunkt und Korrekturversuch innerhalb der Serie wurde. Eine Entscheidung betraf die verschiedenen durchlaufenden Handlungsstränge des zweiten Jahres. Diese mottete man größtenteils ein und konzentrierte sich wieder vermehrt auf den Eventcharakter und eigenständige Geschichten.

Der Autorenstab blieb dafür weitestgehend zusammen. Andre Bormanis lieferte mit *Fair Trade/Das Wagnis* seine erste Arbeit an der Serie ab. In Sachen Regie gab es erneut einige Schauspieler, die sich hervortaten. Während Frakes und Burton pausierten, drängten andere nach vorne. Robert Duncan McNeill (Tom Paris) verdiente sich mit *Sacred Ground/Das Ritual* und *Unity/Die Kooperative* erste Sporen, Robert Picardo (Holodoc) lieferte *Alter Ego/Das andere Ego,* und Andrew J. Robinson (Garak aus *Star Trek: Deep Space Nine*) durfte mit *Blood Fever/Pon Farr* bei den Kollegen vorbeischauen.

Inhaltlich ging man durchaus interessante Wege. George Takei alias Hikaru Sulu, Grace Lee Whitney als Janice Rand und die USS Excelsior erhielten zum 30. Geburtstag von *Star Trek* einen Gastauftritt. Die Episode *Flashback/Tuvoks Flashback* befasste sich mit der Vergangenheit Tuvoks und konnte zwar überzeugen, fiel gegen das Pendant aus *Star Trek: Deep Space Nine* (*Trials and Tribble-Ations/Immer die Last mit den Tribbles*) jedoch deutlich ab. Außerdem wurden die zwei Ferengi aus der Episode *The Price/ Der Barzanhandel* aus *Star Trek: The Next Generation* wieder ausgegraben, es gab mit *Future's End/Vor dem Ende der Zukunft* eine große Zeitreise in die damals laufenden 1990er-Jahre, Q kehrte zurück, ein vulkanisches Besatzungsmitglied durchlebte das Pon Farr, und die Zuschauer bekamen Dinosaurier und die Borg zu sehen! Heilig's Blechle!

Der Doktor erhielt in *Vor dem Ende der Zukunft* zudem seinen mobilen Emitter und konnte sich somit nun frei auf dem Schiff und auf Außenmissionen bewegen – ein riesiger Schritt für die Figur! Auch ließ man die Kazon wie erwähnt endlich hinter sich, was der Serie nur guttat. Neelix wurde mit der Episode *Das Wagnis* als Fremdenführer überflüssig, da er sich von nun an auch selbst nicht mehr auskannte. Gut, dass der Talaxianer aber noch so viele andere Fähigkeiten besaß! Zwischen Tom Paris und B'Elanna wurde in *Pon Farr* deutlicher auf eine mögliche Liebelei hingearbeitet, und mit dem Auftauchen der Borg änderte sich ohnehin alles. Die Serie wandelte sich auch visuell sehr stark, was Episoden wie *Macrocosm/Makrokosmos* belegten. Man erlaubte den Kreativen düsterere Sets und eine klaustrophobische Atmosphäre.

Die Episoden *Der Kampf ums Dasein, Teil II*, *Das Ritual*, *False Profits/Das Wurmloch* und *Tuvoks Flashback* hatte man übrigens bereits während der zweiten Staffel produziert, strahlte sie allerdings erst im Rahmen der dritten aus. Da sich Roxann Dawson in der Drehpause von Casey Biggs (Damar aus *Star Trek: Deep Space Nine*) scheiden ließ, wurde sie in diesen vier Episoden noch als Roxann Biggs-Dawson geführt, danach nur noch als Roxann Dawson.

Star Trek: Der erste Kontakt führte während dieser Staffel im Kino neue Uniformen ein. Auch bei *Star Trek: Deep Space Nine* wurden diese ab der Episode *Rapture/Heilige Visionen* verwendet. Da sich die USS Voyager jedoch im Deltaquadranten befand und keinen Kontakt zur Sternenflotte hatte, verzichtete man hier korrekterweise auf den neuen Modetrend.

Nachdem *Der Kampf ums Dasein* bereits ein Zweiteiler war, der die zweite und dritte Staffel verbunden hatte, versuchte man sich nun ebenfalls an Eventzweiteilern mitten in der Staffel. Der erste davon machte vieles richtig, überzeugte aber doch nicht vollständig. *Vor dem Ende der Zukunft* war in der Summe eine Episode, der man eigentlich gar nicht böse sein konnte. Alle hatten gute Laune, versprühten Spielwitz sowie Spaß am Abenteuer und machten sich und uns somit eine gute Zeit. Leider stand dieser Funfaktor jedoch auch ein wenig der Story im Weg, die eigentlich zu dramatisch und reich an Konsequenzen daherkam – vorausgesetzt, die Autoren hätten die Gefahr ernst genommen. So verschenkte man letztlich einen interessanten Ansatz, einen starken Gegenspieler (eigentlich sogar zwei) und eine sympathische Gastschauspielerin (Sarah Silverman) und erhielt dafür Gags, Sonne und Gekicher. Das war alles durchaus in Ordnung und tat keinem wirklich weh, blieb aber auch leider nicht genug im Gedächtnis, um nachhaltig glänzen zu können.

Besser machte man es da schon am Ende der Staffel, als *Scorpion/Skorpion* endgültig die beliebten schwedischen Zombies ins Spiel brachte und auf mehreren Ebenen die Serie für immer veränderte. Mit dem Auftauchen der kybernetischen Lebewesen schaltete man endgültig einen Gang hoch und gebar einen wundervollen neuen Charakter wie auch eine spannungsgeladene Doppelfolge, die es durchaus verdiente, ganz oben mitzuspielen. So war *Skorpion* gleichzeitig eine Art Erweckung für die Serie, hin zu etwas mehr Dramatik, Spannung und Kohärenz. Am relevantesten war retrospektiv allerdings der Tausch von Kes zu Seven, der dem Ensemble eine Farbe zuführte, die viele zukünftige Episoden tragen sollte. Im wahren Trek-Sinn war das Ganze vielleicht kein Highlight für die Ewigkeit, dafür jedoch eine mehr als kompetente Action-Show, die auch später innerhalb der Serie weitestgehend unerreicht blieb.

Weitere Höhepunkte des Jahres waren die spannende Knastepisode *The Chute/Das Hochsicherheitsgefängnis*, das düstere und nachdenkliche *Remember/Das Erinnern*, die verrückten Episoden *Before and After/Temporale Sprünge* (die vielleicht auch die beste Kes-Episode war), *Displaced/ Translokalisation* und das spaßige Doktor-Vehikel *Real Life/ Das wirkliche Leben*. Eine ganze Menge an Episoden fiel aber auch qualitativ ab. Dazu gehörten *Das Ritual*, *Makrokosmos*, *Das Wagnis*, *Das andere Ego*, *Darkling/Charakterelemente*, *Rise/Die Asteroiden* und *Favorite Son/Die neue Identität*. Eine stattliche Liste an Ausschussware.

Man konnte den Produzenten also attestieren, dass sie vieles in die Waagschale geworfen hatten – wenn auch mit wechselhaftem Erfolg. Den Turnaround schafften sie damit nicht mehr. Die Einschaltquoten bröckelten beständig und näherten sich verdächtig denen der Schwesterserie an. Der Auftakt der Staffel erreichte noch 8,3 Millionen Fans und holte somit im Vergleich zum ersten Teil der Doppelfolge mehr als eine Million Zuschauer zusätzlich an Bord. Der Besuch von Sulu und Rand hatte mit 7,7 Millionen Fans ebenfalls noch ein gutes Ergebnis vorzuweisen. Danach pendelte sich das Ganze allerdings ein Stockwerk tiefer ein. Einzig der Zweiteiler *Vor dem Ende der Zukunft* übersprang noch die 8-Millionen-Marke, die restlichen Episoden holten zwischen 5,6 und 7,9 Millionen Zuschauer. Für den letztgenannten Wert hatte *Skorpion, Teil I* gesorgt. Im Durchschnitt rauschte man auf 6,8 Millionen herunter. Zum Vergleich: Die Niners hatten zeitgleich in ihrem fünften Jahr eine Million Zuschauer weniger. Im dritten Jahr hatte diese Serie jedoch noch mehr als 7 Millionen Menschen erreicht. Es sah folglich nicht alles rosig aus im Deltaquadranten. Doch hatte man mit der Einführung der Borg noch ein allerletztes Ass im Ärmel – würde es die Serie retten können?

Ein Skorpion lief am Ufer eines Flusses entlang und wollte gerne hinüber auf die andere Seite. Plötzlich sah er einen Fuchs. Er bat den Fuchs, ihn auf seinem Rücken über den Fluss zu bringen. Der Fuchs sagte: »Nein, wenn ich das tue, wirst du mich stechen, und ich werde ertrinken.« Der Skorpion entgegnete ihm: »Wenn ich das täte, würden wir beide ertrinken.« Der Fuchs dachte darüber nach und willigte schließlich ein. Der Skorpion kletterte also auf seinen Rücken, und dann schwamm der Fuchs los. Aber in der Mitte des Flusses stach ihn der Skorpion. Als das Gift in seine Adern floss, fragte der Fuchs erstaunt: »Warum hast du das getan? Jetzt wirst du auch ertrinken!« »Was sollte ich machen?«, sagte der Skorpion, »es ist meine Natur.«

Chakotay (Skorpion, Teil I)

STAFFEL 4
(1997/1998)
ALLES BORG ODER WAS?

Eines war im dritten Jahr für jeden offensichtlich geworden: Jeri Taylor hatte einen frischen Ansatz in die Serie eingebracht und vieles von dem, was die Serie auszeichnete, verfeinern können. Dass dabei nicht alles qualitativ funktioniert hatte, stand natürlich auf einem anderen Blatt.

Erstmals musste man auch einen Verlust im Cast beklagen. Jennifer Lien, deren Figur der Kes nie wirklich funktioniert hatte und zuletzt oft auf winzige Szenen reduziert worden war, verließ mit *The Gift* die Serie und machte Platz für einen spektakulären Zugang: Jeri Ryan alias Seven of Nine betrat als Menschenfrau, die man von den Borg gerettet hatte, die Bühne und fiel zunächst durch ihren markanten, silbernen Catsuit auf, der es gemeinsam mit der attraktiven Blondine auf viele Cover schaffte. Einen Werbeeffekt konnte man der Sache daher sicher nicht absprechen, wenngleich man dafür aber auch eine absolut angemessene Sexismusdebatte führen musste, die *Star Trek* nicht gut zu Gesicht stand. Und so sehr man sich bemühte, Jeri Ryan bei jeder Gelegenheit in ihrer ganzen Pracht zu zeigen, wurde es an anderer Stelle etwas komplizierter. Die Kameraleute waren nämlich gezwungen, die Schwangerschaft von Roxann Dawson zu verstecken, da man sie – zumindest noch nicht – in die Serie einbauen wollte.

Im Writers Room gab es einen Zugang, der durchaus eine große Rolle für die Serie spielte: Bryan Fuller! Neben zwei Episoden für *Star Trek: Deep Space Nine* begann er mit dem vierten Jahr von *Star Trek: Voyager* endgültig seine Karriere in Hollywood. Er lieferte direkt stark ab: *The Raven/Der schwarze Vogel*, *Mortal Coil/Leben nach dem Tod*, *Retrospect/Im Rückblick* und *Living Witness/Der Zeitzeuge* waren allesamt überzeugend. Sonst änderte sich abseits von den üblichen Freelancern nur wenig. Bei den Regisseuren drängten weiter auch Schauspieler nach vorne. LeVar Burton kehrte mit *Der schwarze Vogel* zurück, Andrew J. Robinson erhielt *Unforgettable/Unvergessen,* und Tim Russ begeisterte zum Auftakt seiner Tätigkeit in diesem Bereich mit *Der Zeitzeuge.*

Die Serie veränderte sich derweil drastisch weiter. Das Tempo zog an, es wurde noch düsterer, und der Zeitgeist klopfte nun überdeutlich an die Turbolifttüren. Das Franchise passte sich den Trends der Fernsehlandschaft in diesen Jahren am deutlichsten an, was man ebenfalls gut anhand der Kriegsthematik bei *Star Trek: Deep Space Nine* erkennen konnte. Trotzdem vergaß man auch das Element der Familie nicht und präsentierte das Schiff mehr denn je als neues Zuhause der Crew. Im Verlauf dessen wurden zudem die plötzlich auftauchenden Möglichkeiten, schnell oder umgehend nach Hause zurückzukehren, drastisch reduziert. Man verlegte sich mit dieser Staffel stattdessen lieber darauf, die Reise hier und da mit Sprüngen zu beschleunigen, um den Figuren Hoffnung und Zuversicht geben zu können. Tom Paris und B'Elanna Torres begannen nun endgültig eine Beziehung, was die Entwicklungen an Bord hin zu einem permanenten Zuhause unterstrich. Außerdem weihte man das neue astrometrische Labor ein, das zum primären Wirkungsbereich von Seven of Nine wurde. In *Message in a Bottle/Flaschenpost* kam es außerdem zum ersten Kontakt mit der Sternenflotte seit dem Stranden im Deltaquadranten, was der Crew zusätzlich ein gutes Gefühl gab. Dennoch wollte man selbstverständlich auch wieder auf große Event-Zweiteiler setzen und startete in dieser Disziplin mit einem Höllenritt für Zuschauer und Crew der USS Voyager durch. Diese gingen nämlich ein ganzes Jahr ihrer und 90 Minuten unserer Zeit durch die Hölle, wir litten mit und waren am Ende hin- und hergerissen zwischen Mitfreuen und Schwarzärgern. *Year of Hell/Ein Jahr Hölle* war nämlich die ultimativ härteste Voyager-Episode: sowohl physisch als auch psychologisch. Dazu gesellten sich mit Kurtwood Smith als Annorax ein grandioser Gegenspieler auf emotional absolut nachvollziehbarer Mission, schöne Effekte und durchweg starke Dialoge. Einzig der finale Resetbutton und ein paar Schwächen in der Dramaturgie schmälerten das Gesamtergebnis dezent. Dennoch hatten wir es an dieser Stelle der Serie mit einem ganz heißen Stück Action-Trek zu tun!

Andererseits konnten die Autoren aber auch richtig ernsthaft werden. Neelix, den wir bis zu diesem Zeitpunkt nur als Clown kannten, starb in der Episode *Leben nach dem Tod* und wurde vom Doktor ins Leben zurückgeholt. So weit, so gut? Mitnichten. Denn Neelix konnte einfach nicht fassen, dass in der Zeit, in der er tot war, kein Leben nach dem Tod stattgefunden hatte. Diese Erkenntnis stürzte ihn in eine tiefe Sinnkrise. Die Serie setzte sich hier auf feinfühlige Weise mit großen Fragen der Existenz auseinander. Was wäre, wenn dein Glaube, der dich dein ganzes Leben lang begleitet und dir durch schwere Zeiten geholfen hat, sich als Illusion herausstellen würde? Was wäre, wenn etwas, was für dich zum Anker in deinem Leben geworden ist, einfach jegliche Grundlage verlieren würde? Im ersten Moment war der kleine Talaxianer noch begeistert von seiner Rettung gewesen; dann jedoch drängten sich ihm zunehmend komplexe Fragen auf, Fragen über etwas, das einen elementaren Teil seines Glaubens eingenommen hatte. Seine Versuche, zur Normalität überzugehen, das Scheitern dieses Planes und das Abrutschen in die Tiefen seiner Seele zeichnete das Drehbuch mit viel Sensibilität nach. Auch machte man hier auf wunderbare Weise Gebrauch von der Crew als Familie und gab allen etwas Relevantes zu tun. Besonders brillierten Ethan Phillips und Robert Beltran, die als Neelix und Chakotay den Großteil des Dramas zu tragen hatten. Endlich wurde in diesem Zusammenhang auch die Spiritualität des ersten Offiziers wieder thematisiert, ohne ihn auf Indianer-Klischees zu reduzieren. Beide Schauspieler lieferten dann auch in der Rückschau ihre vermutlich besten Performances innerhalb der Serie ab und verließen dabei doch nie die feine Linie zwischen aufwühlend und zu rührselig.

Nachdem der Botschafter der viel zu guten Laune innerhalb der Serie immer mehr in die Rolle des reinen Comedy-Charakters und Stichwortgebers gedrängt worden war und dadurch meist hintenüberfiel, stellte man ihn hier wirklich sinnvoll in den Mittelpunkt und gab ihm etwas zu tun, das seinen Charakter vom reinen Plot-Device zu einer echten Person voller zwiespältiger Gefühle machte. Für Neelix war dies definitiv einer seiner feinsten und aussagekräftigsten Momente. Sein Trip in die düsteren Abgründe der

Seele riss mit, faszinierte und ließ uns mit einem fast runderneuerten Charakter zurück, der Voyager-typisch zwar schnell wieder vergessen wurde, hier allerdings komplett überzeugen konnte.

Mal ehrlich: Hat bei der Erinnerung an diese Episode noch jemand eine Träne im Knopfloch? Richtig so! Doch damit ist es jetzt ganz schnell wieder vorbei, wenn wir uns dem nächsten großen Event der Staffel zuwenden: *The Killing Game/Das Tötungsspiel*! Das klang nicht nur rein vom Titel schon nach ultimativer Überzeichnung, es schrie auch geradezu nach dem Einsatz von Popcorn. Und doch zeigte es darüber hinaus noch etwas ganz anderes: Die vierte Staffel der Serie bot eigentlich alles, was man sich nur wünschen konnte: Charakterdramen, spannende SF-Konzepte, Emotionen und eben auch massenhaft Action. *Das Tötungsspiel* war in diesem Mix der Big Bang der Staffel. Hier flogen nicht nur nach und nach sämtliche Gehirnzellen in die Luft, der Zuschauer kam außerdem keinen Moment zur Ruhe und freute sich über einen wilden Ritt, der sich zwar irgendwie nie richtig ernst nahm, jedoch dabei einfach pure und gute Unterhaltung bot. Dass man auch weiterhin alle Bedürfnisse zu bedienen verstand, bewies kurz darauf *Der Zeitzeuge*, ein Meilenstein der Trek-Geschichte, der – wie der Zufall es wollte – eben zudem Geschichtsschreibung zum Thema hatte. Die von Brannon Braga, Bryan Fuller und Joe Menosky ausgearbeitete Episode leistete alles, was man sich von einer Trek-Dreiviertelstunde erwarten konnte: Knackige Dialoge, ein moralisches Dilemma sowie Fragen, die über Raum und Zeit hinausgingen und Stoff für stundenlange Diskussionen boten. Dazu gab es Humor, Schauspieler in Bestform, eine Regie, die alles in wohlbekannten, aber doch entrückten Bildern einfing, und als Sahnehaube ein offenes Ende wie aus dem Nichts und wie aus dem Lehrbuch. *Der Zeitzeuge* war und ist *Star Trek* in absolut reiner Form. Wenn man eine Episode benötigt, um einen bisher Unwissenden über die erzählerische Energie von *Star Trek* aufzuklären, ist diese hier eine ganz wunderbare Wahl.

Weitere Höhepunkte dieser starken Staffel waren das clevere *Nemesis*, die Seven-Studien *Der schwarze Vogel*, *Im Rückblick* und *One/Eine*, die spannenden Ereignisse rund um die Hirogen in *Hunters/Jäger* und *Prey/Die Beute*, die launig-verrückten Abenteuer *Scientific Method/Verwerfliche Experimente* und *Waking Moments/Wache Momente* sowie das tolle Doktor-Vehikel namens *Flaschenpost*, bei dem wir die USS Prometheus kennenlernten, die viel später in den Romanen der Kollegen Christian Humberg und Bernd Perplies die Hauptrolle einnahm. Die beiden Autoren wurden somit übrigens zu den ersten nicht-englischsprachigen Schriftstellern überhaupt, die in Hollywoods Auftrag offizielle Trek-Romane beisteuern durften. Unbedingt lesen!

Weniger gut kamen einzig *Random Thoughts/Gewalttätige Gedanken*, *Vis à Vis*, die schnarchige Chakotay-Lovestory in *Unvergessen* und das alberne *Demon/Dämon* daher. Man hatte die Serie mit dem vierten Jahr definitiv auf eine ganz andere Qualitätsstufe gehoben. Seicht, laut, bunt und größtenteils konsequenzbefreit war sie zwar immer noch, genau das machte sie allerdings hier so gut wie nie zuvor.

Zunächst schien es, als würde der zweite neue Ansatz dann auch Wirkung zeigen. *Skorpion, Teil II* legte mit 10,3 Millionen Zuschauern einen Traumstart hin und holte dreieinhalb Millionen Zuschauer im Vergleich zum Durchschnitt der dritten Staffel zur Serie zurück. Zwei Millionen davon waren eine Woche später jedoch schon wieder weg, der Rest verließ erneut eine Woche später das Schiff. Die Serie war schneller als befürchtet zurück im grauen Alltag. Einzig mit *Revulsion/Der Isomorph* (7,5 Millionen) und *Ein Jahr Hölle, Teil II* (8,1 Millionen) gab es noch größere Ausreißer nach oben. Der Rest bewegte sich gemächlich zwischen 7,0 und nur noch 4,2 Millionen Fans. Der Durchschnitt dieser dezenten Achterbahnfahrt lag dann letztlich bei 6,3 Millionen – immerhin verlor man also im vierten Jahr nur rund 500.000 weitere Zuschauer. Zum Vergleich: *Star Trek: Deep Space Nine* hatte in der vierten Staffel (die ja ebenfalls inhaltlich einiges versucht hatte) fast identische knapp 6 Millionen Zuschauer im Schnitt erreicht, in der parallel laufenden sechsten waren es dort aber nur noch 5 Millionen gewesen.

Der Niedergang der beiden Serien – und damit des gesamten Franchises – ging also weiter Hand in Hand: Zwei Formate, die stetig besser wurden und denen trotzdem im Gleichschritt die Fanbase durch die Finger rann.

Er folgte dem Weg, den die Voyager genommen hatte.
Er sagte, er hätte Sehnsucht ... nach der Heimat.

Tourguide (Der Zeitzeuge)

STAFFEL 5
(1998/1999)
BRAGA, ÜBERNEHMEN SIE

Zu Beginn der fünften Staffel gab es mal wieder einen Führungswechsel bei der Serie zu verzeichnen. Nach Michael Piller und Jeri Taylor durfte sich nun Brannon Braga als Showrunner versuchen. Er führte die Steilvorlage seiner Kollegin fort und setzte auf Abwechslung, Events und verrückte Ideen. Außerdem wurde der Ton der Serie noch düsterer, und man ließ diverse Figuren durch schwere Zeiten gehen. Torres verletzte sich in *Extreme Risk/Extreme Risiken* selbst, Seven kämpfte in *Infinite Regress/Das Vinculum* mit ihren Erinnerungen ans Kollektiv, Tom Paris wurde in *Thirty Days/Dreißig Tage* inhaftiert und verlor seinen Rang, und Harry Kim erhielt in *The Disease/Das Generationenschiff* angesichts eines kleinen sexuellen Intermezzos einen Rüffel samt Standpauke von Mama Kathryn. So würde das wirklich nie etwas werden mit der Beförderung! Während man sich sowohl hier als auch bei *Star Trek: Deep Space Nine* also eher in Schwermut suhlte, kam parallel ausgerechnet *Star Trek: Der Aufstand* in die Kinos und versuchte, mit Gags und guter Laune zu punkten. Irgendwie sonderbar.

Wie bei *Star Trek: Deep Space Nine* holte man auch hier nun ein weiteres kleines und wendiges Schiff mit dazu: den Delta Flyer. Dieser wurde in der Folgezeit gerne für Missionen genutzt und stoppte zumindest teilweise den Reigen an unglaubwürdigen Shuttle-Verlusten. Überdies feierte die Borg-Königin ihr Comeback, wurde jedoch nicht von Alice Krige (wie in *Star Trek: Der erste Kontakt*), sondern von Susanna Thompson gespielt. Der aus *Star Trek: The Next Generation* bekannte Boothby (gespielt von Ray Walston) durfte in den Episoden *In the Flesh/In Fleisch und Blut* und *The Fight/Der Fight* sogar zweimal mitwirken.

Ein großes Problem entwickelte sich in dieser Phase aber abseits der Geschichten, die wir auf dem TV-Schirm zu sehen bekamen. Die Serie hatte sich mit Beginn des vierten Jahres immer mehr zu einer Art Janeway-und-Seven-Soloshow entwickelt, bei der höchstens der Holodoc und die Borg noch mithalten konnten. Alle anderen Darsteller wurden zunehmend vernachlässigt, was insbesondere Robert Beltran alias Chakotay sauer aufstieß. Seine Figur wurde immer weiter zur Bedeutungslosigkeit degradiert, und mehr als einmal konnte man sich einbilden, der Darsteller würde seine Rolle in verschiedenen Szenen nur noch auf Autopilot oder gar mit Gleichgültigkeit spiclen. Schade.

Allerdings stand auch ein schönes Jubiläum an: Die einhundertste Episode *Timeless/Temporale Paradoxie* veredelte LeVar Burton nicht nur durch seine Beteiligung als Darsteller, sondern zugleich auf dem Regiestuhl. Robert Duncan McNeill zog in diesem Bereich mit *Someone to Watch Over Me/Liebe inmitten der Sterne* ebenfalls ein großes Los.

Die angesprochene Episode *Temporale Paradoxie* hätte dabei dank zweier Zutaten für Frust sorgen können: Sie beinhaltete einen Resetbutton und eine potentielle, letztlich jedoch ausgelöschte Zukunft. Bei beidem handelt es sich normalerweise nicht um Merkmale, die beim Publikum große Emotionen hervorrufen, da man viel zu sehr damit beschäftigt ist, die Geschehnisse ob des befürchteten frustrierenden Endergebnisses nicht ernst zu nehmen oder an sich heranzulassen. Dennoch gelang der Serie mit dieser Jubiläumsepisode ein Beitrag, der beide Elemente kompetent verband und trotzdem emotional herausragte, da man eben den Kern der Serienhandlung (die Chance, früher nach Hause zu gelangen) mit der bestmöglichen (weil emotionalsten) Atmosphäre kombinierte und den Zuschauer parallel direkt darüber informierte, dass der Versuch der Crew scheitern würde. Auf diese Weise nahm sich die alternative Zukunft direkt zu Beginn selbst aus dem Spiel und übergab an den Resetbutton, der für die Wiederherstellung des Status Quo der Serie sorgen sollte. Dieser trat dann in Person von Harry Kim und Chakotay in Erscheinung, die als gebrochene Männer aus der Zukunft versuchten, das Drama ungeschehen zu machen. Dabei stach vor allem der meist sträflich vernachlässigte Garrett Wang alias Harry »Dauerfähnrich« Kim ins Auge. Wang zeichnete hier einen Charakter, der gar nichts mehr mit dem naiven, oft albernen und untätigen Grünschnabel zu tun hatte. Wie gerne hätte ich diesen Kim für den Rest der Reise an Bord erlebt! Schade für uns und schade für Wang, dass man Kim in der Folgezeit wieder auf den bekannten Scherenschnittcharakter zurückstutzte. Hier aber trug er beziehungsweise sein Alter Ego die Episode spielerisch. Sein innerer Konflikt war jederzeit greifbar, seine Motivation auf tragische Weise nachvollziehbar.

Darüber hinaus machte es viel Spaß, die Crew in den Rückblenden bei ihren Vorbereitungen zu erleben. Alle arbeiteten mit Feuereifer an der neuen Idee, die Hoffnungen und Wünsche der einzelnen Figuren wurden sauber herausgearbeitet, und etwas Besonderes lag in der Luft. Dass der Humor dabei ebenfalls nicht zu kurz kam (Seven und der Alkohol), war ein hübscher Bonus. Typisch *Star Trek: Voyager* wurde der Slipstream übrigens später nie mehr genutzt. Dabei wäre es theoretisch zumindest denkbar gewesen, das Konzept in Teilen zu verwenden, um wenigstens Teile der Reise weiter zu verkürzen, oder? Schwamm drüber. Die Serie war oft grandios, Kohärenz gehörte allerdings nie zu ihren Stärken. *Temporale Paradoxie* war ein episches Stück *Star Trek: Voyager* und ein erinnerungswürdiges Stück *Star Trek*. Dank eines pfiffigen Drehbuchs, der besten Harry-Kim-Charakterisierung überhaupt und der besten Leistung von Garrett Wang fieberte man trotz des sicheren Resetbuttons am Schluss atemlos mit und war näher an den Figuren dran als zu vielen anderen Gelegenheiten innerhalb der Serie.

Neben Seven Of Nine war es mit Sicherheit in erster Linie der Holodoc, der viele der besten Episoden und Momente der Serie prägte. Zunächst als entbehrlich oder sogar wenig sinnvoll abgetan, entwickelten die Autoren gemeinsam mit Darsteller Robert Picardo aus dem medizinischen Notfallprogramm einen der unterhaltsamsten Charaktere der Trek-Geschichte. Dass die Figur dank ihrer Tragik auf dem Weg zur Menschlichkeit auch immer für dramatische Geschichten gut war und sich zudem als außenstehender Beobachter der menschlichen Crew (ganz in der Tradition von Spock, Data oder Odo) eignete, verstärkte den positiven Eindruck nur und ließ viele der Kollegen im teilweise blassen Cast wie Statisten aussehen. In der Episode *Latent Image/ Verborgene Bilder* kam der Doktor per Zufall einem Mysterium auf die Spur, das ihn an seiner Umwelt und speziell sich selbst zweifeln ließ. Ähnlich wie in der wunderbaren Episode *Clues/ Beweise* aus *Star Trek: The Next Generation* wurde über merkwürdige Hinweise gerätselt und spekuliert. Damals war es Data, der alle Informationen besaß und den Rest der Crew im Unklaren hielt – zu ihrem eigenen Besten. Hier nun drehte man die Situation einfach um. Der Doktor hatte eine unmenschlich schwere – für einen Mediziner jedoch nicht ungewöhnliche – Entscheidung treffen müssen. Welchen Kollegen rette ich, wenn beide schwer verletzt sind und nur durch sofortiges Eingreifen überleben können? Der Doktor wählte Kim und ließ ein uns unbekanntes Crewmitglied sterben. Was ihn in der Folgezeit umtrieb, war die Frage, warum er sich so entschieden hatte. Ob er nur der größeren Sympathie den Vorzug gegeben hatte? Ein Dilemma für das aufrechte Hologramm. Da sich sein Zustand immer weiter verschlechterte, löschte die Crew seine Erinnerungen an den Vorfall und ging zur Tagesordnung über. Die Frage nach den Rechten des Doktors als Individuum wurde hier nicht weiterverfolgt, obwohl auch dies ein definitiv spannender Aspekt gewesen wäre. Handelte es sich nur um einen notwendigen medizinischen Eingriff seitens der Crew, um eine rein technische Lösung für ein Problem, oder hatte man vielleicht viel mehr aus ethischer Sicht falsch gehandelt?

Mit dem Löschen der Erinnerungen fasste das Drehbuch aber lieber das zweite heiße Eisen an und fragte danach, was geschehen würde, wenn wir Menschen traumatische und emotional komplizierte Vorgänge einfach vergessen könnten. Würden wir diese Vorgehensweise nutzen wollen? Nicht umsonst versuchen viele Menschen, ihre Sorgen durch Alkohol oder mit Drogen zu betäuben oder greifen zu Medikamenten. Diese Hilfsmittel bieten allerdings nur temporäre Abhilfe. Ist die Wirkung verflogen, sind die Probleme zurück. Das vollständige Löschen von Erinnerungen und den damit verbundenen Emotionen jedoch würde potentiell eine dauerhafte Lösung bieten, wenn man davon absähe, dass die Umwelt unter Umständen eben noch genau über die Geschehnisse Bescheid wüsste. Die Episode beantwortete die aufgeworfenen Fragen recht eindeutig und Trek-typisch. Der einfache Weg ist einfach keine Lösung. Der Doktor musste sich seinen bohrenden Fragen stellen und diese in allen Einzelheiten durchleben. Es dauerte, so lange es eben dauerte, und seine Freunde und Kollegen blieben in dieser schwierigen Zeit an seiner Seite und halfen ihm durch alle Phasen der Verarbeitung. Dass man dabei aufgrund der Kürze der Sendezeit nicht alles detailliert ausformulieren konnte und wie so oft innerhalb der Serie die Folgen der Ereignisse nie wieder aufgegriffen wurden, musste man leider akzeptieren. Als isolierte Betrachtung aber funktionierte die Episode in vollem Umfang, weil sie uns zum Nachdenken anregte und Fragen aufwarf, die für jeden Menschen eine ganz eigene Relevanz besitzen und nachhallen. In einer erneuten Picardo-Soloshow erlebten wir daher den Konflikt eines innerlich zerrissenen Charakters, der an seinen eigenen – rational richtigen – Entscheidungen zu zerbrechen drohte. Essentielle Fragen über das Menschsein gaben sich mit philosophischen

Ergüssen die Klinke in die Hand und ließen uns unseren eigenen Werdegang reflektieren und neu bewerten.

Doch hatte man für Picardo noch weitere heiße Eisen im Feuer. Wenn nämlich ein Drehbuch vorsieht, dass ein narzisstisches Hologramm eine mehr als steife Ex-Borg mit Tipps zum Dating versorgt, die beiden in diesem Zuge Lieder singen und tanzen und in der Nebenhandlung Neelix einen dauerbetrunkenen Gast in Zaum halten muss, erwartet man vielleicht nicht zwingend ein All-Time-Highlight einer SF-Serie. Dennoch zeigt sich gerade in *Liebe inmitten der Sterne*, wie sehr auch Trek-Serien auf die inneren Mechanismen der Charaktere und die damit verbundenen Emotionen abzielen und wie schön man die Probleme von echten Menschen mit Hilfe von abgehobenen SF-Konzepten illustrieren kann. Der Doktor sieht sich als Experte in Fragen der Menschlichkeit. Näher an der Wahrheit ist allerdings, dass er im Gegensatz zu Seven of Nine gerade einmal etwas mehr Ahnung von alledem hat – was in seinen Augen selbstverständlich ausreicht, um andere an seiner Expertise teilhaben zu lassen. Dass sich hieraus spaßige Situationen ergeben würden, war fast nicht zu vermeiden. Zu entrückt sind diese beiden Lebewesen, die so unterschiedlich und in ihrer Andersartigkeit doch so ähnlich sind. Selbstredend ging das Drehbuch dabei auch oft den einfachen Weg: Seven klischeehafte Dating-Sätze in den Mund zu legen, die sie mit Borg-Ausdrücken garnierte, war sicher keine weltbewegend neue Idee, machte jedoch Spaß. Und Robert Picardo war ohnehin immer dann am besten, wenn er das überkandidelt-verkannte Genie spielen durfte. Ryan und Picardo waren es dann auch, die den Großteil der Episode spielerisch alleine trugen. Ob es aber grundsätzlich eine gute Idee war, dem Doktor diese nicht erwiderten Gefühle für Seven überhaupt zu geben, obwohl man sie später offenbar nicht mehr aufgreifen wollte, sei einmal dahingestellt. Man denke hier nur an die unsägliche Schmonzette rund um Seven und Chakotay (die zu diesem Zeitpunkt der Serie noch vor uns lag), die im Vergleich nur lachhaft wirkte. Für sich genommen fühlte sich die Ebene, auf der sich Seven und der Doktor begegneten, viel realer und emotional grundierter an. Schade drum. Die Episode an sich trug daran allerdings – wie so oft bei der Serie – keine Schuld. Hier fehlte leider immer wieder die größere und langfristig angelegte kreative Vision.

Interessant wäre ebenfalls gewesen, wie es ausgesehen hätte, wenn sich ausgerechnet auf der Seite von Seven tatsächlich

Gefühle entwickelt hätten. Für den Moment war sie ausschließlich neugierig und wissbegierig. Sie hatte kein Interesse an einer romantischen Beziehung, Liebe oder Sex. Sie suchte nur nach neuen Möglichkeiten, ihre Menschlichkeit zu erkunden. In gewisser Weise hakte sie dabei eine Liste ab, die es ihr ermöglichen sollte, nach und nach auf dem »Mensch-o-Meter« voranzukommen. In diesem Stadium wäre sie mutmaßlich zu echten Gefühlen noch gar nicht fähig gewesen. Mit all diesen kleinen thematischen Nebenkriegsschauplätzen brachte uns die Episode dazu, mit den Charakteren mitzufühlen und ihre fiktiven Lebensläufe ernstzunehmen. Auch die B-Handlung mit Neelix und dem außer Rand und Band geratenen Botschafter, der sich mehr für Alkohol und Käse als für seine Studien interessierte, traf alle richtigen Töne und machte aus dem oft nur für Kalauer benutzten Talaxianer ein weiteres Mal einen greifbaren Charakter inmitten eines Chaos, das er scheinbar nicht beherrschen konnte – dessen er mit Pfiff und Kreativität am Ende jedoch trotzdem Herr wurde.

Und so gelang ausgerechnet Braga in Zusammenarbeit mit Joe Menosky ohne Bumm-Bumm und Schilde, die auf zehn Prozent fallen, eine herzerwärmende Episode, die kein Auge trocken ließ. Die beiden unwahrscheinlichsten und somit schlicht perfektesten Charaktere zündeten ein Feuerwerk an Situationskomik und starken Gefühlen, das der Serie in dieser Konzentration davor oder danach niemals wieder gelang. Unerwartet vielleicht, doch definitiv eine meiner absoluten Lieblingsepisoden der Serie.

Doch gab es auch noch eine zweite höchst emotionale Dreiviertelstunde, die hier Erwähnung finden muss. *11:59/23:59* war eine vollkommen untypische Trek-Episode, die ebenso wie *Liebe inmitten der Sterne* gänzlich auf Action oder SF-Elemente verzichtete und sich mit Hingabe auf eine kleine Geschichte konzentrierte, die für die Figur der Kathryn Janeway aber an Relevanz kaum zu toppen war. Da der Rest der Stammcrew ebenfalls in charmant-witziger Art Anteil an Handlung und Aussage erhielt, Gastdarsteller Kevin Tighe (bekannt aus dem Reboot von *Battlestar Galactica*) eine klasse Performance ablieferte und vor allem Kate Mulgrew als ihre eigene Vorfahrin wunderbar aufspielte, lieferte die Serie hier ein Kleinod ab, das man sich immer wieder anschauen möchte. Die Voyager-Familie funktionierte selten so schön wie hier.

Weitere Höhepunkte eines starken – und vielleicht in der Rückschau sogar besten Jahres der Serie – waren das melancholische *Night/Nacht*, das mitreißende *Drone/Die Drohne*,

Bliss/Euphorie und *Think Tank/Die Denkfabrik*, das verrückte Zeitreise-Abenteuer *Relativity/Zeitschiff Relativity* sowie der rassige Auftakt des Zweiteilers *Equinox*, der eine ganz andere Entwicklung einer Sternenflotten-Crew zeigte, die weit weg von Zuhause agieren musste. Weniger gut gefielen einzig das unglaublich plakative *Nothing Human/Inhumane Praktiken* (bei dem man genau im richtigen Moment einen Bajoraner erfand, der sich klischeehaft-vehement gegen das cardassianische Hologramm aussprechen durfte), das furchtbar alberne *Das Generationenschiff*, die unnötige Fortsetzung von *Dämon* mit dem Titel *Course: Oblivion/Endstation: Vergessenheit* und Chakotays verwirrend sinnfreie Boxstudien in *Der Fight*.

Die Qualität stimmte allerdings definitiv. Dennoch gingen in der fünften Staffel erneut Zuschauer flöten – 5,3 Millionen wurden als Durchschnittswert gemessen, was erneut einen Verlust von rund einer Million Fans bedeutete. Bei *Star Trek: Deep Space Nine* hatten das fünfte Jahr 5,7 Millionen Zuschauer verfolgt, das parallel laufende siebte und letzte Jahr war noch auf 4,4 Millionen gekommen. Eine Achterbahnfahrt der Quoten wie im Vorjahr legte man bei *Star Trek: Voyager* nun also immerhin nicht mehr hin. Bis auf den positiven Ausreißer *Dark Frontier/Das ungewisse Dunkel* (der als Event-Fernsehfilm ausgestrahlt wurde und damit 7,4 Millionen Zuschauer fand) bewegte man sich in einem recht engen Fenster zwischen 4,1 und 6,0 Millionen. Als Debakel muss die Sonderprogrammierung von *Juggernaut/Verheerende Gewalt* gewertet werden – hier schauten abseits des üblichen Sendeplatzes nur 2,5 Millionen Trekkies zu. Ein einmaliger Tiefpunkt.

Mit dem spannenden Cliffhanger am Ende von *Equinox, Teil I* verabschiedete man sich also erneut in die Pause. Würde diesmal zumindest der Showrunner an Bord bleiben?

... ich meine den atomaren Urknall, der seine Strahlung aussendet, alles in Bewegung setzt. Ein Partikel kollidiert mit einem anderen, Gase dehnen sich weiter aus, Planeten schrumpfen, und ehe man sich versieht, haben wir Raumschiffe, und Holodecks, und Hühnersuppe. Wie mir scheint, kann man überhaupt nichts tun gegen Raumschiffe und Holodecks und Hühnersuppe, weil dies alles vor 20 Milliarden Jahren bestimmt wurde!

Holodoc (Verborgene Bilder)

STAFFEL 6
(1999/2000)
THE MOORE PARADOX

Er blieb. Brannon Braga ging in sein zweites Jahr als Chef der Autoren und zog mit seinen Vorgängern Piller und Taylor gleich. Er hatte die Serie fraglos stabilisieren und mit dem fünften Jahr das ebenfalls schon starke vierte sogar noch leicht toppen können.

Bei den Autoren gab Ronald D. Moore (der eigentlich bislang als Freund von Brannon Braga gegolten hatte) nach seiner Zeit bei *Star Trek: Deep Space Nine* ein sehr kurzes Gastspiel und zeichnete für die Episoden *Survival Instinct/Überlebensinstinkt* und *Barge of the Dead/Die Barke der Toten* verantwortlich. Kurz war sein Gastspiel deshalb, weil er bereits zu Beginn der Staffel wieder den Notausgang aufsuchte. Offenbar hatte sich das Binnenverhältnis zwischen ihm und Braga merklich verändert, weshalb er sich zu diesem Schritt gezwungen sah. Sein Abgang war mehr als schade, da er eine wunderbare Ergänzung der Serie hätte werden können.

I have very hurt feelings about Brannon. What happened between me and him is just between he and I. It was a breakdown of trust. I would have quit any show where I was not allowed to participate in the process like that. (...) I felt like I was freelancing my own show. I was very disappointed that my long-time friend and writing partner acted in that manner, that crossed lines to the point where I felt like I had to walk away from »Star Trek«, which was something that meant a lot to me for a very long time, from my childhood right through my entire professional career.

Meine Gefühle in Bezug auf Brannon sind zutiefst verletzt. Was zwischen uns vorgefallen ist, hat nur mit uns beiden zu tun. Es ging um den Vertrauensverlust. Ich hätte jede Serie verlassen, bei der ich aus dem Prozess derart ausgegrenzt worden wäre. (...) Ich fühlte mich wie ein Freiberufler bei meiner eigenen Serie. Ich war sehr enttäuscht darüber, dass mein langjähriger Freund und Autorenkollege sich auf eine derartige Weise verhielt; das überschritt Grenzen, die mir das Gefühl gaben, dass ich mich von »Star Trek« abwenden musste. Dabei hatte es mir für eine sehr lange Zeit sehr viel bedeutet, von meiner Kindheit an durch meine gesamte professionelle Karriere.

Ronald D. Moore (über sein Ende bei der Serie)

Weitergehen musste es jedoch selbstredend trotzdem, gerade weil die Serie erstmals der einzige Trek-Vertreter im TV war. *Star Trek: Deep Space Nine* war nach sieben Jahren zu Ende gegangen und überließ den Frauen und Männern von der USS Voyager vollständig das Feld. Insgesamt fühlte sich die Serie nun plötzlich wieder wie zu Beginn ihrer Laufzeit an. Viele Episoden hatten keine Verbindung zueinander, und man baute auf Einzelabenteuer und präsentierte in schnellem Wechsel neue Aliens, Anomalien und Kurzzeitkrisen.

Dafür kamen mit den Borg-Kids in dieser Staffel aber noch ein paar neue Figuren zur Serie und lieferten Stoff für die Entwicklung von Seven of Nine. Janeway durfte sich nun auch endlich einmal richtig verlieben – allerdings nur auf dem Holodeck, was Kate Mulgrew wenig begeisterte. Begeistert zeigten sich dafür die Fans von zwei Gastauftritten: Marina Sirtis kehrte als Deanna Troi zurück, und Dwight Schultz durfte erneut Reginald Barclay mimen – beide waren natürlich bekannt aus *Star Trek: The Next Generation.*

Regie führen war bei den Schauspielerinnen und Schauspielern ebenfalls wieder angesagt. Robert Picardo zeichnete für *One Small Step/Ein kleiner Schritt* verantwortlich, Roxann Dawson für *Riddles/Rätsel* und LeVar Burton für *Live Fast and Prosper/Lebe flott und in Frieden.*

Eines meiner persönlichen Highlights der Staffel kam relativ früh. Doch eigentlich enthielt die Episode *Ein kleiner Schritt* Inhaltsstoffe, die eher für Magenkrämpfe als für Jubelschreie hätten sorgen müssen. Die Anomalie der Woche und große Gefahr für die Crew waren innerhalb der Serie thematisch zu diesem Zeitpunkt bereits totgewalzt worden. Auch schrieb man einem Hauptcharakter (hier: Seven) eine Haltung zu, die kaum mehr glaubwürdig erschien. Ihre Ignoranz bezüglich der

Vergangenheit hätte sie spätestens in der fünften Staffel in *23:59* abgelegt haben müssen. Dass dazu noch eine Botschaft transportiert wurde, die wie ein Dampfhammer über uns fegte, hätte dem Ganzen den Rest geben müssen. Doch weit gefehlt. Der Kern der Episode befasste sich schließlich mit Dingen, die *Star Trek* definieren: Der Notwendigkeit und Faszination der Erkundung des Weltalls und dem steten Streben nach mehr sowie der Reise in die Ungewissheit. In einer Anomalie entdeckte man die verschollene Ares IV, die während einer der frühen bemannten Mars-Missionen samt ihres Piloten verschwunden war. Zerstört wurde sie nicht, dafür jedoch in besagter Anomalie gefangen. Pilot Kelley war inzwischen natürlich schon lange tot, doch seine Aufzeichnungen sorgten im Fortgang der Handlung für schöne Momente und einen sentimentalen wie gleichsam euphorischen Blick auf unser aktuelles Streben, das All weiter zu erkunden.

Chakotay war hier erfreulicherweise derjenige, der den Fund mit den großen Augen eines Forschers erlebte. Man bekam den Eindruck, er hätte den Rest seines Lebens mit der Erforschung dieses Schiffs verbringen können – und wer konnte es ihm verdenken? Auf der USS Voyager hatte er schließlich schon seit Jahren nichts mehr zu tun, da musste er doch jeder neuen Karriereoption nachjagen! Ich scherze. Wie Kelley war Chakotay schlicht der Meinung, dass auch der Tod ein notwendiger Teil des niemals endenden Forschungsprozesses ist. Auch Kelley fühlte sich durch sein Schicksal bestätigt – »What I've seen proves we were right to come out here«, sagte er an einer Stelle. Schade, dass er 300 Jahre lang niemandem davon berichten konnte. Die besten Momente lieferten die Tagebücher von Kelley, in denen er verdeutlichte, warum sein Schicksal nichts sei, worüber man lamentieren sollte. Die Interaktion zwischen Chakotay und Seven fügte sich hier – abseits der oben bereits genannten Schwächen – sehr gut ein. Dank Episoden wie diesen und Filmen wie *Apollo 13* erleben wir, mit welchen Gefahren und Risiken die Reisen zu anderen Sternen behaftet waren, sind und auch zukünftig sein werden und wie viel Mut es immer wieder von den Menschen erfordert, diese einzugehen. Die Serie präsentierte einen Toast auf die weltweiten Weltraumprogramme und alle daran Beteiligten. Nicht subtil zwar, aber eben doch wunderbar geeignet für *Star Trek*.

Sieht man über die erneute Unwahrscheinlichkeit hinweg, dass die Crew der USS Voyager ständig über Geheimnisse der Erdgeschichte stolperte, hatten wir es hier mit einer äußerst feinfühligen Dreiviertelstunde zu tun, die uns nicht nur etwas über die Bedeutung von Geschichte lehrte, sondern ebenso ein kompetent geschriebenes Einzelschicksal präsentierte, das einfach berührte. *Star Trek: Voyager* glänzte erneut mit einem spannenden (wenn auch nicht neuen) SF-Konzept, welches zudem in eine warmherzige, humorvolle und zum Denken anregende Abhandlung über das Forschen und Streben nach höheren Zielen eingebettet wurde. Uns blieb eine magische Dreiviertelstunde *Star Trek*, die inhaltlich und in der Umsetzung ohne Einschränkung überzeugen konnte.

Mit dieser Episode hatte sich die Klasse der Staffel allerdings noch längst nicht erschöpft. Als weitere Höhepunkte sind zu nennen: der höchst interessante Ausflug in die Welt der Klingonen in *Die Barke der Toten* (aus der Feder von Bryan Fuller und Ronald D. Moore), die grandiosen Episoden *Pathfinder/ Das Pfadfinder-Projekt*, *Blink of an Eye/Es geschah in einem Augenblick*, *Muse/Die Muse* und *Life Line/Rettungsanker* sowie die Humorhöhepunkte *Tinker Tenor Doctor Spy/Dame, Doktor, Ass, Spion*, *Rätsel* und das zugegeben etwas alberne *Virtuoso/Der Virtuose*.

Tiefpunkte waren hingegen das generische *Alice*, die langweiligen Holodeck-Abstecher nach *Fair Haven* in der gleichnamigen Episode sowie die Fortsetzung *Spirit Folk/Das Geistervolk*, Sevens Prügelorgie in *Tsunkatse* und die verschenkte Rückkehr von Kes in *Fury/Voller Wut*. Im Gros hielt man das Niveau der Vorgängerstaffeln jedoch weitestgehend aufrecht und bescherte den Fans erneut einen bunten Strauß an Themen und Spielarten. Auffällig war, dass man diesmal von einem Eventzweiteiler absah. Dafür beendete man das sechste Jahr aber wiederum mit dem Auftakt einer Doppelfolge, die erneut die Borg in den Mittelpunkt stellte: *Unimatrix Zero*.

Mit der sechsten Staffel ereignete sich allerdings noch etwas, das es weder in *Star Trek: Deep Space Nine* noch in *Star Trek: Voyager* jemals zuvor gegeben hatte: Man verlor nämlich diesmal keine Zuschauer. Der Durchschnitt lag erneut exakt bei 5,3 Millionen Fans, was man durchaus als kleinen Erfolg werten konnte. *Star Trek: Deep Space Nine* hatte zum Quervergleich im sechsten Jahr noch fast 5 Millionen Fans erreicht und im Vergleich zum Vorjahr rund 800.000 Zuschauer verloren. Auch die Streuung von 4,5 Millionen bis 6,2 Millionen geriet hier sehr übersichtlich. Die Serie konnte also beruhigt ins letzte Jahr eilen.

Doch leider gab es da noch einen Wermutstropfen zu beklagen. Wieder einmal musste nämlich der Posten des Showrunners neu besetzt werden …

Der Weltraum. Buchstäblich bedeutet das… nichts. Ein Vakuum zwischen Sternen und Planeten. Aber eben aus diesem Grunde bedeutet es alles. Es ist das, was alle unsere Welten verbindet: Vulkan, Qo'noS, Talax, die Erde. Vor Jahrhunderten wurde die erste Welle von Forschern von den Menschen in diese Leere geschickt. Astronauten wie Mister Kelly. Sie ebneten den Weg für die ersten Kolonien, für die ersten Raumschiffe, für diejenigen, die im Weltraum zuhause sind.

Kathryn Janeway (Ein kleiner Schritt)

STAFFEL 7
(2000/2001)
DEN BILLER BEISSEN DIE HUNDE

Brannon Braga folgte nämlich nach zwei Jahren auf dem Chefsessel dem Ruf seines Bosses Rick Berman und kümmerte sich fortan um die Entwicklung von *Star Trek: Enterprise*. Aus diesem Grund schrieb er dann lediglich noch an vier Episoden des letzten Jahres mit. Somit blieb es dabei: Keiner hielt es länger als zwei Jahre auf dem vermeintlichen Schleudersitz aus. Bragas Nachfolger wurde Kenneth Biller, der bereits seit der ersten Staffel an der Show arbeitete. War er zunächst ein Jahr lang Executive-Story-Editor gewesen, wurde er im zweiten Jahr zum Co-Producer, im dritten zum Producer, im sechsten zum Co-Executive-Producer und schließlich für den Abgesang im siebten Jahr zum Executive-Producer und Showrunner. Ein toller Aufstieg! Er schrieb wunderbare Episoden wie *Lebensanzeichen*, *Die Kooperative*, *Temporale Sprünge* sowie *Nemesis* und führte bei einigen sogar Regie (*Eine*, *Der Isomorph*). Die Frage war nun: Hatte er auch eine kreative Vision für das letzte Jahr der Serie anzubieten?

Relativ schnell wurde klar: Billers Vision bestand vornehmlich darin, die Vorlage der letzten Staffeln fortzuführen. Er setzte auf viele verschiedene Themen und präsentierte primär weiterhin Einzelabenteuer. Leider ließ er es jedoch ebenfalls zu, dass die Autoren sich inhaltlich extrem wiederholten. Nur wenige Stoffe wirkten noch wirklich neu und kreativ, die Serie krankte an ähnlichen Ermüdungserscheinungen wie das letzte Jahr von *Star Trek: The Next Generation.* Man döste ein wenig zu selbstsicher dem Ende entgegen. Insgesamt versuchten die Autoren sich auf diese Weise an einer Art Best of der Serie und brachten vieles von dem, was irgendwann einmal relevant gewesen war oder funktioniert hatte, noch einmal auf den Teller. Das Ergebnis hinterließ einen schalen Nachgeschmack.

Marina Sirtis und Dwight Schultz lieferten erneut Gastauftritte, und Alice Krige durfte ihre Rolle aus *Star Trek: Der erste Kontakt* im Finale wieder übernehmen, nachdem Kollegin Thompson sie zuvor einige Male gut vertreten hatte.

LeVar Burton kehrte zum Abschluss noch dreimal auf den Regiestuhl zurück und bescherte uns *Nightingale*, *Q2* und *Homestead/Eine Heimstätte*. Roxann Dawson war für *Workforce/ Arbeiterschaft, Teil II* verantwortlich, und Robert Duncan McNeill hatte zum Abschluss seiner Tätigkeit an der Serie bei *Body and Soul/Körper und Seele* das Sagen.

Zu einem ausgewachsenen Politikum geriet schließlich noch das Serienfinale, das von Rick Berman, Brannon Braga und Kenneth Biller erdacht worden war und bei dem auch noch Robert J. Doherty am Drehbuch mitgearbeitet hatte. Wurde bei *Star Trek: Deep Space Nine* ein wahrlich großformatiger Ansatz gewählt und die abschließende Handlung auf gleich zehn Episoden verteilt, ließ man hier bis kurz vor Toresschluss nur wenig Abschiedsstimmung aufkommen und verwehrte der Serie somit einen besseren Abschluss. Ähnlich war man bei *Star Trek: The Next Generation* vorgegangen; dort allerdings wechselte die Crew nach dem Abschlussfilm *Gestern, heute, morgen* noch ins Kino. Ein unfairer Vergleich also. Alles, was die Autoren sagen wollten, packten sie lieber ins zweiteilige Finale, das den sinnigen Namen *Endgame* erhielt und erneut die Borg mit sich brachte.

Endgame/Endspiel war auch zweifellos eine runde und sehenswerte Event-Episode, ein Spektakel mit Humor, Action, Rasanz und großen Schauwerten – als Stand-alone absolut auf einem Level mit den besten Bombast-Momenten der Serie. Als Finale, als Abgesang auf die Crew und sieben Jahre des Mitfieberns war die Episode jedoch gleichsam eine mindestens ebenso große Frechheit und denkbar ungeeignet. Zugestanden: Die Serie war in Sachen Struktur und Kohärenz nie perfekt. Doch weder Publikum noch Charaktere hatten eine derartige Ignoranz verdient. Zurück blieb ein absoluter Mischmasch aus teils stimmigen und dann wieder lieblosen Details, der in der Summe für das, was er darstellen sollte, wenig Verständnis verdiente. Lediglich eines konnte man mit voller Überzeugung am Ende festhalten: Die Serie erhielt in gewisser Weise das einzige Finale, das sie verdient und auf das sie sieben Jahre lang hingearbeitet hatte.

Schaut man sich an, was die Autorin Christie Golden in ihren Büchern *Heimkehr* und *Ferne Ufer* inhaltlich später noch anbot, wird nur noch klarer, wie wenig Feingefühl die Autoren der Serie ihrer Schöpfung entgegengebracht hatten. Es wäre problemlos möglich gewesen, das Schiff etwas früher nach Hause zu bringen und einige Geschichten rund um die Figuren zu einem würdigen Abschluss zu bringen. Dann hätte man natürlich auf den Big Bang zum Schluss verzichten oder einen gänzlich anderen Weg einschlagen müssen. Dazu waren allerdings vermutlich weder UPN und Paramount noch die Autoren und Produzenten bereit.

Diverse Höhepunkte gab es im Verlauf der letzten Staffel allerdings dennoch. Seven hatte ihre besten Momente in *Imperfection/Unvollkommenheit* und *Körper und Seele*, der Doktor in *Critical Care/Kritische Versorgung*, *Author, Author/Die Veröffentlichung* und *Renaissance Man/Renaissance Mensch*, B'Elanna in der wunderbaren Episode *Lineage/Abstammung*. Auch der Zweiteiler *Arbeiterschaft* wusste zu gefallen. Viele Episoden fielen jedoch leider auch qualitativ enorm ab: *Drive/Das Rennen*, *Repression/Verdrängung*, *Nightingale*, *Repentance/Reue*, *Prophecy/Die Prophezeiung*, *Q2*, *Friendship One*, *Homestead* und *Natural Law/Ein natürliches Gesetz* fühlten sich allesamt müde, generisch und überflüssig an. Die Serie hatte ihren Zenit spürbar überschritten, das allgemeine Niveau kann man rückblickend nur als gerade noch akzeptabel bezeichnen.

Einige Dinge sollte man aber dennoch festhalten: B'Elanna und Tom heirateten in *Das Rennen* und brachten somit eine längerfristige Entwicklung zu ihrem Höhepunkt; Neelix verließ das Schiff in *Eine Heimstätte* und bekam immerhin einen runden Abschluss (auch wenn man sich fragen konnte, warum er nicht die Chance annehmen wollte, das Zuhause der Crew kennenzulernen und bei seinen Freunden zu bleiben), und Janeway erhielt durch ihr Alter

Ego aus der Zukunft eine Lektion bezüglich der Entscheidung in *Der Fürsorger*, die überhaupt erst zum Stranden der Crew im Deltaquadranten geführt hatte. In der alternativen Zukunft, die am Ende nur eine Spielerei blieb und auf die gezeigte Weise nicht eintreten würde, gelang es dem Holodoc sogar noch, sich endlich für einen Namen zu entscheiden: Joe. Nicht nur Tom Paris fragte sich an dieser Stelle, wie es 33 Jahre dauern konnte, diese Entscheidung zu treffen.

Rein aus Quotensicht gab es im letzten Jahr ebenfalls wenig zu beklagen. Die Staffel profitierte von einem starken Start (7,1 Millionen verfolgten den zweiten Teil von *Unimatrix Zero*) und dem starken Ende. Dazwischen fielen die meisten Episoden allerdings unter die 5-Millionen-Grenze.

Am 23. Mai 2001 war dann Schluss: Mit dem Eventfilm *Endspiel* verabschiedete sich die Serie und holte noch einmal einige Fans zurück. 8,8 Millionen Zuschauer waren dabei. Einen derart hohen Wert hatte man zuletzt 2009 mit dem zweiten Teil von *Skorpion* erreicht. Der Durchschnitt der Staffel lag bei ziemlich genau 5 Millionen Fans. Es waren also noch einmal rund 300.000 verloren gegangen – trotzdem gilt es festzuhalten, dass die Serie in den letzten drei Jahren ihre Fanbase fast komplett hatte halten können. Im Vergleich waren *Star Trek: Deep Space Nine* im letzten Jahr nur 4,4 Millionen Zuschauer geblieben; den Abschlusszweiteiler schauten dort jedoch auch nur vergleichsweise schwache 5,4 Millionen. Hieran wird deutlich, dass rein aus Quotensicht die Entscheidung, auf ein krachendes Finale zu setzen, die bessere gewesen war – und für die Serie letztlich auch die einzig logische und angemessene.

So war *Star Trek: Voyager* nämlich immer ein wenig wie der Ausflug in ein Buffet-Restaurant. Du kannst alles haben und so viel essen, wie du willst, aber wenn du es übertreibst und zu wahllos schlemmst, wirst du am Ende den Schokobrunnen vielleicht nicht mehr genießen können …

Setzen Sie einen Kurs. Nach Hause.

Kathryn Janeway (Endspiel)

Doch hatte man wenigstens bei Paramount noch immer keine Angst vor Übersättigung. Lange vor dem Ende der Serie war klar: Es würde weitergehen. *Star Trek: Enterprise* stand bereits in den Startlöchern und sollte nur vier Monate später Premiere feiern. Welchen Weg würde dieser Nachfolger gehen? Könnte man dort einen neuen Hype kreieren oder zumindest das retten, was vom Fandom noch übrig war? Eines war klar: Es würde nicht langweilig werden …

DIE SYNCHRONISATION

TECH MICH TOT!

Star Trek: Voyager war eine Serie, die auch im englischen Original sehr stark vom Technobabble lebte. Die Crewmitglieder bewarfen sich teilweise dermaßen mit schwindelerregenden Ausführungen, dass es zeitweise fast an kollektives Techno-Tourette grenzte. Dass die deutsche Version diesem Umstand Rechnung tragen wollte und musste, darf deshalb nicht verwundern oder gar einen Kritikpunkt darstellen. Die Arena Synchron in Berlin sollte erneut unter der Regie von Ulrich Johansson aktiv werden. Dieser hatte schon für *Star Trek: The Next Generation* (ab der Episode *Family/Familienbegegnung*) und den Pilotfilm von *Star Trek: Deep Space Nine* verantwortlich gezeichnet. Im ersten Fall war diese Wahl keine reine Freude für die Fans gewesen. Johanssons Ansatz bei *Star Trek: The Next Generation* wirkte unterkühlter und liebloser als der seiner Vorgänger. Auch bei *Star Trek: Enterprise* wiederholte sich diese Geschichte später noch mit dem Wechsel zur zweiten Staffel. Es sollte daher niemanden ernsthaft überraschen, dass Johansson die Trek-Serie mit dem meisten Technik-Gerede dementsprechend auch nicht »retten« konnte. Das lag allerdings nicht ausschließlich an den Dialogbüchern.

Als Sprecherin der Janeway besetzte man Gertie Honeck, die der Figur eine etwas andere Färbung verlieh als im Original. Etwas Ähnliches konnte man bei *The X-Files/Akte X* mit Franziska Pigulla und ihrer Figur der Dana Scully beobachten. So brachte Honeck zwar ebenfalls eine wunderbare Wärme und Freundlichkeit mit, die Janeway gut zu Gesicht stand, andererseits nahm es der charismatischen Darstellerin, die eine sehr markante Stimme besitzt, jedoch auch hier und da einige ihrer Ecken und Kanten und Teile ihres nuancierten Spiels.

Der Standardsprecher von Kelsey Grammer (*Frasier*) und Eugene Levy (*American Pie*) wurde für die Figur des Chakotay besetzt. Ihm gelang ebenfalls eine sympathische Version, aber auch in diesem Fall vermisste man Ecken und Kanten.

Der Schauspieler, Sprecher und Sänger Michael Iwannek bekam die Rolle des Harry Kim zugeteilt. Mit ihm hatte man eine sympathische, glatte Stimme gefunden, die absolut zur Figur passte. Iwannek sprach zum Beispiel auch Matthew Perry in *Friends* oder Nicholas Lea in *Akte X*.

Stefan Staudinger, den man als Stimme von Vir Cotto in *Babylon 5* kennt und dort sicher lieben gelernt hat, wurde zum medizinischen Notfallhologramm. Robert Picardo adäquat umzusetzen war dabei eine durchaus schwierige Aufgabe, die der Sprecher allerdings im Lauf der Zeit zunehmend souveräner und mit viel Witz meisterte.

Der Vulkanier Tuvok erhielt Christian Toberentz für die deutsche Version. So ähnlich die beiden Stimmen auch klangen, gelang es diesem jedoch nicht, den sehr unterschwelligen Humor von Tim Russ einzufangen. Dadurch geriet Tuvok für die deutschen Fans oft sehr ungelenk, statisch und kühl.

Etwas Vergleichbares passierte bei B'Elanna Torres. Arianne Borbach war stimmlich zwar eine sehr gute Wahl, auch sie schien aber immer ein paar Probleme mit der Leichtigkeit der Figur zu haben. So geriet Torres im Deutschen ebenfalls unnötig steif.

Der einzige im Cast der Serie, der einen Personalwechsel über sich ergehen lassen musste, war Tom Paris. Zu Beginn besetzte man die Rolle mit einem großen Namen der Szene. Thomas Vogt ist die Standardstimme von Hollywood-Größen wie Chris Noth, Laurence Fishburne oder Clive Owen und brachte genau die richtige Mischung aus Witz und Hintergründigkeit mit, die die Figur benötigte. Nach der vierten Staffel wurde dann allerdings umbesetzt. Für die letzten drei Jahre übernahm Erich Räuker, den man als Sprecher von Richard Dean Anderson im Stargate-Franchise kennt. Dieser machte seine Sache so gut, dass vielen Fans der Wechsel gar nicht auffiel. Ein dickes Kompliment für den Sprecher!

Für die beiden außerirdischen Neuzugänge der Crew blieben somit also noch zwei Sprecher zu besetzen. Neelix erhielt Michael Tietz, der sowohl kauzig wie auch albern und sympathisch genug für die Figur klang. Diana Borgwardt wurde zu Kes. Die Synchronsprecherin traf die Originalstimme ziemlich gut, brachte allerdings teilweise eine Betonung mit, die nicht stimmig – weil zu aufgesetzt – wirkte.

Als Letzte stieß zum Ende der dritten Staffel dann noch Anke Reitzenstein zur Besetzung und übernahm die schwierige Rolle der Seven of Nine. Als Standardstimme von Teá Leoni oder Ashley Judd brachte sie durchaus viel Erfahrung mit, konnte der starken Vorlage Jeri Ryans jedoch nie das Wasser reichen. In der Synchronisation der Borg liegt für mich einer der größten und schwerwiegendsten Schwachpunkte der Serie auf Deutsch. Man schaue sich zur Veranschaulichung einfach mal ein paar ausgewählte Wortduelle zwischen Janeway und Seven in beiden Sprachen an. Wizigerweise konnte sich dieser Eindruck für mich, wenn auch reichlich spät, mit der Synchronisation von Seven of Nine in *Star Trek: Picard* relativeren. Dennoch wurde die Synchronisation von *Star Trek: Voyager* für mich leider zur schwächsten des gesamten Franchises.

DER AUTOR

SIEBZEHN JAHR, BLONDES HAAR

Abgesehen von meiner nahenden Volljährigkeit (zumindest auf dem Papier) hatte sich seit dem Start von *Star Trek: Deep Space Nine* nur wenig in meinem Leben getan. Zwischen Schule, Mädchen und Musik verloren *Star Trek* und das Medium Fernsehen an sich ein wenig an Bedeutung.

Dennoch erinnere ich mich noch sehr genau daran, dass ich nur wenige Tage nach US-Erstausstrahlung im Januar 1995 bei einem Bekannten eingeladen war, um dort gemeinsam den Pilotfilm *Caretaker* auf Englisch zu schauen. Dieser sehr ressourcenreiche Mensch hatte sich ein VHS-Tape aus den USA schicken lassen. Herrliche Zeiten. Bis die Serie dann im Sommer 1996 in Deutschland im TV ins Rollen kam, war mein Interesse übrigens bereits wieder spürbar zurückgekehrt.

Trotzdem verbindet mich mit *Star Trek: Voyager* emotional am wenigsten. Das mag jedoch durchaus an mir und meinen damaligen Lebensumständen gelegen haben – hat sich genau genommen aber auch bis heute nicht geändert.

Ich war in einem suchenden Alter – die Serie spiegelte diesen Umstand – und trotz dieser Tatsache packten mich die Geschichten nur dann, wenn die Qualität der Drehbücher stimmte. Rein von den Figuren fühlte ich mich der Reise der

USS Voyager nie verbunden, sieht man vielleicht vom Holodoc und Seven of Nine ab, denen ich von Anfang an viel Sympathie entgegenbrachte.

THE REVIEWER'S WIFE
DIE ZWEITE FRAU ALS CAPTAIN

Fangen wir mit dem Offensichtlichen an: Meine Frau ist eine Frau. So weit, so gut – bei dieser Feststellung handelt es sich fraglos um keine allzu große Weisheit. Dennoch bezeichnet sie selbst diesen simplen Umstand ganz offen als zentralen Faktor für ihre Wertschätzung gegenüber der Serie. Sie empfand es mehr als erfrischend, endlich einen weiblichen Captain präsentiert zu bekommen. Obwohl – und jetzt wird es wirklich hart für Fans von Jean-Luc Picard – das ihrer Ansicht nach eigentlich schon bei *Star Trek: The Next Generation* der Fall gewesen war. Ich selbst empfand zugegebenermaßen ein leichtes Ohnmachtsgefühl, als sie meinem Kindheitshelden attestierte, vorwiegend feminine Züge zu besitzen.

Die Frisur Janeways bezeichnete sie gerne und wiederholt als Glückssache, bei der Kate Mulgrew offenbar nicht laut genug interveniert habe. Dafür gefiel ihr allerdings neben dem starken Familiensinn die harte Linie, mit der sie ihren Willen durchsetzte. Wen wundert's!

Abgesehen vom Captain mochte sie vor allem den Holodoc, der stets für Charme und Witz stand und zudem für ihren Geschmack viel weniger Nervpotential bot als Kollege Data von der USS Enterprise. Zu Seven entwickelte sich jedoch keine große Liebe: Der Borg konnte sie durchweg nur neutrale Gefühle entgegenbringen, obwohl ihr das häufige Einbeziehen ihrer faszinierenden Spezies durchaus gefiel. Ich vermute bis heute, dieser Umstand war der Synchronisation geschuldet. Ich hätte der Figur nur auf Basis der deutschen Fassung ebenfalls nicht die gleiche Begeisterung entgegengebracht wie im Original.

Ein riesiges Problem hatte sie aber auch noch mit Kes, was sie in diesem Fall sogar selbst auf die für ihren Geschmack mehr als unpassende und unsympathische Synchronstimme zurückführte. »Was will der süße Neelix mit der doofen Tante« geriet somit zu einem oft gehörten Standardsatz, der mit dem Ausscheiden der Figur endlich ein Ende fand …

VI. STAR TREK: ENTERPRISE

LEBEN IM RÜCKSPIEGEL

Fakten
US-Originaltitel: Enterprise (Staffel 1+2)
US-Erstveröffentlichung: 2001 bis 2005
US-Premiere: 26. September 2001 auf UPN
Deutsche Titel: Enterprise (1+2), Star Trek: Enterprise (3+4)
Deutsche Premiere: 15. März 2003 auf Sat.1
Staffeln: 4 / Episodenzahl: 98
Titelmusik: Russell Watson »Where My Heart Will Take Me«
Hauptdarsteller: Scott Bakula (Jonathan Archer), John Billingsley (Phlox), Jolene Blalock (T'Pol), Dominic Keating (Malcolm Reed), Anthony Montgomery (Travis Mayweather), Linda Park (Hoshi Sato), Connor Trinneer (Charles »Trip« Tucker III) u. a.

DIE MACHER
DETAILLIERTE FEHLERANALYSE

Stellen wir uns zunächst gemeinsam eine Frage: Warum heißt dieses Kapitel so?

Wir befinden uns am Ende des letzten Jahrtausends. *Star Trek: Deep Space Nine* war gerade beendet worden, und *Star Trek: Voyager* befand sich in den letzten Zügen – ihrer Laufzeit natürlich.

Klingt bisher undramatisch? Teilweise. Könnte es vielleicht sein, dass seit dem Ende von *Star Trek: The Next Generation* im Jahr 1994 das Franchise ein wenig an Relevanz und Massentauglichkeit eingebüßt hatte? Hatten die Serien *Star Trek: Deep Space Nine* und *Star Trek: Voyager* vielleicht beide zwar auf einem hohen Quotenniveau begonnen, waren dann aber über ihre jeweiligen Laufzeiten von sieben Jahren eine ganze Ecke in der Gunst der Zuschauer abgeschmiert? War es als Konsequenz also vielleicht nötig geworden, nach Gründen zu suchen?

Ich sehe, wir sind uns einig. Doch Paramount war anderer Meinung. So waren einige Fans auch durchaus ein wenig besorgt, als die Geldgeber hinter dem Franchise direkt eine weitere Serie bestellten, die auf dem hauseigenen Sender UPN laufen und spätestens die Nachfolge von *Star Trek: Voyager* antreten sollte. Sogar eine Überlappung der letzten Jahre hätten die großen Tiere bei Paramount akzeptiert.

Was machten aber die Produzenten? Sie wussten, dass sie sich in einer Abwärtsspirale befanden, die längst auch die Kinofilme befallen hatte – *Star Trek: Nemesis,* das wahre Desaster, lag zu diesem Zeitpunkt im Übrigen noch in der Zukunft. Sie wussten, dass der Markt im Bereich der Science-Fiction nicht mehr derselbe war wie in den 1980er- oder 1990er-Jahren, und ihnen war zudem absolut klar, dass eine weitere Serie hart um jeden Fan würde kämpfen müssen. Sie musste also gut sein! Sie musste sich abheben und die Fans begeistern – insbesondere die, die man in den letzten Jahren verloren hatte.

Zeit für neue, frische Leute und einen spannenden, wirklich kreativen Ansatz?

An dieser Stelle machte Franchise-Chef Berman drei seiner vermutlich größten Fehler. Er freute sich erstmal ein Loch in den Bauch, dass er die Chance erhielt, eine weitere Serie zu konzipieren. Fehler Nummer 1. Er freute sich fast noch mehr, dass er dies erstmals mit seinem Kumpel Brannon Braga machen konnte. Fehler Nummer 2. Und er hatte gehört, dass Prequels der heiße Scheiß in Hollywood wären, und wollte nun auch so etwas Cooles machen. Fehler Nummer 3.

Lange Zeit wussten die Anhänger nicht, was die neue Serie bringen würde. Die Geheimhaltung funktionierte. Würde George Takei auf seine alten Tage vielleicht wirklich die Captain-Sulu-Serie bekommen? Gab es den oft diskutierten Academy-Ansatz zu bestaunen? Oder würden wir mit einer Klingonen-Sitcom verwöhnt werden?

Mitnichten. Irgendwann ließ man die Katze aus dem Sack und präsentierte *Enterprise*, das erste Prequel im Trek-Universum. Sie war die insgesamt sechste *Star Trek*-Serie (da die erste Zeichentrickserie mittlerweile mitgezählt wird).

Die Tatsache, dass erstmals das markante *Star Trek* zunächst nicht im Titel der Serie auftauchte, fiel sofort ins Auge. Rick Berman erklärte dazu, dass das Wort Enterprise einen ähnlichen Inbegriff all dessen darstelle wie eben *Star Trek,* und dass keine weitere Kombination à la *Star Trek - XY* mehr erwünscht sei. Ohne zu weit vorgreifen zu wollen: Zur dritten Staffel wurde diese Sichtweise dann von den Marketingstrategen des Haussenders UPN über den Haufen geworfen und die Serie vollkommen sinnfreier Weise in *Star Trek: Enterprise* umbenannt. Gut für uns, dass daraus für den deutschen Markt dann nicht auch konsequenterweise *Raumschiff Enterprise: Raumschiff Enterprise* wurde.

Rick Berman und Brannon Braga hatten sich ein Setting überlegt, dessen Geschichte rund einhundert Jahre vor den bekannten Abenteuern der Crew um Captain James T. Kirk seinen Anfang nehmen sollte. Die Menschen hatten gerade ihr erstes Warp-5-Raumschiff fertiggestellt und wollten entspannt ins All aufbrechen – wenn da nicht der Absturz eines Klingonen und finstere Gestalten aus einer anderen Zeit gewesen wären …

Ein Prequel mit Zeitreise also? Wer hier sofort den armen Brannon Braga im Verdacht hat, tut ihm vermutlich unrecht. In einigen Interviews wurde klar, dass er und Rick Berman tatsächlich ein Prequel hatten produzieren wollen. Paramount aber lechzte ebenfalls nach etwas, das mehr in der Zukunft lag, und drängte Braga deswegen dazu, in einem seiner liebsten Territorien zu wildern: Er integrierte den Temporal Cold War, die Suliban, den Zeitreiseagenten Daniels und geheimnisvolle Auftraggeber.

Wäre es nach den beiden Produzenten gegangen, hätte die Enterprise NX-01 dem Vernehmen nach auch nicht direkt im Pilotfilm abgehoben. Der Prozess, eine Crew zusammenzustellen, das Schiff fertigzubekommen und sich auf das große Abenteuer vorzubereiten, wäre deutlich mehr in den Fokus gerückt worden.

STIMMEN AUS DEM
FANDOM

Ich mag *Star Trek* seit meiner Kindheit, weil es mir eine Welt zeigt, wie sie einmal sein könnte, im Guten wie im Schlechten. Weil es mich zum Nachdenken bringt und weil mir »to boldly go« ein Wegbegleiter in manchen Lebenssituationen war.

Wolfgang, Wien

Stattdessen bekamen wir einen überhasteten Start inklusive Nebenhandlung präsentiert, die in einem Prequel nicht wirklich etwas zu suchen hatte.

Doch zunächst brauchten Berman & Braga ohnehin ein Team. Viele aus den Vorgängerserien bekannte Gesichter blieben an Bord und erschufen das Schiff, die Kulissen, die Kostüme und Props sowie den Score. Dieser wurde dann auch direkt zu einem Politikum. Vielen Fans gefielen zwar die im Vorspann gezeigten Bilder, die musikalische Untermalung stieß jedoch zum Teil auf harsche Kritik. Erstmals hatte man keinen Komponisten beauftragt, ein instrumentales Stück zu schreiben, sondern eine der besten Komponistinnen populärer Musik, Diane Warren, gebeten, einen Popsong zu komponieren – mit gesungenem Text. Das hatte zwar Gene Roddenberry schon für die Originalserie vorgehabt (und glücklicherweise verworfen – es gab zwar einen Text vom großen Vogel persönlich, doch der war nur zum Abgreifen von Tantiemen genutzt worden), hier wurde dieses Vorhaben aber nun endgültig in die Tat umgesetzt. Schade nur, dass Giganten wie besagte Diane Warren so wenig Zeit haben. So bot sie Berman einfach ein bereits existierendes Stück an, blies ein wenig Staub herunter und gab es dem jungen und hippen Tenor Russel Watson, um daraus einen zeitgemäßen Song zu machen. Nun ja. *Faith of the Heart* hatten bereits 1999 die Country-Sängerin Susan Ashton und Legende Rod Stewart gesungen. Beide Versionen waren nicht schlecht, letztere landete sogar im Abspann des Films *Patch Adams*. Unter uns Pastorentöchtern: Der Song war eigentlich ausgelutscht und brauchte keine weitere Version. Dennoch durfte nun also noch Watson mit *Where My Heart Will Take Me* abheben.

Mit dem Song verbinde ich durchaus zwiespältige Gefühle. Einerseits passten der Text und die melancholische und doch irgendwie gleichzeitig optimistische Musik perfekt zur Visualisierung und zum Ton der Serie an sich. Andererseits klang das Lied bereits 2001 angestaubt und irgendwie kitschig. Lasse ich meine Trekkie-Gefühle und alle Überlegungen zu Diane Warren und dem Song an sich außer Acht, muss ich aber auch zugeben, dass vermutlich keine Serie einen derart atmosphärischen Vorspann besaß. Wenn man allerdings so viel außer Acht lassen muss, damit etwas gut wird, stimmt auf der anderen Seite auch etwas ganz gehörig nicht, oder?

Für den Score der einzelnen Episoden kamen Trek-Legenden wie Dennis McCarthy oder Jay Chattaway zum Team, jedoch ebenfalls spannende neue Leute wie Brian Tyler, John Frizzell oder Velton Ray Bunch. Sie einte aber alle ein gemeinsamer Nenner: Berman. Denn so kreativ er sich beim Titelsong vermeintlich angestellt hatte, so wenig mutig war er bei der Untermalung der Episoden. Die Fahrstuhlmusik á la Rick, die die Dramaturgie auf keinen Fall stören durfte, blieb Dogma und zum Start der Serie jederzeit hörbar. Erst mit den Jahren wurden einige Kollegen mutiger und setzten Ausrufezeichen.

Für den Autorenstab holten Berman und Showrunner Braga Weggefährten wie Mike Sussman, André Bormanis, allerdings auch Trek-Neulinge wie Fred Dekker, Chris Black, James Duff oder Andre & Maria Jaquemetton an Bord. Letztlich war das jedoch gar nicht so wichtig. Der Writers Room gestaltete sich sehr übersichtlich, und wenn man sich die erste Staffel als Ganzes anschaut, ergatterten Berman und Braga an satten achtzehn von sechsundzwanzig Episoden direkte Credits!

In Sachen Regie ging man ebenfalls keine Risiken ein: Allan Kroeker, James L. Conway, David Livingston, Mike Vejar, Les Landau oder auch die Schauspieler Michael Dorn, Roxann Dawson, Robert Duncan McNeill, LeVar Burton – Berman hielt es mit *safety first*. Er nahm, was er kannte und schätzte.

Berman hatte die große und detaillierte Fehleranalyse also möglicherweise betrieben, seine Ergebnisse ließen aber staunen. Gleiches Team, gleiche Ideen und als größte Kreativleistung ein gesungener (und gebrauchter) Popsong. Offenbar war sich der Boss von *Star Trek* keiner Schuld bewusst. Konnte das wirklich gutgehen?

DER START & DIE SCHAUSPIELER
BERMANS BAUKASTEN

Da wir nun eine generische Serie mit einem bewährten Team hinter den Kulissen versammelt hatten, musste die gesamte Kreativität der Verantwortlichen doch sicher in die Figurenzeichnungen und das Casting geflossen sein, oder? Ach, wo denkt ihr hin!

Als ich den im Internet aufgetauchten Casting-Call sah, dachte ich zunächst aus tiefster Überzeugung an den albernen Scherz einiger Fans. Da wurde ein sympathischer, weißer Cowboy-Captain beschrieben, eine Vulkanierin als Erster Offizier, ein britischer und etwas steifer Sicherheitschef, ein kalifornischer Sunnyboy als Chefingenieur, eine asiatische Linguistin, ein farbiger Steuermann und ein drolliger Alien-Arzt. Dazu gesellten sich Figurennamen wie Travis, Malcolm, Charles »Trip« Tucker III oder Hoshi Sato.

Leider erwies sich alles als wahr. Berman hatte mal wieder in seinem Baukasten gekramt und einzig den Russen vergessen. Wenn es einen Cast in der Geschichte von *Star Trek* gibt, der das Schema F bis in alle Ecken definiert, ist es definitiv dieser.

Für die Rolle des Captains gelang indes ein Coup: Man verpflichtete Scott Bakula, der besonders durch *Quantum Leap* bekannt und beliebt war. Ihm zur Seite stellte man den Beagle Porthos, der durch verschiedene Hunde dargestellt wurde.

Als vulkanischen ersten Offizier holte man das Model Jolene Blalock an Bord, die zwar nur auf wenige kleine Fernsehrollen verweisen konnte, die Macher allerdings überzeugte.

Als dritten Teil des neuen Triumvirats (à la Kirk, Spock und McCoy) wählte man Connor Trinneer als den bereits erwähnten Charles »Trip« Tucker III, der den Maschinenraum leiten und Kumpel für den Captain sein sollte. Trinneer hatte vor seinem Dienstantritt viel Theater gespielt und ebenfalls nur wenige Fernsehauftritte in seiner Vita stehen. Auch musste er durch den härtesten Castingprozess gehen und wurde wieder und wieder zum Vorsprechen eingeladen – obwohl er retrospektiv betrachtet vom Start weg die natürlichste Ausstrahlung mitbrachte.

Dominic Keating, seines Zeichens gebürtiger Brite, erhielt die Rolle des Malcolm Reed. Keating war bereits seit den späten 1980er-Jahren immer wieder im Fernsehen aktiv und hatte beispielsweise in der Serie *Desmond's* ein größeres Publikum auf sich aufmerksam gemacht.

Für die Krankenstation und somit die einzige Rolle, die einen größeren Make-up-Prozess erforderte, holte man den erfahrenen John Billingsley zum Cast. Als Linguistin Hoshi Sato wurde die aus *Jurassic Park III* bekannte Linda Park ausgewählt, und Anthony Montgomery ließ man den Steuermann Travis Mayweather spielen. Montgomery hatte zuvor eine wiederkehrende Rolle in der Serie *Popular* gehabt.

Was an dieser Stelle noch fehlte, waren ein paar wiederkehrende Gaststars. Gary Graham wurde als vulkanischer Botschafter Soval verpflichtet, und Trek-Veteran Vaughn Armstrong übernahm die Rolle des Sternenflotten-Admirals Forrest, der auch ein guter Freund von Captain Archer war.

Auf der Seite der Gegenspieler besetzte man James Horan als mysteriösen Antagonisten aus einer anderen Zeit (von dem man jedoch immer nur die Stimme hörte und die Silhouette sah), John Fleck als Suliban Silik und etwas später noch Matt Winston als Crewman Daniels.

DIE WELT
NICHTS MEHR WIE ZUVOR

Am 11. September 2001 wurden vier Flugzeuge über amerikanischem Boden entführt. Zwei davon lenkten die Entführer ins World Trade Center, eins ins Pentagon. Das vierte wurde nach einem Handgemenge zwischen Entführern, Besatzung und Passagieren zum Absturz gebracht, bevor es sein Ziel erreichen konnte. Rund 3000 Menschen starben in diesem Akt terroristischen Massenmordes.

Man hätte meinen können, dass die Produktion der neuen Serie von diesen Ereignissen beeinflusst werden würde. Dass eine neue Trek-Serie den Zeitgeist aufnehmen und in ihre Vision integrieren würde. Man entschied sich aber dafür, genau das nicht zu tun und die optimistische und positive Sicht der Zukunft, für die *Star Trek* ursprünglich immer gestanden hatte, neu aufzulegen. Einzig die Namenswahl der Suliban (als Abwandlung von Taliban) wurde als Bezug zu den Ereignissen wahrgenommen (und auch kritisiert) – den Produzenten zufolge war ein solcher Zusammenhang allerdings nicht intendiert gewesen.

Eine Serie wie die Neuauflage von *Battlestar Galactica* zum Beispiel wurde merklich stärker vom Weltgeschehen beeinflusst und entwickelte eine düstere und pessimistische Schwere, die so vollkommen anders war als der lockere Ton von *Star Trek: Enterprise*.

Erst mit der dritten Season und dem Arc um die Xindi hielt dann doch noch eine deutlich düsterere Stimmung Einzug in die Serie. Dies geschah jedoch eher aufgrund des zunehmenden Quotendrucks und weniger, um dem Zeitgeist Rechnung zu tragen.

DAS GENRE
LEICHTER IST NUR DER TOD

Farscape war bereits 1999, also gegen Ende von *Star Trek: Voyager*, angelaufen und hatte Fans abgezogen.

Anfang des neuen Jahrtausends starteten dann jedoch noch einige weitere Konkurrenzprogramme. *Dark Angel* war nur ein kurzes Leben vergönnt, *Gene Roddenberry's Andromeda* hielt sich immerhin wackere fünf Jahre und somit sogar länger, als es dem ersten Trek-Prequel vergönnt war.

2002 versuchte sich Joss Whedon an *Firefly*, scheiterte aber an FOX und zu geringen Zuschauerzahlen. Ein Fanliebling blieb die Serie dennoch.

Einen weiteren Glücksfall erhielten wir dann allerdings 2003. Ronald D. Moores *Battlestar Galactica* startete und fesselte die Genrefans. Mit diesem Remake hatte man eine Serie erschaffen, die sich ernsthaft mit den Figuren und einem knallharten Setting auseinandersetzte. Es gab keine Netze, keine doppelten Böden und keinen Reset in letzter Sekunde, wenn es mal zu heikel wurde. Im Angesicht solcher Qualität verblasste *Star Trek: Enterprise* nur noch weiter, auch wenn der Vergleich natürlich prinzipiell hinkt, da *Star Trek* eben gerade keine Dystopie sein sollte.

Dennoch blieb es dabei: Der Markt war umkämpfter denn je, und alle wollten ihr Stück vom Kuchen ergattern. *Star Trek* hielt mit der Serie um Captain Archer und seine tapfere Crew den Kampf um Quoten und Fans aufrecht, der sich schon bald als ein Kampf gegen Windmühlen herausstellen sollte.

DAS FRANCHISE

DU BIST NOCH LANGE NICHT SATT, FAN!

Nachdem sich *Star Trek* mit dem Wechsel der Truppe um Captain Picard auf die große Leinwand Mitte der neunziger Jahre auf einem Höhepunkt befunden hatte, begann der langsame Abstieg des einst so stolzen Franchise.

Im Nachklapp war dies eine Art schleichender Tod, der ebenfalls die Kinofilme betraf und dort, etwas verzögert, erst 1998 mit dem Scheitern von *Star Trek: Insurrection* begann. Er zog sich von den letzten Staffeln von *Star Trek: Deep Space Nine* (von knapp 8 Millionen Zuschauern in der zweiten Staffel auf am Ende nur noch durchschnittlich viereinhalb Millionen in der letzten Staffel) und über die komplette Laufzeit von *Star Trek: Voyager* (von 21 Millionen Fans beim Pilotfilm über bereits nur noch zwölf Millionen im Durchschnitt der ersten Season, bis am Ende nur noch durchschnittlich fünf Millionen übrig waren), bis er schließlich bei *Star Trek: Enterprise* landete und der Serie verfrüht den Garaus machte.

Star Trek war dabei, der immer größer werdenden Konkurrenz im Serienbereich zu erliegen – vielleicht hatte man es auch einfach übertrieben, indem man versucht hatte, von 1993 bis 2001 immer zwei Serien parallel zu zeigen und keine Pausen einzubauen. »Franchise fatigue« war ein gerne genannter Ausdruck für das, was über die Jahre passiert war. Und nun sollte also ausgerechnet eine weitere Serie – zudem ein weiterer Schnellschuss – den Umschwung bringen?

DIE SERIE
VOM PREQUEL, DAS KEINES WAR

Die Serie startete am 26.09.2002 mit dem neunzigminütigen Pilotfilm *Broken Bow* und erreichte mit rund 12,5 Millionen Zuschauern ein beachtliches Ergebnis – insbesondere da es das zweitbeste in der Sendergeschichte überhaupt war (Spitzenreiter blieb der Pilotfilm von *Star Trek: Voyager* namens *Caretaker* von 1995, der mit über zwanzig Millionen Zuschauern jedoch auch deutlich in Front lag).

Die Serie behandelte die Geschichte vor der uns bekannten Geschichte – genauer gesagt, die Geschehnisse ein knappes Jahrhundert nach dem ersten Kontakt mit den Vulkaniern (zu sehen in *Star Trek: First Contact*) und circa 100 Jahre vor den uns wohlbekannten Abenteuern des unvergleichlichen Captain James T. Kirk und seiner USS Enterprise NCC-1701.

Startpunkt der Handlung war das Jahr 2151 – gerade wurde der erste Warp-5-Antrieb fertiggestellt, und Jonathan Archer durfte als Sohn des Mitentwicklers Henry Archer das Kommando übernehmen. Mit einer circa 80 Personen starken Crew und seinem knapp 230 Meter langen Schiff drang er in neue Gebiete vor …

Zugegeben: Das alles klang zu diesem Zeitpunkt noch nicht wirklich furchteinflößend neu.

In den ersten beiden Jahren versuchte man, Einzelabenteuer zu erzählen, die sich stark an den Sehgewohnheiten der 1980er- und 1990er-Jahre orientierten. Der Prequel-Aspekt manifestierte sich primär über Fragen der Ersten Direktive, mit der besonders Archer ein ums andere Mal haderte, wurde sonst aber kaum beachtet. Auch die Auswirkungen der Mission auf die Erde und ihre Einwohner waren nur selten ein Thema.

In diesen Mix brachte man dann noch die seltenen Ausflüge rund um den Temporal Cold War ein. Durchlaufende Handlungsstränge waren eher Mangelware; wenn überhaupt, traf dies auf die Behandlung der Vulkanier und deren Probleme mit den Menschen sowie auf die Zusammentreffen mit den Klingonen zu.

Die Serie hatte jedoch in diesem Zeitraum mit immensen Verlusten bei den Zuschauerzahlen zu kämpfen. Von den über zwölf Millionen zum Start waren am Ende der zweiten Staffel nur noch unter vier Millionen bereit, einzuschalten. Somit forderte Paramount gemeinsam mit UPN ein neues, spannenderes Konzept. Mit einem Terroranschlag gegen die Erde und der kriegerischen Mission in das fremde Territorium der Xindi versuchte man, noch einmal ein Momentum aufzubauen. Tatsächlich blieb man auf den Werten der zweiten Hälfte des zweiten Jahres. Der Schnitt sackte nur dezent weiter nach unten. Den Geldgebern war dies jedoch zu wenig, und fast wäre bereits hier der Stecker gezogen worden. Letztlich gab es aber doch noch grünes Licht für ein viertes, verkürztes Jahr auf einem schlechteren Sendeplatz, das das Ende der Serie vorwegnahm.

Immerhin gelang es wenigstens in der vierten Staffel, endlich das zu machen, was man sich von einem Prequel versprochen hatte. Das Team um den neuen Showrunner Manny Coto wechselte die Erzählform hin zu Mehrteilern und blickte in verschiedene Ecken des Kanons. Das war nicht durchweg virtuos und in Gänze gelungen, allerdings immerhin frisch und mutig.

Die Serie wusste lange nicht, was sie sein wollte, konnte und durfte. Dann plötzlich versuchte man kurzzeitig etwas vollkommen anderes, um am Ende noch auf der Zielgeraden die eigentliche Prämisse zu verstehen. Da war es jedoch schon für alles zu spät.

Star Trek: Enterprise war unterhaltsam und sympathisch und bot in vier Jahren einige starke Episoden, bleibt aber dennoch auch als Serie der verschenkten Möglichkeiten in Erinnerung.

»Star Trek: Enterprise« steht neben dem Kinofilm »Star Trek: Nemesis« im Verruf, dem guten alten Prime Universe den Todesstoß versetzt zu haben. Danach kam nichts mehr.

Bis zu den Kinofilmen von J. J. Abrams. Und ob die besser als »nichts mehr« sind, darüber streitet sich das Fandom bis heute. Entsprechend gilt »Star Trek: Enterprise« bei etlichen Fans als eher schwache, vielleicht gar misslungene Serie. Zu langweilig seien die ersten Staffeln, zu spät (mit Staffel 3 beziehungsweise 4) habe sie ihre eigene Richtung gefunden, so lauten die Vorwürfe.

Ich habe diese Meinung nie geteilt. In meinen Augen sind die frühen Abenteuer von Captain Archer und seiner Mannschaft an Bord der NX-01 großartige Unterhaltung. Klar, schwache Episoden gab es – wie in jeder »Star Trek«-Serie. Aber nie waren die Protagonisten so »normal«, so neugierig auf das Unbekannte und zugleich so unvorbereitet auf die Herausforderungen all dieser neuen Welten und neuen Zivilisationen da draußen.

Archer und Co sind keine souveränen Lichtgestalten einer etablierten Föderation, sondern – wie die Vulkanier wohl sagen würden – wie Kinder, die erst noch lernen müssen, sich im All zurechtzufinden. Ihnen dabei zuzusehen, macht einfach Spaß.

Mit staunenden Augen das Fremde entdecken und ihm die Hand zur Freundschaft zu reichen: Das ist es, was mir an »Star Trek« immer besonders gefallen hat, seit ich Anfang der 1990er meine ersten Folgen »Raumschiff Enterprise: Das nächste Jahrhundert« (ja, so hieß das mal) im ZDF gesehen habe. Und trotz aller Begeisterung für ikonische Raumschiffdesigns und krachende Phaser-Action, liebe ich diesen Teil von »Star Trek« nach wie vor am meisten. Das Thema Völkerverständigung ist bei »Star Trek: Enterprise« extrem präsent, mehr als bei jeder ihrer Geschwisterserien. Spannend wird das umso mehr, weil auch die Schwierigkeiten nicht verschwiegen werden.

Alle – Menschen, Vulkanier, Andorianer, etc. – müssen ihr Weltbild hinterfragen und über sich hinauswachsen, bevor es zur Föderation kommen kann. Wie ihnen das gelingt, ist meines Erachtens ein Lehrbeispiel für uns alle.

Bernd Perplies (Autor und Übersetzer)

STAFFEL 1
(2001/2002)
LASST UNS FROH UND MUNTER SEIN

Unbelastet von bösen Vorahnungen startete man in die erste Staffel, die am 26. September 2001 begann und aus 26 Episoden bestand, wobei der Pilotfilm zweiteilig war und am Ende ein Cliffhanger angesetzt wurde.

Neben den beiden Showrunnern und den bereits erwähnten Autoren gehörten in der ersten Staffel auch noch Tim Finch, Stephen Beck, Alan Cross und Antoinette Stella zum Writers Room.

In Sachen Regie waren direkt vom Start weg auch Schauspieler der anderen Serien aktiv. LeVar Burton (LaForge) führte bei *Terra Nova* und *Fortunate Son/Familienbande* das Zepter, Roxann Dawson (Torres) bei *The Andorian Incident/Doppeltes Spiel* und *Vox Sola*, Robert Duncan McNeill (Paris) bei *Cold Front/Kalter Krieg* und Michael Dorn (Worf) bei *Two Days and Two Nights/ Zwei Tage auf Risa*. Dazu gesellten sich neben vielen altbekannten Gesichtern der Trek-Vergangenheit noch solche wie David Straiton, Patrick Norris, Jim Charleston oder Rob Hedden dazu.

Den Anfang machte der heiß ersehnte zweiteilige Pilotfilm *Broken Bow/Aufbruch ins Unbekannte,* der nicht nur die Figuren und das Setting einführen wollte, sondern ebenfalls die Klingonen, die Vulkanier, eine erste Mission und den Nebenkriegsschauplatz um die Suliban ergänzte. Rick Berman und Brannon Braga hatten den Auftakt geschrieben, James L. Conway führte Regie.

Der Auftakt gelang und übertraf rein vom Unterhaltungsaspekt die Vorgänger der anderen Trek-Serien, sackte dafür aber inhaltlich etwas ab. Dennoch konnte der Pilotfilm qualitativ mithalten. Die Charaktere waren allesamt überzeugend, Design, Effekte und Feeling der Serie trafen den Nerv in einer stimmigen Mischung aus Vertrautheit und Neuartigem. Sehr dosiert eingesetzt punktete außerdem der Humor, der teils skurril, allerdings nie albern daherkam. Irgendwie war *Aufbruch ins Unbekannte* somit eine gelungene Symbiose aus allen Vorgängern, dabei sicherlich keine große Kunst, aber verdammt lässig und unterhaltsam.

Zu den Höhepunkten des Jahres gehörten neben dem gelungenen Piloten fraglos Folgen wie *Doppeltes Spiel* (mit den Andorianern im Kloster P'Jem), *Kalter Krieg* (mit dem undurchsichtigen Daniels und Suliban-Fiesling Silik), *Shuttlepod One/Allein* (mit

Trip und Reed als Buddies, die denken, dass sie sterben werden) sowie das wunderbare Abenteuer *Vox Sola* (mit toller außerirdischer Lebensform und perfekter Message) oder das lässige *Zwei Tage auf Risa* (bei der besonders John Billingsley als Phlox groß aufspielte).

Das Überhighlight des ersten Jahres war jedoch ohne Zweifel *Dear Doctor/Lieber Doktor*, das nicht nur den wunderbaren John Billingsley und seinen Dr. Phlox perfekt nutzte, sondern auch noch eine starke Diskussion über die Einmischung in fremde Kulturen anstieß, bei der es keine einfachen Antworten gab.

Neben einem breiten Mittelfeld voller unterhaltsamer Episoden gab es aber auch einige Ausreißer nach unten. Insbesondere zum Ende der Staffel haute man mit *Rogue Planet/Gesetze der Jagd*, *Acquisition/Raumpiraten* (mit den Ferengi, die man nicht so nannte ...) und *Oasis/Schiff der Geister* (mit einem verschenkten René Auberjonois in einem schnarchigen Aufguss von *Die Illusion* aus DS9) zu viel Langweile heraus. Dazu gesellte sich das frühe *Terra Nova*, das ebenfalls nicht begeistern konnte, da es an der Ausarbeitung der Story haperte.

Mit *Shockwave/Die Schockwelle* endete die erste Staffel dann jedoch wieder mit viel Action, tollen Gaststars, einem »WTF-Moment« am Ende und – man mag es kaum für möglich halten – sogar mit inhaltlicher Tiefe. Man beendete eine in der Summe und mit Nachsicht betrachtet gelungene erste Staffel mit einem Paukenschlag. Bei einem Zweiteiler musste man nicht nur bei *Star Trek* allerdings selbstverständlich immer auch die Fortsetzung abwarten, um ein finales Urteil über die Qualität fällen zu können. Zu diesem Zeitpunkt gab es jedoch nicht viel an diesem Staffelfinale auszusetzen. Gern gesehene Gastdarsteller, eine spannende Handlung, tolle Effekte, einige große Charaktermomente und ein sehr ambitioniertes Ende. Was wollte man mehr erwarten?

Was für das Finale galt, durfte jedoch nicht auch für die gesamte Staffel als Fazit herhalten. Trotzdem: *Star Trek: Enterprise* hatte sich phasenweise zweifellos bewiesen. Die Serie legte ein zufriedenstellendes erstes Jahr hin und bestellte auf diese Weise den Boden für die Dinge, die noch kommen konnten und mussten.

Quotentechnisch durfte man sich hingegen bereits an dieser Stelle durchaus sorgen. Nach den 12,5 Millionen Zuschauern zum Start sackten die Werte schnell ab. Mitte der Staffel war man bereits erstmals unter die 6-Millionen-Marke gefallen. Viermal ging es in der Folgezeit sogar unter 5 Millionen Fans. Das Finale schauten 5,3 Millionen Zuschauer, und keine der letzten fünfzehn Episoden lag über dem Staffeldurchschnitt von 6,7 Millionen einschaltwilligen Menschen. Vergleicht man das mit den beiden vorangegangenen Serien im ersten Jahr, wird die Sache deutlich: *Star Trek: Deep Space Nine* hatte 10,5 Millionen und *Star Trek: Voyager* im ersten Jahr im Schnitt 12 Millionen Fans angezogen. Davon war man hier schon jetzt weit entfernt! Das lag einerseits sicherlich daran, dass neue, interessierte Zuschauer in den ersten Episoden nicht wirklich das Gefühl hatten, etwas revolutionär Neues zu sehen. Andererseits lag es wohl aber auch an der völlig undurchschaubaren Ausstrahlungslogik des Paramount-Haussenders UPN, der in so regelmäßiger Unregelmäßigkeit zwischen neuen Episoden und Wiederholungen wechselte, dass jeder, der sich nicht intensiv mit den Titeln oder dem Franchise beschäftigte, zwangsläufig verloren war und abschaltete. Auch war das restliche Programm des Senders nicht unbedingt kompatibel mit Trekkies. UPN und *Star Trek* blieb auch bei der zweiten Serie ein großes Missverständnis.

Außerdem konnte man die Werbeunterstützung für die Serie nicht gerade als üppig bezeichnen: Zierten zu Zeiten von *Star Trek: Voyager* noch große Plakatwände die Städte, wurde diesmal höchstens innerhalb des eigenen Programms geworben. Was man davon halten soll, ist fragwürdig. Erwähnen muss man allerdings, dass *Star Trek: Enterprise* in den sogenannten Demographics, die genauere Aufschlüsse auf die werberelevante Zielgruppe gaben, immer vorne zu finden war. Nach diesen Erhebungen legte die Industrie schon damals die Werbepreise fest – sie war also ein entscheidender Faktor für eine Serie.

Doch wie dem auch sei: Die Quoten waren nicht sehr verheißungsvoll, und es war den Machern eindeutig nicht gelungen, ein breites Publikum zu *Star Trek* zurückzuholen. Eine Frage blieb somit übrig: Welche Veränderungen würde das Team aus den teils uninspirierten Geschichten und den sinkenden Quoten für das zweite Jahr ziehen wollen und können?

Optimismus, Captain!

Phlox (Aufbruch ins Abenteuer)

STAFFEL 2
(2002/2003)
AUGEN ZU UND DURCH

Die Antwort lag auf der Hand: Gar keine! Berman und Braga setzten einfach einen Sturzhelm auf und machten genau da weiter, wo sie mit der ersten Staffel aufgehört hatten. Ein Helmut Kohl hätte die augenfälligen Probleme des Franchises nicht besser aussitzen können als die beiden Würdenträger bei Paramount.
Daher startete man am 18. September 2002 in die erneut aus 26 Episoden bestehende Staffel.

Einzig in Sachen Casting tat sich etwas: Für die Brückenbesatzung holte man Anthony Montgomery als Travis Mayweather zur Serie. Okay, das war jetzt böse. Doch gehörte die nicht ausreichende Einbeziehung der Figur des Mayweather für mich einfach zu den größten Versäumnissen der Serie. Schaute man manchmal nicht so genau hin, man hätte den bedauernswerten Mimen meist gar nicht bemerkt, wie er krampfhaft an seinem Pult sitzen musste, um das Schiff auf Kurs zu halten. Doch zurück zur Ernsthaftigkeit: Es änderte sich also auch beim Cast nicht viel. Die üblichen Verdächtigen kehrten alle zurück. Daniel Riordan übernahm zusätzlich noch die Rolle des Duras.

Antoinette Stella hatte bereits nach der ersten Halbstaffel als Produzentin und Autorin aufgehört. *Terra Nova* blieb ihre einzige direkte Beteiligung. Auch verließen einige andere Autoren das Team: Fred Dekker, Tim Finch, Stephen Beck, James Duff, Alan Cross sowie Andre & Maria Jacquemetton. Ein herber Aderlass, der jedoch auch zeigte, dass die Zusammenstellung oder die Zusammenarbeit nicht funktioniert hatten. Es blieben Black, Sussman, Strong und Bormanis. Der aus *The X-Files* bekannte Autor John Shiban betrat hingegen die Bühne als Teil des Writers Rooms und lieferte gleich einige Arbeiten ab. Brannon Braga hatte auch noch Jose Molina haben wollen. Dieser bekam jedoch von Joss Whedon das Angebot, an *Firefly* zu arbeiten, und lehnte Bragas Vorschlag ab. Dafür kam David A. Goodman dazu, der zuvor bei *Futurama* geglänzt hatte. David Wilcox, Taylor Elmore, Daniel McCarthy, Dan O'Shannon und Hans Tobeason komplettierten das Team und arbeiteten an einigen Episoden mit.

Ansonsten blieb man sich an dieser Front treu, Berman und Braga waren erneut an der Hälfte der Episoden direkt beteiligt.

Bei den Regisseuren waren abermals auch Schauspieler aktiv. Roxann Dawson durfte dreimal ran (*Dead Stop/Todesstation*, *Dawn/Morgengrauen*, *Bounty/Kopfgeld*), LeVar Burton zweimal (*Cogenitor*, *First Flight/Erstflug*) und Robert Duncan McNeill immerhin noch einmal mit *The Breach/Böses Blut*. Den Rest der Episoden besorgten die bekannten Verdächtigen.

Auch inhaltlich gab es den gewohnten Mix aus Einzelabenteuern, Temporal Cold War, Klingonen, Vulkaniern, Andorianern und nun auch Romulanern, Tellariten und Borg zu sehen, wobei man jedoch insbesondere den TCW zurückfuhr.

Die zweite Season hatte somit den begonnenen Weg konsequent fortgesetzt, ließ dabei aber dennoch erneut einiges zu wünschen übrig. Zwar gab es eine ganze Handvoll Höhepunkte, jedoch eben auch viel graues Mittelmaß und schlimmste Untiefen.

Als beste Episode darf man rückblickend vielleicht *Cogenitor* bezeichnen, da sie ein heißes Eisen anfasste und konsequent durchverhandelte, bis hin zum schockierenden Ende.

Ganz vorne dabei waren aber auch *Todesstation* (die Horror-Raumschiffwerkstatt), *Regeneration* (mit einem cleveren Borg-Twist), *Cease Fire/Waffenstillstand* (das an die politischen Ränkespiele aus DS9 erinnerte), das herrlich schräge *Singularity/Eigenarten*, der Abstecher nach *Carbon Creek* (mit T'Pols Oma), *The Catwalk/Der Laufsteg* und *Erstflug* (das uns endlich mehr über die Anfänge des Weltraumprogramms erzählte). Doch auch der Cliffhanger zur dritten Staffel, *The Expanse/Die Ausdehnung*, gefiel mit einer dystopischen Stimmung und dem herrlich offenen Ende.

Folgen wie *The Seventh/Der Siebente, Canamar* oder *Dawn/Morgengrauen* standen derweil für das breite Mittelmaß, während man mit dem schnarchigen *The Crossing/Übergang* und insbesondere *Marauders/Marodeure, Precious Cargo/Kostbare Fracht* und *Kopfgeld* vollkommen baden ging. Hier wurde es einfach nur peinlich. *A Night in Sickbay/Eine Nacht Krankenstation* hingegen erfreut sich bis heute einer Guilty-Pleasure-Beliebtheit. Man hasst sie oder freut sich diebisch über das alberne Treiben.

Das größte Problem bestand abseits der eigentlich guten Staffel aber weiterhin in der Abwesenheit einer Vision. Was wollte die Serie sein, außer nur ein Klon von *Star Trek*, *Star Trek: The Next Generation* und *Star Trek: Voyager*? Warum erforschte man auch weiterhin konsequent nicht das, was die Identität dieses Prequels ausmachen sollte?

Bei all den genannten Aspekten drängte sich eine unschöne Erkenntnis auf: *Star Trek: Enterprise* folgte nie wirklich einem erkennbaren Konzept. Ein wirkliches Prequel durfte die Serie schlicht nicht sein, einfach eine weitere *Star Trek*-Serie schien den Produzenten und Autoren allerdings ebenfalls nur bedingt Freude zu bereiten – zumindest nicht konstant genug.

Ideen wie der Temporal Cold War waren ihnen die Mühe in letzter Konsequenz jedoch auch nicht wert. Von Beginn an herrschte eher das Gefühl einer verschlafenen Wohlfühloase – *been there, done that*. Wir machen einfach das, was wir immer gemacht haben. Keine Herausforderung, keine höher gelegte Messlatte. Immer alles schön entspannt und einfach. Bloß nichts riskieren. Dass sich dies nach dem zweiten Jahr wenigstens teilweise änderte, war purer Quotendruck. Ein Weckruf von draußen – und somit keine gute Basis für Veränderungen.

Diese Haltung zeigte sich leider auch konsequent an Bord der Enterprise und in den Stories – wenn zum Beispiel Archer und Co. wieder und wieder die stolzen Klingonen düpierten, die Menschen ein ums andere Mal den Vulkaniern beweisen durften, dass sie zu Unrecht zurückgehalten wurden und auf eigenen Füßen stehen konnten – und wenn sich Entscheidungen eben am Ende viel zu selten als falsch herausstellten.

Dann fühlte man sich wohl. Da war man gern mit dabei. Herzlich willkommen auf Jonathans »Waldorffregatte«. *Kreuzfahrt ins Glück* mit einem Hauch von *Star Trek*. Das war sicher ganz nett – aber genug eben nicht. Höchstens, um morgens beschwingt den eigenen Namen zu tanzen.

Star Trek: Enterprise konnte allerdings auf der anderen Seite das befriedigende Niveau der ersten Staffel halten und lag deshalb – zumindest was die Pflicht anging – immer noch im Soll. Die Tatsache, dass die Serie viel Potential (ergo Kür) ungenutzt liegenließ, darf dabei jedoch nicht unerwähnt bleiben.

Wir hatten es an dieser Stelle unverändert mit einem Procedural zu tun, das sich mutlos auf einzelne Episoden stürzte und den durchaus vorhandenen Rahmen (der vielleicht gerne ein Serial gewesen wäre) nur als schmückendes Beiwerk nutzte – eben wenn es Quoten oder Story erforderten oder zuließen. Man konnte aber zu diesem Zeitpunkt keinesfalls behaupten, dass die Serie auf ein größeres Ziel hinzuarbeiten schien. Was diesen Punkt anging, waberte die zweite Staffel fast noch etwas mehr vor sich hin als die erste.

Bei *Deep Space Nine* schafften es die Produzenten schon recht früh, die Einzelepisoden in einen größeren Zusammenhang zu stellen, der die Serie als Einheit über seine Teile hinauswachsen ließ. In diesem Zusammenhang war die zweite Staffel von *Star Trek: Enterprise* mehr als chancenlos.

The Next Generation und *Voyager* hingegen suchten ihr Heil ebenfalls in den Abenteuern der Woche – und mit diesen Vertretern und ihren feinsten Stunden konnte sich *Star Trek: Enterprise* in hellen Momenten auch messen. Einzig das immer noch frappierende qualitative Ungleichgewicht fiel negativ auf.

Der entscheidende Schritt fehlte zu diesem Zeitpunkt einfach, wenn die Serie nicht nur als Aneinanderreihung verschiedener Abenteuer in den Köpfen der Fans zurückbleiben sollte. Neue Crew, neues Schiff, neue Zeit – mehr war es nicht. Das Besondere, das gewisse Etwas, hätte die Serie auf eine ganz andere Ebene hieven können – vielleicht einfach mal ein Prequel auch wirklich zum Prequel machen?

Größtes Problem waren allerdings trotz all dieser inhaltlichen Überlegungen die immer weiter schwindenden US-Quoten.

Man begann die Staffel mit knapp unter fünf Millionen Zuschauern, legte ein Zwischenhoch auf über sechs Millionen hin (leider beim unwürdigen Ausflug von Archer und Porthos auf die Krankenstation) und sackte schließlich bis zum Ende der Staffel auf unter vier Millionen ab. Der Staffeldurchschnitt lag dann auch konsequenterweise gerade noch bei knapp über vier Millionen Zuschauern und damit bei einem Drittel dessen, was man mit dem Pilotfilm zwei Jahre zuvor erreicht hatte.

Die Serie stand schon nach zwei Jahren an einem Scheideweg und bei den Geldgebern zunehmend auf verlorenem Posten. Es sollten Veränderungen her. Doch wie würden die aussehen?

Ich kann's kaum erwarten, da rein zu kommen, die aufzuspüren, die das getan haben, und sag' mir nicht, wir sollen vorsichtig vorgehen. Ich will nichts hören von diesem Einmischmist, den T'Pol mir immer reingewürgt hat.

Trip (Die Ausdehnung)

STAFFEL 3
(2003/2004)
LASST UNS BÖSE UND DYSTOPISCH SEIN

Die dritte Staffel wurde zur *make or break*-Staffel. Berman & Braga versuchten, die verlorenen Fans mit einem ganzjährigen Handlungsbogen über eine Mission zur Rettung der Erde zurückzugewinnen. Eine Werbung zeigte den Slogan »this time it's personal« – und man konnte sich nicht sicher sein, ob es sich dabei nicht vielleicht gleichzeitig um eine Kampfansage der Produzenten für ihr Baby handelte. Am 10. September 2003 ging es los mit dem dritten Jahr.

Im vorigen Staffelfinale hatte man alles in die Wege geleitet. Die Erde wurde von einem Terrorakt durch eine außerirdische Sonde getroffen, und die Enterprise sollte nun in einer abgelegenen und mysteriösen Region nach den Verursachern suchen. Diese Xindi erdachte man exklusiv für *Star Trek: Enterprise*, in den anderen Serien waren sie nie erwähnt worden. Mit der neuen Ausrichtung gingen auch ein paar Veränderungen einher. So durfte man nur noch 24 Episoden produzieren, nachdem die ersten Einschaltquoten enttäuschend ausgefallen waren. Eine vollständige Absetzung drohte zwischenzeitlich. Am Ende entschied man sich aber doch noch einmal für eine Fortsetzung. T'Pol trug ab dieser Staffel Sternenflotten-Jumpsuits, die sich jedoch letztlich nur in der Farbe von ihrer bisherigen Klamottenwahl unterschieden und weiterhin ihren Körper betonten. Die Zielgruppe von UPN hatte sich schließlich nicht geändert.

Der Titelsong wurde – wie auch schon bei *Star Trek: Deep Space Nine* geschehen – für das neue Jahr generalüberholt. Am Ende klang das Ganze dann wie eine Calypso-Version des Originals und passte in fast keiner Episode mehr zur düsteren Atmosphäre der Geschichte. Eine wirklich nicht nachvollziehbare Entscheidung.

Auch zog in der dritten Episode *Extinction/Transformation* das *Star Trek* in den Titel der Serie ein. Somit firmierte man also fortan als *Star Trek: Enterprise* und erhoffte sich davon vermutlich, dass die Trekkies endlich begreifen würden, dass sie schon zwei Staffeln ihres geliebten Franchises verpasst hatten. Marketingstrategen und ihre wundersamen Ideen …

Mit den MACOs etablierte man eine militärische Präsenz an Bord des Schiffes. Anführer dieser Einheit wurde Steven Culp als

Major Hayes. Ihm zur Seite standen verschiedene Soldatinnen und Soldaten, die je nach Bedürfnis des Drehbuchs eingeführt oder vergessen wurden. Eine Ausnahme bildete Daniel Dae Kim als Corporal Chang, der immerhin drei Episoden erhielt und später in *LOST* und *Hawaii FIVE-O* Karriere machte.

Auf Seiten der Xindi – die immer wieder eigene Szenen erhielten – kamen Tucker Smallwood, Rick Worthy, Randy Oglesby und Scott MacDonald dazu. Letzterer hatte den Tosk in *Star Trek: Deep Space Nine* gespielt.

Die dritte Staffel war hinter den Kulissen aber auch das Jahr der spannenden Neuzugänge. Der wichtigste bei den Autoren war in jedem Fall Manny Coto, der zuvor mit seiner Serie *Odyssey 5* aufgefallen war und als großer Fan von *Star Trek* galt. Würde er den Geist von Gene Roddenberry wiederfinden? Allerdings kam auch ein gewisser Terry Matalas zum Team, der später mit *12 Monkeys* und insbesondere der letzten Staffel von *Star Trek: Picard* auf sich aufmerksam machen würde. Er war bereits an den letzten beiden *Voyayger*-Staffeln im Hintergrund beteiligt gewesen und fungierte bei *Enterprise* die meiste Zeit als persönlicher Assistent von Brannon Braga. Weitere Storycredits erhielten zudem Jonathan Fernandez (der auch als Story Editor eingesetzt wurde), Brent V. Friedman (in der ersten Hälfte der Staffel auch Consulting Producer) und Paul Brown (der zuvor mit *Child's Play/Icheb* bereits eine Voyager-Episode geschrieben hatte).

Vom ehemaligen Hoffnungsträger John Shiban war derweil nichts mehr zu sehen. Kreative Differenzen hatten seinem Wirken ein Ende gesetzt.

In Sachen Regie bekam Roxann Dawson diesmal sogar vier Episoden ab (*Exile/Exil*, *Chosen Realm/Das auserwählte Reich*, *Doctor's Orders/Auf ärztliche Anweisung*, *E²*). Robert Duncan McNeill war zweimal im Einsatz (*Twilight/Dämmerung*, *Countdown*), LeVar Burton durfte dreimal sein Können zeigen (*Transformation*, *Similitude/Ebenbild*, *The Forgotten/Die Vergessenen*). Neben ihnen und dem etablierten Team stieß auch Michael Grossman hinzu und blieb bis zum Serienende an Bord.

An Höhepunkten war die Staffel wahrlich nicht arm. Den größten Eindruck hinterließ das (an den Film *Memento* angelehnte) Gedankenspiel *Dämmerung*, in dem wir eine fiktive Zukunft erlebten und erkannten, was alles auf dem Spiel stand.

Doch stachen auch *Anomaly/Anomalie* (was der viel bessere Auftakt gewesen wäre), *The Shipment/Die Ladung* (mit einem typisch trekkigen Ansatz der Verständigung), *Similitude* (über den Wert eines Lebens im Vergleich zum großen Ganzen), die Rückkehr von Shran in *Proving Ground/Testgebiet*, das clevere *Stratagem/Kriegslist* oder der brutale Dreiteiler aus *Azati Prime, Damage/Beschädigungen* und *Die Vergessenen* heraus. Kurz vor Schluss lieferte man mit *The Council/Der Rat* dann noch eine Lehrstunde in Sachen gegenseitigem Respekt und mit *Countdown* einen spannenden Appetizer fürs Finale, der wie eine Rakete durch die Spielzeit preschte.

Auch der mittlere Qualitätsbereich der Staffel zeigte sich allerdings durchaus gut frequentiert. Episoden wie *The Xindi/Die Xindi* (gut, aber als Staffelauftakt etwas blutleer), *Impulse/Impulsiv* (laute und spannende Mär von vulkanischen Zombies), *Harbinger/Der Vorbote* oder *Hatchery/Brutstätte* (als gewiefter *Alien*-Klon) stehen sinnbildlich für diese Kategorie.

Am Ende der Skala fanden sich jedoch auch ein paar echte Heuler wieder. *Ausrottung* zum Beispiel war schmerzhaft platt geschrieben und überzeichnet gespielt, *Rajiin* dümpelte auf Soap-Niveau, *Exil* verhob sich an einer seichten Version von *Die Schöne und das Biest,* und *North Star/Faustrecht* machte als Western-Geschichte im All zwar Spaß, hatte an dieser Stelle des Story-Arcs aber schlicht nichts verloren. Insgesamt fiel insbesondere am Anfang der Staffel auf, dass die Macher nur schwer ins Thema hineinkamen und auf ein paar Füller setzten.

Das Gros passte aber. Und so war kurz vor dem großen Staffelfinale alles für ein episches Finish bereitet.

Einen Abbruch werde ich an dieser Stelle der Euphorie jedoch tun müssen. Denn es war wie so oft: Der kleinste Nenner eines Pay-Offs besteht nämlich leider gern aus Action, Zeitlupe und hemdsärmeligen Storyfragmenten. Dass man den Fans mit dem Staffelfinale *Zero Hour/Stunde Null* zudem einen unmotivierten »WTF-Moment« entgegen schleuderte, machte den Rest nahezu kaputt. Die Episode war die neue und legitime Duden-Definition von heißer Luft. Wenn Serienautoren Charakterentwicklungen, Drama, Gefühle und spannende Wendungen in Gänze mit Action, mehr Action und noch mehr Action ersetzen, weiß man, was die Stunde geschlagen hat. Die Luft war raus, einen Plan gab es nicht, und die Staffel erhielt in letzter Instanz eben doch nicht den in Teilen verdienten Segen, sondern einen Abschluss, der irgendwie dann doch zum Gesamtbild der kompletten Serie passte. Früher sprach man, wenn eine Serie den Zenit überschritten hatte und dabei war, sich lächerlich zu machen, von »the show jumped the shark«. Seit *Stunde Null* müsste es jedoch eigentlich eher »did the Alien Space Nazis« heißen.

Doch soll man weder ein Buch nach seinem Cover beurteilen noch eine Staffel nach dem Ende (oder dem Auftakt). Und auch wenn es knapp zuging: Das dritte Jahr war das bis zu diesem Zeitpunkt beste der Serie. Das Zusammenspiel aus Emotionen, Action, Optik mit einer durchlaufenden Story, die Mensch und Material beeinflusste und als ständiger Unsicherheitsfaktor mitspielte, hatte schon *Star Trek: Deep Space Nine* über seine Brüder und Schwestern hinauswachsen lassen. Auch hier funktionierte das Kunststück in Teilen, und es gelang zumindest, der Season eine Richtung zu geben. Rein vom qualitativen Standpunkt reichte es an vielen Punkten aber erneut nicht aus – die Autoren gruben nicht tief genug und begnügten sich mit zu wenig. Die Niners hatten starke Figuren, Dialoge und Drehbücher. *Star Trek: Enterprise* kratzte – wie gehabt – an der Oberfläche.

Außerdem blieb man zum ersten – allerdings nicht letzten – Mal in der Geschichte des Franchises mit den großen drei Fragen zurück: Was will *Star Trek* noch sein? Was kann *Star Trek* noch sein? Was darf *Star Trek* noch sein? Tja, da waren sie wieder, meine drei Probleme.

Mit dem Xindi-Arc hatte man versucht, laut, hip, actionreich, düster und irgendwie trendy zu sein. Dass man sich damit mehr als je zuvor von den Idealen Roddenberrys verabschiedete, dürfte langjährigen Zuschauern fraglos aufgefallen sein. Auch *Star Trek: Deep Space Nine* hatte *courage under fire* versucht und war nicht immer erfolgreich darin gewesen, die Fans des alten *Star Trek* abzuholen. Dennoch gelang es den Autoren dort, die feine Linie zwischen dem Roddenberry-Soll und dem traurigen Ist der Welt, in der wir leben, nicht zu deutlich zu überschreiten. Hier war das leider anders.

Der in der ersten und zweiten Season so sträflich vernachlässigte Handlungsbogen um den Temporal Cold War zum Beispiel wurde für die dritte Season erneut reduziert. Zwar tauchte der immer noch vollkommen unbekannte Future Guy in *Die Ausdehnung* zusammen mit Silik und seinen Schergen auf, um Archer Informationen über die Xindi zu geben, wurde danach jedoch – wie auch alle Suliban – vollkommen vergessen (abgesehen von einer kurzen Unterhaltung zwischen Daniels und Archer in *Carpenter Street*). Daniels, der zeitreisende Ex-Crewman, durfte in *Carpenter Street*, *Azati Prime* und *Stunde Null* seine Rolle als Bewahrer der Zeitlinie und Beschützer Archers und der noch nicht gegründeten Föderation wieder aufnehmen, ohne dabei aber mehr über sich, seine Hintermänner, seine eigene Zeit und irgendwelche Gegenspieler durchblicken zu lassen.

Der Temporal Cold War war somit, was er bisher immer war: Ein undurchschaubares Geflecht aus unzusammenhängenden Storylines, wirren Einwürfen, undefinierten Parteien, Figuren und Vorstellungen und obendrein ein viel zu sporadisch thematisiertes Nebenprodukt der Serie. Spannend und zum Nachdenken anregend war das schon lange nicht mehr – ohne sinnvolle Antworten oder Wendungen war alles für die Tonne.

Weitere mehr oder minder akute Brandherde der vergangenen zwei Jahre spielten ebenfalls keine Rolle mehr: T'Pols Erkrankung (die man gut hätte einbauen können), die Romanze zwischen Phlox und Cutler (deren Darstellerin überraschend verstarb), der angedeutete Konflikt zwischen Archer und Trip *(Cogenitor)*, die Klingonen (naturgemäß erstmal außen vor) oder der schwelende Konflikt zwischen Vulkan und Andoria (von dem wir nichts mitbekommen konnten) – sie traten alle in den Hintergrund.

Es war allerdings durchaus erfrischend zu sehen, dass die Produzenten die Probleme erkannt hatten und nun bemüht waren, eine durchlaufende Geschichte zu erzählen, bei der man gezwungen war, Ereignisse nicht direkt hinter sich zu lassen, sondern auf ihnen aufzubauen. Dass ihnen das in letzter Konsequenz nicht immer gelang, muss man akzeptieren. Kompetenz war in diesem Fall einfach doch Glückssache.

So durfte man über viele Entwicklungen schlichtweg nicht nachdenken. Wie sinnvoll war es, den Testballon einer Waffe, die noch lange nicht fertiggestellt war, ausgerechnet am Feind zu testen, wenn dieser dadurch die Chance erhielt, dem eigenen Volk einen schwerbewaffneten Besuch abzustatten? Wie sinnvoll war es, diesen Feind, der nur mit einem Schiff durch das eigene Territorium flog, so lange leben zu lassen, bis er sich erfolgreich wehren konnte? Vor allem, weil die Xindi ohne Probleme mit ihrer kombinierten Feuerkraft den Spuk hätten früh beenden können. So stellte man leider nur die Gegenspieler als törichte Einfaltspinsel und Marionetten dar, bot den eigenen Helden jedoch sicher keine effektiven Antagonisten.

Aus Sicht des reinen Unterhaltungswerts war die Staffel dafür aber durchaus spannend anzusehen und gelungen umgesetzt. Mit *Star Trek* hatte sie allerdings nur noch am Rande zu tun – nämlich dann, wenn sie die Probleme, Sorgen und Auswirkungen der verschiedenen Krisen ernst nahm und sich nah dran an die Charaktere begab. Da der Großteil der Staffel jedoch die reine Actionkarte ausspielte, wurde auch hier Potential eher übersehen als genutzt.

Viele spannende Handlungsstränge des Arcs wurden zudem nicht ausreichend beleuchtet oder Entwicklungen nicht behandelt (Reed und Hayes, der Konflikt um die MACOs allgemein, Trips verstorbene Schwester). Insgesamt fügte sich die Staffel aber dann doch noch irgendwie zu einem kohärenten Ganzen zusammen. Gerade die zweite Hälfte konnte durchaus punkten und wäre mit ein paar anderen Ideen zum Schluss unter Umständen in der Gesamtbetrachtung auch noch besser weggekommen.

So musste man das Ganze als Versuch abstempeln. Nach einem Jahr in der Ausdehnung war ich aber definitiv bereit für etwas anderes. Nur nicht für Alien Space Nazis.

Der Quotenschwund wurde immerhin etwas eingedämmt. Der Durchschnitt lag bei 3,8 Millionen Zuschauern. Dennoch dümpelte die Serie nun endgültig im Niemandsland vor sich hin. Einmal sackte man gar unter die 3-Millionen-Markte, der Rest bewegte sich konstant auf niedrigem Niveau.

Jeder bei der Produktion wusste, dass es so nicht weitergehen konnte – und was die Stunde geschlagen hatte.

Ich bin dabei, eine Grenze zu überschreiten. Eine, die für mich immer ein Tabu war. Und so, wie unsere Mission verläuft, wird es vermutlich nicht die letzte sein.

Jonathan Archer (Beschädigungen)

STAFFEL 4
(2004/2005)
LASST UNS EIN PREQUEL MACHEN!

Mit der vierten Staffel begannen die Produzenten tatsächlich, aus dem Prequel ein Prequel zu machen. Die Gründe lagen dabei auf der Hand: Rick Berman und Brannon Braga wussten, dass ihr Projekt gescheitert war. UPN schob die Serie auf den Freitag und machte somit mehr als deutlich, dass *Star Trek: Enterprise* die Abschiedsvorstellung in Staffellänge erhielt. Dazu kürzte man nochmals das Budget und reduzierte erneut die Bestellung von 24 auf 22 Episoden. Die Serie endete damit nach 98 Episoden.

Berman und Braga hatten wohl keine rechte Lust mehr und legten die Verantwortung und den damit verbundenen Showrunnerposten beleidigt in die Hände von Manny Coto, den viele Fans als Retter der Serie priesen.

Die wichtigste Neuerung im Writers Room war sogleich die spannendste: Coto holte das Romanautorenpaar Garfield & Judith Reeves-Stevens hinzu, die von ihren Romanen für (und mit) William Shatner bekannt waren. Doch auch Ken LaZebnik, Alan Brennert (als Michael Bryant genannt) trugen noch etwas bei. Mike Sussman und André Bormanis waren da schon die alten Recken, die weiterhin für die Serie schreiben durften.

In Sachen Regie durften erneut zwei Darstellerinnen und Darsteller Hand anlegen. Roxann Dawson erhielt mit *Awakening/ Zeit des Erwachens* nur eine Folge, LeVar Burton mit *The Augments/Die Augments* und *Demons/Dämonen* deren zwei. Der Rest teilte sich unter den bekannten Gesichtern auf, während Neuling David Barrett (Sohn von TOS-Nebendarsteller Stan Barrett) eine Episode erhielt und Kameramann Marvin V. Rush noch zweimal randurfte und somit sein Folgenkonto in *Star Trek* auf fünf (nach 1xTNG und 2xVoyager) schrauben durfte. Barrett kehrte übrigens später noch für *Discovery* zu *Star Trek* zurück.

Doch schauen wir uns nun an, was in den Episoden der vierten und letzten Staffel geschah, nachdem am Ende des Vorjahres kurz vor knapp der Alien Space Nazi seinen großen Auftritt hingelegt hatte. Und wirklich hatten Berman & Braga ihrem Nachfolger damit ein regelrechtes Monster-Ei ins Nest gelegt. Statt frisch durchstarten zu können, lavierte dieser sich gezwungenermaßen und mehr schlecht als recht durch das Temporal-Cold-War-Chaos und zeigte: Aus Scheiße macht man einfach kein Gold.

Storm Front, Part I/Sturmfront, Teil 1 war der simpelste Nenner, auf den man den Temporal Cold War nach drei Jahren hatte bringen können: Eine Popcorntüte voll heißer Luft, die bei der kleinsten Berührung explodierte und einen unangenehmen Geruch hinterließ. Manny Coto scheiterte dabei zwar sicher nicht an seiner eigenen Vision für die Serie, dafür allerdings an dem Versuch, den kalten Krieg in ein Feuerwerk zu verwandeln; er verlor sich in Klischees, Plattitüden und viel zu pragmatischer Action. Auf diesem Niveau freute ich mich schon diebisch darauf, mit der nächsten Episode endlich *bye bye TCW* rufen zu können.

Doch was folgte, war eine kleine Sensation! Ein zweiter Teil, der den ersten in den Schatten stellte! Nur war der erste Teil eben leider so schlecht gewesen, dass es fast keine andere Richtung gegeben hatte. Mit einer leicht verbesserten Handlungsführung verabschiedete sich Manny Cotos Eröffnungszweiteiler und machte Platz für die wirklich interessanten Geschichten. *Storm Front, Part II/Sturmfront, Teil 2* riss die Gesamtfolge zwar nicht mehr aus ihrem Tiefgeschoss heraus, gab beim Untergang jedoch zumindest ein homogeneres Bild ab. Irgendwie war das Ganze dann also wie beim Untergang der Titanic – Hauptsache bis zum Schluss mit Kammermusik. Insgesamt war der Zweiteiler das *Carpenter Street* in Spielfilmlänge, oder, um einmal die Crew der USS Voyager zu loben: *Ein Jahr Hölle* für geistige Tiefflieger. Unterhaltsam, leicht, zackig, aber leider dünn wie andorianische Seide. Ich durfte es also endlich sagen: *Bye bye TCW*!

Die Struktur der Staffel macht es in der qualitativen Betrachtung notwendig, die Mehrteiler zusammenzufassen. Nicht immer war dabei zwar jeder Teil gleichwertig, es zählt am Ende jedoch eher die Summe der Teile.

Am stärksten gelang sicher der Vulkanier-Arc, der insbesondere mit *The Forge/Der Anschlag* ein Ausrufezeichen setzte.

Doch auch der Soong-Dreiteiler gefiel nicht nur wegen des Spiels von Brent Spiner. Hier stach insbesondere das beinharte *Cold Station 12* heraus.

Zum Schluss darf aber auch der Abschlusszweiteiler aus *Dämonen* und *Terra Prime* (vor dem finalen Finale) nicht vergessen werden, der die Serie inhaltlich schön einrahmte.

Eher im Mittelfeld landeten der Andorianer/Romulaner-Arc (der nicht genau wusste, was er wollte) und der etwas zu comichafte Abstecher ins Spiegeluniversum aus *In a Mirror, Darkly/Die dunkle Seite des Spiegels*.

Weniger gut gelangen der Versuch, die Klingonengeschichte in *Affliction/Die Heimsuchung* und *Divergence/Die Abweichung* neu zu erzählen oder auch das Gros der Einzelfolgen. Weder *Daedalus* noch *Observer Effect/Beobachtungseffekt* oder insbesondere das grausam alberne Vehikel *Bound/Die Verbindung* konnten wirklich gefallen.

Die Ausnahme bildete hier jedoch die Folge *Home/Zuhause*, weil sie eine angemessene Aufarbeitung für den Xindi-Arc bot und nach dem Staffelauftakt um den Temporal Cold War einfach eine Wohltat darstellte.

Dennoch deutete alles auf ein stimmiges, angemessenes Ende der Serie hin, wenn man insbesondere auf den angesprochenen Zweiteiler gen Ende blickt.

Zumindest würde dieses Statement in einer fairen Welt Gültigkeit besitzen. Leider hatten Rick Berman und Brannon Braga allerdings noch einen letzten Trumpf in der Hinterhand, nachdem sie sich ansonsten im vierten Jahr komplett zurückgehalten hatten. Und so sendete man damals leider direkt nach diesem zweiten Teil noch das wirklich richtig echte Serienfinale, das zwar die Qualität von *Terra Prime* nicht schmälern konnte, der Episode jedoch den Status als abrundendes Element raubte. So war es ein zweites Mal hintereinander an der Zeit, Lebewohl zu sagen. Die Episode *These are the Voyages/Dies sind die Abenteuer* beendete mit einer an sich charmanten, doch auch fehlgeleiteten Idee 18 Jahre *Star Trek* im TV, aber eben nicht die eigentliche Serie *Star Trek: Enterprise*. Dass es dem Drehbuch zudem an Qualität mangelte, machte die Sache nicht besser.

Schon der Ansatz ließ eine Augenbraue nach oben wandern: Man implementierte eine Holosimulation der Enterprise NX-01 in die Episode *The Pegasus/Das Pegasus-Projekt* aus der siebten Staffel von *Star Trek: The Next Generation*. In dieser hatte Riker mit einem Dilemma zu kämpfen, als sein ehemaliger Captain an Bord kam, um die Geister der Vergangenheit zu beschwören. Zu diesem Zweck baute man hier nun sogar Kulissen der Enterprise D nach, holte Jonathan Frakes sowie Marina Sirtis in ihren Paraderollen zurück und ließ Brent Spiner zudem eine kurze Sequenz für die Audiospur aufnehmen. Dass Frakes und Sirtis seit der Ausstrahlung im Jahre 1994 allerdings elf Jahre älter geworden waren, ignorierte man. Doch auch wenn man diesen Ansatz für einen Moment außer Acht ließ, handelte es sich mit der Episode um eine mehr als schwierige Kiste. Die Idee von Berman und Braga war im Ansatz nämlich wirklich hübsch gewesen, einige Kleinigkeiten funktionierten sogar ganz gut, die generelle Ausführung aber war voller Unzulänglichkeiten und Dummheiten, die gerade für den Status als Serienfinale unentschuldbar waren. Sie hätte als spezielle Episode irgendwo mitten in der vierten Staffel vermutlich deutlich besser funktioniert. Als Serienfinale platziert war sie allerdings ein absolutes Ärgernis, da sie vor allem daran krankte, dass man bei vielen Entscheidungen fahrlässig und gedankenlos gehandelt hatte.

In den letzten Szenen gelang dann jedoch zumindest noch ein emotionaler Abschied von *Star Trek* im TV. Die Montage der Schiffe von Kirk, Picard und Archer zusammen mit dem berühmten Trek-Mantra konnte durchaus (kurz) ergreifen. Dabei fiel aber auch wieder die absurde Fixierung auf die Enterprise auf, die dazu führte, dass *Star Trek: Deep Space Nine* und *Star Trek: Voyager* (die mit jeweils sieben Jahren Laufzeit ein elementarer Teil der Trek-Geschichte sind) nicht mal erwähnt wurden. Klar: Beide Serien hatten (wie auch *Star Trek: Enterprise*) keinen gesprochenen Vorspanntext und keine Enterprise präsentiert, dennoch hätte es sicher Mittel und Wege gegeben, auch die Station DS9, die Defiant und die Voyager in die Montage einzubringen und statt des Trek-Mantras Aussprüche der Captains darüber zu legen oder das Mantra durch solche zu ergänzen, indem man Sisko und Janeway ebenfalls hätte zu Wort kommen lassen. Doch dafür hätte man über den Tellerrand hinausdenken müssen. Die Idee war im Kern also durchaus nett, die Ausführung allerdings schludrig und der Trek-Historie nicht angemessen.

Nein, das war definitiv kein würdiger Abschluss für *Star Trek: Enterprise*. Die Reise dieser Crew per Holosimulation zu beenden, dabei trotz eines Zeitsprungs von sechs Jahren keine interessanten Veränderungen am Status Quo zuzulassen, einen zentralen Charakter einen sinnlosen Tod ohne emotionale Aufarbeitung sterben zu lassen und schließlich per Holodeck-beenden-Befehl den emotionalen Höhepunkt abzubrechen, war eine Ansammlung von irrwitzigen Entscheidungen, die ein Ansetzen der Episode als Serienfinale hätte verhindern müssen.

Computer, Programm beenden.

William T. Riker

Die Episode war jedoch definitiv auch keine sinnvolle Ergänzung zur Episode *Das Pegasus-Projekt* aus *The Next Generation*, da Rikers Dilemma nicht wirklich schlüssig aufgelöst wurde und man seine Motivation am Ende keinen Deut besser verstand. Im Gegenteil: Bezüglich der Logik knarzte es gewaltig im Gebälk, was den Schluss zuließ, dass Berman und Braga sich auf ihr Gedächtnis verlassen hatten. Geschaut hatten sie *The Pegasus* vor dem Schreiben offenbar nicht mehr. Oder war es ihnen schlicht egal? Beides wäre unerträglich. Schaut man beide Episoden spaßeshalber *back-to-back*, drängt sich sogar der Eindruck auf, als wären die Sequenzen in diesem Nachschlag nur belangloses Beiwerk, das aus *The Pegasus* zwar eine längere, aber sicher keine bessere Episode machte.

Ich glaube nicht, dass Ihnen diesmal jemand zur Hilfe eilen wird.

William T. Riker (Das Pegasus-Projekt)
Oder spricht hier Jonathan Frakes mit Berman & Braga?

Fehlgeleitet ging damit eine Serie zu Ende, die ihr Potenzial viel zu spät erkannt und zudem nur selten ausgeschöpft hatte. In dieser Disziplin war *Star Trek: Enterprise* am Ende eben doch die konsequente Weiterführung von *Star Trek: Voyager*. Man möge mir den Zynismus verzeihen.

Die Quoten sackten angesichts des neuen Sendeplatzes weiter in den Keller. Schon der Auftakt konnte nur noch knapp drei Millionen Fans vor die Fernsehschirme locken. Zumindest hielt die Staffel das Niveau bis zum Ende und kam im Durchschnitt auf etwas mehr als drei Millionen Zuschauer. Die meisten sahen das Finale, bei dem der Wert sogar noch einmal über die 4-Millionen-Marke sprang, was zuletzt Mitte der dritten Staffel gelungen war.

Der Tiefpunkt war die Episode *Babel*, bei der nur noch 2,5 Millionen Zuschauer einschalteten. An dieser Stelle entschied UPN zusammen mit Paramount, dass die vierte Season auch die letzte sein würde, und informierte den Produktionsstab.

Es ist sicher nicht alles rund gelaufen bei diesem ersten Versuch eines Prequels. Dennoch hat die Serie abseits aller Probleme vier Jahre lang gute Unterhaltung hervorgebracht und das Franchise dabei um einige Aspekte und Hintergrundgeschichten bereichert. Die ersten beiden Jahre sind besser als ihr Ruf und machen auch heute noch Spaß, das dritte Jahr wagte einen Story-Arc und nahm dabei zunehmend Fahrt auf, und im vierten Jahr bewiesen Manny Coto und sein Team sogar noch, dass auch andere Erzählformen als nur Einzelepisoden oder Geschichten über eine ganze Staffel machbar waren. Leider reichte das in der Summe nicht, um der sympathischen Crew eine längere Reise zu ermöglichen …

Die letzte Grenze beginnt in dieser Halle.
Erforschen wir sie gemeinsam!

Jonathan Archer (Terra Prime)

DIE SYNCHRONISATION
MUT ZUM DU

Die Synchronisation zur Serie legte man etwas überraschend in die Hände der Bavaria Synchron in München. Dr. Harald Wolff durfte das Dialogbuch schreiben, Michael Brennicke die Dialogregie führen. Interessant war daran, dass man somit erstmals bei den modernen Trek-Serien die Arena Synchron in Berlin außen vor ließ. Die Begründung war hingegen simpel: Viacom lag damals im Clinch mit der Kirch-Gruppe (zu der die Arena gehörte) und benötigte eine Alternative. Die Arena selbst konnte nichts für die Umstände.

Zum Team von Wolff und Brennicke gehörten neben Martin Schowanek noch Torsten Nobst (den viele sicher noch aus seiner Zeit beim deutschen Paramount-Ableger CIC Video kannten) und Ralph Sander, dessen *Star Trek Universum* älteren Semestern eventuell noch ein Begriff sein könnte. Ihnen gelang eine sympathische und gleichermaßen natürliche Übertragung des Originals. Auch sorgten sie dafür, dass sich befreundete Charaktere duzen durften, was insbesondere bei Trip und Archer eine Freude war.

Scott Bakula war eindeutig der in Deutschland bekannteste Schauspieler im Cast. Somit war die Wahl seiner Stimme auch am interessantesten. Man entschied sich, auf den Sprecher zurückzugreifen, der Bakula bereits in *Quantum Leap* und vielen anderen Auftritten gesprochen hatte: Gudo Hoegel. Dieser ist für seine durchaus markante Stimme bekannt, sprach er doch zum Beispiel auch *Darkwing Duck* in der gleichnamigen Serie oder Luigi in *Super Mario Bros.*!

Für die Rolle des Captain Archer passte Hoegel – obwohl er eine wunderbare Leistung ablieferte – in meinen Augen nie richtig. Bakula wirkte durch die sehr sympathische Stimme oft zu nett, zu glatt und wenig überzeugend. Das ist aber in keiner Weise ein Vorwurf an den Sprecher, hätte meiner Ansicht nach allerdings im Casting bedacht werden müssen. Interessant ist in diesem Zusammenhang, dass man Bakula in *Navy CIS: New Orleans* dann auch tatsächlich mit Frank Röth besetzte, was der Ernsthaftigkeit seiner Rolle dort sehr zugute kommt.

Und da wir gerade bei Frank Röth sind: Dieser wurde hier für die Figur des Sicherheitschefs Malcolm Reed ausgewählt und hatte den undankbaren Job, ohne dessen steifen britischen Akzent agieren zu müssen. Reed verlor dadurch im Deutschen einiges an Ausstrahlung, was man dem Sprecher jedoch ebensowenig zur Last legen kann wie bei der Problematik rund um Archer und Bakula.

Für die Vulkanierin T'Pol wählte man Susanne von Medvey, die viele Genrefans als Stimme von Lucy Lawless in *Xena* kennen. Dieser gelang etwas, das für die deutschen Fans zum Segen wurde. Sie kompensierte von der ersten Episode an die Schwächen im Spiel von Jolene Blalock, die sich lange nicht zwischen zuwenig und zuviel Emotion entscheiden konnte und oft fast genervt oder zickig klang, und ließ die Figur im Deutschen dadurch viel kompetenter und vulkanischer wirken. Ein großes Kompliment!

Für Trip Tucker wurde Crock Krumbiegel besetzt, den viele sicher als Erzähler der *Was ist was*-Reihe kennen dürften. Der wunderbare Akzent Trinneers fiel zwar logischerweise unter den Tisch, Krumbiegel machte Trip Tucker jedoch auch im Deutschen zu einer liebenswerten Figur.

John Billingsley alias Dr. Phlox erhielt mit Tonio von der Meden einen echten Veteranen als deutsche Stimme zugeteilt. Diese Wahl zahlte sich aus, verlor der Denobulaner doch nichts von seiner Kauzigkeit.

Mit Florian Halm, der deutschen Feststimme von Jude Law, für Anthony Montgomery und Melanie Manstein für Hoshi Sato machte man ebenfalls keinen Fehler.

Schön war überdies, dass man Jeffrey Combs in der Rolle des Shran die gleiche Stimme gab wie zuvor bei seiner Paraderolle in *Star Trek: Deep Space Nine*. Dadurch wurde nur noch deutlicher, wie wandlungsfähig sowohl Combs als auch sein Sprecher Udo Schenk sind. Schenk hatte Combs in *Star Trek: Deep Space Nine* als Weyoun die Stimme geliehen, nicht aber als Ferengi Brunt (das war Norbert Genscher) und auch nicht als Tiron (das war Klaus Jepsen). In *Star Trek: Voyager* war Schenk für die Rolle des Penk verantwortlich gewesen. Interessant war darum, dass man ihm in *Star Trek: Enterprise* nicht nur Shran sprechen ließ, sondern ebenfalls den Ferengi Krem. Beides löste er brillant.

Ab der zweiten Staffel übernahm dann erneut sehr überraschend doch noch die Arena Synchron unter der Führung von Ulrich Johansson die Arbeit an der Serie. Der Rechtsstreit war inzwischen beigelegt, und man informierte das Team der Bavaria humorlos von dem Wechsel. Schade für alle Beteiligten – wie auch für die Fans, hatte man sich doch enorm bemüht, akribisch gearbeitet und in stundenlangen Telefonkonferenzen jede noch so kleine Entscheidung abgewägt und somit ein starkes Produkt abgeliefert.

Johansson hatte nach dem Umzug von *Star Trek: The Next Generation* vom ZDF zu Sat.1 die zweite Synchronisation zu verantworten, war in gleicher Funktion am Pilotfilm von *Star Trek: Deep Space Nine* beteiligt und schließlich komplett für *Star Trek: Voyager* zuständig gewesen. Ihn und seine Bücher prägten in meinen Ohren immer sonderbare und oft unnötige Wortkreationen, ungelenke Übersetzungen und statische Dialoge.

Der Wechsel bekam der Serie hier erneut nicht besonders gut. Die Anzahl der Fehler nahm zu, und alles wirkte liebloser als zuvor. Immerhin änderte sich aber an den Stimmen nichts, was im Vergleich zu den Vorgängen bei *Star Trek: The Next Generation* ein großer Vorteil war.

DER AUTOR

DAS ALTER MACHT SENTIMENTAL

Es war der Mai 2001, als die ersten Infos über diese neue Serie im *Star Trek*-Universum die Runde machten. Gerade hatte ich mich nach viel zu viel hin und her dann doch gegen ein Studium und für eine Ausbildung entschieden und versuchte nach einigen

Jahren des Jobbens endlich durchzustarten. Und ich erinnere mich gut daran, dass die frühen Infos zur Serie mich damals schaudern ließen.

Ein Prequel? Angepriesen als höchst originelle Idee? Eine Crew, die auf dem Papier wie ein Classic-Abklatsch wirkt, Klingonen als Handlungsmittelpunkt des Pilotfilms – konnte es noch schlimmer kommen? So viele Möglichkeiten hatte ich mir gerade nach dem trostlosen Ende von *Star Trek: Voyager* ausgemalt, die Trek-Idee weiterzuführen. Auf diese wäre ich allerdings im Traum nicht gekommen – und hätte sie mir auch nie gewünscht. Doch dann, kurz nach der US-Premiere, landete *Broken Bow* auf meinem Bildschirm. Und ich musste meine sehr frühen Vorurteile doch zumindest in einigen Punkten begradigen.

Rückblickend passte die Serie abermals gut zu meinen Lebensumständen. Ich war gerade Mitte zwanzig und begann, auch die Vergangenheit als relevanter wahrzunehmen und zu reflektieren. Wodurch war ich an diesen Punkt in meinem Leben gelangt? Was hatte mich geprägt? Wo war ich vom Kurs abgekommen und hatte doch noch die Kurve gekriegt? Und was war eigentlich mein großes Ziel oder zumindest das der nächsten Etappe?

Star Trek: Enterprise zeigte mir eine junge Crew, die als Boten einer Menschheit im Wandel in neue Abenteuer vorstieß. Sie waren auf der Suche nach dem großen Unbekannten, wollten immer mehr und suchten Antworten auf Fragen wie: Wer sind wir im Konzert des Universums? Wer ist da noch? Wie sieht man uns? Wohin können wir kommen?

Star Trek war immer gut darin gewesen, diese Fragen zu stellen. *Star Trek: Enterprise* garnierte sie mit einer Situation, die eben noch keine perfekte Gesellschaft zeigte. Während mir *Star Trek: The Next Generation* also das Wunschziel ausgemalt hatte, wollte man mir nun erklären, wie ich da hinkam. Die Serie lebte im Rückspiegel, und ich selber erkannte zunehmend der Wert der Reflexion. Spannend.

Somit setzte sich anhand der Serien eine persönliche Reise fort und fand ein vorläufiges Ende.

THE REVIEWER'S WIFE
DER ZWEITE KONTAKT

Star Trek: Enterprise ist für die Frau des Autors bis heute etwas ganz Besonderes. Nach dem gescheiterten Erstkontakt im Kino mit *Star Trek: Insurrection* handelte es sich bei den Abenteuern von Captain Archer und seiner Crew um den von mir ausgewählten (zweiten) Startpunkt ins Abenteuer *Star Trek*. Das hatte zwei Gründe. Der erste war vollkommen pragmatisch: Als ich meine Frau kennenlernte, war die Serie noch frisch und aktuell und lief in ihrer zweiten Staffel. Außerdem glaubte ich, dass man mit diesem Prequel, das sich in Sachen Humor und Kulissen dem Zeitgeist anbiederte, nichts würde falsch machen können.

Leider zündete das Ganze aber nur bedingt. Archer war für sie immer ein Milchbubi ohne Charisma, dessen Witz und Charme eher bemüht denn natürlich wirkte. Reed, Sato, Mayweather und T'Pol liefen zudem nur irgendwie mit. Einzig Dr. Phlox und Trip fanden ihren Beifall. Beim Denobulaner gefielen ihr die Ruhe und der Optimismus. Der Arzt der NX-01 durfte später sogar unserem Mops den Namen leihen. Wie könnte ein Mops auch besser heißen?

In Sachen Trip hielt sie mit ihrer Meinung ebenfalls nie hinter dem Berg: »Den würde ich nicht von der Bettkante schubsen.« Nun gut, vielleicht lassen wir dieses sensible Thema lieber ruhen.

Rein inhaltlich wurde die Serie aber definitiv zu einem guten Startpunkt, da sie wenig voraussetzte und schlicht unterhielt. Die Abenteuer der Woche gefielen ihr dabei immer am besten. Als die Serie sich zunehmend an zusammenhängenden Geschichten versuchte, schwand jedoch ihr Interesse. Für sie wirkte dieser Ansatz aufgesetzt, zusammengeschustert und halbgar.

In der Summe konnte *Star Trek: Enterprise* aber ohne Frage dafür sorgen, dass ich ihr die restlichen Inkarnationen auch noch zeigen durfte. Mission erfolgreich!

DER AUTOR
ZWANZIG JAHRE MEINES LEBENS

Mit dem vorzeitigen Ende von *Star Trek: Enterprise* erfolgte auch in meinem Leben eine Zäsur. Solange ich denken konnte, hatte es immer *Star Trek* gegeben, und den verschiedenen Serien und Filmen war es dabei stets gelungen, mir mehr als einmal kompetent mein eigenes, kompliziertes Leben zwischen Kindheit und Erwachsenenalter zu erklären.

Die Abenteuer von Captain James T. Kirk hatten mir die Zukunft gezeigt, meine Neugierde angefacht und mich von fremden, exotischen Orten, Wesen und Möglichkeiten träumen lassen. *Star Trek* begründete meine Liebe zum Genre.

Captain Jean-Luc Picard nahm mich als Vaterfigur an die Hand, zeigte mir das Positive in der Welt und versicherte mir, dass Werte und Überzeugungen alles verändern und die Welt bewegen können. Captain Picard war genaugenommen mein Herr Kaiser, der mir sagte: Alles wird gut, wenn wir es seriös, ehrlich, respektvoll und mit Rücksicht angehen.

Captain Benjamin Sisko traf ich dann in einer Phase, wo ich erkennen musste, dass eben nicht alles im Leben immer so einfach war und geradeaus lief. Dieser Typ Captain malte mir die Welt in grauen Farben, zeigte mir Lösungsansätze, lehrte mich jedoch auch, um die Ecke zu denken, zu kämpfen, einen Schritt zurückzugehen und neu anzufangen. Außerdem verstand ich erstmals die Bedeutung von Verlust, von Trauer und von Verantwortung. So sehr Picard also eine Vaterfigur war, wurde Sisko zum Vorbild, weil er für eine Welt stand, die mehr dem entsprach, was um mich herum passierte.

Als Captain Kathryn Janeway mit ihrer Crew verloren ging, war ich gerade um die zwanzig Jahre jung und beschäftigte mich erstmals mit Gedanken über Familie, Kinder und meinen weiteren Lebensweg. Als die Serie endete, hatte ich dann auch meine Traumfrau gefunden, was viele dieser Gedanken konkretisierte. Folglich war die Mission Familie, für die dieser empathische Captain immer gestanden hatte, eine mehr als gute Vorbereitung auf diese Phase. Janeway wollte immer primär ihre Familie beschützen und suchte wie eine Übermutter stets nach Lösungen für alle. Vorbildlich!

Captain Jonathan Archer schließlich stand für eine Serie, die sich ihrer Vergangenheit und Zukunft bewusst war und versuchte, alles in Einklang zu bringen.

Dazu kamen die Filme, die ganz unterschiedliche Motive wie Entdeckertum, Zusammenhalt und Freundschaft über Umweltschutz, Deeskalationspolitik oder Lebensschmerz und Vergänglichkeit ins Spiel brachten und somit immer dafür sorgten, dass ich meine Umwelt bewusster wahrnahm und vor allem ... nachdachte!

Etwas mehr als zwanzig Jahre hatte ich zu diesem Zeitpunkt mit *Star Trek* gelebt, gelitten, gelacht, geweint und gefeiert. Was würde die Zukunft für mich und das Franchise von diesem Punkt an wohl noch bringen?

VII. DAS ENDE VON ALLEM

Und so standen wir im Jahr 2005 an einem mehr als gigantischen Wendepunkt in der Geschichte von *Star Trek*. Mit der Classic-Serie von 1966 bis 1969, der Zeichentrickserie, den Conventions und den anschließenden Kinofilmen war *Star Trek* seit den 1960er-Jahren immer ein präsentes Thema gewesen. Mit dem Auftakt von *Star Trek: The Next Generation* im Jahr 1987 jedoch hatte sich das Franchise erst zu dem entwickelt, was wir heute kennen. Vier Serien, die ohne Pause im TV liefen, sowie 25 Staffeln Unterhaltung mit über 600 Episoden und dazu noch vier neue Kinofilme hatte man den Fans in den abgelaufenen 18 Jahren geschenkt. Das Team um Rick Berman war dabei auf vielen Positionen zusammengeblieben und hatte wie eine große Familie das Produkt *Star Trek* gemolken und weitergetrieben.

Mit dem Scheitern von *Star Trek: Nemesis* und *Star Trek: Enterprise* binnen drei Jahren war die Erfolgsgeschichte nun aber beendet. Genaugenommen erreichte man den Höhepunkt bereits 1994, als *Star Trek: Treffen der Generationen* die Kinos enterte und *Star Trek: Deep Space Nine* noch am Anfang stand. Alles, was danach kam, war – abgesehen von *Star Trek: Der erste Kontakt*, das aus der Beliebtheit der Crew um Captain Picard noch Kapital schlagen konnte – nur noch eine anhaltende Abwärtsspirale. Die Qualität im Kino sank stetig, die Einspielergebnisse bröckelten massiv. *Star Trek: Deep Space Nine* und *Star Trek: Voyager* verloren sukzessive an Bedeutung, und auch *Star Trek: Enterprise* konnte nach einem gelungenen Auftakt keinen neuen Hype mehr auslösen.

Quo vadis, *Star Trek*?

Zu allem Überfluss geschah noch etwas, das die Zukunft des Franchises mit vielen weiteren Fragezeichen versah. Der Mutterkonzern Viacom teilte sich auf. Die Filmsparte unter dem Banner von Paramount Pictures wurde Teil der neuen Viacom, die Fernsehsparte Paramount Television (ab 2009 zur besseren Abgrenzung: CBS Television Studios) zu einem Teil der CBS Corporation. Was bedeutete dieser historische Schritt nun für das Franchise, das ja immerhin vierzig Jahre zu den Kronjuwelen des Konzerns gezählt hatte? Bisher hatte man die TV- und

Kinoabenteuer unter einem Dach betrieben und konnte die Figuren und Settings in beiden Medien verwenden und sogar vermischen. Damit war nun vorerst Schluss. Die Serien und die Filme sollten ab diesem Moment nichts mehr miteinander zu tun haben.

Wie erst viel später herauskam, hatte es sogar eine ganz konkrete Vereinbarung gegeben: Erst ab Januar 2017 würde CBS überhaupt wieder die Möglichkeit erhalten, eine neue *Star Trek*-Serie zu veröffentlichen. Wir wissen heute, dass man diese Chance ohne langes Zögern ergriff.

Dennoch kann ich aus vollem Herzen sagen: Das Franchise brauchte diese Pause dringend – es wurden aber auch verdammt lange zwölf Jahre.

Und außerdem gab es da ja auch noch die große Leinwand, auf der bereits viel früher wieder Leben einkehren sollte ...

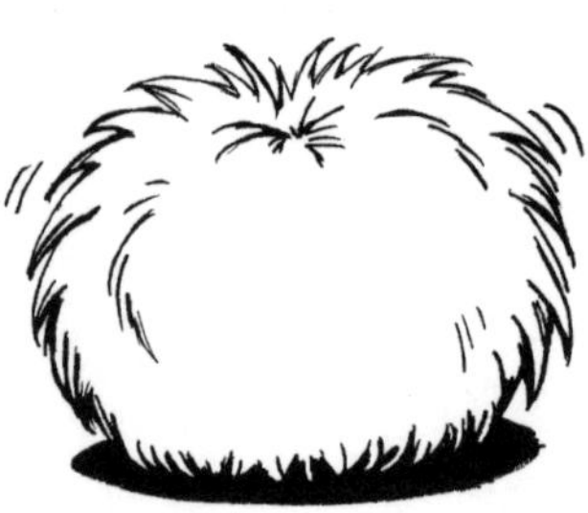

DIE PHASE DER NEUEN KINOFILME

2009 bis 2016

VIII. AUFBRUCH INS UNGEWISSE

NEUE MÄNNER BRAUCHT DER TREK

VON BERMAN, JENDRESEN & JMS ZU BERMAN

Nachdem man sowohl mit dem letzten Film als auch mit dem ersten Prequel im TV Schiffbruch erlitten hatte, gingen Rick Berman und auch seinen langjährigen Mitstreitern so langsam endgültig die Argumente aus. Dennoch saß der Ziehsohn von Gene Roddenberry selbst nach diesen Tiefschlägen noch immer warm und trocken in seinem Büro und durfte sich Gedanken über einen weiteren Film machen. Zumindest als Beschäftigungstherapie oder Arbeitsbeschaffungsmaßnahme.

Was mag wohl in seinem Kopf und dem seiner Bosse vorgegangen sein? Vielleicht haben sie sich eine simple Frage gestellt: Was ist *Star Trek*? Mit diesem Satz begann ich mein Vorwort für dieses Buch, und dieser Satz war es sicher auch, der nun erneut ins Zentrum der Überlegungen rückte. Nur gebar man an dieser Stelle eine wenig verwunderliche Antwort: *Star Trek* ist das, was funktioniert. *Star Trek* ist das, was Geld bringt.

Was damals Geld gebracht hatte, war zum Beispiel das vollständige Reboot der Batman-Reihe durch Christopher Nolan. Dieser hatte den Stoff düster, beinhart und realistisch angelegt und zu einer abgründigen Dystopie gemacht – etwas, das man aus den vorherigen Verfilmungen eher selten hatte ableiten können. *Batman* war dank Nolan erwachsen geworden und hatte das Massenpublikum begeistert.

Produzent Jordan Kerner, der sich über den Agenten von Erik Jendresen (*Band of Brothers*) bereits einen Korb des Autors eingefangen hatte, wollte damals nicht so schnell aufgeben und wagte einen zweiten Vorstoß. Jendresen sollte der Trek-Nolan werden und eine Idee für neue Filme entwickeln. Dieser Jendresen war jedoch alles andere als ein Fan von *Star Trek,* und auch Science-Fiction an sich gehörte nicht unbedingt zu den Dingen, die er umsetzen wollte. Eine vielversprechende Idee hatte er trotzdem: Er suchte nach einer Lücke im Kanon des Franchises und fand sie im Krieg zwischen den Menschen und den Romulanern, der irgendwo zwischen *Star Trek: Enterprise* und der Originalserie angesiedelt werden konnte.

Für ihn bot dieser Stoff ausreichend Material für eine Trilogie, die er als große, düstere Heldensaga aufbauen wollte. Der erste Film erhielt den Arbeitstitel *Star Trek: The Beginning* und wurde nach einem ungewöhnlichen, aber letztlich erfolgreichen Meeting unter der Leitung von Donald De Line in Auftrag geben. Rick Bermans Reaktion auf diese Pläne bezeichnete Jendresen übrigens einmal als unterschwellig desinteressiert. Berman wusste einfach, dass er die Zügel nicht mehr in Händen hielt und seine Zeit bei *Star Trek* dem Ende zuging. Jendresen war in jedem Fall durchaus überrascht von der Zusage, machte sich dennoch sofort an die Arbeit. Als er das Drehbuch fertiggestellt und eingereicht hatte, war Donald De Line gerade gefeuert worden. Seine Nachfolgerin Gail Berman (die nicht verwandt oder verschwägert mit Rick Berman ist) hatte dann leider akut keine Verwendung für die Idee (oder andere Sorgen). So landete das Projekt irgendwo in einem staubigen Regal.

Vermutlich wäre *Star Trek: The Beginning* für das darbende Franchise finanziell eine gute Sache gewesen. Den Geist von Roddenberrys Utopie hätte man an dieser Stelle allerdings vollkommen aus den Augen verloren und genau genommen auch eher ein *Band of Brothers* im All produziert. Von daher dürfte es insbesondere für die Hardliner unter den Fans ein Glücksfall gewesen sein, dass es eben nicht dieses Projekt wurde, das *Star Trek* letztlich in die Zukunft geführt hat. Zumindest für den Moment. Denn wenn man eines im Leben lernt, dann: Schlimmer geht es immer.

Eine weitere Anekdote dieser Zeit dreht sich erneut um J. Michael Straczynski. Dieser erstellte gemeinsam mit Bryce Zabel (*Dark Skies*) eine Ausarbeitung mit dem Titel *Star Trek: Reboot the Universe*. Als jedoch bekannt gegeben wurde, dass J. J. Abrams einen Deal abschließen konnte, um sein eigenes Reboot durchzuziehen, war klar, dass JMS und sein Kompagnon ihre Idee bei Paramount nie würden unterbringen können. Interessant ist aber, dass die beiden Kreativen im Kern exakt den gleichen Ansatz verfolgten: Sie wollten ihre Geschichte um die besondere Beziehung von Kirk, Spock und McCoy aufbauen und eine Origin-Story erzählen, die das Beste aus *Star Trek* beibehielt, den Rest allerdings ignorierte. Auch sie hätten also eine alternative Zeitlinie erschaffen, um sich von überflüssigen Ballast zu befreien.

Zum Schluss gab es dann noch einen Vorstoß von Bryan Singer (*X-Men*), Christopher McQuarrie (*Jack Reacher*) und Robert Meyer Burnett (*Free Enterprise*), der auf den Namen *Star Trek: Federation* hörte. Die drei Regisseure hatten Geoffrey Thorne mit einer Ausarbeitung beauftragt. Im Zentrum ihrer Überlegungen stand eine vollkommen neue Ausgangslage. Die Föderation befindet sich an einem dramatischen Wendepunkt, als mehrere Alliierte das Bündnis verlassen und ein grausamer neuer Gegner, die Scourge, mehrere Schiffe und Kolonien angreift. Auch Betazed, Bajor und Vulkan verlassen die Föderation, die Vulkanier vereinen sich stattdessen mit den Romulanern. Die Ferengi bleiben an dieser Stelle die mächtigste Spezies des Quadranten – was sicherlich für einige interessant-spaßige Momente gesorgt hätte. Eine neue USS Enterprise wird ausgeschickt, um die verlorenen Partner wieder zu vereinen und die Scourge zu suchen. Nachdem der Captain und der erste Offizier bei einem Angriff ums Leben kommen, übernimmt ein gewisser Commander Alexander Kirk das Kommando, der die Attacken auf die Kolonien damals als Einziger überlebt hatte.

Man muss zugeben: Wirklich begeisternd klingt auch dieser Einfall auf den ersten Blick nicht, wenngleich sich vermutlich viel Potential aus dem Ansatz hätte ergeben können. Das erneute Zurückgreifen auf eine USS Enterprise und einen Kirk-Nachfahren wirkt jedenfalls auch auf den zweiten Blick eher wie Fanfiction und wenig inspiriert.

Irgendwann in diesem Prozess endete dann übrigens die Zeit von Rick Berman als Verantwortlicher für *Star Trek*. Letztlich war es ein leiser Abschied, der vermutlich geprägt durch den Niedergang der letzten zehn Jahre seiner Amtszeit für beide Seiten nicht unwillkommen war. Berman befindet sich seit dieser Zeit, nebenbei bemerkt, in gewisser Weise in Rente. Sein Name tauchte in Hollywood seit 2005 nicht mehr als Produzent, Autor oder Mitglied eines Produktionsstabs auf. Alles hat eben seine Zeit, und die von Berman als zweiter großer Chef von *Star Trek* hatte nach fast zwei Jahrzehnten ihr Ende gefunden.

Rick Berman, Eric Jendresen, Bryan Singer und J. Michael Straczynski: Es hatten viele Köche versucht, die Suppe der Zukunft zu kochen. Bekanntlich kam es aber völlig anders.

EIN GEWISSER J. J. BETRITT DIE BÜHNE

Die Ausgangslage war ziemlich eindeutig: Seit dem Kinodesaster mit *Star Trek: Nemesis* waren drei Jahre vergangen, *Star Trek: Enterprise* hatte ein jähes Ende gefunden und die Trennung von Viacom und CBS das Produkt *Star Trek* fein säuberlich in der Mitte zerteilt.

Es war die neue Paramount-Chefin Gail Berman, die CBS-Chef Leslie Roy »Les« Moonves davon überzeugte, ihr achtzehn Monate Zeit zu geben, um einen neuen Kinofilm nach ihrem Gusto auf die Beine zu stellen und so den Verlust der Filmrechte seitens Paramount zu verhindern. Die Ideen von Erik Jendresen und Co. wird sie vermutlich nie wieder ernsthaft in Betracht gezogen haben. Neuer Küchenchef, neue Speisekarte.

Mit Robert Orci und Alex Kurtzman fand sie zwei Autoren und Produzenten, die sich direkt nach Fertigstellung von *Mission Impossible III* an die Arbeit machten, ein Drehbuch zu erarbeiten. Zum Team gehörten darüber hinaus noch Damon Lindelof und Bryan Burk (*Lost*) sowie J. J. Abrams, dessen Firma Bad Robot den Film auch produzieren sollte. Somit wurde übrigens erstmals in der Geschichte ein *Star Trek*-Film von einer Fremdfirma finanziert.

Schnell war für das Kreativteam klar, dass man nicht einfach nur in der Zeitlinie vorangehen, sondern sich vielmehr auf das konzentrieren wollte, was auch Abrams als das Herz des Franchises ausgemacht hatte: Kirk und Spock. Für den erfolgreichen Serien- und Filmemacher waren alle Spin-Offs nach der Classic-Reihe nicht mehr wirklich Teil des Zaubers gewesen. Zudem wollte er seinen Film zugänglicher für Menschen machen, die bisher nichts mit den unzähligen Crews, Schiffen und Abenteuern zu tun gehabt hatten – so wie ihn.

Schnell war klar: Wie in vielen anderen Franchises würde man sich an einem Reboot versuchen, die ikonischen Rollen neu besetzen und ganz neue Abenteuer erzählen. Der erste Report von Daily Variety ließ es im April 2006 noch so klingen, als würde man die wieder und wieder als Idee zitierten Abenteuer von Kirk und Spock auf der Sternenflottenakademie verfilmen wollen. Ganz so kam es dann allerdings doch nicht.

Da es sich bei Kurtzman und Orci dem eigenen Bekunden nach nämlich ganz nebenbei auch um Fans der Reihe handelte, hatten sie durchaus vor, dem Kanon der bisherigen Serien und Filme zu huldigen. So etwas hatte es bereits im Rahmen der Filme zu *Star Trek: The Next Generation* gegeben. Dort war es John Logan, der seine ganz eigene wunderbare Fan- und Nerd-Phantasie in Filmrollen gießen durfte. Das Ergebnis ist bekannt: *Star Trek: Nemesis*. Ein düsteres Omen?

STAR TREK
KRIEG DER STERNE(NFLOTTE)

FAKTEN

Deutscher Titel: Star Trek
Produktion: J. J. Abrams & Damon Lindelof
Regie: J. J. Abrams
Story & Drehbuch: Robert Orci & Alex J. Kurtzman
Score: Michael Giacchino
Laufzeit: 127 Minuten

MACHER & ENTSTEHUNG
VIRTUOSER KANONMORD

Ein Produktionsteam mit durchaus starker Vita hatte man also bereits an Bord geholt. Zusätzlich bot man Abrams jedoch noch die Regie des Films an. Zunächst hatte dieser im Jahr 2006 aber erklärt, kein Interesse daran zu haben. Das Drehbuch (sowie seine Ehefrau und Steven Spielberg) überzeugten ihn allerdings schließlich, den Job doch noch anzunehmen. Wie er später erklärte, hätte er sich im Nachhinein auch geärgert, wenn er es nicht gemacht hätte. Sam Raimi galt im Übrigen ebenfalls als Kandidat und wäre fraglos eine spannende Wahl gewesen.

Obwohl Abrams viel von dem, was im Drehbuch gesprochen wurde, inhaltlich nach eigenem Bekunden nicht verstand, vertraute er auf den emotionalen Kern, den das Autorenteam seiner Ansicht nach in die Handlung eingebettet hatte. Orci und Kurtzman nutzten verschiedene Inspirationsquellen. Die auf den ersten Blick am wenigsten schlüssig anmutende war, dass sie versuchten, das Gefühl aus der ersten *Star Wars*-Trilogie in ihre

Geschichte einzubauen. J. J. Abrams hatte oft erklärt, dass er eher ein Fan von *Star Wars* als von *Star Trek* war, und die Autoren versuchten vermutlich, dem Rechnung zu tragen.

Außerdem nannten sie oft *Star Trek II: The Wrath of Khan*, die Zeichentrick-Episode *Yesteryear*, die Classic-Episode *Balance of Terror*, die Episode *Yesterday's Enterprise* aus *Star Trek: The Next Generation* sowie die Romane *Prime Directive* und *Spock's World* als Ausgangsbasis für ihre Überlegungen. Es war immer das Ziel gewesen, ein unbedarftes Publikum in die Kinos zu locken. Die Message war: Ihr müsst nichts von *Star Trek* kennen, aber es schadet sicher auch nicht. Aus diesem Grund war von Beginn an schlicht *Star Trek* als Titel geplant gewesen – auf diese Weise wollte man die Zugänglichkeit gewissermaßen unterstreichen. Witzigerweise war dies dann auch der erste Film des Franchises, der tatsächlich nur *Star Trek* hieß (exakt wie die Originalserie im TV), nachdem der erste Film von 1979 noch den Zusatz *The Motion Picture* erhalten hatte.

Carol Marcus sollte zunächst eine Rolle spielen, wurde jedoch während des Drehbuchschreibens gestrichen. Erste Informationen, dass man auf den Guardian of Forever aus *The City on the Edge of Forever* treffen würde, erwiesen sich als falsch. Harlan Ellison, der Autor der Episode, hatte aber bereits vorsorglich angemahnt, dass man ihm im Fall der Fälle Tantiemen zahlen müsse.

Ein besonderer Kniff des finalen Drehbuchs war, dass durch die Zeitreise Neros (und des alten Spocks) die Prime-Zeitlinie (die wir aus allen Serien und Filmen kennen) erhalten blieb und für die Reboot-Filme nur in eine parallele Zeitlinie abknickte. Sie behielten den leckeren Kuchen von Oma also und backten sich parallel noch einen neuen. Ein gewisser Doc Brown wäre an dieser Stelle vermutlich sehr stolz auf meine Erklärung, wenngleich ich kein maßstabsgerechtes Modell dazu gebaut habe und dieses auch nicht für euch anmalen konnte.

Somit ging man ferner dem Problem aus dem Weg, sich den Vorwurf gefallen lassen zu müssen, dass man die bekannte Zeitlinie zerstört habe. Fortan existierten also einfach zwei Zeitlinien, die man mit Geschichten bespielen konnte.

Von Mai bis Oktober 2007 wurden die meisten vorbereitenden Arbeiten erledigt. Die erste Ausarbeitung des Plots lag im August 2006 vor. Im Dezember des gleichen Jahres hatte man die erste Drehbuchfassung auf dem Tisch. Das finale Drehbuch war dann im Oktober 2007 fertig und umfasste rund 128 Seiten.

Als Budget veranschlagte man 120 bis 150 Millionen US-Dollar und damit mehr als je zuvor bei einem Film aus dem *Star Trek*-Kosmos. Die Dreharbeiten liefen von November 2007 bis März 2008 und umfassten insgesamt 141 Drehtage.

Zunächst hatte der Film am 25. Dezember 2008 in die Kinos kommen sollen. Paramount glaubte allerdings, dass die Chancen, ein großes Publikum zu erreichen, im Mai des Folgejahres größer sein würden. So startete der erste der Reboot-Filme also erst am 8. Mai 2009, obwohl er im Dezember 2008 bereits komplett fertig gewesen war.

Ich mag dieses Schiff. Hier ist es aufregend!

Scotty

DIE SCHAUSPIELER
PURER GLÜCKSFALL

Bevor wir auf die Neubesetzung der Reboot-Filme eingehen, soll es an dieser Stelle zunächst um zwei Legenden gehen.

Der alte Spock (wunderbar dargestellt von Leonard Nimoy) diente im Drehbuch als Brücke zwischen den Welten. Nimoy dafür zum Film zu holen, war eine exzellente Entscheidung und für die Fans natürlich ein Glücksfall, der Gänsehaut garantierte.

Eine Einbeziehung von William Shatner als Kirk war ebenfalls ein heiß diskutiertes Thema gewesen, das der Schauspieler immer wieder gekonnt anzuheizen wusste. Und tatsächlich wurde dieses Thema von den Autoren und Produzenten eingehend besprochen. Der Tod des legendären Captain Kirk in *Star Trek Generations*/*Treffen der Generationen* war – auch medial – in dieser Hinsicht ein großes Thema, das es zu umschiffen galt. Orci und Kurtzman gaben erst viel später zu, eine Szene für Shatner geschrieben zu haben, die jedoch nicht wirklich passte und daher im Verlauf des Drehbuchschreibens gekippt wurde. In dieser hätte der alte Spock am Ende des Films seinem jungen Alter Ego eine kleine Holosimulation des alten Kirk präsentiert, um seinen Worten Nachdruck zu verleihen. Für Shatner wäre dieser Auftritt wenig gehaltvoll gewesen, und für die Beziehung der beiden Spocks war es ohnehin viel sinnvoller, das gegenseitige Vertrauen ohne einen externen Einfluss wachsen zu lassen.

Nichelle Nichols hatte ebenfalls mit Abrams über eine Beteiligung als Großmutter von Uhura gesprochen. Durch den Autorenstreik war das Ganze aber nicht mehr umzusetzen gewesen.

Dafür war allerdings Majel Barrett-Roddenberry als Stimme des Schiffscomputers mit dabei. Öffentlich machte man diese Information übrigens acht Tage, bevor Barrett im Alter von 76 Jahren verstarb.

Man hatte mit ihr und Nimoy zwei Helden der ersten Stunde mit an Bord, die schon am Originalpilotfilm *The Cage* mitgewirkt hatten. Für viele der Beteiligten dürfte das pure Magie gewesen sein.

Doch mussten die Verantwortlichen in erster Linie die ikonischen Rollen der Originalserie neu ausfüllen – eine schier unmögliche Aufgabe.

Der erste, den man besetzte, war Zachary Quinto in der Rolle als neuer Spock. Dieser war in der jüngeren Vergangenheit vor allem als Sylar in *Heroes* aufgefallen und musste nun nicht nur in Nimoys Fußstapfen treten, sondern sogar noch mit ihm zusammen im gleichen Film spielen. Natürlich hatte man sich im Vorfeld allerdings nicht nur mit Quinto beschäftigt. Im Gegenteil war es sogar Quinto selbst, der mit einem Interview, in dem er sein Interesse an der Rolle bekundete, J. J. Abrams auf sich aufmerksam machte. Adrien Brody gab später zu, dass er ebenfalls mit dem Produzenten über den Part des Spock gesprochen hatte.

Als Captain James T. Kirk besetzte man Chris Pine, der allein optisch eine tolle Wahl darstellte. Sein Lebenslauf wies jedoch lediglich kleine Rollen in Serien oder weniger bekannten Produktionen auf. Sein erstes Casting war dann auch eine Katastrophe, da es Pine nicht gelang, die Ernsthaftigkeit eines Anführers glaubwürdig zu vermitteln. Erst als Pines Agent die Ehefrau von Abrams traf, beschloss dieser, dem Schauspieler ein zweites Vorsprechen an der Seite von Zachary Quinto zu gestatten. Das erste Vorsprechen Pines hatte Abrams glücklicherweise gar nicht gesehen. Pine und Quinto kannten sich zu diesem Zeitpunkt durch ihre gemeinsame Zeit in einem Fitnessstudio. Nachdem Pine die Rolle ergattert hatte, holte er sich William Shatners Segen ein und begann, die alten Episoden zu studieren. Nach einiger Zeit entschied er aber, dass er zwar Kirks grundsätzliche Verhaltensweisen zeigen, Shatner allerdings nicht kopieren wolle. Stattdessen implementierte er die Darstellung von Vorbildern wie Tom Cruise aus *Top Gun* oder Harrison Ford aus *Star Wars* in sein Spiel. Wie es letztlich auch war: Pine wurde zu einem wunderbaren James T. Kirk – als Beispiel nehme man nur einmal die Barszene, aus der so viel vom Shatner-Kirk spricht, dass es eine helle Freude ist.

Als andere Bewerber für die Rolle galten noch Matt Damon (der jedoch offenbar nie konkret gefragt wurde, da man ihn für zu alt hielt), Chris Pratt und Mike Vogel. Ryan Gosling und Sam Rockwell äußerten sich ebenfalls interessiert.

Als Nyota Uhura wählte man Zoe Saldana aus. Diese hatte ironischerweise im Film *Terminal* mit Tom Hanks einen Trekkie gespielt, und das, obwohl sie die Originalserie nie gesehen hatte. Dafür war aber ihre Mutter ein großer Fan und versorgte sie, ebenso wie die Originalschauspielerin Nichelle Nichols, mit Informationen und Hintergründen zur Figur. Saldana wurde direkt von J. J. Abrams gefragt und nahm die Rolle an, weil der Produzent ihr sehr überzeugend darlegen konnte, wie wunderbar sie als Uhura sein würde. Mittlerweile ist Zoe Saldana mit ihren Rollen in den Reihen *Star Trek*, *Avatar* oder *Guardians of the Galaxy* eine sehr gefragte Genreschauspielerin.

Auch Simon Pegg wurde für die Rolle des Montgomery Scott von Abrams persönlich kontaktiert – per E-Mail. Pegg kannte man insbesondere als Ulknudel aus Filmen wie *Shaun of the Dead* oder *Hot Fuzz*. Um sich auf den schottischen Akzent vorzubereiten, arbeitete Pegg mit seiner Frau (die aus Glasgow stammt) sowie unter anderem mit Chris Doohan, dem Sohn von James Doohan. Jahre vorher hatte Pegg in *Spaced* geäußert, dass die Filme mit ungerader Nummerierung in *Star Trek* immer großer Mist gewesen wären. Später sagte er dann, Gott hätte ihn in diesen Film gesteckt, um zu zeigen, was für ein Blödsinn das Statement gewesen war.

John Cho (bekannt aus *Harold & Kumar* oder *Ugly Betty*) war schon früh im Gespräch für die Rolle des Hikaru Sulu gewesen, obwohl Abrams zunächst befürchtet hatte, dass ein Koreaner ungünstig für die Rolle eines Japaners wäre. Doch ausgerechnet George Takei beruhigte ihn und machte klar, dass Sulu immer sinnbildlich für alle Asiaten gestanden hatte. Ein weiterer ernsthafter Bewerber war James Kyson Lee gewesen, der allerdings – wie auch Quinto – Teil der Serie *Heroes* gewesen war. Dessen Macher Tim Kring wollte keinen weiteren Darsteller an den Film verlieren.

Anton Yelchin (*Alpha Dog*) erhielt die Rolle des Pavel Chekov und orientierte sich in großen Teilen an der Darstellung von Walter Koenig. Yelchin selbst bezeichnete Chekov gerne als äußerst merkwürdigen Charakter.

Als Letztes besetzte man schließlich Karl Urban als Dr. Leonard McCoy. Urban war seit frühester Kindheit ein Fan der Originalserie gewesen und hatte sie später auch mit seinem eigenen Sohn angesehen. Er versuchte, die Quintessenz dessen, was DeForest Kelley in die Figur gebracht hatte, zu bewahren und sie sich dennoch zu eigen zu machen. Direkt nach dem ersten Vorsprechen hatte er die Rolle sicher. Urban war vielen Fans im Genre durch seine Rolle als Éomer aus *The Lord of the Rings* bekannt.

Alle Hauptdarsteller unterschrieben direkt für zwei weitere Sequels.

Dazu besetzte man die Rolle des Christopher Pike mit dem serien- und filmerfahrenen Bruce Greenwood.

Ben Cross erhielt den Part des Sarek und musste somit in die Fußstapfen des legendären Mark Lenard treten. Als seine menschliche Ehefrau Amanda Grayson wählte man Winona Ryder, die übrigens nur sechs Jahre älter ist als ihr Filmsohn Zachary Quinto.

Auf Seiten der Romulaner war die Figur des Nero die wichtigste im Film. Russell Crowe (*Gladiator*) war lange dafür im Gespräch, am Ende holte man allerdings Eric Bana an Bord.

Schließlich brauchte man noch einen passenden Schauspieler für die relevante Rolle des George Kirk und entschied sich für den damals noch unbekannten Chris Hemsworth, der heute zum Beispiel als Thor in den Marvel-Verfilmungen sein Unwesen treibt.

Dominic Keating (Malcolm Reed aus *Star Trek: Enterprise*) hatte für die Rolle von Kirks Stiefvater vorgesprochen, jedoch letztlich nicht den Zuschlag erhalten. Greg Grunberg, der ein Freund aus Kindertagen von Abrams ist und schon in vielen Produktionen seines Kumpels mitwirken durfte (*Alias*, *LOST*), ergatterte bei einem Setbesuch schließlich die Rolle, durfte für den fertigen Film aber nur Text aus dem Off liefern.

Gerüchte, dass man Ben Affleck, Gary Sinise oder Daniel Craig für den Film haben wollte oder hätte bekommen können, ließen sich nie final bestätigen oder dementieren.

Einen kleinen Insider-Gag stellte noch das Casting von Wil Wheaton (Wesley Crusher aus *Star Trek: The Next Generation*) dar, der verschiedene Romulaner im Film sprechen durfte.

Außerdem war Deep Roy als Keenser dabei. Bei diesem handelte es sich um ein schweigsames, kleinwüchsiges Alien, das Scotty nicht von der Seite wich. James Doohans Sohn Chris erhielt einen kurzen Auftritt als Offizier im Transporterraum.

Ihr Vater war zwölf Minuten lang Captain eines Raumschiffs. Er rettete 800 Leben, darunter das Ihrer Mutter. Und Ihres. Ich weiß, Sie können mehr.

Christopher Pike

DIE STORY
HERZ SAGT KOPF JA, KOPF SAGT HERZ NEIN

Wir schreiben das Jahr 2233. Das Föderationsschiff USS Kelvin gerät in Turbulenzen und trifft auf ein riesiges romulanisches Raumschiff: die Narada. Als diese die Kelvin angreift, wird schnell klar, dass man den Aggressoren hoffnungslos unterlegen ist. Im Verlauf der Schlacht muss George Kirk das Kommando übernehmen und mit ansehen, wie die Narada die Kelvin in kürzester Zeit an den Rand des Untergangs bringt. Das Schiff wird evakuiert – unter den betroffenen Personen befindet sich auch seine hochschwangere Ehefrau. Kirk muss das Schiff allerdings manuell auf Kollisionskurs bringen und kann es nicht mehr verlassen …

Viele Jahre später ist James T. Kirk zu einem aufmüpfigen Jungen herangewachsen. Eine von ihm ausgelöste Kneipenschlägerei treibt ihn später in die Arme von Captain Christopher Pike, der ihm einen Vortrag über die Heldenhaftigkeit seines Vaters hält und ihn ermutigt, ebenfalls der Sternenflotte beizutreten. Auch der junge Spock hatte in seiner Kindheit mit verschiedenen Problemen zu kämpfen. Als Sohn eines hochdekorierten Vulkaniers und einer menschlichen Mutter war er immer der Außenseiter gewesen und entschied sich daher einst zur Bestürzung seiner Familie und seines Volkes dazu, seine Ausbildung auf der Erde bei der Sternenflotte fortzusetzen.

Durch eine Krise werden die Kadetten der Sternenflottenakademie verschiedenen Schiffen zugeteilt. Dass es dabei um die

Narada, einen alten Bekannten aus der Zukunft sowie das Ende einer ganzen Welt geht, ahnt zu diesem Zeitpunkt noch keiner …

Wenn man das Unmögliche entfernt, dann ist das, was übrig bleibt, was auch immer das ist, die Wahrheit.

Spock

VERLORENE SZENEN
NERO UND DIE LANGEWEILE

Wie immer schafften es diverse Szenen nicht in den fertigen Film. Um einige war es nicht ganz so schade, andere hätten aber zweifellos Unklarheiten beseitigen können.

Nicht so relevant waren:

- Spocks Geburt und eine Unterhaltung zwischen Sarek und Amanda.
- Die Corvette-Szene mit dem jungen Kirk hätte noch etwas mehr über seine Lebensumstände verraten und uns seinen älteren Bruder und seinen Onkel Frank vorgestellt. Kirk hätte die Schlüssel des Autos (das seinem verstorbenen Vater gehört hatte) hinter der Sonnenblende gefunden und beschlossen, eine Spritztour zu machen.
- Wir hätten gesehen, wie es Kirk gelungen war, den Kobayashi-Maru-Test umzuprogrammieren und dabei die Orionerin Gaila zu hintergehen. Aus diesem Grund sitzt diese auch bei Kirks Anhörung mit verschränkten Armen im Zuschauerraum.
- Später wäre er dann auf eine weitere Orionerin getroffen, bei der er versucht hätte, sich zu entschuldigen, ohne zu merken, dass es gar nicht Gaila war.
- Neros Vertrauter Ayel sollte eigentlich nach der Zerstörung Vulkans vorschlagen, nach Romulus zurückzukehren und die Zerstörung der Föderation abzublasen. Nero hätte Ayel daraufhin getötet. Im Film lebt Ayel dann allerdings bis zum Ende.
- Nach der letzten Unterhaltung von Prime-Spock mit seinem jüngeren Ich wäre Ersterer noch kurz an Sarek vorbeigegangen und hätte dafür einen verwirrten Blick seines Vaters geerntet.

Viel relevanter waren die Szenen, die sich mit den 25 Jahren befassten, die Nero und die Crew der Narada in der Vergangenheit verbringen mussten, bevor auch Prime-Spock eintraf. So hätte man zum Beispiel nach der Zerstörung der USS Kelvin gesehen, wie die Narada von klingonischen Schiffen umringt worden wäre. Andere Sequenzen hätten gezeigt, dass Nero und seine Crew nach Rura Penthe gebracht und dort einige Jahre festgehalten wurden. Man hätte erfahren, dass Nero dort seinen Plan gefasst hatte, die Föderation zu zerstören. Eine Reihe maskierter Klingonen hätte Nero zudem befragt und gefoltert, um so eventuell an Informationen aus der Zukunft zu kommen. Nero überstand diese Folterungen nur durch Gedanken an seine verstorbene Frau.

Später hätten wir gesehen, wie Nero aus dem Gefängnis entkommen wäre und auch seine Crew befreit hätte. Die Trailer-Szene, in der Nero »The wait is over« sagt, kam aus einer Unterhaltung mit Ayel. Letztlich blieb jedoch nur eine einzige Sequenz übrig, die Nero in Rura Penthe zeigte – in der Gedankenverschmelzung von Prime-Spock und Kirk. Diese Szenen hätten zwar nicht unbedingt dafür gesorgt, die 25 Jahre andauernde Zeitspanne zwischen dem Auftauchen der Narada-Crew und Spocks Eintreffen sinnvoller zu erklären, wären aber immerhin ein kleiner Schritt in diese Richtung gewesen.

DAS ERGEBNIS
EIN FAST PERFEKTES REBOOT

Regisseur J. J. Abrams war letztlich nur aus einem einzigen Grund für das Reboot der Filmreihe an Bord gekommen. Er wollte das Franchise nach Jahren des Stillstands in eine Zukunft führen, die möglichst viel und doch wenig mit dem Alten zu tun hatte und darüber hinaus hip mit dem umging, was man meinte, gebrauchen zu können. Die Quadratur der eierlegenden Wollmilchsau? Nicht für den Golden Boy Hollywoods!

Die Autoren konzentrierten sich also auf die beliebten Figuren der Originalserie, arbeiteten den Humor und die Leichtigkeit heraus, brachten alles auf einen vorzeigbaren visuellen Standard und strickten ihre Blockbuster-Handlung Marke Reißbrett drumherum. War es wirklich so einfach?

Ja, das war es. Das Ergebnis war der erhoffte und benötigte Befreiungsschlag für die siechende und brachliegende Filmreihe. Doch der Reihe nach.

Schon oft hatte man darüber nachgedacht, Kirk und Spock in ihrer Jugend oder zur Zeit der Akademie zu zeigen. Hier wurde dieser Ansatz nun durch die Hintertür umgesetzt. Man aß den Kuchen und behielt ihn, indem man Jugend und Akademie im Schweinsgalopp abhandelte und die Geschichte direkt in die uns bekannte Zeit auf der USS Enterprise überführte.

Letztlich präsentierte man hier eine typische Coming of Age-Geschichte um Kirk und Spock. Wie exponiert diese beiden Figuren waren, zeigten außerdem die Rückblenden zu Beginn, die komplett auf die restliche Crew verzichteten. Dass man die beiden vollkommen gegensätzlich zeichnete (Kirk als tumben Raufbold, Spock als grüblerische Intelligenzbestie), war dabei aber nur die halbe Wahrheit. Im Herzen waren beide nämlich bereits als Kinder Rebellen! Kirk hatte den Verlust seines Vaters und die ewigen Vergleiche satt und wurde deshalb zum Rumtreiber und Nichtsnutz ohne Perspektive. Spock ertrug die Anfeindungen aufgrund seiner Herkunft nicht und kehrte den Vulkaniern den Rücken.

Beide gingen also gewissermaßen zur Sternenflotte, um etwas zu beweisen. Dass sie dort jedoch erst einmal zueinanderfinden mussten, wurde zum zentralen Motiv des Films, das Chris Pine und Zachary Quinto spielerisch tragen konnten.

Doch vergaß man auch die anderen Figuren nicht, wenngleich diese natürlich hinter den beiden Protagonisten zurücktreten mussten. Dank des meisterhaften Castings blieb allerdings jeder im Gedächtnis: Insbesondere Karl Urban als McCoy und Simon Pegg als Scotty hinterließen einen bleibenden Eindruck. Somit hatte man seitens des Casts keinerlei Probleme. Dass die Effekte und die grandiose Musik des Michael Giacchino ebenfalls überzeugten, rundete das Bild ab.

Bezüglich der Story darf man dafür ruhig genauer hinschauen und die Angelegenheit differenzierter betrachten. Die Autoren wollten eindeutig eine neue Zeitlinie erschaffen und benötigten dafür einen Zeitreiseplot, was die Kreativität bereits stark einschränkte. Da man zudem noch Leonard Nimoy als alten Spock unterbringen wollte, schrieb man sich noch enger in die Ecke.

So war es dann nicht einmal im Ansatz glaubwürdig, dass ausgerechnet ein Botschafter Spock in seinem biblischen Alter dafür zuständig sein sollte, Romulus vor der Vernichtung zu retten. Natürlich zog man hier Parallelen zu seinen Bemühungen um Wiedervereinigung zwischen den Vulkaniern und Romulanern, die auch in *Star Trek: The Next Generation* schon thematisiert worden waren, aber diese Entwicklung passte weder zur Figur noch zur Zeichnung der Föderation aus den anderen Serien.

Dennoch: Man musste Nero gegen Spock aufbringen, um ein gewisses Konfliktpotential in der Vergangenheit zu generieren. An solchen Stellen heiligt der Zweck leider nicht die Mittel und führt zu Kompromisslösungen, die bei genauerem Nachdenken einfach nicht so recht passen mögen.

Den Auslöser der Geschichte hatte man folglich versemmelt. Danach wurde es hingegen besser. Neros Angriff auf die USS Kelvin war vor allem als Startpunkt des Films absolut mitreißend, der Tod von George Kirk verbunden mit der Geburt des James T. Kirk wurde episch zelebriert. Bis zu dem Punkt, an dem man die Crew auf dem Schiff zusammenführte, folgte ein bunter Reigen an Standards aus Buddy-Movies, Action-Blockbustern und Comedy-Reihen.

Die Krise, die alle auf die USS Enterprise führte, trug dann wieder den Namen Nero. Es gab ja schließlich noch einen Racheplot aufzulösen. An dieser Stelle stellte sich aber gleich die nächste brennende Frage: Kirk war seit seiner Geburt nun 25 Jahre älter geworden, der Romulaner Nero und sein Kompagnon Ayel wirkten hingegen nicht einen Tag gealtert. Was war hier los? Der Film ließ uns lange im Dunkeln. Erst mit dem Auftreten des alten Spock erfuhren wir, dass Nero allen Ernstes 25 Jahre lang gewartet hatte, um sich dann an Spock zu rächen. Sein Scharmützel mit den Klingonen sowie der Abstecher nach Rura Penthe fielen dabei der Schere zum Opfer. Das erklärte weder, warum er und Ayel noch so taufrisch aussahen, noch wurde seine Motivation wirklich deutlich. Die Autoren hatten es hier mit einer seit fünfundzwanzig Jahren existierenden Logiklücke zu tun, die sie nach Gutsherrenart zu überspielen verstanden. Niemand kann mir erzählen, dass es keine bessere Lösung dafür gegeben hätte. Offenbar war den Machern diese Problematik allerdings nicht wichtig genug. Wir wissen: Abrams wollte im Kern immer einen einfach gestrickten Film haben. Erklärungen um die Logiklöcher herum hätten das Gesamtwerk vermutlich unnötig verkompliziert, sodass man lieber direkt verzichtete.

Doch gab es noch diverse andere Ansätze für inhaltliche Kritik. Sei es der abenteuerliche Transport bei Warp oder der hanebüchene Zufall, dass der junge Spock Kirk ausgerechnet dort aussetzt, wo er zunächst auf den alten Spock trifft und schließlich noch Montgomery Scott samt seines Begleiters findet. An vielen Ecken machte man es sich relativ leicht, die Geschichte im Fluss zu halten, und störte sich nicht an unglaubwürdigen Ereignissen. Zum Transportvorgang von Delta Vega aus muss man sich nur einmal eines vor Augen halten: Kirk stürzt ab, wird vom Eismonster quer durch die Eiswüste gejagt und trifft schließlich auf den alten Spock, der eine lange Geschichte erzählt und eine Geistesverschmelzung durchführt. Danach brechen die beiden erneut durch die Eiswüste auf, kommen irgendwann zu der Sternenflotteneinrichtung, in der Scotty arbeitet, reden eine ganze Weile um den heißen Brei herum und brechen erst nach einer gefühlten Ewigkeit mit dem nigelnagelneuen Transporter auf. Nun die Preisfrage: Wie weit mag die sicher sehr schnell fliegende USS Enterprise inzwischen entfernt sein? Dr. Hubert Zitt wüsste sicher eine wissenschaftlich fundierte Antwort, meine Laienhypothese sagt jedoch: viel zu weit entfernt, als dass dieser Kniff Sinn ergäbe. Wofür braucht man überhaupt noch Raumschiffe? Hier musste der geneigte Zuschauer schon eine Menge Kröten schlucken, ehe es an das Genießen gehen konnte.

Das gilt aber ausnahmsweise auch für mich. Der Film machte mir viel zu viel Spaß, als dass ich ihn mir von diesen Punkten hätte verleiden lassen. Sicher müssen die Sachverhalte erwähnt und berücksichtigt werden, das Gesamtwerk konnte sich allerdings größtenteils schadlos halten, wenngleich es sich mehr dem Mainstream anbiederte als je ein Trek-Film zuvor.

Und dann war da noch der *Star Wars*-Faktor. Man merkte an allen Ecken und Enden, dass Abrams eigentlich viel lieber einen Film aus der Galaxie weit, weit entfernt hatte drehen wollen. Seine Autoren taten ihm den Gefallen insofern, dass sie viele Elemente in ihrem Drehbuch unterbrachten, die eindeutige Reminiszenzen an das andere große SF-Franchise darstellten. Sei es die Eiswüste samt Monster, das noch größere Tier, welches das Eismonster verputzte, die Bar auf der Erde mit Kneipenschlägerei, die vielen Aliens, der Sidekick à la Jar Jar Binks (Keenser), der lockere Umgangston oder der Gigantismus bei den Raumschiffen – hier schrie alles förmlich nach dem Universum des George Lucas. Dazu nahm man aus *Alias* noch einen Deus Ex Machina wie die rote Materie mit hinzu und generierte einen Genremix, der sich mit beiden Händen an Dingen bediente, die in der Vergangenheit gut funktioniert hatten.

Mit derart viel Blockbusterflair, Humor, starken Effekten und krachiger Action hätte die ganze Unternehmung problemlos in die Hose gehen können – dank toller Schauspieler, gut geschriebener Charaktere und Dialoge sowie einem emotionalen

Wiedererkennungswert für langjährige Fans umschiffte man diese Klippe jedoch letztlich mit einer mehr als fluffigen Attitüde.

Einzig die unnötigen Kürzungen und die bärtige Rahmengeschichte um Rache und Zeitreisen verhinderten ein kleines Meisterwerk. Doch worüber sollte man sich beschweren? Wer hätte nach den letzten beiden Filmen der Crew um Captain Picard schon damit gerechnet, dass *Star Trek* zu einem derart perfekten Unterhaltungsspektakel überhaupt noch fähig wäre? Zudem war der Trek-Anteil letztlich viel höher als zunächst befürchtet. Abrams und sein Team hatten sich in der Tat auf die wichtigsten Basics konzentriert und etwas herausgearbeitet, das zu 100% *Star Trek* war und trotzdem dem Zeitgeist huldigte. Wenn man unbedingt ein Reboot machen muss, findet man hier eine perfekte Blaupause. Das Franchise war mit diesem Film endlich dort angekommen, wo die Filmreihe seit den Anfängen in den 1970er-Jahren hinwollte: im Fokus einer breiteren Öffentlichkeit. Zudem schuf man sich eine Basis, auf der man nun kreativ aufbauen konnte.

Dem letztlichen Budget in Höhe von 150 Millionen US-Dollar standen Einnahmen von weltweit 386 Millionen gegenüber. 258 Millionen US-Dollar entfielen auf die USA, was ein durchaus starkes Ergebnis war und logischerweise alle bisherigen Trek-Filme überbot. Einzig die 128 Millionen US-Dollar aus dem Rest der Welt waren ausbaufähig und fielen hinter den Erwartungen Paramounts zurück, wenngleich *Star Trek* aber natürlich nie erfolgreicher außerhalb der USA gewesen war als hier.

Paramount war zufrieden und gewillt, weitere Filme folgen zu lassen. Seitens der Kritiker konnte der Film das Gros überzeugen und erhielt vornehmlich für die Präsentation, das Casting und die wunderbare Chemie zwischen Pine und Quinto viel Lob. Die Fans waren naturgemäß gespalten, da vielen das Erschaffen einer neuen, alternativen Zeitlinie nicht passte. Auch die Zerstörung Vulkans, der neue Look und die diversen Logiklöcher (Beamen bei Warp, Neros 25 Jahre in der Vergangenheit, die Beziehung von Uhura und Spock) bekamen ihr Fett weg. Einig waren sich die meisten aber darin, dass man einen sehr unterhaltsamen Film geschaffen hatte, der die Interaktionen der Figuren auf wunderbare Weise erneut zum Leben erweckte. Die Fans waren also ebenfalls größtenteils bereit für eine Fortsetzung.

Star Trek war der erste Trek-Film, der einen begehrten Oscar gewann. Er war in vier technischen Kategorien nominiert (»Best Achievement in Make-up«, »Best Achievement in Sound Editing«, »Best Achievement in Sound Mixing«, »Best Achievement in Visual Effects«) und triumphierte in der Kategorie »Best Achievement in Make-up«.

Dazu gewann er allerdings zudem noch diverse andere Preise, wie zum Beispiel zwei Saturn Awards und je einen Empire Award, SFX Award, SET Award, DEG Award sowie diverse Scream Awards.

Das Team um J. J. Abrams hatte es geschafft, *Star Trek* wieder eine Kinozukunft zu geben.

Da mein üblicher Abschiedsgruß seltsam eigennützig erscheinen würde, werde ich nur sagen: Viel Glück.

Spock

STIMMEN AUS DEM

FANDOM

Mein Einstieg in *Star Trek* war 1978 mit *Morgen ist Gestern* – eine herrlich skurrile Folge, in der die Enterprise im Jahr 1968 als UFO verfolgt und die damalige reale Welt mit der Star-Trek-Welt verknüpft wird. Die Begeisterung für die Originalserie hat sich seither gehalten und ich empfinde immer noch bei bestimmten Szenen – und vor allem mit der entsprechenden Musik der Episode – das gleiche Gefühl wie damals als kleiner Junge. Die Originalserie hat eine tolle Mischung an Abenteuern mit parallelen Erden, Zeitreisen, primitiven und hochentwickelten Kulturen, astronomischen Phänomenen, Planeten und Raumschiffen. Mal lustig, mal nachdenklich, gelegentlich auch peinlich. *Star Trek* verdanke ich viele schöne Momente in meinem Leben, vor allem durch den Kontakt mit anderen Fans.

Martin Stahl, Aschaffenburg

STAR TREK INTO DARKNESS
VERIRRT IN DER DUNKELHEIT

FAKTEN

Deutscher Titel: Star Trek Into Darkness
Produktion: J. J. Abrams, Damon Lindelof, Bryan Burk, Robert Orci & Alex J. Kurtzman
Regie: J. J. Abrams
Story & Drehbuch: Robert Orci, Alex J. Kurtzman & Damon Lindelof
Score: Michael Giacchino
Laufzeit: 133 Minuten

MACHER & ENTSTEHUNG
DIE SCHULDFRAGE

Irgendwann mitten in der Produktionsphase des ersten Reboot-Films äußerte Robert Orci einmal, dass man wisse, wie sehr Zeitreisen sich in *Star Trek* schon abgenutzt hätten, dass man sie jedoch benötigen würde, um diese neue Geschichte zu starten und danach vollkommen frei und kreativ an weiteren Abenteuern arbeiten zu können.

Warum ich das erzähle? Bereits einige Male sprachen wir über das Verwandeln von wunderbaren Steilvorlagen. William Shatners Ego zerlegte nach dem fantastischen *Star Trek IV – The Voyage Home* fast die klassische Filmreihe, ein konfuses Drehbuch machte das Gleiche dann fast mit den Filmen der TNG-Crew nach dem erfolgreichen Borg-Abenteuer *Star Trek: First Contact* – noch bevor *Star Trek: Nemesis* zum finalen Todesstoß ausholte. Nun hatten sich die Produzenten und Autoren erneut in die Pole Position gebracht, ihre neue Zeitlinie und die Figuren etabliert und durften unbelastet von allem einen zweiten Film drehen. Nur der Himmel war die Grenze! Man musste nur nach draußen gehen, nach oben schauen, einen wunderschönen Stern auswählen und zugreifen! Doch wo hatte man in diesem verdammten Haus bloß den Ausgang eingebaut?

Schon im Juni 2008 hatte Paramount die Produzenten auf eine Fortsetzung angesprochen. Im März 2009 wurde dann bekanntgegeben, dass man sich geeinigt und ein zweiter Film grünes Licht erhalten hatte.

Robert Orci, Alex J. Kurtzman und Damon Lindelof sollten das Drehbuch schreiben. 2011 wurde zunächst als Jahr der Veröffentlichung auserkoren. Im Juni 2009 sollten die Autoren mit den Arbeiten beginnen, eine erste Fassung sollte Ende des gleichen Jahres vorliegen. Zu diesem Zeitpunkt war der Juni 2012 noch als Kinostart angedacht. Doch gab J. J. Abrams im Dezember 2010 zu verstehen, dass man noch immer kein Drehbuch habe und er sich außerdem noch nicht entschieden habe, ob er erneut würde Regie führen wollen.

2011 kam dann endlich Bewegung in die Sache. Im April ließ Orci verlauten, dass man eine erste Fassung des Drehbuchs vorliegen habe. Abrams Verpflichtungen ließen das Projekt jedoch weiter auf Eis liegen. Im September 2011 ließ dieser verlautbaren, dass er die Regie übernehmen würde und man nun von einer Veröffentlichung im Winter 2012 oder im Jahr 2013 ausgehen dürfe. Ihm und seinen Kollegen war vielen Aussagen nach immer die Qualität des fertigen Films wichtiger als ein früher Kinostart. So weit, so schön. Hatte man den wunderschönen Stern also gefunden und feilte nun schlicht noch eifrig daran?

Robert Orci kündigte als Nächstes eine Comic-Buchreihe an, und Michael Giacchino erklärte, dass er als Komponist für den Film zurückkehren würde. Inzwischen war auch klar, dass dieser erst 2013 auf den Markt kommen würde.

Bezüglich eines Titels machte man sich das Leben lange Zeit sehr schwer. Man wollte weder von *Star Trek* auf *Star Trek 12* springen noch irgendeinen Untertitel nach einem Doppelpunkt bringen. Für Damon Lindelof repräsentierte der Doppelpunkt sogar alles, was *Star Trek* im Kino den Tod gebracht hatte. Sein heimlicher Favorit war dennoch lange Zeit *Star Trek: Transformers 4*. Obwohl das natürlich nur ein Scherz war, spiegelt diese Anekdote schon einige Probleme mit dem späteren Werk wieder. Halt, ich greife vor. Man entschied sich schließlich für die »Konstruktion« *Star Trek Into Darkness* und präsentierte erstmals einen Titel, der das *Star Trek* in eine Aussage einbaute – nach dem siebten Kinofilm auch zum zweiten Mal ohne Doppelpunkt.

Viel wichtiger als der Titel war aber selbstverständlich der Inhalt des Films. Hier erinnern wir uns an den Ausspruch von

Robert Orci und ergänzen gerne weitere Aussagen der Beteiligten. Damon Lindelof zum Beispiel war zwar ein großer Fan der Figur des Khan Noonian Singh aus *Star Trek II: The Wrath of Khan*; er und seine Mitstreiter wollten allerdings immer einen Film auf die Beine stellen, der für sich stehen konnte. Wie alle sagten, war ihnen der Unterschied zwischen einer Hommage und einem Plagiat vollkommen klar. Man hatte zwar Anleihen an den sehr beliebten zweiten Kinofilm der Classic-Reihe in das Drehbuch eingebaut, Khan selbst sollte jedoch kein Teil davon sein.

Hört ihr auch die ominöse Musik in der Ferne?

Die Zeit bis zur endgültigen Veröffentlichung des Films wurde dann auch genau von diesem Thema geprägt. War Khan nun Teil der Geschichte oder nicht? J. J. Abrams und sein Team blieben bei ihrer Darstellung. Der Antagonist des Films hieß John Harrison, eine Figur namens Khan kam nicht im Drehbuch oder im Film vor. Der Grund für das Leugnen des Offensichtlichen lag angeblich in dem Glauben, man würde den Zuschauern sonst eine tolle Enthüllung verderben. Dass die Katze aber nicht zuletzt durch die gescheiterten Bemühungen um Benicio del Toro längst aus dem Sack war und jeder nur auf den Moment im Kino wartete, da Harrison seine wahre Identität enthüllen würde, war absolut kontraproduktiv. Viel besser wäre es gewesen, Khan ganz offen und ehrlich zum Kern der Werbekampagne zu machen. Das hätte die erneute Verwendung und den Film zwar am Ende auch nicht besser gemacht, das Marketing allerdings erleichtert, die berechtigten Lügen-Vorwürfe verhindert und den Fans die Chance gegeben, sich vorab zu ärgern und nicht zur Unzeit im Kinosessel.

So mussten sich allerdings Abrams und Co. eine ganze Menge anhören und hatten bei einem Teil der Fans schon verloren, bevor auch nur eine Minute des Films im Kino gelaufen war.

Wir alle machen Fehler.

James T. Kirk (an die Produzenten gerichtet?)

DIE SCHAUSPIELER
CHAOS UM KHAN

Alle Hauptdarsteller aus dem ersten Reboot-Film schlüpften wieder in ihre Rollen. Auch Bruce Greenwood als Christopher Pike erhielt einen weiteren Auftritt.

Leonard Nimoy wollte seine Rolle zunächst kein zweites Mal übernehmen. J. J. Abrams dachte daraufhin laut über einen Auftritt von William Shatner nach. Am Ende jedoch kehrte Nimoy erfreulicherweise doch zurück, wenngleich seine Szene letztlich kaum der Rede wert war.

Für Shatner blieb ein weiteres Mal kein Platz. Er wurde somit endgültig zum Lothar Matthäus der Trek-Geschichte: Wo auch immer ein Platz zu besetzen war, ein Lothar Matthäus (oder eben Bill Shatner) konnte sich das richtig gut vorstellen. Nur wirklich gefragt werden die beiden in letzter Instanz dann nie.

Für die Rolle des John Harrison – oder geben wir direkt »Butter bei die Fische«, Khan Noonien Singh – wollte man – wie angedeutet – eigentlich zunächst Benicio del Toro gewinnen. Dieser hätte auch exzellent zur Vorlage durch Ricardo Montalbán gepasst. Letztendlich musste man aber umdenken und entschied sich für Benedict Cumberbatch (*Sherlock*), einen Schauspieler, der rein optisch gar nichts mit dem Original-Khan gemein hatte, allerdings doch von der schauspielerischen Klasse eine wunderbare Ergänzung des Films darstellte. Ob dies geschah, um die Identität besser verschleiern zu können oder weil man eben nach der Qualität des Schauspielers und nicht nach dem Äußeren ging, bleibt offen. Robert Orci erklärte einmal, er habe in der damaligen (und heutigen) politischen und gesellschaftlichen Landschaft Skrupel gehabt, einen farbigen Schauspieler als Bösewicht zu besetzen, gerade weil sein Drehbuch sich im Kern ja um die Gefahren aus dem Inneren drehte. Mit del Toro hätte man den Film jedoch eindeutig auf eine Konfrontation zwischen Kirk und Khan zugeschnitten – es wäre auch kaum anders möglich gewesen. Durch die Wahl des Benedict Cumberbatch erhielt man dann aber die Chance, einen anderen Weg zu gehen, und erfand John Harrison. Vielleicht hat hier das Casting das Drehbuch und somit letztlich auch das Marketing beeinflusst? Die Wege des Drehbuchschreibens sind unergründlich …

Als Admiral Alexander Marcus holte man Peter Weller (*Robocop*) zum Film und griff also auf einen alten Hasen und Charakterschauspieler zurück, der einst bei *Star Trek: Enterprise* in der Doppelfolge aus *Demons* und *Terra Prime* sogar schon einmal als John Paxton mitgewirkt hatte.

Für die Rolle seiner Tochter Carol Marcus wählte man Alice Eve aus, die zu diesem Zeitpunkt der Mehrheit aus *Men in Black 3* und *Entourage* bekannt gewesen sein dürfte und in die Fußstapfen von Bibi Besch trat.

Deep Roy war, wie schon im ersten Film, als Scottys schweigsamer Kumpel Keenser zu sehen, und Chris Doohan (der Sohn von James Doohan) erhielt wie auch beim Vorgängerfilm einen kurzen Gastauftritt als Besatzungsmitglied Kyle – diesmal sogar mit ein wenig Text.

Na wenn das mal nicht Captain James Föhnfrisurius Superkirk ist!

Scotty

DIE STORY
MEHR ALS EINE HOMMAGE

Dem Planeten Nibiru droht ein verheerender Vulkanausbruch. Nur um ein Haar kann Kirk seinen Kollegen Spock retten. Doch kommt es auf der Erde deswegen knüppeldick: Kirk wird an die Akademie zurückgeschickt und verliert sein Kommando. Kurz darauf wird ein Archiv der Sternenflotte (bei dem es sich eigentlich um ein getarntes Waffenlabor handelte) von einem Unbekannten in die Luft gesprengt und ein Angriff auf die Teilnehmer einer Konferenz verübt, bei dem auch Christopher Pike sein Leben verliert.

Der Flüchtige heißt John Harrison und versteckt sich auf Qo'noS. Mit Hilfe von Carol Marcus reist die Crew zur Heimatwelt der Klingonen, um Harrison zu fassen, stößt dabei allerdings auf viel größere Probleme, die nicht nur ihr Leben bedrohen, sondern auch die Föderation in eine tiefe Krise stürzen können ...

Schätzelchen, ich hab schonmal an 'nem schwangeren Gorn 'nen Notkaiserschnitt durchgeführt. Achtlinge waren das! Und was soll ich sagen, die kleinen Scheißerchen beißen!

McCoy erklärt Carol Marcus seine Welt

DAS ERGEBNIS
SATZ MIT X

Star Trek Into Darkness war der zweite Reboot-Kinofilm unter Federführung von J. J. Abrams und trat das Erbe des mehr als beliebten Erstlings mit dem simplen Titel *Star Trek* von 2009 an. Wie auch *Star Trek II: The Wrath of Khan* präsentierte er einen übermächtigen Gegenspieler (erneut: Khan) und warf noch einen größenwahnsinnigen Admiral mit in den Mix. Ebenfalls eine Parallele stellte die Mitwirkung von Dr. Carol Marcus dar – nur in einem anderen Zusammenhang. Schließlich startete die Crew um Captain Kirk in dieser Zeitlinie aus verschiedenen Gründen schneller und auf andere Weise in ihre Abenteuer. In der Originalzeitlinie lagen die Filmereignisse des zweiten Teils weit nach denen der ersten 5-Jahres-Mission.

Die Autoren entschieden sich entgegen all ihren Beteuerungen dazu, den zweiten Film aus vielen Versatzstücken zu bauen, die man so oder ähnlich in *Star Trek* schon einmal gesehen hatte. Dabei machten sie auch vor ikonischen Szenen wie dem Khan-Schrei nicht halt, gaben diesen Szenen dann allerdings einen anderen Twist. So wurde der Film weniger eine Hommage oder originelle und eigenständige Idee, sondern vielmehr der Versuch eines Best Of – oder genauer: ein ziemlich dreistes und letztlich auch überflüssiges, weil seelenloses Plagiat.

Eine Analyse dessen, was die Autoren mit *Star Trek Into Darkness* erreichen wollten, fällt auch heute noch schwer. Auf der einen Seite haben sie definitiv versucht, einen komplexeren Film als *Star Trek* an den Start zu bringen. Die Gegenspieler und Themen sind nicht eindeutig schwarz und weiß gezeichnet; der Film wirkt zuweilen bedrückend und deprimierend realistisch in der Art, wie er politische Vorgänge unserer Zeit spiegelt. Dabei verliert er jedoch auch eindeutig die Lockerheit, den Spaß, die Energie und den positiven Ton aus den Augen, der zu *Star Trek* dazugehört und den man mit dem Auftakt trotz aller Probleme und Action etabliert hatte.

So geraten die Schattierungen dann auch zu ausufernd, die Figuren zu zwiespältig und das Konfliktpotential zu wahllos. Scharmützel wie die Absetzung von Kirk, die sofortige Rekrutierung als Erster Offizier durch Pike, die Versetzung von Spock, die erneute Einsetzung von Kirk und Spock auf der USS Enterprise oder der freiwillige Abgang von Scotty samt Rückkehr machen den Eindruck, als wären die Figuren nur Spielbälle ihrer Strippenzieher und keine Menschen oder Außerirdischen aus Fleisch und Blut.

In Richtung eines Plagiats oder – freundlicher formuliert – einer Wiederholung bekannter Muster zu gehen, war zudem eine vollkommen fehlgeleitete Entscheidung. Die Fülle an Referenzen war weder sinnvoll noch zielführend oder nötig. Vielleicht hat aber auch schlicht niemand die Auswirkungen dieser Entscheidung wirklich zu Ende gedacht.

Auch im Detail gab es viel zu kritisieren: Der Gigantismus, den man mit der USS Vengeance betrieb, ließ sogar vergleichbare Momente aus *Star Trek: Nemesis* und *Star Trek* verblassen. Das Motto »Es gibt immer einen größeren Fisch« trieb man damit vollkommen auf die Spitze und erntete dafür zu Recht Kopfschütteln. Dazu heilte McCoy am Ende des Films ganz im Vorbeigehen nichts Geringeres als den Tod, als er Kirk mit den regenerativen Fähigkeiten von Khans Blut wiederbelebte. Schade, dass man danach offenbar nicht weiterforschte. Das hätte den guten Doktor über Nacht so richtig reich machen können! Vielleicht hätte er seiner Ex-Frau sogar den verlorenen Mond abkaufen können! Albern war auch die Szene, als Carol Marcus sich vor Kirks neugierigen Blicken das Oberteil auszog. Zwar musste man sich nicht derartig darüber aufregen, wie einige Fans es im Internet taten, den Autoren darf man an dieser Stelle jedoch fraglos einen Blackout attestieren, der vor allem auch Kirk lächerlich machte. Damon Lindelof übernahm hierfür später zerknirscht die Verantwortung.

Schauspielerisch gab es aber wenig zu bemängeln. Zwar darf man Benedict Cumberbatch auch heute noch ohne jeden Zweifel als Fehlbesetzung für die ikonische Rolle des Khan bezeichnen, seine Leistung war allerdings für sich genommen vorzüglich. Auch die gesamte Stammbesetzung der USS Enterprise konnte sich gut in Szene setzen, obwohl besonders Karl Urban zu wenig Screentime bekam. Peter Weller und Alice Eve gefielen in ihren Rollen ebenso wie Bruce Greenwood als Pike. Für ihn und Leonard Nimoy als alter Spock waren es leider die letzten Auftritte. In der Causa Pike opferte man unsinnigerweise die Figur; Leonard Nimoy verstarb, lange bevor der Film Premiere feierte.

Star Trek Into Darkness war in der Summe ein lauter, düsterer, actionreicher, selten humorvoller und unsteter Film, der vollkommen vergisst, was im Vorgänger so gut funktioniert hatte.

Betrachtet man ihn losgelöst von allen Kritikpunkten und versucht ihn als reinen Science-Fiction-Streifen für einen unterhaltsamen Abend ohne zu viel Hirnleistung zu betrachten, gelingt unter Umständen eine moderat positive Wertung. Viele Vertreter des Genres sind schlechter produziert oder gespielt, besitzen weniger charismatische Darsteller oder weniger treffenden Humor. Die kompetent umgesetzten Actionsequenzen trösten zudem über einiges hinweg.

Als *Star Trek*-Film – und als was sollte man ihn im Rahmen eines *Star Trek*-Buches sonst ernsthaft besprechen? – ist der zweite Reboot-Streifen aber ein kolossaler Fehlschlag, der den Unterschied zwischen Hommage und Plagiat erschreckend fehldeutet, seine Figuren nur gemäß des knirschenden Drehbuchs, allerdings abseits einer inneren Logik einsetzt und im Vergleich zum ersten Teil vor allem zweierlei durchweg vermissen lässt: Herz und Hirn.

Dem letztlichen Budget in Höhe von 185 Millionen US-Dollar standen Einnahmen von weltweit 467 Millionen gegenüber. 229 Millionen US-Dollar entfielen auf die USA, was erstaunlicherweise weniger war, als der sehr unterhaltsame Vorgänger eingespielt hatte. Dafür wurden jedoch 239 Millionen US-Dollar im Rest der Welt eingenommen, was eine ebenso erstaunliche Steigerung im Vergleich zu *Star Trek* bedeutete. In China holte der Film am Startwochenende tolle 26 Millionen US-Dollar und damit das Dreifache der Einnahmen des ersten Teils über die gesamte Laufzeit.

Paramount war rein von der finanziellen Seite also durchaus zufrieden, auch wenn einem das Ergebnis im Heimatland zumindest zu denken geben konnte.

Die Presse hielt sich größtenteils bedeckt. Zwar wurde immer wieder die Rasanz, die optische Wucht oder auch das Zusammenspiel der Darstellerriege gepriesen, in Sachen Frische, Story, Humor oder Logik gab es aber ebenfalls viele kritische Töne. Am besten fasste es vielleicht noch ein US-Kollege zusammen, der von einer soliden Angelegenheit sprach. Das mag auf der reinen Business-Seite sogar stimmen, ein anderer Kollege traf den Kern allerdings ebenso, als er äußerte, der Film würde sogar Trekkies kalt lassen. Genauer wäre gewesen: Besonders die!

Star Trek Into Darkness war für einen Oscar nominiert (»Best Visual Effetcs«), verlor jedoch gegen *Gravity*. Auch bei den Saturn Awards und vielen anderen Preisen gab es Nominierungen, aber nur wenige Auszeichnungen. Diese erhielt der Film eher im Rahmen kleinerer Veranstaltungen wie bei den Hollywood Film Festival Awards.

Der zweite Film hatte also immerhin dafür gesorgt, dass es weitergehen durfte. Rein inhaltlich durfte, konnte und musste man für eine Fortsetzung allerdings zulegen. Die Fans waren für den Moment zumindest in Teilen *not amused*.

Sie ... Sie hätten mich schlafen lassen sollen!

Khan (weise letzte Worte)

STAR TREK BEYOND
SCOTTY BRINGT DEN SPASS ZURÜCK

FAKTEN

Deutscher Titel: Star Trek Beyond
Produktion: J. J. Abrams, Robert Orci,
Lindsey Weber & Justin Lin
Regie: Justin Lin
Story & Drehbuch: Simon Pegg & Doug Jung
Score: Michael Giacchino
Laufzeit: 122 Minuten

MACHER & ENTSTEHUNG
ICH BIN DANN MAL WEG

Selbst J. J. Abrams war rein vom kreativen Standpunkt her mit dem Ergebnis von *Star Trek Into Darkness* nicht glücklich gewesen. Er war der Meinung, dass er Probleme im Drehbuch nicht rechtzeitig erkannt hatte oder nicht in der Lage gewesen war, diese auszubügeln. Außerdem ergab sich etwas, das seine volle Aufmerksamkeit benötigte: Er durfte *Star Wars: The Force Awakens* umsetzen, den siebten Teil der anderen großen Weltraumsaga. Für Abrams erfüllte sich somit ein Kindheitstraum. Seine Arbeit an beiden *Star Trek*-Filmen darf man durch diese Wendung rückblickend sogar als ideale Vorbereitung ansehen. Er kehrte jedoch immerhin noch als Produzent für ein drittes Abenteuer auf der USS Enterprise zurück und hatte verschiedene Wünsche: So wollte er gerne mehr weibliche Figuren im Film, regte an, nicht verwendete Ideen der letzten beiden Filme wieder aufzugreifen, und unterstützte den Ansatz von Robert Orci, einen homosexuellen Charakter im Film zu haben.

Ebendieser Robert Orci, der schon an den beiden Vorgängerfilmen mitgeschrieben hatte, sollte diesmal gemeinsam mit J. D. Payne und Patrick McKay ein Drehbuch verfassen, das sich mehr auf die Erforschung des Alls konzentrieren und *Star Trek* zu den eigentlichen Werten zurückführen würde. Alex Kurtzman und Damon

Lindelof hingegen waren anderweitig beschäftigt und nicht mehr Teil des Autorenteams. Dieser Umstand verhinderte auch, dass Lindelof seine früh geäußerten Ideen umsetzen konnte. Die Klingonen würden also folglich diesmal nicht der Föderation den Krieg erklären und Benedict Cumberbatch als Khan nicht zurückkehren.

Zudem wurde schon 2013 bekanntgegeben, dass Orci mit dem dritten Trek-Film auch sein Regie-Debüt würde feiern dürfen. Hinter den Kulissen war man bei Paramount ob dieser Personalentscheidung, die insbesondere Skydance Productions und Bad Robot unterstützten, jedoch schon damals durchaus skeptisch, da Orci noch keine Erfahrungen in dieser Hinsicht gemacht hatte.

Der Februar 2015 wurde als offizieller Drehstart auserkoren, 2016 galt nun fest als Jahr der geplanten Veröffentlichung. Irgendetwas Schwerwiegendes muss dann aber zwischen Mai und Dezember 2014 noch passiert sein. Denn auf einmal war Orci als Regisseur raus aus dem Projekt (und wurde nur noch als Produzent gelistet), und Paramount Pictures verhandelte daraufhin mit Edgar Wright, Rubert Wyatt, Morten Tyldum, Daniel Espinosa, Duncan Jones und Justin Lin. Auch Jonathan Frakes zeigte Interesse, nach *Star Trek: Der Erste Kontakt* und *Star Trek: Der Aufstand* ein drittes Mal auf den großen Stuhl zurückzukehren.

Man entschied sich nur siebzehn Tage nach der Absetzung von Orci allerdings für Justin Lin, der zuvor vor allem mit Krawall-Filmen aus der Reihe *The Fast and the Furious* auf sich aufmerksam gemacht hatte. Hatte man hinter den Kulissen etwa eine Kehrtwendung vollzogen und wollte nun doch wieder mit den ganz großen Kanonen schießen? Anmerken sollte man an dieser Stelle jedoch zumindest, dass es sich bei Justin Lin um einen Fan der Originalserie handelt, der seit seiner frühesten Kindheit ein Fan der Serie war. Orci war in jedem Fall an dieser Stelle auch als Autor des Projektes Geschichte und behielt nur noch seine Nennung als Produzent – involviert war er aber nicht mehr.

Im Zuge der ganzen Umbaumaßnahmen wurden Anfang 2015 dann zudem noch Scotty-Darsteller Simon Pegg und Doug Jung engagiert, um das Drehbuch umzuschreiben. Laut Peggs Aussagen hatten die Verantwortlichen Angst, dass der Ansatz von Orci und seinen Kollegen zu sehr pures *Star Trek* sein und die Bedürfnisse des Massenpublikums ignorieren könnte. Peggs und Jungs Aufgabe war es nun also, einen Film auf die Beine zu stellen, der potentiell ein großes und nicht zu Trek-affines Publikum erreichen konnte. Gut klang das an dieser Stelle zwar nicht, der Humor und die Affinität zu *Star Trek* von Simon Pegg allerdings machten auch etwas Hoffnung. Pegg und Jung wählten einen Zeitpunkt, der gut zweieinhalb Jahre nach den Ereignissen aus *Star Trek Into Darkness* lag, an dessen Ende man in die 5-Jahres-Mission gestartet war.

Es war in etwa zum gleichen Zeitpunkt, als die amerikanische Seite Filmdivider mit einigen angeblichen Enthüllungen zum Film einen Bauchklatscher sondergleichen hinlegte. So sollten angeblich die Rollen des Föderationspräsidenten, eines Raumschiffcaptains und die der Ex-Frau McCoys besetzt werden. Darüber hinaus würde es den Informationen der Seite nach um einen Bösewicht à la Walter White aus *Breaking Bad* gehen, den auch noch Bryan Cranston spielen sollte. Entweder ging es bei diesen Informationen um den gekippten Ansatz vom Team des Robert Orci, oder die Seite hatte einfach zu viel Phantasie bewiesen.

Als Arbeitstitel galt zu diesem Zeitpunkt in Produktionskreisen übrigens *Washington* oder *Washington Project*.

Während viele Positionen, die vorher Orci besetzt hatte, hinter den Kulissen in dieser Phase noch ausgetauscht wurden, holte man immerhin Michael Giacchino zum Projekt zurück und stellte somit zumindest in Hinblick auf den Score Kontinuität her.

Im Juni 2015 begannen die Dreharbeiten in Vancouver und Squamish, British Columbia. Paramount hatte entschieden, aus Kostengründen primär nach Kanada auszuweichen. Notwendige Veränderungen am Drehbuch sorgten hierbei jedoch zunächst für Verzögerungen. In der Folgezeit drehte man dann auch in Seoul und in Dubai. Im Oktober 2015 waren die Dreharbeiten beendet, im März 2016 fand man sich aber erneut zusammen, um beispielsweise noch die Szenen mit Admiral Paris zu filmen.

Veröffentlicht werden sollte der Film ersten Planungen zufolge im Jahr 2015, wurde dann allerdings in das Jahr des 50. Geburtstages von *Star Trek* verschoben. Dass man daraus dann jedoch kein Kapital schlug und den Film eben nicht als große Feier zum Jubiläum bewarb, sondern fast schon sträflich unterrepräsentiert behandelte, dürfte erneut der Angst geschuldet gewesen sein, nur die ganz harten Fans anzusprechen.

Der erste Trailer, den man im Dezember 2015 zeigte, wurde von weiten Teilen der Fans nämlich äußerst negativ aufgenommen, da er sich fast ausschließlich auf Action fokussierte und es so wirken ließ, als hätte man *Star Trek* nun auch den letzten Anteil dessen geraubt, was immer schon zum Franchise gehört hatte. Sogar

Simon Pegg war damit unzufrieden und versuchte, die Fans über diverse soziale Netzwerke zu beruhigen. Der zweite Trailer zeigte dann in Ansätzen tatsächlich das, was Pegg versprochen hatte: Humor und eine erzählenswerte Geschichte.

Als finaler Titel wurde schließlich *Star Trek Beyond* verkündet, was zwar durchaus nett klang, im Grunde aber äußerst generisch war. Witzig war aber, dass Pegg erst durch Äußerungen Lins auf den Titel gekommen war, als dieser von dem neuen frischen Ansatz geschwärmt hatte (»to take *Star Trek* beyond«).

Nach einer mehr als turbulenten Produktionsgeschichte kam *Star Trek Beyond* im August 2016 schließlich in die Kinos. Würde sich all das Stühlerücken letztlich auszahlen können?

Ich mag das Wummern und Schreien!

Jaylah

DIE SCHAUSPIELER
HERBE VERLUSTE

Beginnen wir erneut mit dem Offensichtlichen – und mit einer etwas heitereren Note, als es die Überschrift vermuten lässt. William Shatner durfte sich laut einiger Pressemeldungen erneut Hoffnungen auf einen Auftritt machen. Er sollte gemeinsam mit Leonard Nimoy Szenen mit den beiden jüngeren Alter Egos absolvieren. Diese Idee war allerdings eine ganz frühe – bekanntlich starb Nimoy im Februar 2015. Was letztlich blieb – abgesehen von dem bekannten Ausgang, dass Shatner erneut keine Rolle erhielt –, war ein Auftritt der kompletten Classic-Crew in Form einer Fotografie in den Händen von Zachary Quinto. Bekommt schon jemand Gänsehaut?

Bruce Greenwood hatte trotz des Todes seiner Figur in *Star Trek Into Darkness* ebenfalls Hoffnung, man könnte ihn im dritten Teil zurückbringen, da er sich eine Fortführung der Geschichte zwischen Pike und Kirk wünschte. Er argumentierte, dass man Pike doch mit Hilfe des Blutes von Khan hätte retten können. Der geneigte Fan mag da sagen: Recht hat er! Leider vergaß McCoy jedoch offenbar, auch andere jüngst Verstorbene zu heilen oder wiederzuerwecken. Schade.

Der komplette Hauptcast der ersten beiden Filme kehrte vertragsgemäß selbstverständlich zurück. Auch Deep Roy als Keenser war in seiner Rolle als drolliger Freund von Scotty erneut mit von der Partie. Kein Wunder, wenn dessen Alter Ego Simon Pegg für das Drehbuch verantwortlich zeichnete, oder? Roy musste dafür sogar einen Convention-Auftritt sausen lassen, tat dies aber sicher sehr gerne.

Dr. Carol Marcus alias Alice Eve hatte sich am Ende von *Star Trek Into Darkness* der Crew der USS Enterprise angeschlossen. Autor Simon Pegg kam allerdings keine wirklich gute Idee, wie man sie in die Handlung hätte einbauen können, und stellte stattdessen eine Verwendung der Figur in späteren Filmen in Aussicht. Sowas klingt immer gut, heißt im Zweifelsfall aber eben nichts.

Neben den bekannten Figuren gab es genau genommen nur drei erwähnenswerte Gastschauspieler: Für die Rolle des Bösewichts Krall wählte man Idris Elba, der unter den Tonnen von Make-up seine Stärken allerdings lange nicht so wie gewohnt ausspielen konnte. Erst zum Schluss – als er seine menschliche Form zeigte – konnte man erahnen, was den Zuschauern hier entgangen war. Elba war mit Abstand der größte Name, den man dazugeholt hatte. Er hatte in Erfolgsfilmen wie *Finding Dory*, *The Jungle Book* oder *Zoomania* Figuren seine charismatische Stimme geliehen und in der Serie *Luther* sowie in Filmen des Marvel Cinematic Universe als Heimdall auf sich aufmerksam gemacht. Zudem kannte man ihn aus *Prometheus*, *Mandela* oder *Pacific Rim*.

Für die Rolle der außerirdischen Verbündeten Jaylah wählte man Soufia Boutella. Diese hatte als Tänzerin in vielen Musikvideos sowie Werbeclips mitgespielt und war zudem als Schauspielerin in *Kingsman: The Secret Service* und *Street Dance 2* aufgefallen. Die Figur lehnte man vage an die von Jennifer Lawrence gespielte Ree aus *Winter's Bone* an. Auf der Basis von Lawrences Spitznamen J. Law kam man schließlich auch zum Namen der Figur: Jaylah.

Die für Nachdrehs engagierte Shohreh Aghdashloo schlüpfte in die Rolle von Admiral Paris. Die Schauspielerin kannte man zu diesem Zeitpunkt bereits aus vielen Serien wie *Grimm* oder *The Expanse*. Der Name der Figur dürfte in den Bereich

Namedropping fallen – es könnte sich bei ihr folglich selbstverständlich um eine Vorfahrin von Tom Paris handeln.

Autor Doug Jung spielte persönlich den Lebensgefährten von Hikaru Sulu alias John Cho in der kurzen Szene auf der Sternenbasis.

Einen witzigen, jedoch ebenso winzigen Gastauftritt als Arzt erhielt noch der Fußballtrainer Carlo Ancelotti.

Tragisch wurde es dann aber noch durch zwei Todesfälle. Leonard Nimoy, der bei den Dreharbeiten zu *Star Trek Into Darkness* im Jahre 2013 bereits 81 Jahre alt gewesen war, starb an 27. Februar 2015 im Alter von 83 Jahren.

Außerdem kam der junge und beliebte Darsteller des neuen Pavel Chekov, Anton Yelchin, einen Monat vor der Premiere des neuen Films auf grausame Art ums Leben, als er in seiner eigenen Einfahrt von seinem einen kleinen Hang hinabrollenden Auto an seinen Zaun gedrückt wurde. Viele Marketingauftritte der Kollegen unter den Darstellern wurden in der Folge abgesagt, und die letzten Wochen vor der Filmpremiere umwehte eine morbide, fast schon gelähmte Stimmung das Fandom.

So wurde der Film am Ende beiden verstorbenen Schauspielern gewidmet.

Auf die Enterprise ... und auf abwesende Freunde.

James T. Kirk

DIE STORY
EIGENSTÄNDIGKEIT

Fast drei Jahre sind seit den Ereignissen rund um Khan vergangen. Die Crew hat sich in ihre Routine eingefunden – im Guten wie im Schlechten. Für Kirk, der seinen Geburtstag feiert, sind die immer gleichen Abläufe deprimierend. Darüber hinaus erinnert ihn sein Geburtstag jedes Mal an den Tod seines Vaters.

Der Besuch auf Sternenbasis Yorktown bringt zumindest eine kleine Abwechslung. Und tatsächlich: Ein Notruf verspricht

Ablenkung. Kirk und seine Crew bringen die USS Enterprise zu einem Planeten, der in einem Nebel liegt. Doch gerät die Rettungsmission zur Falle, und ein weit überlegener Angreifer namens Krall zwingt das stolze Schiff in die Knie. Die Crew muss die USS Enterprise evakuieren und auf dem unbekannten Planeten nicht nur ums Überleben kämpfen, sondern auch die fiesen Pläne des Krall vereiteln …

Wir werden tun, was wir immer getan haben.
Wir finden Hoffnung im Unmöglichen.

Spock

DAS ERGEBNIS
EIN GLÜCKSFALL

Fallen wir gleich mit der Tür in Jaylahs Haus: *Star Trek Beyond* ist für mich der beste der bisherigen drei Reboot-Kinofilme. Perfekt ist er dabei allerdings nicht. Doch der Reihe nach. Beginnen wir mit den Kritikpunkten und sparen wir uns das Lob für später auf.

Viele Fans hatten im Vorfeld des Films bereits befürchtet, dass ein Regisseur wie Justin Lin aus *Star Trek* etwas völlig anderes machen und die Zuschauer mit verrückten Action-Sequenzen erschlagen würde. Was am Ende dabei herauskam, war zwar sicherlich kein *The Fast and the Furious* im Weltall; Lin meinte es jedoch dennoch an einigen Stellen zu gut mit seinem Bombast. Die Actionszenen waren zwar auf der einen Seite allesamt kompetent und mitreißend umgesetzt, auf der anderen Seite aber auch fast alle eine Spur zu lang. Hätte man jede um zehn bis zwanzig Prozent gekürzt und den Einbruch von Kirk und Chekov in die zerstörte Untertassensektion oder die Motorradsequenz (die zu 100% Lin war) generell etwas schneller abgehandelt, wäre dem Film immer noch ein erheblicher Actionanteil geblieben, man hätte ihn allerdings vielleicht nicht als so unruhig empfunden.

Dennoch gab es auch ausreichend besinnliche Momente, die immer wieder für Verschnaufpausen sorgten.

Die Story rund um Krall/Edison ergab am Ende ziemlich viel Sinn, wurde jedoch die meiste Zeit des Films wie ein generischer Racheplot durchgezogen. Damit zitierte man etwas, das man in *Star Trek*-Filmen zuletzt verlässlich jedes Mal geboten bekam. Angefangen bei Ru'afo (*Star Trek: Der Aufstand*) über Shinzon (*Star Trek: Nemesis*) bis hin zu Nero (*Star Trek* von 2009), Khan (*Star Trek Into Darkness*) und nun Edison. Dass man zudem Idris Elba einen Großteil des Films unter Tonnen von Make-up versteckte, war ebenfalls schade. Somit gelang zwar eine schöne (späte) Offenbarung (mit der nicht zu rechnen war und die in ihrer Verbindung zum Kanon überzeugen konnte), man hatte aber auch fraglos Potential verschenkt und zu lange beim Zuschauer den Eindruck aufgebaut, hier einen austauschbaren Weltenzerstörer am Wickel zu haben, der Edison jedoch gar nicht war. So blieb am Ende nicht mehr genug Zeit, seine Motivation zu diskutieren sowie sacken und wirken zu lassen – dabei war der Twist wirklich clever.

Doch genug der Kritik. Sah man von diesen Punkten ab, gefiel *Star Trek Beyond* durchgehend. Angefangen mit dem wunderbaren Auftakt rund um Kirks witzige diplomatische Mission, seine Selbstzweifel, die Monotonie der Reise und die starke Unterhaltung mit McCoy über seinen Vater, seinen nahenden Geburtstag und das Schicksal an sich, baute man hier eine wunderbare Stimmung auf, die den Film emotional erdete. Kirk wurde in wenigen Tagen ein Jahr älter, als sein Vater George es bei seinem Tod auf der USS Kelvin gewesen war. Wie McCoy in bester Psychiater-Manier analysierte: Du wolltest dein ganzes Leben so sein wie George Kirk, jetzt fragst du dich, was es bedeutet, James T. Kirk zu sein. Ein perfektes Thema für einen Film, der sich mit Verlust, Einsamkeit, aber auch Zusammenhalt und Berufung befasste.

In diesem Zusammenhang war dann auch die Zerstörung der USS Enterprise zu sehen. Ich gebe gerne zu, dass ich wirklich keine Lust mehr auf Szenen habe, in denen die Schiffe abstürzen oder kaputt geschossen werden. Ähnlich wie der immer gleiche Racheplot ist dieses Handlungselement von den verschiedenen Autoren der Filme so häufig verwendet worden, dass es bei mir nur noch ein müdes Lächeln hervorruft. Dennoch muss man differenzieren: Captain Kirk erlebte hier genau genommen das Gleiche wie sein Vater: Ein »No-Win-Szenario«. Und das ist, wie wir wissen, etwas, das James T. Kirk nicht akzeptieren kann. Er war derjenige, der den Kobayashi-Maru-Test manipulierte, weil er eben nicht an ausweglose Situationen glaubte. Hier nun musste er sich kurz vor dem Todestag seines Vaters dennoch seiner eigenen ausweglosen Situation stellen. Der Untergang des Schiffes war nicht zu verhindern, die Umsetzung des Angriffs geriet überzeugend und drastisch. Wenn man eine Enterprise schrotten möchte, dann bitte so! Kirk musste nun mit dieser Erfahrung umgehen und weitermachen. Im Gegensatz zu seinem Vater überlebte er und konnte zumindest danach zeigen: Es ging manchmal eben doch weiter! Eine sehr schöne Parallele und ein gelungener Abschluss der Thematik des ersten Films, an der Kirk – wie man am Ende von *Star Trek Beyond* erlebte – gewachsen war und für sein weiteres Leben als Captain eine neue Bereitschaft und Wertschätzung erfuhr. Klasse!

Schön gespiegelt wurde dieser Handlungsstrang durch die Geschichte des Captain Edison (Krall), der nach seiner Beteiligung an diversen Krisen und Kriegen als Teil der MACOs (unter anderem beim Xindi-Konflikt aus *Star Trek: Enterprise*) zum Captain der USS Franklin wurde, mit seinem Schiff im Nebel verloren ging und nie gerettet wurde. Hier hatten wir es also nun mit einem Mann zu tun, der nur seine Identität als Krieger behalten, seine Menschlichkeit aber schon lange verloren hatte. Dieser Mann hatte seinen inneren Konflikt gegen seine Dämonen verloren. All die Anspielungen auf die Schwäche von Zusammenhalt und seine Anschuldigungen gegen die Sternenflotte waren am Ende sehr sinnvoll und machten aus der Figur einen spannenden Gegenspieler – auch wenn das – wie bereits erwähnt – im Großteil des Films nicht zu erwarten gewesen war. Idris Elba hätte in dieser Rolle viel mehr sein können. Man entschied sich für die späte Überraschung und gegen eine intensivere Auslotung – ob das ein Fehler oder eine Notwendigkeit war, ist schwierig zu bewerten.

Das beste Element des Films waren allerdings ohne jeden Zweifel die Interaktionen der Crewmitglieder. Die Autoren Simon Pegg und Doug Jung machten es sich dabei, wenn man ehrlich ist, jedoch recht einfach, indem sie kleine Gruppen bildeten und allen auf diese Weise etwas zu tun gaben. Am besten funktionierte die Paarung von Spock und McCoy, die nicht nur eine wunderbare Szene erhielt, welche sich mit Spocks Beziehung zu Uhura befasste, sondern auch viele andere Momente voller Humor und Herz. Endlich wurde somit auch Karl Urban als Pille vernünftig in die Handlung einbezogen – und dieser spielte dann auch prompt groß auf! Ähnlich überzeugend geriet das Zusammenspiel zwischen Scotty und Jaylah (Soufia Boutella), die auch in den nächsten Filmen eine tolle Ergänzung zum Cast sein könnte – sofern die Produzenten das möchten. Dazu gab es noch Kirk und Chekov, die Seite an Seite kämpfen und sich durch Actionmomente hangeln mussten, sowie Sulu und Uhura, die in Kralls Lager spionierten und auf diese Weise an einer Lösung arbeiteten. Dank dieser Vorbereitung funktionierte dann auch die Gruppendynamik an Bord der USS Franklin später viel besser als zuletzt. Fast fühlte man sich an *Star Trek IV: The Voyage Home* erinnert. Auch dort hatte bekanntermaßen das Tragen von Lederjacken viel zur kultigen Stimmung beigetragen. Na gut, natürlich lag es nicht nur an den Jacken. Dennoch sprachen all diese Szenen die gleiche Sprache: Diese Crew funktionierte als Familie! Die Chemie war nie besser, und das Ende ließ alle Möglichkeiten für eine Fortsetzung offen, indem man das im Bau befindliche Schiff im Zeitraffer fertigstellte und als USS Enterprise NCC-1701-A auf den Rest der 5-Jahres-Mission schickte. Ebenfalls eine schöne Parallele zu *Star Trek IV - The Voyage Home*, wo die Crew nach dem Untergang ihres alten Schiffes gleichermaßen ein neues mit dem angehängten Buchstaben A erhielt. Einziger Makel war hierbei, dass man erneut dem Zwang nachgab, das Ende mit dem bekannten Trek-Mantra zu versehen und das neue Schiff auf dem Weg zu neuen Abenteuern zu zeigen. Beim dritten Mal in Folge wirkte dieses Ende langsam redundant, auch wenn man hier den Text auf alle Hauptfiguren verteilte und das Ganze insgesamt kurzhielt. Ein Blick auf die im Bau befindliche Enterprise A hätte es für meinen Geschmack am Schluss auch getan. Doch waren das Peanuts im Vergleich zu allem, was der Film richtig gemacht hatte.

Einige Fans beklagten sich noch über den Höhepunkt, bei dem man die Schwarmschiffe mit dem Song *Sabotage* von *The Beasty Boys* zum Explodieren brachte. Zugegeben: Ein wenig wirkte dieser Einfall wie eine Referenz an *Mars Attacks!*, wo man die Alienköpfe zum Schluss mit schlechter Country-Musik platzen ließ. Ich war und bin jedoch geneigt, hier Milde walten zu lassen. Die Herleitung war okay, die Umsetzung top, und Musik ist ohnehin immer ein starker Verbündeter. Da halte ich es ganz mit Jaylah: Ich mag das Wummern und die Schreie!

Im Kleinen gab es allerdings noch ein paar weitere nennenswerte Aspekte: So präsentierte man beispielsweise erstmals in

Star Trek eine offen homosexuelle Hauptfigur, indem man Sulu einen Lebensgefährten und ein Adoptivkind zuschrieb. Dass man die Szene auf der Yorktown natürlich auch anders hätte interpretieren können (Bruder und dessen Tochter?) war eventuell beabsichtigt. Die Autoren hatten jedoch eindeutig den beschriebenen Effekt beabsichtigt. Damit kam man dann auch *Star Trek: Discovery* zuvor, wo man Stamets und Culber zu einem Paar machte und damit offener umging als hier. Die Umsetzung der Station Yorktown muss auch unbedingt noch lobend erwähnt werden. »Worldbuilding« war rein vom visuellen Aspekt immer eher eine Domäne von *Star Wars* gewesen, hier erhielt aber auch endlich mal *Star Trek* mehr Luft zum Atmen. Ein dickes Lob an alle Beteiligten! Das Gleiche galt für den Score von Michael Giacchino, der zum besten der bisherigen drei Filme wurde und viele Szenen lebendig und atmosphärisch untermalte.

Zuletzt muss auch noch der Umgang mit dem Tod Leonard Nimoys herausgestellt werden. So ließ man Zachary Quinto stellvertretend für alle Fans die Nachricht vom Ableben des Botschafters erhalten und zeigte ihn gegen Ende des Films noch mit dessen privaten Utensilien. Dazu gehörte passend zum 50. Geburtstag der Originalserie ein Foto der Besatzung der Enterprise aus den alten Filmen! Eine mutige Entscheidung, die zu Tränen rührte, besonders wenn man sich vor Augen hielt, dass die abgebildeten Leonard Nimoy, DeForest Kelley und James Doohan zu diesem Zeitpunkt schon von uns gegangen waren. An dieser Stelle vermischten sich die alten mit den neuen Filmen auf magische Weise. Ein ruhiger, besinnlicher und nachdenklicher Moment, der wie geschaffen war für einen Film, der letztlich den Zusammenhalt einer Gruppe anpries.

So war *Star Trek Beyond* ein atmosphärisch dichter, sehr humorvoller, unterhaltsamer und inhaltlich überzeugender Film über die verschiedenen Befindlichkeiten der Protagonisten, der starke Action bot, damit allerdings hier und da übers Ziel hinausschoss.

185 Millionen US-Dollar hatte Justin Lin für die Umsetzung des Streifens in die Hand nehmen dürfen. Nach einer sehr stimmigen Faustformel sollte ein Film gerne das Dreifache erwirtschaften, um rentabel zu sein. 186 Millionen US-Dollar Einspielergebnis in den US-Kinos waren nach den zuvor erreichten 258 und 229 Millionen eine weitere deutliche Verschlechterung. War der Einbruch nach dem ersten Film angesichts der Qualität nicht nachvollziehbar gewesen, konnte man in diesem Fall jedoch durchaus einen kleinen Teil der Schuld auf den enttäuschenden

zweiten Teil schieben. Auch war das Marketing des Films mehr als ungünstig. Erstens platzierte man ihn mitten in einen von Blockbustern überbevölkerten Sommer (*Ghostbusters*, *Suicide Squad*, *Jason Bourne*), zweitens verpasste man die Gelegenheit, ihn wirklich zum 50. Geburtstag von *Star Trek* im September zu bringen und somit ein weltweites Event daraus zu machen – von einer adäquaten Vermarktung als Geburtstagsfilm, die man komplett außen vor ließ, ganz zu schweigen. Bei der James-Bond-Reihe war dieser Kniff 2012 mit *Skyfall* beispielsweise wunderbar aufgegangen. Und drittens konnte man selbst die normalen Werbemaßnahmen durchaus als dürftig bezeichnen. Ob das mit dem Tod von Anton Yelchin zu tun hatte, bleibt unklar. Dem Film kam es in jedem Fall nicht zugute. Doch im Rest der Welt gab es ebenfalls einen Rückgang: Nach den 128 Millionen für *Star Trek* und den 239 Millionen für *Star Trek Into Darkness* holte man diesmal nur 185 Millionen und landete damit in der Mitte. Für Paramount waren diese Einbrüche durchaus eine Zwickmühle, da der Film mit gerade mal insgesamt 344 Millionen US-Dollar Einspielergebnis seine Kosten in der Kinoauswertung nicht wieder hatte hereinholen können.

Den Kritikern gefiel vor allem, wie der Film sich sowohl nach den Wurzeln des Franchises streckte als auch eine eigenständige und coole Geschichte erzählte. Es gab aber auch Stimmen, die anmerkten, dass der Film sich wie die Popcorn-Version einer Fernsehepisode anfühlen würde. Dieser Hinweis war allerdings durchaus charmant gemeint, da man dem Werk somit im Grunde attestierte, das Flair des Originals eingefangen zu haben.

Bei den Academy Awards war der Film – wie sein Vorgänger – in einer technischen Kategorie nominiert: »Best Makeup and Hairstyling«. Man verlor erneut – diesmal gegen die Macher von *Suicide Squad*. Gewinnen konnte man den Saturn Award für das »Best Makeup« und einen weiteren kleinen Preis in dieser Kategorie.

Angesichts des finanziellen Ergebnisses war es an dieser Stelle nicht sicher, ob Paramount die Reihe wirklich so schnell vorantreiben würde, wie es die ersten Ankündigungen noch vor dem Start versprochen hatten.

Die ganze Zeit hast du versucht, wie dein Vater zu sein.
Und jetzt fragst du dich, was es wohl bedeutet, du selbst zu sein.

Dr. Leonard McCoy

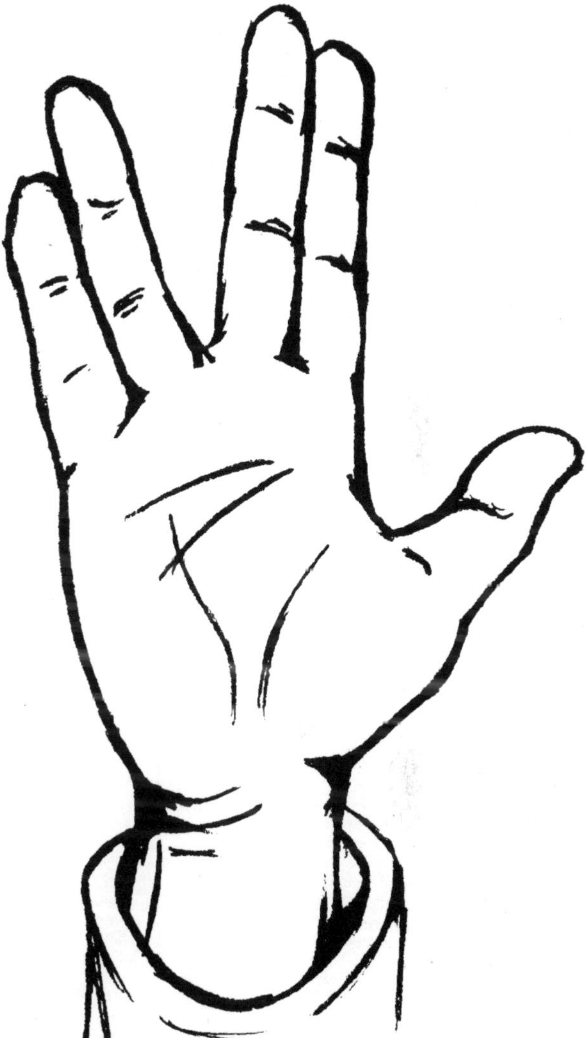

IX. 50 JAHRE – UND NUN?

So schnell kann es manchmal gehen. 2005 hatte *Star Trek* sich verbraucht und war nach 39 Jahren an einem vermeintlich toten Punkt angekommen. 2006, zum vierzigsten Geburtstag, gab es keine neuen Episoden einer Serie und auch keinen neuen Kinofilm. Ein trister Geburtstag nach all den fetten Jahren.

Damals haben nur noch wenige einen Pfifferling auf die Zukunft des Sternenfranchises gesetzt. Und diese wurden eher noch dafür belächelt. Doch viel früher als gedacht, bereits im Jahr 2009, sollten die Zweifler eines Besseren belehrt werden, als J.J. Abrams seine Reboot-Kinoreihe an den Start brachte und bewies, wie sexy dieses angestaubte Format immer noch sein konnte.

Drei Filme lockten bis zum fünfzigsten Geburtstag im Jahr 2016 viele Alt- und Neufans in die Lichtspielhäuser. Mit Giga-Franchises wie dem *Marvel Cinematic Universe* oder auch *Star Wars* konnte man es damit freilich auch weiterhin nicht aufnehmen, es reichte aber, um die Anziehungskraft von *Star Trek* ein weiteres Mal unter Beweis zu stellen.

Dennoch stand natürlich während all dieser Jahre, immerhin schon elf zwischen dem Ende von *Star Trek: Enterprise* und dem 50. Geburtstag, auch stets die Frage nach der Zukunft auf dem kleinen Schirm im Raum. Dort, wo *Star Trek* geboren wurde und wo es die größten Erfolge gefeiert hatte.

Wohin konnte *Star Trek* noch gehen? War die alternative Zeitlinie der Reboot-Kinofilme die neue erzählerische Heimat? Würde man auch noch andere Serienbesatzungen neu casten und auf runderneuerte Abenteuer schicken? Welches erzählerische Potenzial galt es überhaupt noch zu heben? Und wer würde diesen Weg federführend beschreiten?

Fragen über Fragen, die zum Jubiläum im Jahr 2016 noch niemand vollumfänglich beantworten konnte, deren Klärung aber schon bald am Horizont auftauchen sollte ...

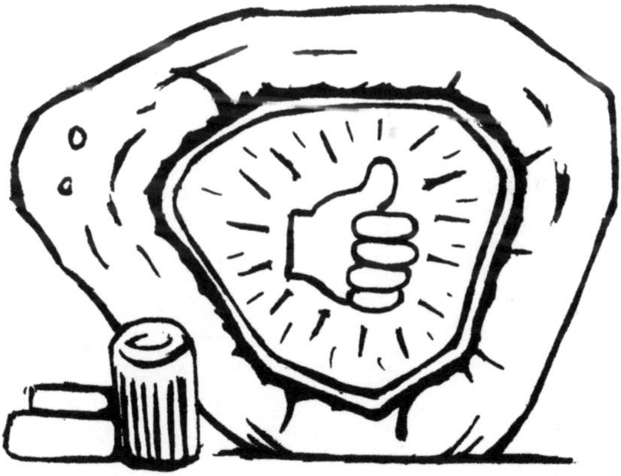

X. DANKSAGUNG

Nun sind wir tatsächlich gemeinsam am vorläufigen Ende dieser Reise angekommen. 50 Jahre *Star Trek* und somit auch ein Großteil meines Lebens mit *Star Trek*. Und es ist noch lange nicht vorbei: Es lebe *Star Trek*!

Wenn ich ehrlich ausrechnen müsste, wie viele Stunden ich mit diesem Thema schon verbracht habe, würde ich das Ergebnis vermutlich nicht glauben können. Doch gibt es eben auch nur wenige Dinge, die mich in meinem bisherigen Leben so konstant begleitet und so stark geprägt haben wie die Geschichten der wechselnden Captains und ihrer Besatzungen zwischen dem Alpha- und Deltaquadranten.

Mir war es Freude und Ehre zugleich, dieses Buch zu schreiben. Ich danke allen, die dazu beigetragen und mich auf meinem bisherigen Weg begleitet haben – und die mich so nehmen, wie ich bin. Besonders danke ich meinen beiden Liebsten, meiner Frau und meiner Tochter, die mich inspirieren und die mir jeden Tag aufs Neue Kraft und Geborgenheit geben.

Ich danke meinen Eltern, die immer für mich da sind, und ich danke Mike Hillenbrand, der die Erstauflage dieses Buches im Jahr 2018 erst möglich gemacht hat.

Euch, meinen Lesern, möchte ich ebenfalls von Herzen danken, dass ihr mir auf meiner ganz persönlichen Reise mit diesem Buch gefolgt seid. Vielleicht hat sie euch hier und da ja sogar auch ein wenig an eure eigene Reise mit *Star Trek* erinnert? Dabei geht es gar nicht so sehr um einen Konsens. Der gleichen Meinung muss man im Detail gar nicht sein. Jeder darf und sollte an *Star Trek* etwas anderes mögen, jeder setzt andere Schwerpunkte und findet seinen individuellen Ansatz. Wichtig ist doch am Ende nur, dass wir alle hier sind. Mittendrin in den Abenteuern aus dem Universum des Gene Roddenberry, der vor über fünfzig Jahren einfach nur eine spannende Fernsehserie machen wollte, um seine Familie zu ernähren und in Hollywood Fuß zu fassen. Dass daraus ein weltumspannendes, menschenverbindendes und so langlebiges Phänomen wurde, konnte niemand ahnen – nicht einmal er.

Genauso wenig, wie ich ahnen konnte, dass ich einmal ein Buch über diese große Leidenschaft schreiben würde. Der kleine Junge, der in den 1980er-Jahren seinen ersten *Star Trek*-Film mit der Classic-Besatzung im Kino sah, wäre bestimmt fasziniert von dieser Aussicht gewesen. Träumen konnte der nämlich schon immer ziemlich gut. Umso schöner, wenn man dann als Erwachsener irgendwann feststellen darf:

Eigentlich ist nicht einmal der Himmel die Grenze. Lebt lang und in Frieden.

Trinken wir auf das unentdeckte Land … die Zukunft!

Kanzler Gorkon
(Star Trek VI: Das unentdeckte Land)

XI. ES LEBE STAR TREK – BAND 2

Somit sind wir nun am Ende des ersten Bandes dieser Neuauflage von *Es lebe Star Trek* angelangt.

Die erneute Arbeit am Buch, das Feilen an einigen Ecken und das Eintauchen in die vielen Themen haben mir erneut große Freude bereitet. Dieser erste Band über die ersten 50 Jahre unseres geliebten Franchises ist nun exakt so geworden, wie ich ihn mir immer vorgestellt hatte. Nun gilt es, nach vorn zu schauen.

Als nächstes werden wir uns im zweiten Band mit einer Phase befassen, die von großen Veränderungen und vor allem Vielfalt geprägt war. Es geht dann um die Jahre 2017 bis 2023.

In dieser Zeit enstanden mit *Star Trek: Discovery, Star Trek: Picard, Star Trek: Strange New Worlds, Star Trek: Lower Decks, Star Trek: Prodigy*, den *Short Treks* und den (nicht zum Kanon zählenden) *Very Short Treks* sieben verschiedene Formate, die es in den etwas mehr als sechs Jahren gemeinsam auf 180 Episoden bringen. Das ist im Vergleich dann auch genau das, was in der guten alten Zeit eine einzige Serie im gleichen Zeitraum hervorgebracht hat.

Mit all diesen turbulenten Abenteuern, den Produktionsgeschichten und den Geschichten drumherum, den Köpfen dahinter sowie den unzähligen Dramen und Erfolgen werden wir uns im zweiten Band beschäftigen.

Ich würde mich freuen, viele meiner Leserinnen und Leser dann wieder begrüßen zu dürfen. In der Zwischenzeit werfen Sie gerne auch einen Blick auf unsere Reihe *Die Star Trek-Chronik*, über die wir Sie auf der nächsten Seite informieren möchten.

Die Themen werden uns in jedem Fall nicht ausgehen.

Denn wenn wir etwas seit 1966 gelernt haben, dann, dass die Geschichte von *Star Trek* niemals nur hinter uns, sondern stets auch vor uns liegt.

Ad astra per aspera!